suhrkamp taschenbuch 74

W0188294

Martin Broszat wurde 1926 in Leipzig geboren und studierte dort und in Köln Geschichte, Germanistik und Philosophie. 1952 Promotion zum Dr. phil. Seit 1955 Mitarbeiter und seit 1972 Direktor des Instituts für Zeitgeschichte in München. Seit 1972 außerdem Honorarprofessor an der Universität Konstanz. – Wichtigste Veröffentlichungen: *Der Nationalsozialismus. Weltanschauung, Programm und Wirklichkeit*, 1959; *Nationalsozialistische Polenpolitik*, 1961; *Der kroatische Ustascha Staat*, 1964; *Der Staat Hitlers*, 1969.

In seinem Buch *200 Jahre deutsche Polenpolitik* gibt der Historiker Martin Broszat eine detaillierte und materialreiche Darstellung der deutschen Polenpolitik von der 1. polnischen Teilung 1772 bis zur Gegenwart, die von Kolonisierung und Annexion bis zu Terror und Genozid ging. Daß der Autor diese verhängnisvolle Geschichte zweier Nachbarvölker mit großer Behutsamkeit, abgewogenem Urteil, Blick für Nuancen und ständigem Bemühen um möglichst große Objektivität darlegt, ohne daß er andrerseits das Ausmaß des Unrechts und die Schuldigen verschweigt – das ist der große Vorzug dieses Buches, das schon bei seinem ersten Erscheinen 1963 eine lebhafte Diskussion auslöste. Angesichts der Braunschweiger Konferenz polnischer und deutscher Historiker über gemeinsame Empfehlungen zur Schulbuchrevision, vor allem aber als Beitrag zur Diskussion über die neue Ostpolitik der Bundesregierung gewinnt die vom Autor revidierte und erweiterte Neuausgabe dieses Buches besondere Aktualität und Bedeutung.

Martin Broszat
Zweihundert Jahre
deutsche Polenpolitik

Suhrkamp

suhrkamp taschenbuch 74
Erste Auflage 1972
© 1963 by Franz Ehrenwirth Verlag KG München
© der revidierten und erweiterten Ausgabe Suhrkamp Verlag Frankfurt
am Main 1972
Suhrkamp Taschenbuch Verlag
Druck: Ebner, Ulm · Printed in Germany
Umschlag nach Entwürfen
von Willy Fleckhaus und Rolf Staudt

Inhalt

Vorwort zur Neuausgabe (1972)

Die Ratifizierung des Warschauer Vertrages zwischen der Bundesrepublik und Polen im Mai 1972 – zweihundert Jahre nach der ersten Teilung Polens, die den neuzeitlichen Antagonismus zwischen polnischen und deutschen nationalen Interessen einleitete –, gibt aktuellen Anlaß zur Neuauflage dieser Schrift. Der nach 25 Jahren diplomatischer Beziehungslosigkeit mit der völkerrechtlichen Respektierung der Oder-Neiße-Grenze erzielte Durchbruch ist ohne Kenntnis des historischen Hintergrundes nicht angemessen zu bewerten und bliebe substanzlos, wenn nicht auch in Zukunft der bittere Erfahrungsgehalt der Geschichte deutsch-polnischer Beziehungen im 19. und 20. Jahrhundert bewußtgehalten würde. Die Präambel des Vertrages nimmt ausdrücklich Bezug auf die Vergangenheit des Zweiten Weltkrieges, »dessen erstes Opfer Polen wurde«, und Bundeskanzler Brandt sprach anläßlich der Vertragsunterzeichnung am 7. Dezember 1970 mit Betonung von der historischen »Kette des Unrechts«, die unterbrochen werden müsse.

Es zeigte sich bei den Vertragsverhandlungen und den sie auf beiden Seiten begleitenden politisch-publizistischen Kommentaren aber auch, daß die Bewertung des Zusammenhangs und einzelner Elemente der Geschichte, auf die man sich berief, durchaus kontrovers blieb. Respektierung des polnischen Besitzstandes an Oder und Neiße – das hieß für die Bundesrepublik vor allem: notwendige Anerkennung der Ergebnisse des von Hitler begonnenen Krieges, nicht aber Anerkennung eines historischen polnischen Anspruches auf die »wiedergewonnenen Gebiete«. Unter der Kette des Unrechts verstanden die meisten Deutschen Nazi-Verbrechen in Polen *und* Vertreibung der Deutschen, während man auf polnischer Seite die Gleichsetzung und Aufrechnung nazistischer Willkür- und Terrorpolitik mit den international vereinbarten Maßnahmen zur Umsiedlung der Deutschen aus den Oder-Neiße-Gebieten

7

empört als Falschspielerei zurückwies. Solches Aneinandervor-
beireden im deutsch-polnischen Dialog über »unheilvolle
Geschichte« stand auch bei den Vertragsverhandlungen Pate*,
trug bei zu ihrem zähen Fluß und zur Strapazierung des guten
Willens. Es wurde evident: Die lange Dauer der Beziehungslosigkeit mit ihren Verkapselungen in unterschiedliche moralische
und politische Rechtfertigungen und die in gegensätzlichen
politisch-ideologischen Systemen herangewachsene Diskrepanz
der Begriffe hatten neue Hindernisse für eine übereinstimmende
Auswertung geschichtlicher Erfahrungen geschaffen. Insofern
behalten Thema und Perspektive dieses im Jahre 1963 zuerst
veröffentlichten Buches ihren Sinn auch und gerade nach dem
Warschauer Vertrag.

Hervorgegangen aus einer Folge von Rundfunksendungen, die
zwischen Januar und April 1962 vom Norddeutschen Rundfunk ausgestrahlt wurden, kann das Buch indes seine Entste-
hungszeit nicht verleugnen. Damals, in der Endphase der Ära
Adenauer, war die Außenpolitik der Bundesrepublik gespalten
zwischen denjenigen Kräften, die – wie Adenauer selbst – an
den veralteten Positionen des Kalten Krieges und der Hallstein-
Doktrin dogmatisch festhielten, und unschlüssigen Versuchen,
durch Anbahnung von Kontakten mit Osteuropa sich den zwischen den USA und der Sowjetunion seit Jahren im Gange
befindlichen Entspannungsbemühungen einzufügen. Die in der
Amtszeit des Außenministers Gerhard Schröder angeknüpften
Verhandlungen, die im März 1963 zur Errichtung einer deutschen Handelsmission in Warschau führten, waren ein solcher
halbherziger Ansatz. Das Dilemma stagnierender westdeutscher
Nicht-Politik gegenüber Polen und anderen Staaten Osteuropas hatte sich seit 1955 kontinuierlich verstärkt. Nachdem die
amerikanische Führungsmacht in der Mitte der 50er Jahre ihre
bisherige atomare Unverwundbarkeit und eindeutige nukleare
Überlegenheit gegenüber der Sowjetunion eingebüßt hatte, war

* Vgl. den Bericht von Harald Laeuen, Vertrag mit Polen. In: *Osteuropa* 21 (1970), S. 58.

die 1947 mit der Truman-Doktrin begründete Vorstellung aktiver westlicher *containment*-Politik auf der Basis der Atomkriegsdrohung irreal geworden, sofern man sich davon eine Veränderung der im Kalten Krieg konsolidierten Machtverhältnisse in Europa versprach. Damit hatte, schon kurz nach dem Beitritt der Bundesrepublik zur NATO, auch die auf eine Politik der Stärke gegründete Spekulation auf künftige deutsche Wiedervereinigung ihre Basis verloren. Die neue Strategie der flexiblen Verteidigung, die die Kennedy-Administration schließlich 1961 durchsetzte, war schon Mitte der 50er Jahre angebahnt worden und mit ihr das Bemühen um *disengagement* und politische Auflockerung innerhalb des bestehenden Block-Systems. Die Außenminister-Konferenzen in Berlin und Genf 1955, das Verhalten der Westmächte anläßlich des ungarischen Aufstandes von 1956, des Moskauer Berlin-Ultimatums von 1958 und schließlich beim Bau der Mauer in Berlin im August 1961 hatten hinreichend klar gemacht, daß die USA nicht mehr an eine Politik des »Zurückrollens« kommunistischen Einflusses in Europa dachten. Es war aber immer vor allem die Bundesregierung gewesen, die sich einer Entspannungspolitik ohne östliche Gegenleistungen in der Frage der Wiedervereinigung ebenso widersetzt hatte wie vorher – bis 1955 – allen Vorschlägen, einer riskanten Wiedervereinigung zuliebe die Integration in das westliche Militärbündnis aufzugeben.

So verständlich es war, daß Adenauer die im Zeichen des Kalten Krieges gebotene Chance gleichberechtigter westdeutscher Partnerschaft im westlichen Bündnis zielstrebig ergriff und als Fundament seiner Außenpolitik betrachtete, weil dies nicht nur den elementaren Sicherheitsinteressen der Bundesrepublik entsprach, sondern auch für die Wiedererlangung politischer Souveränität und den wirtschaftlichen Wiederaufstieg die besten Voraussetzungen bot, so problematisch und unglaubwürdig wurde es – je länger, desto mehr –, diese Westbindung *nationalpolitisch* mit dem Ziel der Wiedervereinigung zu begründen. Die infolgedessen den verbündeten Westmächten jahrelang zugemutete Nichtanerkennung der DDR wie der

Oder-Neiße-Linie wirkte nicht nur deren Entspannungsbemühungen in Europa entgegen, sondern bot auch der Sowjetunion bei der Konsolidierung ihrer Vormacht in Osteuropa eine immer neu einsetzbare propagandistische Handhabe. Als der polnische Außenminister Rapacki 1957 seinen Plan einer militärischen Verdünnung in Mitteleuropa lancierte, der nicht zuletzt am Widerstand Bonns scheiterte, war es deutlich, daß Warschau zwar grundsätzlich im Einklang mit sowjetischen Interessen an einem Abbau der Militärblöcke handelte, aber mit dem Plan doch zugleich die ausschließliche Abhängigkeit der eigenen Sicherheit von Moskau zu relativieren bemüht war. Der ungute Zusammenhang zwischen der intransigenten Haltung Bonns und der Festigung sowjetischer Hegemonie im Ostblock wurde anläßlich der Diskussion über den Rapacki-Plan besonders stark empfunden, zumal von Polen seit 1956 innerhalb des sozialistischen Lagers die stärksten Impulse zur nationalen und humanen Revision des Sozialismus sowjetischer Prägung ausgegangen waren. Anfang 1957 hatte Gomulka im Interesse der Vergrößerung eigener polnischer Handlungsfähigkeit diplomatische Beziehungen zu Bonn ohne Vorbedingungen angeboten, aber die Chance war von der an die Hallstein-Doktrin geklammerten Bundesregierung nicht genutzt worden. Als Adenauer später – 1961 – die Möglichkeit eines bilateralen Nichtangriffspaktes mit Warschau sondierte, hatten sich in Polen die Verhältnisse längst geändert. Nach der weitgehenden Zurückdrängung der liberalen intellektuellen Reformsozialisten, die 1956 den »polnischen Oktober« erzwungen hatten, und der mit sowjetischer Hilfe Schritt für Schritt durchgesetzten Restitution der orthodoxen Parteibürokratie war Gomulka von der Linie der peinlich beachteten außenpolitischen Gefolgstreue gegenüber Moskau nicht mehr abzubringen. Für Polens Staatsräson, so lautet seither das sterotype Argument, sei die DDR wichtiger als die Bundesrepublik. Auch die späteren Versuche Außenminister Schröders, bilaterale Beziehungen zu Osteuropa unter Umgehung der DDR aufzunehmen, scheiterten an dieser Haltung.

10

Es war schon damals, zu Beginn der 60er Jahre, gerade im Hinblick auf Polen erkennbar, daß das Festhalten Bonns an den starren Formeln der Nichtanerkennung und des Alleinvertretungsanspruchs nicht nur die Wiedervereinigung nicht näherbrachte, sondern auch die politische Souveränität, den Handlungsspielraum und die wohlverstandene Sicherheit der Bundesrepublik nicht mehr förderte, sie vielmehr eher beeinträchtigte. Es waren nicht mehr in erster Linie die realen Faktoren und Trends des internationalen Systems, die die Bonner Nicht-Politik nach Osten bestimmten, sondern in zunehmendem Maße die inneren, psychologischen und ideologischen Anpassungsschwierigkeiten an die veränderte internationale Lage. Jetzt zeigten sich die negativen Folgen der überstürzten Westintegration, die es, schon wenige Jahre nach Hitler, in der Bundesrepublik ermöglicht hatte, den kaum verdauten, durch die Kriegsfolgen anscheinend bestätigten nationalsozialistischen Antikommunismus als neue demokratische Tugend auszugeben und unter solchem Schirm – im Hinblick auf den Osten – auch alte nationale Feind- und Leitbilder zu konservieren.

Das Empfinden, daß die Polenpolitik der Bundesregierung nicht mehr reale Interessenpolitik darstellte, sondern, von innenpolitischen Resistenzkräften und ideologischen Tabus beeinträchtigt, mit ihr zunehmend in Widerspruch geriet, verschaffte sich in dieser Zeit vielfältigen Ausdruck. Im Februar 1962 sprachen sich im sogenannten Tübinger Memorandum führende Protestanten für die Anerkennung der Oder-Neiße-Line als einer Voraussetzung der Normalisierung des Verhältnisses zu Polen aus und nahmen vorweg, was später – im Herbst 1965 – durch die Denkschrift der Evangelischen Kirche in Deutschland »Übeg die Lage der Vertriebenen und das Verhältnis des deutschen Volkes zu seinen Nachbarn« oder in dem fast gleichzeitigen aufsehenerregenden Briefwechsel zwischen den katholischen Bischöfen in Polen und der Bundesrepublik mit noch größerem Widerhall ausgesagt wurde. Auch in Rundfunk, Fernsehen und Publizistik der Bundesrepublik mehrten sich die Stimmen, die aus moralischen und politischen Gründen für eine Revision der Nichtanerkennungspolitik plädierten.

Die vielbeachtete Wende positiver Aufmerksamkeit für Polen, die sich seit 1956 in der Bundesrepublik angebahnt hatte, spielte sich, bei Lichte besehen, nur in einem kleinen Sektor der Öffentlichkeit ab und hatte politisch zunächst keine Auswirkungen. Sie vermochte die in den vorangegangenen Jahren eingefrorene Beharrung auf dem »Rechtsstandpunkt« in bezug auf die Oder-Neiße-Grenze ebensowenig aufzuschmelzen wie die noch immer in starkem Maße perpetuierte Pflege einer exilhaften *status-quo-ante*-Ostkunde nicht nur in den landesgeschichtlichen Kommissionen und »Kulturwerken« der Heimatvertriebenen, sondern auch im Bereich amtlich geregelter oder geförderter Schul- und Erwachsenenbildung. Die in einem Teil der Öffentlichkeit angebahnte Enttabuisierung der politisch-historischen Diskussion über das Verhältnis zu Polen stand in krassem Gegensatz zur gleichzeitigen Verbreitung gefühlig-unkritischer nationaler Heimat-, Volkstums- und Kulturkunde, die eine heile Welt ostdeutscher Vergangenheit suggerierte und in Hunderten von Zeitschriften, Publikationsreihen, Arbeitskreisen und mitgliederstarken Verbänden unter antikommunistischen Vorzeichen nachsichtige offizielle Schonung und Förderung erfuhr und das emotionale Futter für die Hallstein-Doktrin lieferte. Einschlägige Bibliographien* machen deutlich, welche quantitative Rolle allein schon innerhalb der historischen Literatur, die sich mit den Oder-Neiße-Gebieten und Polen befaßte, diese Kategorie deutsch-zentrischer Ostkunde spielte, eine Art subkulturelles Bildungsgut, das, obwohl meist anscheinend unpolitisch und in der großen Presse nicht beachtet, eine vielfach unterschätzte Breitenwirkung und politisch-ideologische Relevanz hatte, gerade auch bei der Formierung nationalpolitischer Grundüberzeugungen in der lokalen und

* Vgl. z. B. die regelmäßigen Anzeigen und Besprechungen der ostkundlichen historischen Literatur in dem seit 1952 erscheinenden Jahrbuch für die Geschichte Mittel- und Ostdeutschlands.

provinziellen Basis demokratischer Massenparteien. In einzelnen Fällen, so anläßlich der Reaktion auf die Fernsehreportagen Jürgen Neven Dumonts und Hansjakob Stehles über die wirkliche Lage in Polen und den Oder-Neiße-Gebieten, kam zum Ausdruck, welches reizbare und aggressive Potential durch die anscheinend ungefährliche jahrelange Versenkung in eine Wunschwelt heimatfrommer deutscher Ostkunde aufgespeichert worden war.

Im Kontext dieses kontroversen Prozesses der Meinungsbildung über die deutsche geschichtliche Vergangenheit im Osten, als ein bewußter Beitrag zu ihr, entstand zu Beginn der 60er Jahre die hier erneut vorgelegte Schrift. Den Zeitgeschichtler mußte allein schon die in diesen Jahren in der Bundesrepublik erneut sichtbar werdende Abhängigkeit und Behinderung der praktischen Politik von den in der öffentlichen Meinung dominierenden Fehleinstellungen, die schon in der Wilhelminischen und Weimarer Zeit eine wesentliche Voraussetzung der intransigenten deutschen Polenpolitik gewesen waren, als fatale Analogie berühren. Die oft unrühmliche Rolle, die große Teile der Historie bei diesen Fehleinstellungen als »Dirne der Macht« gespielt hatten, war ebensowenig zu verkennen. Kritische zeitgeschichtliche Auseinandersetzung mit der eigenen Vergangenheit, die in der Bundesrepublik nach Jahren der psychologischen Sperre und des *reeducation*-Verdachts in der zweiten Hälfte der 50er Jahre allmählich in Gang gekommen war, konnte sich, wollte sie glaubwürdig sein, nicht auf eine bei den neuen westlichen Freunden wohlgefällige Distanzierung von den Nazi-Verbrechen beschränken. Sie mußte hinter Hitler zurückgehen und die geschichtlichen Beziehungen zu Osteuropa einbeziehen, namentlich auch die aus älteren Quellen stammende Vergiftung des Verhältnisses zur polnischen Nation, und konnte der aus solcher Analyse zu gewinnenden geschichtlichen Beleuchtung aktueller ostpolitischer Positionen der Bundesrepublik nicht ausweichen. Von dieser Motivation her wurde diese Schrift Anfang der 60er Jahre konzipiert.

Es gibt keinen gewichtigen sachlichen Grund, diese Konzeption im Jahre 1972 zu ändern, ganz abgesehen davon, daß mir daran lag, die aus der Zeit der frühen 60er Jahre stammende Perspektive gleichsam aus historischer Treue dem eigenen Text gegenüber zu erhalten.

Sicherlich aber ist die im Schluß-Kapitel ausgedrückte optimistische Erwartung, soweit sie sich auf die innere Entwicklung Polens bezieht, in den letzten zehn Jahren eher enttäuscht worden. Zur Zeit der Abfassung der Schrift waren die Errungenschaften des polnischen Oktober zwar schon stark reduziert, aber die vergleichsweise liberale Struktur des polnischen öffentlichen und politischen Systems war noch nicht so weitgehend zugeschüttet wie Jahre später. Im Jahre 1963 hatten die Verfechter des Revisionismus, der 1956 offizielles Programm der Partei gewesen war, im Politbüro und Zentralkomitee der Polnischen Vereinigten Arbeiterpartei zwar längst nicht mehr die Majorität, aber noch manche Stimme (Roman Zambrowski, Jerzy Morawski, Wladyslaw Bienkowski, Adam Schaff). Nicht zuletzt unter dem Einfluß der konservativen, antiintellektuellen und nicht selten auch antisemitischen Gruppe um den ehemaligen Partisanenführer Mieczyslaw Moczar, der Ende 1964 das Warschauer Innenministerium übernahm und bei der Bekämpfung der liberalen Gegner und »Zionisten« die Praktiken stalinistischer Geheimpolizei mehr und mehr restaurierte, brachte die zweite Hälfte der 60er Jahre die fast völlige Ausschaltung der Revisionisten in der Parteizentrale. Die Hoffnungen der für eine Reform des Sozialismus engagierten Intellektuellen schwanden und wurden zum ohnmächtigen Protest. Das Kesseltreiben gegen Intellektuelle und des »Zionismus« verdächtige Parteifunktionäre jüdischer Abstammung erinnerte an frühere Jahre des Polizeistaates. Die Maßregelung von 34 prominenten polnischen Schriftstellern, die offene Kritik an der staatlichen Zensur geübt hatten, im Jahre 1964, der Parteiausschluß des eigenwilligen marxistischen Philosophen Kolakowski 1966, die nach dem israelischen Sechs-Tage-Krieg veranstaltete neue Kampagne gegen die »Zionisten«, der Skandal um die Absetzung des Mickiewicz-Dramas »Totenfeier« vom Warschauer

14

Theater, der nach Protesten von zahlreichen Kulturschaffenden und Studenten am 8./9. März 1968 zu einer gewalttätigen Polizeiaktion in der Warschauer Universität führte*, – all dies waren Anzeichen traurigen Aderlasses der polnischen Liberalität, die 1956 stärkste Hoffnungen erweckt hatte.

Wenn auch Gomulka bei diesen Aktionen mehr der Getriebene war, der später zum Teil wieder auszugleichen suchte, so hatte sich doch längst gezeigt, daß der integere puritanische Parteisekretär, den man 1956 mit hochgespannten Erwartungen gegen den Willen Moskaus an die Spitze der Partei zurückgeholt hatte, keineswegs ein Liberaler, sondern im Grunde ein konservativer polnischer Marxist war**, der es – nach den persönlichen Erfahrungen in der Verbannung vor 1956 – strikt vermied, in der Außenpolitik ohne das Plazet Moskaus zu handeln. Die bescheidene nationale Variante zum Sowjetkommunismus, die Polen im Innern, vor allem bei der Erhaltung eines großen Sektors nicht-sozialistischer Landwirtschaft, beibehielt, mußte außenpolitisch durch um so korrektere Bündnistreue abgesichert werden. Hierbei wirkten aber unzweifelhaft, und gerade angesichts der Haltung der Bundesrepublik, leidvolle geschichtliche Erfahrungen mit, die Polen, zuletzt noch zwischen den beiden Weltkriegen, in seiner bedrohten Mittellage zwischen überlegenen benachbarten Großmächten hatte machen müssen. Der Wille, es nicht wieder mit einer außenpolitischen Schaukelpolitik zu versuchen, sondern die Einordnung in das Gefüge des sozialistischen Lagers als eine feste Gegebenheit hinzunehmen, ist unabhängig von Gomulka eine Staatsmaxime der Volksrepublik Polen geworden. Deswegen wurde Warschau neben Ost-Berlin zum stärksten Wortführer der außenpolitischen Solidarität des sozialistischen Lagers, selbst bei der peinlichen Intervention in Prag im Sommer 1968. Aus dem gleichen Grund stemmte Gomulka sich gegen eine Ostpolitik Bonns, die unter Umgehung der DDR Kontakte in Osteu-

* Vgl. dazu: Hans Magnus Enzensberger: Warschauer Bilanz. In: *Kursbuch* II/1968, H. 13, S. 91-107.
** Vgl. Peter Raina, Gomulka. Politische Biographie. Köln 1970.

ropa suchte, obwohl die Perfektion des »preußischen Sozialismus«, den Ost-Berlin im Ostblock mitunter nicht ohne Arroganz zur Schau stellte, in Polen manche unguten Gefühle erweckte*. Es spricht alles dafür, daß auch die neue Parteiführung unter Edward Gierek, die infolge der Arbeiterunruhen vom Januar 1971 ans Ruder kam und nicht nur Gomulka ablöste, sondern auch die Moczar-Gruppe entmachtete, an dieser Leitlinie festhalten wird.

Es ist hier nicht der Ort, die Geschichte der Volksrepublik Polen und die in zwei deutsche Staaten und politische Systeme aufgespaltene, fundamental veränderte Geschichte der deutschen Polenpolitik in den letzten beiden Jahrzehnten zu beschreiben. Die Darstellung dieses Buches endet bewußt mit dem »Verlust deutscher Stellung im Osten« als Folge des Zweiten Weltkrieges und versucht nicht, an den 1945 abgerissenen Faden nationaler und nationalstaatlicher deutsch-polnischer Geschichte die grundsätzlich anders gelagerten Beziehungen zwischen der Bundesrepublik und der Volksrepublik Polen anzuknüpfen. Die voranstehenden Bemerkungen sollen nur verdeutlichen, daß die Anerkennung der 1945 etablierten neuen Westgrenze Polens durch die Bundesrepublik im Jahre 1972, die als historischer Schlußstrich auf das *alte* Kapitel deutsch-polnischer Geschichte bezogen ist, unter politisch-psychologischen Bedingungen stattfand, die von der Euphorie der späten 50er und frühen 60er Jahre weit entfernt ist. Die aus der polnischen Konstellation von 1956 erwachsene, wahrscheinlich schon damals illusionäre Vorstellung, daß der Schlußstrich hinter die alte Geschichte deutsch-polnischer Beziehungen ein Beitrag zum Wandel und zur Annäherung auch im Hinblick auf die neue Situation der getrennten Systeme sein könnte, scheint im Jahre 1972 kaum noch begründet. Der Vertrag von Warschau, ein längst überfälliger, sozusagen nachgeholter historischer Akt, hat – so scheint es – mehr mit toter Geschichte

* Aufschlußreich hierfür u. a. der Bericht von Erich Weit, Ostblock intern. Hamburg 1970.

16

als mit lebendiger politischer Verheißung zu tun. Die Normalisierung des Verhältnisses zwischen Bonn und Warschau, die nach ihm beginnen soll, wird andere, neue politische Substanz benötigen, wenn sie nicht nur auf dem Papier stehen soll. Daß die Anerkennung der 1945 gesetzten polnischen Westgrenze durch die Bundesrepublik politisch weit weniger Enthusiasmus in beiden Ländern zu vermitteln vermochte, als viele, die dafür in der Bundesrepublik seit Jahren plädierten, erwartet haben, mag eine Folge der Verspätung sein, schützt aber auch vor falschem politischem Optimismus. Nach so viel emotionaler Leidenschaft in der Geschichte des deutsch-polnischen Verhältnisses ist die Nüchternheit in den beiderseitigen Beziehungen möglicherweise heilsamer als die enthusiastische Versöhnung.

Wie es bei der Neuauflage dieser Schrift nicht darum gehen konnte, die Darstellung der deutsch-polnischen Beziehungen bis zur Gegenwart fortzuführen, so war es auch nicht möglich, die Fülle der durch neue historische Forschungen und neu zugänglich gewordene Quellen in den letzten zehn Jahren vermittelten Erkenntnisse ergänzend einzuarbeiten. Abgesehen von der Korrektur orthographischer und sachlicher Fehler und der Überarbeitung einzelner weniger Partien, die unbedingt nötig erschien, ist die Darstellung unverändert. Das im Anhang beigefügte Verzeichnis ausgewählter neuer historischer Literatur zur Geschichte der deutsch-polnischen Beziehungen im 19. und 20. Jahrhundert mag ein wenig über den Mangel einer vollständigen Neubearbeitung hinweghelfen.

Mir ist bewußt, daß manche wichtigen Aspekte in der Schrift zu kurz kommen. Sie ist nicht die Darstellung eines Polonisten und beansprucht keine profunde Entschlüsselung der polnischen Geschichte, sondern sucht, wie im Vorwort zur Erstausgabe erklärt, in erster Linie den Innenraum der eigenen deutschen Haltung und Politik gegenüber der polnischen Nation seit dem Ende des 18. Jahrhunderts darzustellen.

In diesem Zusammenhang ist zum Schluß auf einen grundsätzlichen Einwand einzugehen, der anläßlich der Erstveröffentlichung vorgebracht wurde. Es handelt sich um die Frage, inwieweit die bewußte Abhebung der Darstellung auf den neuzeitlichen deutsch-polnischen Antagonismus geeignet ist, der intendierten Versöhnung beider Nationen zu dienen, und ob es nicht vielmehr darauf ankomme, die durch feindlich-nationale Geschichtsschreibung auf beiden Seiten verschütteten historischen Beispiele und Ansätze positiver Gestaltung des deutsch-polnischen Verhältnisses ins Licht zu heben.* Der Einwand ist bedenkenswert, wenn man die unkontrollierbaren emotionalen und psychologischen Wirkungen historischer Dokumentation im Auge hat. Kann doch auch die aufklärerisch gemeinte Darbietung von Beispielen nationaler Hysterie neue Hysterie bewirken. Sowenig sich solche Fehlwirkung ganz ausschließen läßt, so kann doch andererseits die Historie, versteht sie sich als analytische Wissenschaft, nicht auf die Vermittlung kritisch gewonnener Erkenntnisse verzichten, ohne daß damit der Wert erzählender historischer Prosa als anderer Weg der Historie bestritten werden soll. Beansprucht sie aber, die Faktoren des Geschehens nach ihrem realen Gewicht und Zusammenhang abzuwägen, dann kann sie nicht wohlmeinend auf volkspädagogisch wirksame, aber unrepräsentative Episoden ausweichen. Die Widerlegung der Geschichtslegende vermeintlicher Erbfeindschaft zwischen Deutschen und Polen kann gewiß viele Zeugnisse für sich anführen. Selbst noch in der ersten Hälfte des 20. Jahrhunderts fehlte es auf beiden Seiten nicht an Kräften, die der Verfeindung entgegenzuwirken suchten. Daraus einen neuen roten Faden neuzeitlicher deutsch-polnischer Geschichte weben zu wollen, wäre jedoch falsche Harmonisierung angesichts der chaotischen Resultate dieser Geschichte und könnte keine Realitätserkenntnis beanspruchen.

Andererseits würde die Neuauflage dieser Schrift ihren Sinn verfehlen, rechnete sie vor allem nur damit, durch aufklärerische

* Ganz in diesem Sinne die neuerliche Dokumentation propolnischer deutscher liberaler Dichtung im Vormärz durch Karl Dedecius, Polnische und deutsche Literatur. In: *Der Monat,* Jg. 22 (1970), H. 264, S. 58-70.

Dokumentation einen heilsamen Schock zu erzeugen. Es wird vielmehr darauf ankommen, die unglückselige deutsch-polnische Geschichte im 19. und 20. Jahrhundert aus der Sphäre der moralisch-emotionalen Betrachtung in das Licht kritischer Rationalität zu heben und als einen historischen Modellfall nationaler Konflikte zu begreifen, der über flüchtige Emotionen hinaus dauerhafte Erfahrung vermitteln kann.

> »Der Mensch leidet an einer fatalen Spätzündung, er begreift alles erst in der nächsten Generation.«
> (Stanislaw Jerzy Lec, Unfrisierte Gedanken.)

München im August 1972   M. B.

Vorwort zur Erstauflage (1963)

Wo die Geschichte in die Katastrophe geführt hat, wird erneutes und vor allem selbstkritisches Durchdenken ihres Weges Bedürfnis und Notwendigkeit. Das gilt für unser Verhältnis zur polnischen Nation in besonderem Maße. Die deutsch-polnische geschichtliche Nachbarschaft war gewiß nicht von Anfang an durch »naturgegebene« Gegensätze bestimmt. Sie kannte im Mittelalter lange Perioden gemeinsamer Orientierung mit gegenseitig sich ergänzenden Interessen. Auch später noch war Jahrhunderte hindurch die Grenze zwischen Deutschland und Polen eine der stabilsten und ruhigsten Grenzzonen in Europa überhaupt. Deutschland und Polen störten sich lange Zeit nicht.

Über die in neuerer Zeit von Gewalt und Haß gekennzeichnete Phase des deutsch-polnischen Verhältnisses läßt sich aber nicht hinwegsehen durch wohlmeinenden Rückblick auf eine »idyllische« Vorzeit, als zwischen Oder und Weichsel polnische Fürsten mit deutschen Klöstern und Siedlern sich zum gemeinsamen Werk friedlicher Kolonisation zusammenfanden. Auch die »abendländische« Solidarität zwischen Polen und Deutschen, die sich im 13. Jahrhundert in Schlesien gegen die Mongolen, dann 450 Jahre später vor Wien gegen die Türken bewährte, kann angesichts ganz andersartiger junger Erinnerungen nicht als Anknüpfungspunkt für eine Neuprägung des historisch-politischen Bewußtseins von Deutschen und Polen taugen. Die geschichtliche Intonierung des heutigen Verhältnisses zwischen beiden Nationen stammt nicht aus Mittelalter und Barock, sondern aus dem Zeitalter nationaler und nationalistischer Geschichte, das mit den polnischen Teilungen am Ende des 18. Jahrhunderts eingeleitet wurde und 1945 in der Zerstörung und Zwangsstillegung deutsch-polnischer Nachbarschaft endete.

Die Stationen dieser Geschichte nachzuzeichnen, ist die Absicht dieser Schrift. Dabei geht es ihr in erster Linie darum, den »Innenraum« der eigenen, deutschen Politik gegenüber der polnischen Nation ansichtig zu machen. Der Gesamtumkreis der polnischen Frage und Geschichte ist demgegenüber nur Horizont, nicht Gegenstand unserer Betrachtung. Im Mittelpunkt steht der preußisch-deutsche Schauplatz des Geschehens. Auch das interessante Modell einer in vieler Hinsicht anderen Gestaltung des Verhältnisses zur polnischen Nation durch die österreichische Polenpolitik wird ebenso wie die Behandlung der Polenfrage auf russischer Seite nur gelegentlich gestreift. Denn nicht die österreichische Variante ist für die nationalstaatliche Politik Deutschlands gegenüber den Polen bestimmend gewesen, sondern fast ausschließlich die Übernahme des preußischen Erbes und das Gewicht der dadurch vorgeformten Erfahrungen und Traditionen. Die Begrenzung und Konzentration auf einen solchen historischen Längsschnitt wurde bewußt gewählt, um die Gesamtentwicklung der preußisch-deutschen Politik in der polnischen Frage möglichst übersichtlich und in ihren einzelnen Stadien transparent zu machen. Auch hierbei ließ sich auf dem beschränkten Raum nicht alles und jedes in gleicher Ausführlichkeit behandeln. Vielmehr mußte eine gewisse Staffelung der Darstellungsdichte auf die Gegenwart hin erstrebt werden, um vor allem herauszuarbeiten, was nachhaltig gewesen ist. Es galt, neben kursorischem Überblick, bei wichtigen Ereigniszusammenhängen die Kreuzwege politischer Entscheidung aufzuzeigen, und (wo die Quellen es zuließen) am konkreten Geschehen, dem Handeln oder Nichthandeln, etwas von den jeweils entscheidenden Motivationen, den »Gelenken« der Entschlußbildung sichtbar zu machen. Darin liegt implizite der Versuch, dem schwierigen Problem der historischen Kontinuität deutscher Politik auf diesem Gebiet, ihrer Zwangsläufigkeit oder »Freiheit« näherzukommen. Der Sinn einer historischen Bestandsaufnahme von zwei Jahrhunderten deutscher Polenpolitik wird vor allem darin liegen, das Vorangegangene bewußt zu machen, die Unterscheidung zu schärfen für die Gründe des Versagens und der Bewährung und auf diese Weise durch Bewußtheit politisches Beurteilen und Handeln frei zu machen von der Hypothek bloß nachwirkender, aber nicht begriffener geschichtlicher Vergangenheit. Die preußisch-deutsche Polenpolitik ist auf langen Strecken eine Geschichte politischer Verstocktheit gewesen, mangelnder Beherztheit und deshalb wohl auch letzten Endes eine Politik ohne Zukunft. Geschichtliche Selbstbetrachtung mag helfen, diesen Bann der Taubheit und Stagnation zu lösen.

Historische Voraussetzungen

Die Grenzgebiete: Schlesien, Pommern, Pommerellen, Preußen

Die neuzeitliche Gestaltung des deutschen Verhältnisses zu
Polen ist entscheidend von Preußen her bestimmt worden.
Brandenburg-Preußen fiel im 17. und 18. Jahrhundert fast der
gesamte historisch-geographische deutsche Grenzraum gegenüber Polen zu. Der Hohenzollernstaat war zum Universalerben
des mittelalterlichen deutschen Kolonisationsgebietes im Osten
des Reiches, er war zu *dem* deutschen Nachbarn Polens geworden. Er übernahm damit auch die politischen, ethnisch-kultu-
rellen und konfessionellen Mischungs- und Spannungsverhält-
nisse, die in diesem deutsch-polnischen Grenzraum in Jahrhunderten vorher angelegt waren.

Aus der gemeinsamen oder gleichzeitigen Missionierung und
Unterwerfung heidnisch-westslawischer Stämme zwischen Elbe
und unterer Weichsel und zwischen der Saale und Oder sowohl
vom deutschen Westen wie vom polnischen Osten her hatte sich
seit dem 10. Jahrhundert die geschichtliche Nachbarschaft zwischen Deutschen und Polen herausgebildet. Dabei war es zu
mancher Überschneidung zwischen der kolonialen Ausdehnung des mittelalterlichen deutschen Reiches nach Osten und
der polnischen »Westorientierung« unter den Fürsten und
Königen der Piastendynastie gekommen. Jenseits der Oder entstand eine Mischzone einander ablösender polnischer und
deutscher Einflüsse, von denen, je nach der Datierung, später
entweder Polen oder Deutsche ihre »geschichtlichen Rechte«
herleiten sollten.

Im Süden war polnische Christianisierung und Lehenshoheit im
11. Jahrhundert kurzfristig bis in die Lausitzer Mark (Bistum
Lebus) vorgedrungen und für Schlesien einige Jahrhunderte
lang bestimmend geworden, ehe deutsche Kolonisierung und
Staatsgestaltung Platz griffen. Im Norden hatte sich gegenüber
den heidnischen Pommern östlich der Odermündung im frühen

12. Jahrhundert ein Zusammenwirken zwischen polnischer und deutscher Unterwerfung und Christianisierung ergeben. Ähnlich überlagerten sich östlich vom Herzogtum Pommern-Stettin, im kaschubischen Pommerellen, schon im Mittelalter frühere polnische und spätere deutsche kirchliche und politische Oberhoheit.

Erheblich weiter als der Staatsverband des Deutschen Reiches erstreckte sich die deutsche »Wanderung« nach Osten. Es zeigte sich allerdings, daß der Bestand oder Verfall sprachlich-kultureller Eigenart weithin abhing von der jeweiligen geschichtlichen Dauer und Intensität deutscher oder polnischer kirchlicher und weltlicher Herrschaft. Außerhalb der Ostgrenzen des Reiches hat sich in Polen das mittelalterliche Deutschtum nur relativ geringfügig und meist nur in städtischen Kommunen bis in die Neuzeit erhalten. Umgekehrt versank allmählich der polnisch-slawische Spracheinfluß im Osten des Deutschen Reiches, so auch in Schlesien, dessen deutsche Besiedlung auf das 13. Jahrhundert zurückgeht.

Schlesisch-polnische Teilfürsten hatten die Einwanderung von Deutschen seit den Verwüstungen des Mongoleneinfalls kräftig gefördert. Nach dem Aussterben des Königsgeschlechts der Piasten (Tod Kasimirs III., 1370), dessen Nebenlinien in Schlesien noch bis ins 17. Jahrhundert herrschten, konnte der Einfluß der zivilisatorisch überlegenen deutschen Klöster, Kolonisten und Bürgerstädte um so mehr durchdringen, als das eingesessene Polentum keinen Rückhalt mehr an einem polnischen Königtum fand. Im 14. Jahrhundert gaben die polnischen Könige durch entsprechende Verträge nach und nach ihre Ansprüche auf Schlesien auf, das Land schied definitiv aus dem Königreich Polen aus, kam zeitweilig unter luxemburgisch-böhmische und ungarische Lehnshoheit und gehörte seit 1526 über zwei Jahrhunderte lang dem österreichischen Staatsverband an, ehe es 1740 von Preußen annektiert wurde. In den östlich der Oder gelegenen Landesteilen, vor allem in Oberschlesien, lebte zu dieser Zeit noch eine beträchtliche Zahl autochthoner polnischer Bevölkerung; doch diese war bereits zum großen Teil

sozial zur Unterschicht abgesunken und befand sich in einem
Prozeß allmählicher und im wesentlichen zwangloser Assimilie-
rung an das Deutsche. Die langgestreckte Grenze zwischen
Schlesien und dem großpolnischen Gebiet von Posen, dem
historischen Kernland des Polentums mit dem alten Erzbistum
Gnesen, blieb vom Hochmittelalter bis zur zweiten polnischen
Teilung (1793) nahezu unverändert. Kirchlich unterstand aller-
dings bis zum 19. Jahrhundert das niederschlesische Bistum
Breslau dem polnischen Erzbistum Gnesen, während das
Oppelner Oberschlesien zur Diözese Krakau gehörte.
Wechselhaft und strittig blieb dagegen die Auseinandersetzung
zwischen polnischen und deutschen Hoheitsansprüchen zwischen Oder- und Weichselmündung. Im 12. Jahrhundert war
das teils von Deutschland, teils von Polen aus christianisierte,
von einheimischen Herzögen regierte Pommern deutsches
Lehen geworden. In Verbindung mit deutscher Lehenshoheit
drangen auch deutsche Siedlung und deutscher Kultureinfluß
rund 200 km über die Odermündung nach Osten bis zur Leba
vor. Hier verlief dann bis in das 19. Jahrhundert die Grenze des
Deutschen Reiches. Das östlich davon gelegene Pommerellen,
mit Danzig als Mittelpunkt, hatte bis zum Erlöschen der einheimischen kaschubischen Herzogsdynastie am Ende des 13. Jahrhunderts vorwiegend unter polnischem kirchlichem und politischem Einfluß gestanden, der sich dann jedoch mit Ansprüchen
der brandenburgischen Askanier und des Deutschen Ritteror-
dens kreuzte. Pommerellen blieb seitdem Schnittpunkt polnischer und deutscher Interessen: Von 1309 bis 1466 übte der
Orden die vom polnischen König mehrfach angefochtene Herrschaft aus. Nach dem Zusammenbruch der Ordensstellung fielen Pommerellen, das im 13. Jahrhundert dem Orden verliehene
Kulmerland mit den Städten Kulm, Thorn und Graudenz sowie
das Bistum Ermland mit Braunsberg, Heilsberg, Allenstein und
der westpreußische Teil des Ordenslandes mit Marienburg und
Elbing an Polen. Auf zweihundert Jahre deutscher Kolonisation
und Staatsgestaltung in Pommerellen, Kulmerland und Westpreußen folgte deren dreihundertjährige Verbindung mit Polen.

Das andere, östliche Preußen blieb dem Orden erhalten, mußte jedoch die Lehenshoheit des polnischen Königs anerkennen. Die spätere Inbesitznahme durch die brandenburgischen Hohenzollern ergab sich aus einer dynastischen Zufallsentwicklung: Der 1511 zum Hochmeister gewählte Albrecht von Brandenburg führte in dem ostpreußischen Überbleibsel des Ordenslandes die Reformation ein und säkularisierte es zum erblichen Herzogtum. Einhundert Jahre später starb die Königsberger Linie aus. Das Herzogtum Preußen – nach wie vor polnisches Lehen – gelangte auf dem Wege der Erbfolge 1618 an den brandenburgischen Kurfürsten. Seitdem hielten sich im Gebiet der Weichselmündung polnische und brandenburgisch-preußische Herrschafts- und Hoheitsverhältnisse gegenseitig in der Zange.

Hier lag deshalb auch von Anfang an der neuralgische Punkt in den künftigen Beziehungen zwischen Brandenburg-Preußen und Polen.

Brandenburg-Preußen und Polen im 17. und 18. Jahrhundert

Die zufällige Erwerbung des räumlich vom märkischen Stammland der Hohenzollern getrennten, der Lehenshoheit des polnischen Königs unterstehenden Herzogtums Preußen stellte an sich einen problematischen Landzuwachs dar. Doch die über die deutsche Kleinstaatlichkeit hinausweisenden Aspekte, die sich mit dem Besitz des preußischen Herzogtums verbanden, waren dazu angetan, das brandenburgisch-preußische Großmachtstreben zu beflügeln, zumal Kur-Brandenburg im Westfälischen Frieden 1648 auch den östlich der Oder gelegenen Teil des Herzogtums Pommern zugesprochen erhielt.

Die Aktionsrichtung zur Ostsee und das Ausdehnungsstreben nach Nordosten kamen erstmalig deutlich zum Ausdruck in der Politik Friedrich Wilhelms, des »Großen Kurfürsten« (1640-1688). Sein von calvinistischem Auserwählungsglauben bestimmtes dynastisch-unternehmerisches Herrschertum, in un-

ablässigen diplomatischen und militärischen Händeln auf Meh-
rung des Besitzes bedacht, eröffnete die Bahn systematischer
preußischer Staatsakkumulation. In diesem Bestreben nutzte
der Kurfürst die kriegerische Verwicklung zwischen Schweden
und Polen in den Jahren 1655-1660, um einmal auf schwedischer, dann wieder auf polnischer Seite eine Ausweitung der
Machtstellung der Hohenzollern zu erzielen. Brandenburgische
Truppen drangen zusammen mit den damals in der Kriegskunst
führenden Schweden bis nach Warschau vor, belagerten Danzig und besetzten die deutschen Städte im polnischen Westpreußen. In einem Geheimvertrag, den der Schwedenkönig Karl X.
1656 in Marienburg mit dem brandenburgischen Kurfürsten
schloß, war auch bereits von einer künftigen Teilung Polens die
Rede. Der Hohenzoller handelte für diesen Fall gegen Waffenhilfe das Versprechen ein, vier großpolnische Palatinate zu
erhalten. Was Krieg und Diplomatie dem Kurfürsten tatsächlich
einbrachten, war allerdings bescheidener: Polen trat im Vertrag
von Oliva (1660) den Westzipfel Pommerellens (Lauenburg
und Bütow) an Brandenburg-Pommern ab und, was wichtiger
war: es entließ das Herzogtum Preußen aus der bisher polnischen Lehenshoheit. Die Hohenzollern gewannen volle Souveränität in Preußen, damit aber zugleich eine von Kaiser und
Reich unabhängige Stellung.
Ihre neue preußische Souveränität galt den Hohenzollern vor
allem als dynastische Prestige-Erhöhung. Noch keineswegs ging
es darum, eine deutsche Tradition des Ordenslandes wahrzunehmen. Kennzeichnend war vielmehr, daß der Große Kurfürst
sich in den folgenden Jahren (1661-62) als Kandidat für die
Wahl des polnischen Königs empfahl und für diesen Fall auch
bereit gewesen zu sein scheint, Preußen wieder polnischer
Lehenshoheit zu unterstellen.[1] Die polnische Krone, die der
Große Kurfürst vergeblich zu erwerben suchte, fiel während der
Regierungszeit seines Sohnes und Nachfolgers, Friedrichs III.,

1 Friedrich Schinkel: Polen, Preußen und Deutschland. Die polnische
Frage als Problem der preußisch-deutschen Nationalstaatsentwick-
lung. – Breslau 1931, S. 10 f.

einem anderen deutschen Fürsten zu. 1697 wurde August der Starke von Sachsen als August II. (1697-1733) zum polnischen König gewählt. Für Friedrich III. scheint das der Hauptanlaß gewesen zu sein, sich nun auf anderem Wege die gleiche Würde zu beschaffen. Drei Jahre später handelte er dem Kaiser die Bestätigung ab, daß er sich in seiner Eigenschaft als souveräner Herr über das bisherige Herzogtum Preußen künftig als Friedrich I. den Titel eines »Königs in Preußen« zulegen dürfe. Das war eine unter ziemlich kümmerlichen Umständen herbeigeführte Rangerhöhung. Sie spornte jedoch das Bestreben der Hohenzollern an, umsichtig die machtpolitische Ausfüllung des neuen Titels zu betreiben. Das an sich recht dürftige Herzogtum Preußen wurde Kleinod des Kron-Prestiges, der Name Preußen begann auf die Gesamtmonarchie übertragen zu werden. Wäre der Große Kurfürst vielleicht noch bereit gewesen, den »in der Luft hängenden« preußischen Besitz gewinnbringend gegen einen anderen territorialen oder dynastischen Machtzuwachs einzutauschen, so kam dergleichen jetzt nicht mehr in Betracht.

In Polen sah man eben deshalb mit Argwohn auf den neuen Titel der brandenburgischen Kurfürsten, befürchtete einen dahinterstehenden Anspruch auf den polnischen Teil Preußens. Tatsächlich spekulierte Friedrich I. wie sein Vater in den Jahren des Nordischen Krieges auf die Erwerbung polnisch-preußischer Gebiete, um den Königsberger Außenposten mit Brandenburg-Pommern zu verklammern; er schenkte auch den von August dem Starken ausgehenden Plänen einer Teilung Polens zwischen Sachsen, Preußen und Rußland seine Aufmerksamkeit. Solche Kombinationen blieben aber Theorie. Bei der Einmischung auswärtiger Mächte in Polen, die in den Jahren des Nordischen Krieges das Gefüge des polnischen Staates aufs stärkste belastete, spielte Brandenburg-Preußen noch eine recht untergeordnete Rolle.

Während der kriegerischen Ereignisse, die zwischen 1700 und 1712 fast ausschließlich auf polnischem Boden stattfanden und schwere Verwüstungen hinterließen, wurde Polen in erster

Linie Objekt der Auseinandersetzung zwischen Karl XII. von Schweden und Peter dem Großen um die Vorherrschaft über die vormals zu Polen gehörende baltische Ostseeküste. Das Bestreben des landfremden Wettiner Wahlkönigs, in Polen den Absolutismus einzuführen und, gestützt auf seine sächsischen Truppen, sowohl im Innern den polnischen Adel zu unterdrücken wie nach außen im Bunde mit Rußland die schwedische Stellung zu erschüttern, zerriß die Einheit des polnischen Staatswesens. Die Mehrheit des souveränen polnischen Adels, der seit alters her die Republik Polen repräsentierte, betrachtete die Kriege Augusts II. gleichsam als dessen Privatsache. Eine patriotische Adelskonföderation erzwang für fünf Jahre (1704-1709) die Vertreibung des Wettiners und Erhebung des Gegenkönigs Stanislaus Leszczynski, bediente sich dazu aber ebenfalls auswärtiger (schwedischer) Hilfe.

Als mit dem Tode Karls XII. Schwedens Vormachtstellung an der Ostsee zerbrach, gewann Peter der Große eine einflußreiche Schiedsrichterrolle auch in den inneren Angelegenheiten Polens. Die dem polnischen Reichstag im Jahre 1717 von ihm aufoktroyierte »Warschauer Vereinbarung« verfügte die Räumung Polens von sächsischen Truppen und die Aufrechterhaltung der polnischen republikanischen Verfassung (mit Wahlkönigtum und dem Vetorecht jedes einzelnen Abgeordneten im Reichstag), verbot aber zugleich mit der Unterdrückung aller königlich-absolutistischen Bestrebungen auch die polnischen Adelskonföderationen, von denen noch Reformen zur Festigung des Staates hätten ausgehen können.

Die Erhaltung der polnischen republikanischen »Freiheiten« als Bedingung der Ohnmacht Polens und als Ansatzpunkt für die Bildung russischer, österreichischer oder auch preußischer Adelsparteien lag im einhelligen Interesse der Nachbarn Polens. Es wurde auch zum brandenburgisch-preußischen Grundsatz, daß die im Niedergang begriffene polnische Macht nicht wieder erstarken dürfe.[2] Charakteristisch hierfür ist die

2 Friedrich Koser: Geschichte Friedrichs des Großen, Bd. 3. – Berlin/Stuttgart 1913, S. 291.

»Instruktion«, die König Friedrich Wilhelm I. (1713-1740) seinen Nachfolgern testamentarisch vermachte:

»*Mit der Republicke Pohlen ist guth in guthe freundschaft leben und sie ein guth vertrauen bezeugen und auf dem Reichstag euch bestendig eine Partey zu machen, das Ihr den Reichstag brechen könnet, wen Ihr es euer interesse apropos findet. Ihr müsset mit aller macht bearbeitten, das es eine Republicke bleibe und das nicht ein suwerener König seyn, sondern bestendig eine freie Republicke verbleibe.*«[3]

Diesem Zeugnis lassen sich dem Sinne nach fast gleichlautende russische oder österreichische Äußerungen an die Seite stellen. So schrieb als gelehrige Schülerin Peters des Großen die spätere Zarin Katharina II. im Jahre 1759 in ihr Tagebuch:

»*Ich frage, ob Rußland einen despotischen Nachbarn besser gebrauchen kann als die glückliche Anarchie, in welcher sich Polen befindet und welche uns zu jeder beliebigen Aktion freie Hand läßt.*«[4]

Ähnliche Überlegungen bewegten die österreichische Diplomatie. Als nach dem Tod des zweiten Wettiners auf dem polnischen Thron die Königswahl im russischen, nicht im österreichischen Sinne ausfiel und sich im polnischen Konvokationsreichstag Reformbestrebungen bemerkbar machten, die u. a. die Abschaffung des Liberum veto zum Ziele hatten, schrieb der Wiener Staatskanzler Fürst Kaunitz im Mai 1764 aufgebracht an den österreichischen Gesandten in Warschau, dies müsse unbedingt verhindert werden, da »sonst Polen zu einer formidablen Macht gelangen« könne, »welche mit unserem Staatsinteresse auf keine Weise zu vereinbaren und von der allerschädlichsten Folge wäre«.[5]

Die übereinstimmende, wenn auch noch nicht verabredete Politik der drei Mächte zur Erhaltung der polnischen Ohnmacht,

3 Die politischen Testamente der Hohenzollern; hrsg. v. G. Künzel und M. Hass, Bd. I. – Leipzig/Berlin 1911, S. 90.
4 Papiere der Kaiserin Katharina II. 1744-64, Bd. VII, S. 91 f. (zit. bei Walther Recke: Die polnische Frage als Problem der europäischen Politik. – Berlin 1927, S. 14 f.)
5 Zit. bei Alfred v. Arneth: Geschichte Maria Theresias, Bd. 8. – Wien 1877, S. 550, Anm. 96.

die es ihnen je nach Konjunktur erlaubte die Entwicklung in Polen zu bestimmen, stellte gleichsam ein Vorstadium der späteren territorialen Dekomposition und Teilung dar.

Bis in die Zeit des Siebenjährigen Krieges (1756-63) machte sich Polen gegenüber vor allem die Gemeinsamkeit russischer und österreichischer Interessen geltend. Sie kam zum Ausdruck im Krieg um die Nachfolge Augusts II. (1733-35), in dem Rußland durch seine Truppen im Einvernehmen mit Wien den vom polnischen Adel erneut gewählten und von Frankreich gestützten Leszczynski vertrieb und beide Mächte statt dessen gegen einträgliche Wahlversprechungen die Erhebung des sächsischen Kurfürsten auf den polnischen Thron erzwangen. Der unter diesen Umständen stark von Petersburg abhängige Wettiner August III. mußte es im russisch-österreichischen Türkenkrieg von 1737-39 ebenso wie später im Siebenjährigen Krieg gegen Preußen geschehen lassen, daß Polen als Aufmarschgebiet der russischen Armee benutzt wurde. Währenddessen ergab sich eine gewisse Parallelität der Interessen zwischen der im polnischen Reichstag dominierenden Adelspartei der Potocki, welche die russische Hegemonie abzuwenden suchte, und dem preußischen König.

Als Friedrich II. 1740 mit der Annexion des österreichischen Schlesien zwar nicht das staatliche Verhältnis zu Polen, wohl aber das Interesse des polnischen Königs berührte, der zugleich Kurfürst von Sachsen war, setzte die polnische Magnatenpartei der Potocki durch, daß Polen nicht in die Schlesischen Kriege eingriff. Desgleichen hegte sie während des Siebenjährigen Krieges, als Polen unter den durchziehenden russischen Truppen kaum weniger zu leiden hatte als Ostpreußen und Schlesien, eher freundschaftliche Gefühle für den Preußenkönig. Es entstanden sogar polnische Projekte einer Verbindung mit Preußen zur Abwehr des russischen Vordringens.[6]

Friedrich erwiderte solche Absichten allerdings kaum. Für ihn

6 Wilhelm Feldman: Geschichte der politischen Ideen in Polen seit dessen Teilungen (1795-1914). – München/Berlin 1917, S. 20.

bildete Polen als machtpolitisches Vakuum im Hinblick auf die russische Bedrohung eine gefährliche offene Flanke, andererseits Anreiz für eigene Annexionspläne. Schon in seinem politischen Testament aus dem Jahre 1752 räumte er dem polnischen Staat nur noch eine künstlich durch die Rivalität seiner Nachbarn aufrechterhaltene Existenz ein und prophezeite, daß diese »übermächtigen Nachbarn am Ende sich über eine Teilung Polens verständigen würden«. Als territoriales Nahziel schwebte auch ihm hierbei Polnisch-Preußen vor, über dessen künftige Erwerbung er sich bereits genauere Vorstellungen gemacht hatte:

»Es würde vielleicht besser sein, dieses Land durch Unterhandlung stückweise zu gewinnen als durch das Recht der Eroberung. In einem Falle, wo Rußland dringend unseres Beistandes bedürfte, wäre es vielleicht möglich, sich Thorn, Elbing und einen Umkreis abtreten zu lassen, um dadurch die Verbindung von Pommern nach der Weichsel zu erlangen.«[7]

Dem absolutistischen Hohenzollernkönig, der sich eine aufgeklärte Staatsmoral zu eigen gemacht hatte und Machtgewinn als sachlichen Dienst am Staate verstand, galt die innerstaatliche Anarchie Polens gleichsam als sittlicher Defekt. In den Polen erblickte er die »elendeste Nation Europas«, und über die polnische Adelsnation, die in Magnatenparteien zersplittert, auf die Gunst auswärtiger Mächte angewiesen war, äußerte er abfällig: er halte diese ganze »Gesellschaft mit dem Namen auf ki« für »eine in jeder Hinsicht verächtliche Nation«.[8]

7 Die politischen Testamente (S. 30, Anm. 3), Bd. II. – Leipzig/Berlin 1920, S. 58 f.
8 Zit. bei Fr. Koser (S. 29, Anm. 2), Bd. 3, S. 335.

Der Antagonismus preußischer und polnischer Staats- und Gesellschaftsordnung

Aus den Bemerkungen Friedrichs II. über Polen und polnische Zustände mag man auf den ersten Blick vor allem überheblichen »fritzischen« Sarkasmus herauslesen. In ihnen drückt sich aber zugleich die tiefe geschichtliche Kluft aus zwischen dem politischen Staatsideal des aufgeklärten, absolutistischen Monarchen eines im Sinne des 18. Jahrhunderts modernen europäischen Machtstaates und der überlebten Verfassung einer Nation mit gänzlich anderer Entwicklung und Prägung, die vom Aspekt fürstlicher Staatsräson aus als ein archaisches Überbleibsel aus dem »dunklen« Mittelalter erscheinen mußte.

Am Ende des 17. Jahrhunderts hatte Polen unter König Sobieski, dem Bezwinger der Türken, noch einmal eine eindrucksvolle politische und militärische Rolle gespielt. Seitdem aber hieß es in Europa: »Polonia confusione regitur«. Es zeigte sich fast nur noch die Schattenseite dessen, was einst die »goldene Freiheit« der polnischen Adelsnation ausgemacht, was der polnischen Republik für Litauer, Ruthenen, Ukrainer und selbst Tataren solche Anziehungskraft verliehen und ihr im 15. Jahrhundert auch zur Überlegenheit über das starre und absolute Staatsprinzip des Deutschen Ordens in Preußen verholfen hatte. Die Selbstregierung des souveränen Adelsvolkes und die lockere Föderation des seit dem 14. Jahrhundert bis weit nach Rußland hineinreichenden polnisch-litauischen Großreiches, das seinem Wahlkönigtum nur bescheidene königliche Vollmachten einräumte, kaum eine zentrale staatliche Verwaltung, sondern eine Vielzahl regionaler Mittelpunkte und Privilegien aufwies, schien zur Farce geworden.

Angesichts des Verfallszustandes im 18. Jahrhundert, den auch die deutsche historische Literatur der Folgezeit als selbstverschuldete Ursache der Teilung Polens kommentierte, blieb nicht genügend in Erinnerung, welche einzigartige Staatsbildung die im Spätmittelalter unter der Jagellonen-Dynastie entwickelte polnische »Rzeczpospolita« drei Jahrhunderte lang gewesen ist.

Nicht ganz zu Unrecht hat sich dieses genossenschaftlich organisierte polnische Reich, dessen eigentliches Staatsvolk die nahezu ein Zehntel der Bevölkerung zählende Schicht der Schlachta, des ritterlichen kleinen Landadels, bildete, als die res publica des Nordens verstanden. Geprägt von einem »familiären Geist des öffentlichen Lebens«[9], hatte die Gleichartigkeit seiner adligen Gesellschaftsform, die schmiegsam mit der politischen Expansion auch auf andere Nationalitäten und Konfessionen ausgedehnt wurde, den fast alleinigen Zusammenhalt des Reiches gebildet. Der in den Wojewodschaften von alters her auf Landtagen gemeinschaftlich regierende Adel, dessen gewählte Landboten die Reichstage bildeten, verstand sich selbst als den Staat. In der Form der »Adelskonföderation« hatte er ein Notstandsregulativ entwickelt, das während eines Interregnums an die Stelle der Königsgewalt treten konnte. Auch die für die Beratungen während eines gesetzlichen Reichstages (nicht für die Konföderationsreichstage) im 16. Jahrhundert durchgesetzte Regel des Liberum veto, durch welche Einstimmigkeit der Beschlüsse erzwungen wurde, hatte ursprünglich eine sinnvolle, großherzig gedachte Funktion: Sie sollte die unverletzlichen Rechte jedes einzelnen Adligen vor Majorisierung schützen, eine Aufspaltung in Mehrheiten und Minderheiten verhindern und statt dessen gewährleisten, daß die Beratungen zum wirklichen Kompromiß und zum consensus omnium fortgeführt wurden.

Diese »Politisierung« des polnischen Adels und sein republikanisch-sozialer Zusammenhalt bewahrten ihn lange vor der feudalen westeuropäischen Zersplitterung. Aus dem gleichen Grunde wurde die Schlachta auch nicht höfisch, sondern blieb ihrem Wesen nach bäuerlicher Landadel. Sie bildete im polnischen Staat des 14. bis 16. Jahrhunderts gleichsam ein demokratisches Element und in Gestalt des zahlreichen »bäuerlichen« Kleinadels innerhalb der ländlich-patrimonalen Sozialordnung auch ein vermittelndes Element zu dem überaus armen,

9 Harald Laeuen: Polnische Tragödie. – Stuttgart 1955, S. 68.

erbuntertänigen polnischen Bauerntum, das später die Freiheit der Schlachta als nationales polnisches Ideal sich selbst zu eigen zu machen begann. Jahrhundertelange Dauer machten die soziale und politische Verfassung Polens zum Inbegriff eines nationalen Ideals. Ihre Ausbreitung, vor allem auf Litauen und Ruthenien, wurde dadurch erleichtert, daß die lockere Struktur des Schlachta-Staates der Erhaltung provinzieller Sonderheiten weit entgegenkam und – bis ins 17. Jahrhundert – auch die Gleichberechtigung des griechisch-orthodoxen oder griechisch-katholischen Adels einschloß. Polnische Sprache und Kultur konnten sich unter diesen Voraussetzungen weit bis nach Rußland hinein verbreiten und galten selbst in Moskau als Form höherer Gesittung.

Die Identifizierung von Schlachta und Staat bewirkte allerdings schon im 16. Jahrhundert eine dem städtischen Bürgertum und seinen Rechten abträgliche Tendenz. Die im Mittelalter privilegierten Städte gingen als Mediatstädte vielfach in adlige Grundherrschaft über, verwandelten sich in Ackerbürgerstädte, in denen Handel und Gewerbe, großenteils von Juden oder Deutschen wahrgenommen, an Bedeutung verloren. Die kleinen und großen Adelssitze auf dem Lande und die adligen Palais' in den großen Städten, vor allem in Warschau, bildeten den Mittel- und Bezugspunkt der Gesellschaft und Zivilisation. Polen geriet hiermit in eine zunehmende Isolierung gegenüber dem europäischen Westen wie auch gegenüber Rußland, wo die ständischen Privilegien des Adels der Souveränität der fürstlichen Landesherren mehr und mehr unterworfen wurden und sich neben der höfischen Kultur ein neues, staatlich gefördertes bürgerlich-gewerbliches Leben entwickelte. Die Wege Polens und seiner Nachbarn entfernten sich aber insbesondere dadurch voneinander, daß Polen an der Herausbildung des modernen, zentralisierten Staates mit einer bürokratischen Verwaltung, stehendem Heer, einem planvollen System der Besteuerung und den neuen merkantilistischen Bestrebungen staatlicher Wirtschaftslenkung und -förderung keinen Anteil nahm. Man hielt stolz an der freieren Verfassung der Rzeczpospolita fest, auch als sich zeigte, daß man damit machtpolitisch wie wirtschaftlich und sozial ins Hintertreffen geriet. Die ungewöhnlich breite Schicht des polnischen Adels und das Festhalten am Gesellschaftskodex adliger Gleichheit, ungeachtet der sozialen Unterschiede zwischen den »verbauerten« Schlachzizen und den großen Magnaten, bildete die vielleicht wesentlichste Voraussetzung dafür, daß sich Polen überhaupt zur republikanischen »Adelsnation« entwickeln und Politik, Kriegführung, gesellschaftliches Leben in der freien Form genossenschaftlicher Aristokratie entfalten konnte. Andererseits lag in der großen Zahl des Landadels die Ursache dafür, daß ein erheblicher Teil allmählich verarmte, zumal das polnische Königtum ihm in Kriegführung und Politik immer weniger Ziele und Gewinnchancen zu geben vermochte. Es entstand ein adliges »Proletariat«, das sich infolge des Mißverhältnisses zwischen politischer Privilegierung und sozialem Abstieg als Element sozialen Mobilismus und politisch als Unruhefaktor bemerkbar machte. Die soziale Deklassierung eines großen Teiles des Adels hatte im 17. und 18. Jahrhundert auch ein weiteres Herabdrücken der Bauern zur Folge. Sie verursachte die Denaturierung des adligen Stimmrechts auf den Landtagen zum Geschäft, begünstigte andererseits die Tendenz zu politisch-militärischem Aktivismus und religiösem oder nationalem Eifer. Was aufklärerisch moralisierend die »Verderbtheit« und »Zuchtlosigkeit« des polnischen Adels im 18. Jahrhundert genannt worden ist, war nicht angeborener anarchischer Volkscharakter, sondern eine historisch bedingte Erscheinung. Die Politisierung und die Besitzarmut des kleinen Adels verführten zu »Käuflichkeit«, begünstigten das Söldnertum im Dienst großer Magnaten oder auswärtiger Mächte; sie gaben auf der anderen Seite aber auch vielfache Gelegenheit zum Beweis patriotischer Selbstlosigkeit, spornten zu tollkühner Aktion und Verschwörung an. Die sogenannte adlige Anarchie[10] war im 18.

10 Interessant in diesem Zusammenhang die Diskussion polnischer marxistischer Historiker über die Ursache der polnischen Anarchie

Jahrhundert Ursache des staatlichen Zerfalls, zugleich aber auch Quelle der Lebhaftigkeit und Dauerhaftigkeit des polnischen Freiheitswillens.

Während der Gesamtstaat im 17.-18. Jahrhundert zunehmend zerfiel, Einflüsse auswärtiger Mächte auf das Wahlkönigtum und die Reichstagsbeschlüsse die Zentralmacht lähmten, verlagerte sich die politische Initiative der Republik auf die adligen Regional- und Familienverbände, die gleichsam als »Kleinkönige« wirkenden Magnatenfamilien. Intakte Magnatenrepubliken traten, freilich rivalisierend und sich oft bekämpfend, an die Stelle der verwahrlosten Gesamtrepublik. Die Czartoryskis, Potockis, Radziwills unterhielten ihre eigene Diplomatie, bildeten adlige Söldnertruppen aus der Klientel des besitzarmen Kleinadels und verkörperten nach dem Verfall der Zentralgewalt den eigentlichen polnischen politischen Eigenwillen. Dabei lag eine unselige Verkettung darin, daß für die oft von besten patriotischen Absichten geleiteten Magnatenparteien »die Ausschaltung fremder Einflüsse ohne fremden Beistand undurchführbar« war[11] und sich polnischer Staatswille nur noch in Fraktionen und adligen Konföderationen durchsetzen konnte, die sich wiederum gegeneinander ausspielen ließen.

Von ähnlicher ambivalenter Wirkung wie die Politisierung des Adels war für die neuzeitliche Entwicklung Polens die historische Verbindung der Adelsrepublik mit dem gegenreformatorischen Katholizismus des 16. Jahrhunderts. Der verglichen mit Deutschland und Westeuropa unblutige Siegeszug der polnischen Gegenreformation hatte eine außerordentlich spirituelle Wirkung auf das Polentum ausgeübt, dem Lande künstlerischen und geistigen Auftrieb gegeben und war der kulturellen Ausstrahlungskraft der Adelsrepublik stark zugute gekommen. Neben dem Adel bildete die Geistlichkeit seitdem einen wesentlichen Träger polnischen Selbstbewußtseins. Adlig-patriarchalischer Gesellschaftskodex und Katholizismus formten ein nun

des 17. und 18. Jhs.; vgl. Zschr. *Polish Perspectives* (Warschau), Juli 1962, S. 32 ff.
11 Feldman (S. 31, Anm. 6), S. 16.

auch die bäuerlichen Volksschichten ergreifendes polnisches Nationalgefühl, das vielfach die Züge katholischer Volksmystik annahm. Die religiöse »Imprägnierung« des polnischen nationalen Lebens verfestigte aber zugleich den Traditionalismus der adligen Gesellschaftsordnung. Das petrifizierte Sozial-Ideal des Landedelmannes förderte den gesellschaftlichen Quietismus, eine Neuerungen abwehrende Selbstzufriedenheit, die oft Stagnation und Rückständigkeit bedeuten konnte.

Auch die Universalität des alten polnisch-litauischen Jagellonenreiches mit seiner einst sprichwörtlichen Toleranz gegenüber anderen Sprachen und Bekenntnissen erfuhr durch die Verengung des Nationalbewußtseins, zu der die Verbindung von Adelsrepublik und Katholizismus allmählich führte, einen inneren Bruch. Zwischen der römisch-katholischen Mehrheit in Polen-Litauen und den Angehörigen der griechischen Kirche im Osten sowie den Juden und auch den deutschen Protestanten in Pommerellen, Kulmerland und im schlesisch-großpolnischen Grenzgebiet ergab sich eine Kluft. Deutsche Protestanten, die im 16. und 17. Jahrhundert wegen religiöser Verfolgung aus Böhmen oder Schlesien nach Polen eingewandert waren und dort Asyl gefunden hatten, fühlten sich nun nicht mehr gelitten und folgten den Werbern des Preußenkönigs, der aufklärerisch-tolerant die Dissidenten anderer Länder als Kolonisten in Schlesien, der Neumark, später auch in Westpreußen ansiedeln ließ.[12] Am folgenreichsten war, daß das katholische Staatskirchentum dem griechisch-orthodoxen Adel die politische Rechtsgleichheit nahm. Unter dem Einfluß des Gegensatzes zum russischen Zarismus, der auch die Schutzherrschaft über die griechische Kirche wahrnahm, setzte die von den katholischen Bischöfen unterstützte polnische Patriotenpartei während der Regierungszeit Augusts II. auf den Reichstagen von 1713 und 1733 durch, daß den »Dissidenten« künftig der

12 Charakteristisch das Schicksal der deutschen und böhmischen Protestanten in Lissa, nachdem diese Stadt 1734 aus dem Besitztum des toleranten Fürsten Leszczynski ausschied; vgl. u. a. Heinrich Bergér: Friedrich der Große als Kolonisator. – Gießen 1896, S. 26.

Sitz im Reichstag und die Mitgliedschaft in den obersten Verwaltungskommissionen sowie im Tribunal verwehrt wurde. Im Osten des polnischen Reiches bildete sich ein schwerwiegender konfessionell-nationaler Desintegrationsprozeß, der später von Katharina II. (1762-96) zur militärischen Intervention in Polen benutzt wurde. Die späte, erst zu Beginn des 18. Jahrhunderts hervortretende katholisch-nationale Intoleranz der besonders im westlichen Polen verankerten und vom dortigen Klerus beeinflußten Patriotenpartei aktualisierte sich erst mit der beginnenden politischen Überfremdung, gleichsam als Akt ideologisch-nationaler Gegenwehr.

Polens Entwicklung verlief auch in dieser Hinsicht anders als die seiner westlichen Nachbarn, bei denen gerade jetzt der Staat zum Hüter konfessioneller Toleranz zu werden begann.

Besonders extrem war der Unterschied zwischen der gesellschaftlich-politischen Tradition und Verfassung Polens und dem Wesen des aufsteigenden preußischen Staates. Von den absolutistischen Nachbarstaaten Polens hatte das junge preußische Staatsgebilde sich, vor allem duch die Reformen Friedrich Wilhelms I., am entschiedensten zu einem zentralistischen Beamten- und Verwaltungsstaat entwickelt. Seine Struktur war bestimmt durch Rationalisierung und Reglement, Stabilisierung der königlichen Souveränität gegenüber den Ständen, Umprägung der absolutistischen Hofhaltung und Hofkultur zu einer königlich-staatlichen Direktorialverwaltung, Bindung des entpolitisierten Adels an die staatliche Karriere in Militär und Verwaltung, Perfektionierung des Fiskus und Militärwesens. Während die polnische Republik sich mit einem Minimum an Staatsverwaltung behalf, nahm in Preußen die Staatstätigkeit fortwährend zu. Sie erstreckte sich unter Friedrich dem Großen vor allem auch auf systematische Anstrengungen zur »Peuplierung« des Landes, seine wirtschaftliche Erschließung und Bereicherung durch Verbesserung der Verkehrswege, Anlage von Kanälen, Gründung neuer Manufakturen, Einführung bestimmter landwirtschaftlicher Kulturen, die einheitliche Gestaltung der Justiz und beginnende Kodifizierung des

Rechts, auf staatliche Fürsorge für Volksschulen und Wissenschaft, verbunden mit einer weltlich-aufklärerischen Staatstoleranz in religiösen Fragen, die sich bei Friedrich dem Großen – wohl z. T. auch noch herrührend aus der überlieferten reformiert-calvinistischen Religiosität der Hohenzollern – mit einer heftigen Abneigung gegen jene katholische Mystik verband, die ein integraler Bestandteil polnischen nationalen Empfindens geworden war. Dieser auf Potenzierung der Staatsmacht nach innen und außen bedachte, auf Organisation, Zweckmäßigkeit, »heilige« Sachlichkeit und Pflichterfüllung abgestellte, ebenso nüchterne wie moderne und außerordentlich dynamische friderizianische Staat verkörperte beinahe in allen Einzelheiten das Gegenteil polnischer historischer Bedingungen und Werte.

Die prinzipielle Andersartigkeit der Staats- und Gesellschaftsformen kontrastierte außerdem noch dadurch besonders scharf, daß Preußen als machtpolitische Potenz im Westen Polens erst entstanden war, als das polnische Reich aufgehört hatte, Großmacht zu sein. Im Gegensatz zum österreichisch-polnischen und russisch-polnischen Verhältnis ließ sich hier nicht an einem Fundus älterer gemeinsamer staatlich-kultureller Traditionen und Schicksale anknüpfen. Während Österreich-Ungarn und Polen schon durch mittelalterliche dynastische Beziehungen, die Verwandtschaft zwischen der polnischen und insbesondere der madjarischen adlig-ritterlichen Gesellschaft in katholischer Religion und gegenreformatorischer Barock-Kultur verbunden waren, fehlten solche vermittelnden Elemente und nachbarschaftlichen Bande zwischen dem jungen, ehrgeizig aufstrebenden preußischen Staat und der alten polnischen Republik fast ganz. Das territoriale Gebilde Brandenburg – Pommern – Preußen – Schlesien, das im 18. Jahrhundert als Staat der Hohenzollern zum mächtigen Nachbarn Polens heranwuchs, hatte wenig traditionelles historisches Gepräge, war ein Ensemble heterogener historischer Länder, seinem Wesen nach gleichsam abstrakter Nur-Staat, der schon in seiner unbefriedigenden Konfiguration daraufhin angelegt war, den Prozeß territorialer Akkumulation weiterzubetreiben. Die Diplomatie Preußens erhielt ausgeprägt spekulative und konjunkturelle Züge, da ihre Aktionsrichtung nicht national oder geographisch festgelegt und nicht an historische Überlieferungen gebunden war.

In dieser Hinsicht bestand selbst zwischen Rußland und Polen ein traditionelleres Verhältnis. Polens Grenzen und Hoheitsgebiete im Osten waren seit je wechselnd und offen gewesen. Die Verwandtschaft der slawischen Sprache, gemeinsame osteuropäische Erfahrungen und Schicksale, wie die jahrhundertelangen Auseinandersetzungen mit Mongolen und Türken, auch das den Gegebenheiten des Ostens mit seinen verschiedenen Völkern und Kulturen entsprechende föderative Prinzip der Staatsgestaltung, all dies hatte bei aller Gegensätzlichkeit vielerlei Spuren gegenseitigen Einflusses hinterlassen. Polnische und moskowitische Staatlichkeit hatten rivalisierend, aber auch sich gegenseitig vielfach berührend, im russisch-ruthenischen Raum nebeneinander bestanden. Trotz der seit Beginn des 18. Jahrhunderts fühlbar werdenden Überlegenheit der zaristischen Staatsmacht blieb in Petersburg weiterhin ein gut Teil polnischer Kultureinflüsse wirksam. Polen blieb für Rußland der westliche Nachbar, über den hinweg man Anschluß an die überlegene westeuropäische Zivilisation suchte. Und umgekehrt schien den Polen der Gedanke an eine dynastisch-staatliche Verbindung mit dem Zarentum nicht immer völlig abwegig, zumal man sich der eigenen kulturellen Überlegenheit sicher dünkte. Das seit Peter dem Großen deutlich hervortretende machtpolitische Vordringen Rußlands nach Westen blieb deshalb doch stark gebunden an solche vorgegebenen Traditionen des russisch-polnischen Verhältnisses.

Am Mangel ähnlicher politischer oder kultureller Traditionselemente im Verhältnis Preußens zu Polen lag es nicht zuletzt, daß preußische Ambitionen gegenüber dem polnischen Nachbarn so stark als »nackte« territoriale Besitzinteressen hervortraten. Der einander kraß entgegengesetzte Stil preußischer und polnischer Staatsgestaltung und -auffassung war auch eine wesentliche Ursache dafür, daß das Aufeinandertreffen preußischer Staatsverwaltung und polnischer Nation, das mit den Teilungen Polens begann, von vornherein – noch ehe nationale deutsch-polnische Gegensätze sich sonderlich bemerkbar machten – in so starkem Maße die Gestalt einer »Fremdherrschaft« annahm, daß sich gegensätzliche stereotype Vorstellungen von polnischem und preußischem Wesen frühzeitig ausbildeten und verfestigten.

Die polnischen Teilungen: 1772-1795

Wir haben die innerpolnischen Ursachen genannt, welche die
staatliche Desintegration Polens bewirkten und somit die Hegemonie auswärtiger Mächte und die spätere Teilung begünstigten. Es bleibt aber festzuhalten: Der polnische Staat ist schließlich nicht von innen zerfallen, sondern durch eine überlegene
Koalition von außen erst zerstückelt, dann durch die zweite und
dritte Teilung, nach letztem Widerstand, von Rußland, Preußen
und Österreich gewaltsam beseitigt worden. Gerade der endgültige Akt der Teilung vollzog sich nicht als Inbesitznahme eines
machtpolitischen Vakuums, sondern als russisch-preußische
militärische Strafaktion, während Polen den energischen Versuch gemacht hatte, sich aus eigenen Kräften zu reformieren
und aus bisheriger Abhängigkeit und Machtlosigkeit zu erheben.
Ungeachtet dessen sind in der deutschen historischen Literatur
seit der zweiten Hälfte des 19. Jahrhunderts die polnischen
Teilungen meist als »Untergang« Polens, als »polnische Tragödie« u. ä. stilisiert worden. Man nannte »schicksalhaft« und
einen von Polen selbst verschuldeten »Urteilsspruch der
Geschichte«, was von außen erzwungen war. Als Beispiel mag
gelten, wie Heinrich von Sybel, der repräsentative Geschichts-
schreiber des preußisch-deutschen Reiches unter Bismarck und
Wilhelm II., seine ausführliche Darstellung der polnischen Teilungen beschließt:

*»Es trat ein, was geschehen mußte, nachdem ein großes und begabtes
Volk den politischen und sittlichen Selbstmord durch zwei Jahrhunderte hindurch an sich selbst vollzogen hatte. Es brach herein mit
erschütternder Gewalt über Schuldige und Unschuldige, in einer Katastrophe, wie sie die Welt seit der Katastrophe Jerusalems nicht furcht-
barer gesehen hatte. Man würde bei einem solchen Bilde an Recht und
Vorsehung verzweifeln, sähe man nicht auch hier, daß die Nationen
nur dann altern und sterben, wenn sie vorher sich selbst gerichtet*

haben. So hat Polen geendet, durch die eigenen Sünden außerstande,
den geharnischten Nachbarn zu widerstehen.«[1]

Solche »Sinndeutung« der Teilung Polens fiel noch erheblich
kühler aus, wenn sie unter den Auspizien einer geopolitisch
orientierten Geschichtsschreibung stand, welche die Entwicklung und das »Gesetz« der Weltgeschichte in der Abfolge
naturgegebener Machtkämpfe erblickte. So schrieb 1927 der
Danziger Historiker Walther Recke über die Ursachen des polnischen »Untergangs«:

»Es gab für den polnischen Staat des 18. Jahrhunderts nur die Alter-
native: Entweder ganz von Rußland aufgesogen, oder unter die Nach-
barn Polens aufgeteilt zu werden ... Ein schwaches Polen neben
einem naturstarken Rußland war zum Untergang verurteilt. Da die
Politik des Adels es verhindert hatte, daß Polen Hammer wurde, so
mußte es Amboß sein.«[2]

Das tatsächliche Geschehen der polnischen Teilungen vermit-
telt nicht den Eindruck derartig zwangsläufiger geschichtlicher
Notwendigkeiten, viel eher den einer durchaus vermeidbaren
Mutwilligkeit, bei der die territoriale und machtpolitische
Bereicherungsabsicht der drei Teilungsmächte deutlich im Vordergrund stand und die preußische Politik erheblichen Anteil
daran hatte, daß die Idee und Praxis der Teilungen durch-
drang.

Die Bedeutung der Teilungen als der entscheidenden Zäsur in
der polnischen Geschichte und die hierdurch vollzogene negative Vorentscheidung der folgenden preußischen Polenpolitik
im 19. Jahrhundert macht es nötig, die Anlässe, außenpolitische
Konstellationen und politisch-diplomatischen Zielsetzungen,
die zu den drei polnischen Teilungen führten, wenn schon nicht
durch eine breite Erzählung, so doch wenigstens durch eine
Skizze der wesentlichen Zusammenhänge in die Erinnerung
zurückzurufen.

1 Heinrich v. Sybel: Geschichte der Revolutionszeit 1798-1800,
Bd. 5. – Stuttgart 1898, S. 158.
2 Walther Recke (S. 30, Anm. 4), s. 35.

König Friedrich II. hatte, wie erwähnt, schon 1752 in seinem Testament den Erwerb Polnisch-Preußens, der Landverbindung zwischen Pommern und Ostpreußen, als besonders erstrebenswerten Besitzzuwachs ins Auge gefaßt. Er schien ihm am ehesten möglich, wenn Rußland als die in Polen einflußreichste Macht irgendwann auf Preußens Unterstützung besonders angewiesen und deshalb bereit sein würde, den Hohenzollern einen solchen Machtgewinn einzuräumen. Nach dem Ende des Siebenjährigen Krieges, der Preußen die bedrohliche Macht Rußlands sehr anschaulich gemacht hatte und dessen rettenden Ausgang Friedrich II. vor allem dem Thronwechsel und politischen Umschwung in Petersburg verdankte, ergab sich durch den Tod des polnischen Königs August III. (1763) und die fällige Neuwahl die Gelegenheit einer engeren Verbindung mit Rußland. Zarin Katharina II. (1762-96) schloß im April 1764 mit Friedrich II. einen Bündnisvertrag ab. Der Preußenkönig verpflichtete sich darin zur Unterstützung der Wahl Stanislaus August Poniatowskis, des im Einvernehmen zwischen den Czartoryskis und Katharina II. gegen die Wünsche Österreichs und der Potocki-Partei aufgestellten Kandidaten. In den Vertragsverhandlungen sprach sich Friedrich nicht minder entschieden als Rußland für die Beibehaltung des Liberum veto aus, ferner gegen alle Bestrebungen zur Abschaffung des Wahlkönigtums und zur Änderung der polnischen Verfassung.[3] Er unterstützte seinerseits Katharinas Wunsch auf Gleichberechtigung der Dissidenten und sagte ein preußisches Truppenaufgebot im Falle österreichischer Einmischung in Polen zu. Österreich wurde unter diesen Umständen zum Stillhalten gezwungen; die Wahl Poniatowskis ging ungehindert vonstatten (1764). Er und die Czartoryskis erwiesen sich jedoch in der Folgezeit den Wünschen Katharinas viel weniger gefügig als diese erwartet hatte. Als schließlich der russische Antrag auf

3 Friedrich Koser (S. 29, Anm. 2), Bd. 3, S. 297.

Gleichstellung der Dissidenten aus patriotisch-katholischem Eifer gegen die russische Einmischung vom polnischen Reichstag abgelehnt wurde, erzwang Katharina mit Waffengewalt, Deportation widerspenstiger polnischer Bischöfe und durch eine von ihrem Statthalter in Polen gebildete Konföderation die Annahme ihrer Forderungen durch einen von russischen Truppen umstellten Reichstag (1768). Dem Eingreifen Petersburgs war zur Absicherung gegen Österreich ein erneuter Vertrag mit Preußen vorangegangen (1767). Friedrich II. sah die Erniedrigung Polens zur russischen Provinz mit starkem Unbehagen, war aber an Katharinas Eingreifen insofern selbst interessiert, als auch er die von den Czartoryskis erstrebten Reformen verhindern wollte. Der Vertrag mit Katharina stellte dem Preußenkönig für den Fall, daß er infolge österreichischer Einmischung Truppen nach Polen entsenden mußte, eine Entschädigung in Aussicht, wobei offenbar an polnisches Gebiet gedacht war.

Gegen die erzwungenen Reichstagsbeschlüsse von 1768 bildete sich eine fanatische polnische Gegenbewegung (Konföderation von Bar). Die sich daraus entwickelnden blutigen Kämpfe zwischen polnischen Aufständischen und russischen Truppen brachten bald auch die benachbarten Mächte auf den Plan: Die Türkei erklärte Rußland den Krieg. Österreich setzte sich vorsichtig-wohlwollend für die Sache der polnischen Konföderierten ein und unterstützte die Türkei diplomatisch, riskierte aber wegen des russisch-preußischen Vertrages keine offene Beteiligung am Kriege. Die Erfolge der russischen Truppen gegenüber dem Osmanenreich, die drohende Einverleibung der Moldau und Walachei durch Rußland, erschwerten es Österreich jedoch, eine neutrale Haltung zu bewahren. Das Bestreben Wiens, Rußland auf türkischem Boden Einhalt zu gebieten, ließ Friedrich II. befürchten, daß Preußen in einen neuen großen Krieg hineingezogen werden könne.

Um einen türkisch-russischen Status quo ante herbeizuführen, der Österreichs Wünschen entsprach, dadurch die Gefahr eines Krieges auch von Preußen abzuwenden und dennoch sowohl

Rußland ein territoriales Äquivalent an anderer Stelle als auch Preußen einen angemessenen Gewinn zu verschaffen und durch Hinzuziehung Österreichs ein neues Gleichgewicht zwischen den drei Mächten herzustellen, schlug Friedrich als »idealen Ausweg« eine Teilung polnischer Gebiete vor. Der nach Friedrichs Dafürhalten »bestechende« Plan wurde unverbindlich schon 1769 in Petersburg angeregt (sogen. Lynarsches Projekt). Die Tatsache, daß Österreich im Zusammenhang mit den polnischen Unruhen 1769 einige polnische Enklaven (darunter die Zipser Städte) aufgrund alter ungarischer Ansprüche seiner Hoheit unterstellt hatte, diente Friedrich II. dabei als Vorwand, um die Idee der Erwerbung polnischen Gebietes in Petersburg schmackhaft zu machen. Dort stand man dem Plan aber zunächst reserviert gegenüber. Mit virtuoser Diplomatie verstand es der preußische König jedoch, seine Stellung als unentbehrlicher »Dritter« auszuspielen und den Plan voranzutreiben. Unter Ausnutzung der politischen Differenzen zwischen der Kaiserin Maria Theresia und ihrem Sohn und Mitregenten Joseph ermunterte er die Wiener Politik zu Ansprüchen auf polnisches Territorium und gab sich als gleichgesinnter Verteidiger des türkischen Besitzstandes gegen die russischen Ansprüche, nährte auf der anderen Seite aber gleichzeitig das russische Mißtrauen gegen Österreich und machte Petersburg zum Eingehen auf den Plan zur Teilung Polens um so geneigter, als man dort seit dem zweimaligen persönlichen Treffen Friedrichs mit Joseph (1769 und 1770) eine Annäherung Preußens an Österreich zu befürchten begann. Anfang 1771 reiste Prinz Heinrich im Auftrag Friedrichs nach Petersburg, um den Teilungsplan eindringlich vorzutragen. Friedrich II. schrieb ihm im Januar: »Polnisch-Preußen würde die Mühe lohnen, selbst wenn Danzig nicht inbegriffen wäre. Denn wir hätten die Weichsel und die freie Verbindung mit dem Königreiche, was eine wichtige Sache sein würde.«[4]

4 Schreiben Friedrichs des Großen an Prinz Heinrich v. 31. Jan. 1721; Œuvres, XXVI, S. 398, zit. bei Arneth (S. 30, Anm. 5), Bd. 8.

Nachdem Katharina vergeblich versucht hatte, Wien für eine gemeinsame Inbesitznahme türkischen Gebietes zu gewinnen, lenkte sie mehr resigniert als begeistert auf das preußische Projekt der Teilung Polens ein. Maria Theresia dagegen lehnte eine österreichische Beteiligung ab und schien, um eine Teilung Polens zu verhindern, sogar bereit, die Zipser Städte wieder herauszugeben. Dem englischen Botschafter gegenüber erklärte sie im Sommer 1771 noch sehr entschieden:

»Ich für meinen Teil wünsche kein Dorf zu behalten, das mir nicht zukommt. Ich will keine Eingriffe machen und, soweit ich es vermag, auch nicht dulden, daß solche gemacht werden. Kein Teilungsplan, wie vorteilhaft er auch sein möge, wird mich auch nur einen Augenblick in Versuchung führen; ich werde vielmehr alle Entwürfe solcher Art mit Verachtung verwerfen ... Ich muß so handeln sowohl aus Gründen der Klugheit als auch aus Beweggründen der Billigkeit und des Rechts.« [5]

Um Österreich vor die Alternative zu stellen, sich entweder dem preußisch-russischen Vorgehen anzuschließen oder die Gegnerschaft beider Mächte zu riskieren, schlossen Preußen und Rußland am 19. Februar 1772 einen separaten Teilungsvertrag. Maria Theresia sträubte sich noch immer heftig dagegen, daß auch Österreich »einen Unschuldigen berauben« und aus Zweckmäßigkeitsgründen »die gleiche Ungerechtigkeit nachahmen und begehen« solle, die zwei andere verabredet hätten: »Ein Fürst besitzt keine andere Berechtigung als jeder Privatmann ... Suchen wir eher für schwach als für unredlich zu gelten.« [6] Joseph setzte sich aber schließlich gegen seine Mutter durch. Auch Staatskanzler v. Kaunitz rechnete logisch vor, daß Österreich, da es nicht in der Lage sei, die Absichten Preußens und Rußlands zu verhindern, dem Teilungsvertrag beitreten müsse, wenn es nicht eine Verschiebung der Machtverhältnisse zu seinen Ungunsten hinnehmen wolle.

Am 2. August 1772 wurde in Petersburg der Teilungsvertrag

---

5 Zit. bei Arneth (S. 30, Anm. 5), Bd. 8, S. 321 f.
6 Zit. ebenda, Bd. 8, S. 358 ff.

zwischen Rußland, Preußen und Österreich abgeschlossen. Truppen der drei Mächte hatten die von ihnen beanspruchten Gebiete schon vorher okkupiert. Ein Jahr später erzwangen die Teilungsmächte durch militärische Demonstrationen und Bestechungen, daß eine vom polnischen Sejm beauftragte Adelsdelegation einen förmlichen Abtretungsvertrag unterzeichnete (21. 8. 1773), nachdem sich sowohl Preußen als auch Österreich inzwischen über den ursprünglich bemessenen Anteil hinaus noch weitere Gebietsstreifen einverleibt hatten.

Durch die Annexionen der Teilungsmächte von 1772-73, im Petersburger Vertrag als Maßregel zur »Pazifizierung« Polens deklariert, verlor Polen rund ein Viertel seines bisherigen Staatsgebietes. Rußland erhielt das zwischen Livland und der Ukraine nach Nordosten vorspringende weißruthenische Land nördlich der Düna und östlich des Dnjepr (mit den Städten Dünaburg, Witebsk, Mohilew, Gomel), Österreich das fast gleichgroße galizische Territorium südlich und östlich des Oberlaufes der Weichsel mit Lemberg als Mittelpunkt. Der preußische Anteil war demgegenüber nach Fläche und Bevölkerungszahl geringer. Immerhin stellte die Neuerwerbung ein Gebiet etwa von der Größe des bisherigen ostpreußischen Besitzes dar. Es setzte sich zusammen aus dem Ermland, der Wojewodschaft Marienburg, Kulmerland und Pommerellen, jenen Gebieten also, die vor dreihundert Jahren dem Deutschen Orden gehört hatten. Außerdem aber gliederte Friedrich der Große seinem Staat auch den südlich angrenzenden Landstreifen beiderseits der Netze (sogen. Netzedistrikt) mit den Städten Bromberg und Hohensalza an, der stets zu Großpolen gehört hatte. Nur die Städte Danzig und Thorn blieben noch bis 1793 polnisch.

Von Preußen war die Initiative zur ersten Teilung Polens ausgegangen. Preußen galt auch allgemein als ihr Hauptgewinner. Österreich hatte sich genötigt gesehen, einen seiner traditionellen Politik gegenüber Polen wenig entsprechenden, ursprünglich nicht gewollten Schritt zu tun. Auch für Rußland war die Einverleibung bisher polnischen Gebietes solange kein vordringliches Ziel, als es ohnehin den dominierenden Einfluß über Polen ausübte. Petersburg hatte schon unter Peter dem Großen Vorschläge Augusts des Starken zur Teilung Polens zurückgewiesen; auch Katharinas Politik war nicht auf Teilung, sondern darauf gerichtet gewesen, Polen als Ganzes russischem hegemonialen Einfluß zu unterwerfen. Beide Mächte, Rußland und Österreich, waren nicht speziell an polnischen Gebieten interessiert gewesen, hatten sich anfangs einen anderen Ausgang des Konflikts gedacht und folgten, dann freilich nicht weniger begehrlich als Preußen, vornehmlich aus Gründen des Gleichgewichts dem »Vermittlungsplan« Friedrichs.

Preußen war durch die Teilung in den Besitz eines Gebietes gelangt, das es seit langem begehrt hatte. Erst jetzt, mit der Einverleibung Westpreußens und der Herstellung der Landverbindung zwischen dem preußischen Kronland und ihrem reichsdeutschen Besitz konnten sich die Hohenzollern »Könige *von* Preußen« nennen. Ein wichtiges Desideratum territorial-staatlichen und dynastischen Prestiges war erfüllt. Westpreußen sollte künftig strategisch und wirtschaftsgeographisch die unentbehrliche »Sehne« Preußens im Nordosten bilden. Gerade daraus aber ergab sich für die künftigen preußisch-polnischen Beziehungen eine schwere Belastung: denn das durch den politischen Gewaltakt der Teilung erworbene Gebiet der Weichselmündung war für Polen seit dem Mittelalter nicht minder »Lebensnerv« gewesen und mußte es noch mehr für ein aus agrarischer Selbstgenügsamkeit heranstrebendes, wirtschaftlich modernes Polen sein.

Friedrich der Große hat in der Selbstdarstellung seiner Politik das Odium der Teilung möglichst von sich und Preußen abzuwälzen und durch übergeordnete politische Gründe zu rechtfertigen gesucht. In den »Denkwürdigkeiten vom Hubertusburger Frieden bis zur polnischen Teilung« führt er vor allem an, daß durch die Teilung ein sonst Preußen drohender großer Krieg verhindert worden sei. Auch das später in den historischen Darstellungen hervorgehobene Ziel der Eindämmung russischer Machtausdehnung durch die Teilung Polens spielt in seinem

Bericht eine, allerdings weniger wichtige Rolle. Beide Überlegungen sind gewiß Motive der Politik Friedrichs des Großen gewesen, aber sie vermögen nicht eine politische »Notwendigkeit« der Teilung Polens zu begründen.

Wäre es dem preußischen König nur oder vor allem darum gegangen, eine Ausweitung des russisch-türkischen Konflikts zu verhindern, oder auch darum, die russische Vormacht in Polen zurückzudrängen, so hätte er dies in den Jahren 1764 bis 1771 sicherlich auch, und wahrscheinlich besser, im Bunde mit Österreich erreichen können. Wien wäre aber sicherlich nicht bereit gewesen, Preußen eine handfeste »Entschädigung« durch polnisches Gebiet einzuräumen. Die Verhinderung russischer Hegemonie in Polen aber kann schon deshalb schwerlich als vorrangiges Ziel seiner Politik angesehen werden, weil Friedrich II. durch die Verträge mit Katharina von 1764 und 1767 die russische Intervention in Polen selbst begünstigte. So bleibt schließlich doch – was immer man zugunsten Friedrichs II. anführen mag – als Hauptmotiv seines Teilungsplanes das Bestreben, die günstige Konjunktur zu nutzen, um Preußen durch das polnische Gebiet zu arrondieren, das die Hohenzollern seit langem zur Stabilisierung ihrer Territorialherrschaft in Nordosten begehrten. Damit soll nicht gesagt werden, Friedrich der Große habe mit seiner Teilungspolitik »moralisch verwerflicher« gehandelt als Joseph II. und Katharina, die ihm schließlich bereitwillig folgten. Es gilt aber festzuhalten, daß es bei der ersten Teilung Polens nicht um unausweichliche Zwangsläufigkeiten ging, sondern vor allem um handfeste territorial-staatliche Erwerbspolitik, die von dem Geschädigten selbst politisch oder militärisch am wenigsten provoziert worden war.

Auch nach zeitgenössischen Begriffen lag das Anstößige der Teilung Polens vor allem darin, daß ein »unschuldiger« Staat Objekt gewaltsamer Zerschneidung wurde, daß für die Inbesitznahme polnischen Gebietes einigermaßen überzeugende Rechtstitel und Vertragsgrundlagen ganz fehlten. Das zeigt sich indirekt allein schon an den Anstrengungen, welche die Teilungsmächte darauf verwendeten, einen gefügig gemachten polnischen Reichstag zur förmlichen Anerkennung ihrer Erwerbungen zu nötigen, sowie an den in den offiziellen Besitznahme-Manifesten enthaltenen erkünstelten Versuchen, den Teilungsgewinn aus hervorgeholten alten Rechten zu legalisieren, die freilich schon damals wenig glaubhaft waren.

Friedrich II. selbst, der doch stets daran festgehalten hat, daß seine ältere schlesische Erwerbung »rechtmäßig« gewesen sei, hat die für die Annexion Westpreußens offiziell geltend gemachten Rechtsgründe wenig ernst genommen, sondern in seiner eigenen Darstellung der polnischen Teilung frei bekannt: »Wir wollen für die Gültigkeit unserer Rechte nicht einstehen, auch nicht für die der russischen, noch weniger für die der österreichischen.«[7] Später, als man sich in Deutschland daran gewöhnt hatte, Westpreußen als »deutsches Land« und unverlierbares preußisches Territorium anzusehen, las man solches Eingeständnis des Preußenkönigs sichtlich ungern. Die Herausgeber der kurz vor dem Ersten Weltkrieg veröffentlichten zehnbändigen deutschen Ausgabe der Werke Friedrichs des Großen »modifizierten« den peinlichen Satz derart, daß unkundige Leser glauben mußten, Friedrich habe nicht den Rechtstitel der eigenen Erwerbungen, sondern nur den der russischen und österreichischen in Frage gestellt.[8] Es durfte nicht mehr wahr sein, daß Westpreußen nicht rechtmäßig preußisch geworden war.

7 Zit. bei Koser (S. 29, Anm. 2), Bd. 3, S. 336. Im französischen Original der von Friedrich II. 1779 überarbeiteten Fassung der »Histoire de mon temps« hieß der Satz: »Nous ne voulons pas répondre de la validité de ces droits, ni de ceux des Russes, encore moins de ceux des Autrichiens.« (Œuvres ed. Deckert. VI. – Berlin 1847)
8 Der »modifizierte« Satz lautete nunmehr: »Wir wollen keine Verantwortung für die Rechtsgültigkeit der russischen und noch weniger der österreichischen Ansprüche übernehmen.« Vgl. Denkwürdigkeiten vom Hubertusburger Frieden bis zum Ende der polnischen Teilung. In: Werke Friedrichs des Großen; hrsg. v. G. B. Volz. – 5. Bd. Berlin 1913, S. 36.

Der ersten polnischen Teilung mag man, unter dem Gesichtspunkt preußischer Staatsräson, zugute halten, daß Friedrich der Große, wenn auch unbedenklich im Verfahren, dabei doch von vornherein mit diplomatischer Kunstfertigkeit ein begrenztes Ziel angestrebt und sich auf die Erwerbung eines Territoriums konzentriert hat, dem seit Jahrzehnten das Augenmerk der Hohenzollern gegolten hatte und das außerdem unter der straffen Verwaltungsorganisation und merkantilistischen Landeskultur des preußischen Staates zivilisatorischen Aufschwung und wirtschaftlich-sozialen Fortschritt erwarten konnte. All dies gilt für die 20 Jahre später durchgesetzte zweite und dritte polnische Teilung nicht mehr. Das auf preußischer Seite unter Friedrichs des Großen Neffen und Nachfolger Friedrich Wilhelm II. (1787-1797) zutage tretende Annexionsstreben war nicht mehr eine selbstbeherrschte Wahrnehmung realer preußischer Interessen, sondern ungefüge Konjunkturpolitik, die weit über das eigene Gestaltungsvermögen hinaus nahm, was sie nur irgend erlangen konnte. Erst im Laufe dieser zweiten und dritten polnischen Teilung, bei welcher sich hemmungslose preußische Territorialpolitik in fataler Weise mit gegenrevolutionärer Unterdrückung verband, ergab sich auch in Polen zum ersten Mal eine breite Gefühlswelle des Preußenhasses, wie sie vordem kaum bestand. Dabei schien sich in den Jahren, die der gewaltsamen Beseitigung Polens vorangingen, zunächst eine gegenteilige Entwicklung anzubahnen: der unter Friedrich dem Großen nie ernstlich unternommene Versuch einer preußisch-polnischen Verbindung.

Dem schweren Schlag, den Polen durch die erste Teilung erlitten hatte, war im Innern des Landes eine über zehnjährige Periode verstärkten patriotischen Zusammenhalts zwischen den dominierenden Adelsparteien, eine Zeit theoretischer und praktischer Reformarbeit mit beachtlichen Ergebnissen vor allem auf dem Gebiet des Schul- und Bildungswesens und erfolgversprechenden Ansätzen zur Modernisierung der Staatsverwaltung gefolgt. Als im Jahre 1787 Katharina II. in einen neuen Krieg mit der Türkei verwickelt wurde, dem sich Österreich unter Joseph II. anschloß, eröffnete sich für Polen sogar die Chance, auch militärisch und außenpolitisch wieder eine eigene Rolle übernehmen zu können. Rußland erwog, ein 100 000 Mann starkes polnisches Heer zur Unterstützung im Türken-Krieg heranzuziehen, und König Stanislaus Poniatowski erwartete davon als Gegenleistung größere Freiheiten zur Reform der polnischen Verfassung.

Preußen aber, dessen Außenpolitik in den ersten Regierungsjahren Friedrich Wilhelms II. von Graf Hertzfeld geleitet wurde, suchte der Bildung einer solchen russisch-polnisch-österreichischen Koalition gegen die Türkei im Einvernehmen mit England entgegenzutreten, indem es einerseits die Türkei unterstützte, andererseits die Polen auf seine Seite zu ziehen bemüht war. Als im Herbst 1788 der immer wieder verlängerte »vierjährige Reichstag« in Warschau zusammentrat, um über den Antrag eines polnischen Bündnisses mit Petersburg zu beraten, gelang es Berlin, das in Warschau durch den Gesandten Lucchesini vertreten war, die Stimmung rasch zu seinen Gunsten zu wenden. Lucchesini sagte der polnischen Republik preußische Hilfe gegen die russische Hegemonie zu, billigte die polnischen Reformen und erklärte Preußens Einverständnis mit der Aufstellung eines vergrößerten polnischen Heeres. Unter der Führung der Potocki-Partei setzte sich unter diesen Umständen rasch die antirussische Richtung in Polen durch, der sich auch Poniatowski beugen mußte. Darüber hinaus suchte Preußen die patriotischen Gefühle auch der galizischen Polen gegen Wien aufzustacheln und eine polnische Wiedererwerbung Galiziens in Aussicht zu stellen. Im März 1790 wurde ein förmlicher preußisch-polnischer Bündnisvertrag unterzeichnet. Berlin und Warschau verpflichteten sich zu gegenseitigem Beistand, Preußen garantierte außerdem die territoriale Integrität Polens.

Hertzbergs Bündnispolitik war freilich Polen gegenüber alles andere als selbstlos. Nach dem Muster der Vermittlerrolle, die

Friedrich der Große 1771-72 ertragreich zu spielen gewußt hatte, glaubte Hertzberg trotz der veränderten Mächtekonstellation doch Ähnliches erreichen zu können. Er plante, die Türkei so stark an Preußen zu binden, daß Berlin das Schiedsrichteramt im türkischen Krieg zufallen mußte, dann eine für die Türkei noch annehmbare und für Österreich vorteilhafte neue türkisch-österreichische Grenze vorzuschlagen, Wien dafür zur Rückgabe Galiziens an Polen zu bewegen und für die geleisteten preußischen Dienste von den Polen Danzig, Thorn und wenn möglich einige westliche Gebiete Großpolens zu erlangen. Andeutungen dieser preußischen Absichten waren schon 1789 in Polen bekannt geworden und hatten die eben erst angebahnte preußisch-polnische Annäherung beinahe wieder in Frage gestellt. Bald aber zeigte sich noch deutlicher, daß Preußen nur so lange hinter den Polen gegebenen Versprechungen stand, wie der ausgeklügelte Hertzberg-Plan noch einige Chancen besaß.

Der Tod Josephs II. leitete im Frühjahr 1790 eine Wende der Wiener Außenpolitik und einen erneuten Wechsel der Mächtekoalitionen ein. Josephs Bruder und Nachfolger Leopold setzte sich sofort für das Ausscheiden Österreichs aus dem Türkenkrieg, außerdem für eine Annäherung an Preußen und die Wiederherstellung des alten freundschaftlichen Verhältnisses zu Polen ein. Die Voraussetzungen des Hertzberg-Projektes begannen hinfällig zu werden. Friedrich Wilhelm II., halb zum Kriege mit Österreich entschlossen, forderte, daß Wien ohne territorialen Gewinn mit der Türkei Frieden schloß. Doch da Österreich in der Reichenbacher Konvention vom Juli 1790 in die Forderung einwilligte, wurden auch die Hoffnungen der Polen auf Eroberung Galiziens sowie die Tauschpläne Hertzbergs gegenstandslos. Damit verlor zugleich das bisherige Bündnis mit Polen für Berlin wesentlich an Interesse. In Polen hatte inzwischen der Reichstag wichtige Reformen der republikanischen Verfassung beschlossen; so z. B. den Ausschluß des besitzlosen Adels aus dem Reichstag (dessen Stimmen meist den Magnaten zugute gekommen waren) und die Zulassung städtischer Abgeordneter. Als schließlich unter dem Einfluß der polnischen Patriotenpartei auch die Abschaffung des Liberum veto und der Wahlmonarchie beantragt und diskutiert wurde, erhob Preußen durch seinen Vertreter in Warschau im Herbst 1790 Einspruch. Wieder drohten die polnischen Anstrengungen zur Reform des Staates von außen verhindert zu werden. Dabei kreuzten sich freilich die Interessen der Nachbarn Polens mit ideologischen Gegensätzen innerhalb des polnischen Adels selbst. Einer konservativ gesinnten Fraktion, die gegen eine zu weitgehende Verfassungsreform Rückhalt bei Rußland suchte, standen die »fortschrittlichen« Patrioten gegenüber, welche stark von den Ereignissen und Ideen der Französischen Revolution beeindruckt waren. Ihre Führer drängten um so mehr zum Handeln, als Preußen eine radikale Verfassungsreform zu hintertreiben begann, ferner bei den Verhandlungen über den von Warschau begehrten zollfreien Zugang des polnischen Handels zur westpreußischen Weichselmündung erneut das Streben Berlins nach Einverleibung von Danzig und Thorn zum Vorschein kam und schließlich im Frühjahr 1791 sogar Gerüchte einer neuen von Preußen erwogenen Teilung Polens auftauchten.

Unter dem Eindruck solcher Anzeichen, welche den weiteren Fortgang der Verfassungsreform in Frage stellten, entschlossen sich die Führer der Patriotenpartei im Bunde mit Poniatowski zu einem revolutionären Akt. König Stanislaus August verkündete am 3. Mai 1791 vor einem eilig versammelten Reichstag der Reformfreunde eine neue polnische Verfassung, die ohne lange Beratung von den Abgeordneten angenommen wurde. Die revolutionäre Maiverfassung, zu deren Erinnerung später der 3. Mai als polnischer nationaler Gedenktag gefeiert werden sollte, proklamierte als wichtigsten Punkt die gesetzliche Erbmonarchie (für welche die sächsischen Wettiner vorgesehen waren), daneben die Einführung des Mehrheitsprinzips anstelle des Liberum veto, parlamentarische Ministerverantwortlichkeit, aber andererseits eine erhebliche Stärkung der staatlichen Exekutive. Polen wäre nach dieser Verfassung eine moderne konstitutionelle Monarchie geworden.

In Berlin nahm man den revolutionären Akt polnischer Staatsgestaltung kaum minder unfreundlich auf als in Rußland. Friedrich Wilhelm II. protestierte jedoch nicht offiziell, um Polen nicht Rußland in die Arme zu treiben, zumal Österreich, mit dem sich gerade jetzt eine nähere Verbindung anbahnte, der neuen polnischen Verfassung positiv gegenüberstand. Kaiser Leopold erhoffte von ihr eine dauerhafte Stabilisierung Polens, und Staatskanzler Fürst Kaunitz entwickelte in den folgenden Monaten das Projekt einer gemeinsamen Garantie der neuen polnischen Verfassung sowie der territorialen Unverletzlichkeit Polens durch Österreich, Preußen und Rußland. Da Katharina II. sich einem solchen Vorgehen gegenüber wenig geneigt zeigte, kam es um so mehr auf Preußens Haltung an. Im Januar 1792 bat Wien den preußischen König offiziell um Stellungnahme zu dem Kaunitz-Plan. Zur gleichen Zeit aber suchte Österreich preußische Unterstützung für einen Feldzug gegen das revolutionäre Frankreich zu gewinnen, zu dem man in Wien wegen der französischen Verletzung reichsdeutschen Gebietes und aus Sorge um die Entwicklung im österreichischen Belgien um so mehr entschlossen war, seit in Paris Ludwig XVI. und Leopolds Schwester, Marie Antoinette, gefangen gesetzt waren.

Durch den Entschluß zur Intervention in Frankreich band sich Österreich selbst so sehr an Preußen, daß nunmehr die (russischen und preußischen) Bestrebungen zur Unterdrückung auch der polnischen Reform ungehindert aktiviert werden konnten. Bezeichnenderweise hatte der russische Gesandte schon im Sommer 1791 in Wien verlauten lassen, »jeder der beiden Kaiserhöfe habe seine Gegenrevolution durchzuführen, der eine in Paris, der andere in Warschau«.[9] Als im März 1792 Katharina II. aus ihrer bisherigen Reserve heraustrat und den Preußenkönig wissen ließ, daß Rußland die polnische »Revolution« als gegen seine Interessen gerichtet ansehe und eine Beratung gemeinsamer Schritte mit Preußen vorschlage – hierbei dachte sie in erster Linie an eine gewaltsame Wiederherstellung

9 H. v. Sybel (S. 44, Anm. 1), Bd. 1, S. 389.

der alten polnischen Verfassung –, interessierte Friedrich Wilhelm II. an dem Vorschlag vor allem die Aussicht auf eine neue Teilung Polens. Er schrieb am 12. 3. 1792 seinen Beratern:

> *Rußland ist nicht weit von dem Gedanken einer neuen Teilung entfernt. Das wäre freilich das wirksamste Mittel, die Macht eines polnischen Königs zu beschränken, sei er nun erblich oder wählbar ... Wenn es gelänge, eine angemessene Entschädigung für Preußen zu finden, wäre der russische Plan der günstigste für Preußen, wohl bemerkt, daß Preußen dabei das ganze linke Ufer der Weichsel empfänge und diese weite, jetzt schwer zu deckende Grenze sich dann wohl abgerundet fände. Das ist mein Urteil über die polnische Sache.«*[10]

Der 1888 von Hertzberg unternommene Versuch einer propolnischen preußischen Politik war damit definitiv begraben. Aber auch der aussichtsreiche Vorschlag einer gemeinsamen preußisch-österreichischen Garantie der polnischen Selbständigkeit gegen russisches Hegemonialstreben wurde von Friedrich Wilhelm sofort in den Wind geschlagen, als sich erneut die Gelegenheit einer Besitzvergrößerung Preußens durch polnische Provinzen bot. Während formell das preußisch-polnische Bündnis von 1790 noch fortbestand, suchte der preußische König seit dem Frühjahr 1792 sowohl Österreichs wie Rußlands Einverständnis mit einer umfangreichen preußischen Erwerbung in Polen zu erlangen. Wien gegenüber wurde diese »Entschädigung« nunmehr zur Bedingung für Preußens Beteiligung am Krieg gegen Frankreich gemacht. Als Gegenleistung sagte Friedrich Wilhelm preußische Unterstützung für den schon von Joseph II. erstrebten Erwerb Bayerns (im Tausch gegen Belgien) zu. Infolge des politischen Kurswechsels, der in Wien gerade in dieser Zeit nach dem Tod Leopolds (1. 3. 1792) unter dem jungen Kaiser Franz II. stattfand, gelang es Preußen relativ leicht, Österreich für solche erneute Komplizenschaft zu gewinnen. Staatskanzler Kaunitz protestierte vergeblich gegen diese Wendung und nahm entrüstet seinen Abschied.

10 Zit. ebenda, Bd. 2, S. 190 f.

Nachdem Katharina sich vergewissert hatte, daß Preußen keineswegs zu einer Garantie oder gar Verteidigung der revolutionären polnischen Verfassung bereit war, setzte sie im Mai 1792 russische Truppen gegen Polen in Marsch. Schon zuvor hatte sie sich den Rückhalt der polnischen konservativen Gegner der Maiverfassung verschafft, die nunmehr als »Konföderation von Targowice« offen gegen Poniatowski und die Patriotenpartei Front machten. Vergeblich suchten Warschauer Abgesandte in Berlin und Wien Unterstützung. Binnen weniger Wochen wurde das polnische Heer von der russischen Übermacht geschlagen. Während die prominentesten Führer der Patriotenpartei (Ignaz Potocki, Malachowski, Kollontai und General Tadeusz Kosciuszko) nach Sachsen emigrierten, unterwarf sich Poniatowski der Zarin (24. 7. 1792) im Glauben, dadurch wenigstens die Einheit Polens erhalten und das Eindringen preußischer Truppen verhindern zu können. Der Sturz der Maiverfassung war vollzogen.

Katharinas ursprüngliche Absichten liefen nicht auf eine neue Teilung Polens hinaus. Sie hätte am liebsten einen Zuwachs Preußens durch polnische Gebiete vermieden oder in möglichst engen Grenzen gehalten. Es ging ihr vor allem um die Wiederherstellung und Befestigung der russischen Suprematie über einen polnischen Protektoratstaat.

Den »Targowicern« hatte Petersburg im Frühjahr 1792 sogar ausdrücklich die Garantie des polnischen Territoriums zugesagt, und nur unter dieser Bedingung waren diese bereit gewesen, der russischen Oberhoheit ihren Tribut zu zollen. Bei der Mehrheit des polnischen Adels und der polnischen Geistlichkeit regte sich aber schon bald der Widerstand gegen die neue russische Unterdrückung. Während des Herbstes 1792, als Preußen immer dringender auf seiner »Entschädigung« bestand, bildeten sich in Posen, Warschau, Krakau und anderen Städten zahlreiche Geheimgesellschaften und Verschwörungen, die z. T. auch auf die russischen Truppen übergriffen. Es zeigte sich vor allem auch, daß das eingesetzte Regime der Targowicer wenig Autorität besaß und von ihm die Befestigung einer »friedlichen Hegemonie« Rußlands kaum zu erhoffen war. Zornig schrieb die Zarin Ende Dezember 1792, die »Pest der französischen Lehren« verbreite sich durch ganz Polen.[11] Unter diesen Umständen neigte auch Petersburg schließlich dazu, in der förmlichen Annexion polnischen Gebietes, wie Preußen sie wünschte, den sichersten Vorteil zu erblicken. Ein weiterer Grund zum schnellen Abschluß eines Vertrages mit Preußen lag darin, daß die österreichischen Aussichten auf Realisierung des belgisch-bayrischen Tausches zusehends schwanden und Wien nunmehr selbst in Polen entschädigt zu werden wünschte.

Im Januar 1793 besetzten preußische Truppen verabredungsgemäß den westlichen Teil Polens. Ein Manifest des preußischen Königs erklärte heuchlerisch, »die Ausbreitung des französischen Demokratismus«, nötige ihn »wegen der Sicherheit seiner eigenen Staaten« zur Besetzung einiger großpolnischer Distrikte.[12] Am 23. Januar 1793 wurde der preußisch-russische Teilungsvertrag abgeschlossen, auf Grund dessen sich Rußland die gesamte polnische Ukraine einverleibte, während Preußen das ganze zwischen Ostpreußen und Oberschlesien nach Westen hineinragende Großpolen und einen Teil Masowiens annektierte – ein Gebiet fast doppelt so groß wie die westpreußische Erwerbung von 1772. Katharina hatte es zur Bedingung gemacht, daß Preußen den Vertrag ohne vorheriges Übereinkommen mit Österreich abschloß. Friedrich Wilhelm II. war auch dazu bereit. Geschickt hatte die Zarin auf diese Weise, indem sie den preußischen Wünschen nachgab, zugleich Preußen und Österreich erneut verfeindet. Sowohl die auswärtigen Mächte als auch die Polen selbst sahen wiederum in Preußen den maßgeblichsten Urheber der zweiten Teilung. Verbittert nahm die wehrlos gemachte Provinz die preußische Besetzung

11 Ebenda, Bd. 3, S. 192.
12 Text der »Deklaration Sr. Majestät des Königs von Preußen, den Einmarsch Ihrer Truppen in Polen betreffend« vom 6. Jan. 1793, abgedruckt bei: Charlotte Bussenius: Urkunden und Akten zur Geschichte der preußischen Verwaltung in Südpreußen und Neuostpreußen 1793 bis 1806. – Frankfurt/M. 1961, S. 54 f.

hin; die Auslieferung Danzigs mußten preußische Truppen gegen heftigen Widerstand des Magistrats mit Waffengewalt erzwingen. Die Entrüstung über den preußischen »Verrat« war unter dem polnischen Adel stärker als der Widerstand gegen Rußland. Der polnische Reichstag von Grodno, der die Abtretung der preußisch besetzten Gebiete bestätigen sollte, erklärte am 19. August 1793, jeden Abgeordneten als Hochverräter behandeln zu wollen, der einen derartigen Antrag einbringen würde. Erst nach erneuter Waffendrohung wurde der Abtretungsvertrag erzwungen.

Polens Freiheitskampf und gewaltsames Ende

Die territoriale und innere Konstruktion der nach der zweiten Teilung übriggebliebenen polnischen Republik unter der geringen Autorität einer von russischen Truppen gestützten konservativen Adelspartei hatte wenig Aussicht auf Bestand. Vor allem deshalb, weil eine wesentliche historische Veränderung vor sich gegangen war: seit der Maiverfassung von 1791 hatte sich in Polen ein neues revolutionäres Nationalgefühl gebildet. Es gründete in ganz anderen Voraussetzungen als die bürgerliche politische Nation, die aus der Französischen Revolution von 1789 hervorging, war aber doch stark ideell beeinflußt von diesem gleichzeitigen Ereignis und durch den Gewaltakt der zweiten polnischen Teilung eher gestärkt als geschwächt worden. Eine seiner Ausdrucksformen waren die nationalen Geheimgesellschaften, die sich schon 1793 gebildet hatten und nach der Teilung, vor allem in den größeren Städten, eine rührige Tätigkeit entfalteten. Innerhalb dieser revolutionären Nationalbewegung spielten weiterhin Adel und Geistlichkeit die führende Rolle, bemerkenswert war aber der jetzt hinzutretende Einfluß des bürgerlich-intellektuellen Elements und sogar bäuerlich-sozialrevolutionärer Bestrebungen.
Die Unruhe in Polen griff seit Beginn des Jahres 1794 rasch um sich. Im Januar kam es in Warschau anläßlich der französischen

Siege im Westen zu offenen Freudenkundgebungen der Bevölkerung. Zwischen den patriotischen Gesellschaften entstand ein Netz enger Beziehungen und eine leitende Zentrale in Krakau, die Verbindung mit den emigrierten Urhebern der Maiverfassung von 1791 aufnahm. Bald sprach sich auch der Name des kommenden Führers der nationalen Befreiung herum: Tadeusz Kosciuszko, der als Adjutant Washingtons 1778-83 am amerikanischen Unabhängigkeitskrieg teilgenommen und 1792 als General des polnischen Heeres den letzten Widerstand geleitet hatte. Kosciuszko kehrte Anfang 1794 aus seinem Leipziger Asyl heimlich nach Krakau zurück und übernahm die Leitung der Verschwörung. Eine russische Order, das polnische Heer von 30 000 Mann auf die Hälfte zu reduzieren, gab schließlich den entscheidenden Anstoß. Katharina hatte durch diese Maßnahme dem potentiellen Gegner zuvorkommen wollen, gab aber gerade dadurch den Anstoß zu einer Militärrevolte, die zur nationalen Revolution überleitete. Nachdem die polnische Brigade Madalinski die befohlene Auflösung verweigert und sich in Gefechten mit russischen Truppen kreuz und quer durch Polen geschlagen hatte, gab Kosciuszko das Zeichen zum allgemeinen Aufstand. Er ließ sich in Krakau am 24. März zum Führer des nationalen Befreiungskampfes ausrufen. Mit schnell ausgehobenen Truppen, darunter auch bewaffneten Bauern, gelang ihm bei Raclawice ein militärischer Überraschungserfolg. Dem schloß sich am 17./18. April die Erhebung Warschaus an, wo zwei polnische Regimenter, verstärkt durch die insgeheim bewaffnete Bürgerschaft, die russischen Garnisonen vertrieben. Die Befreiung setzte sich daraufhin erfolgreich in Wilna, Lublin und anderen Städten fort.

Der rasche Anfangserfolg konnte indessen kaum darüber hinwegtäuschen, daß die Aufständischen bald in eine hoffnungslose Lage geraten mußten, wenn sie nicht von außen Unterstützung erhielten. Die Verbindung Kosciuszkos mit dem Wohlfahrtsausschuß in Paris brachte zwar Geld und gute Worte, aber keine wirksame militärische Hilfe ein; und von Österreich und Preußen, die sich beide im Krieg mit Frankreich befanden, war bestenfalls ein Stillhalten zu erwarten. Die von Kosciuszko anfangs auf Preußen gesetzten Erwartungen wurden arg enttäuscht. Berlin entschloß sich rasch, dem russischen Hilfe-Ersuchen Folge zu leisten und der Unterdrückung der Polen auch den Vorrang vor dem französischen Krieg einzuräumen. Friedrich Wilhelm II. zog Mitte Mai 1794 selbst als Oberbefehlshaber einer Armee nach Polen. Die preußischen Truppen vermochten im Juni 1794 Kosciuszkos Verbände zu schlagen und Krakau zu nehmen. Dagegen ließ der Preußenkönig die Mitte Juli begonnene Belagerung Warschaus Anfang August ziemlich unrühmlich abbrechen, um sich der Niederwerfung der in Posen und anderen Städten Preußisch-Polens ausgebrochenen Unruhen zuzuwenden.

Der entscheidende militärische Schlag gegen die Aufständischen kam im Herbst von den neu formierten russischen Truppen im Osten. Am 10. Oktober 1794 fiel Kosciuszko nach der Niederlage von Maciejowice (100 km südöstlich von Warschau) schwerverwundet in russische Hände. Anfang November stürmten die Russen die Warschauer Vorstadt Praga. Leidenschaftliche Rachegefühle, die auch Katharina bei ihren Entschlüssen nach dem Ausbruch des Aufstandes geleitet hatten, bestimmten in starkem Maße die letzte Schlacht um die polnische Metropole. Daß die Polen es gewagt hatten, ihr nationales Schicksal selbst bestimmen zu wollen, brachte dem polnischen Staat das Todesurteil ein. Anders als 1772 und 1793, war jetzt auch Petersburg von vornherein zur gänzlichen Aufteilung Polens entschlossen.

Die diplomatische Schlußszene nach der Unterdrückung Polens wurde beherrscht vom Streit der Teilungsmächte um die polnische Beute. Die preußische Politik Friedrich Wilhelms II. bot dabei ein wenig erfreuliches Bild. Berlin mußte es sich gefallen lassen, daß Wien und Petersburg die preußischen Ansprüche als am wenigsten gerechtfertigt hintanstellten. Am 3. Januar 1795 wurde zunächst zwischen Petersburg und Wien ein zweiseitiger Teilungsvertrag abgeschlossen. Zum Ausgleich für den ihm 1793 vorenthaltenen Anteil an der polnischen Konkursmasse und zugleich als Entschädigung für das an Frankreich verlorene Belgien erhielt Österreich ein umfangreiches, an seinen bisherigen galizischen Besitz angrenzendes Territorium, das im Norden und Osten vom Bug, im Westen vom Flußlauf der Pilica begrenzt war und die wichtigen Städte Krakau, Sandomir, Lublin, Kielce, Radom enthielt. Rußland rückte vom Osten her bis zu Njemen und Bug vor; es vollendete die Einverleibung der ruthenisch-ukrainischen Landesteile Polens und gewann mit ganz Kurland und Litauen ein weiteres Stück der Ostseeküste. Der Rest Polens mit Warschau und Bialystok fiel an Preußen. Im endgültigen Teilungsvertrag vom 24. 10. 1795 mußte Friedrich Wilhelm II. auf das von ihm begehrte Krakau verzichten. Lediglich zwischen Tschenstochau und Beuthen wurde eine weitere Arrondierung Preußens zugestanden (sogen. Neuschlesien).

Am Ende der dritten Teilung, die den 800jährigen polnischen Staat von der europäischen Landkarte tilgte, trat noch einmal deutlich der Charakter jener Politik hervor, die seit 1772 Polens Zerstörung bewirkt hatte: Das Konsortium der drei Mächte zur Teilung Polens trat immer dann in Aktion, wenn es galt, eine Machtverschiebung zugunsten des einen durch die anderen auszugleichen, fehlgeschlagene Spekulationen (wie die Rußlands anläßlich des Türkenkrieges 1769-72 oder die Preußens und Österreichs bei den französischen Feldzügen) zu »vergüten«. Polen wurde gleichsam als ein verfügbarer und willkommener »Fonds« angesehen, der es erlaubte, die territoriale Gewinnsucht der drei Mächte auf die einfachste Weise zu befriedigen und mit Hilfe dessen man außerdem die zwischen Preußen, Rußland und Österreich herrschenden machtpolitischen Gegensätze in gemeinsame Komplizenschaft zu Lasten eines unschuldigen Vierten verwandeln und so für eine Zeitlang »harmonisieren« konnte. Das Negativ-Verfahren der Teilung Polens setzte sich gegenüber allen anderen Versuchen konstruktiver politischer Gestaltung der polnischen Frage schließlich durch. Es bot sich stets als der am meisten handgreifliche, freilich auch als der einfachste und gewalttätigste Weg an, um die eigenen Interessen wahrzunehmen. Daß das Machtvakuum Polens eine solche Politik erst erlaubte, ist gewiß hinzuzufügen, rechtfertigt diese aber nicht, zumal die Erhaltung des polnischen Vakuums von den Teilungsmächten in starkem Maße gesteuert wurde. Die Verquickung der polnischen Teilungen mit der gegen das revolutionäre Frankreich gerichteten Kriegführung, wobei man – wie Preußen – letztere abbrechen konnte, um sie durch erstere zu kompensieren, enthüllt zugleich den Opportunismus des gegen französische und polnische »Jakobiner« geltend gemachten gegenrevolutionären Legalitätsprinzips.

Bemißt man historisch die politische und militärische Anwendung von Macht nicht nur danach, ob sie sich jeweils durchgesetzt und es verstanden hat, »Hammer« zu sein, sondern vielmehr wesentlich danach, inwieweit sie imstande war, Überlegenheit und Herrschaft umzusetzen in geschichtlich höhere Formen politischer und sozialer Ordnung, dann muß das Urteil über die polnischen Teilungen – auch nach den Maßstäben absolutistischer Politik – sehr negativ ausfallen. Die Teilungspolitik zeigt Preußen und das dynastisch-territorial-staatliche System, das die drei Mächte repräsentierten, auf dem geschichtlichen Tiefpunkt. Das erkannte kein Geringerer als Leopold von Ranke, wenn er über die polnischen Teilungen – eher zu nachsichtig als zu kritisch – urteilte:

»Was man auch sagen mag, augenscheinlich durchbrach das Verfahren die anerkannten und vertragsmäßigen Staatsrechte von Europa: es erschütterte die Grundlagen, auf denen die Sicherheit des Bestehenden ruhte, und daß dies geschah, ist für die Folgezeit von unendlicher Bedeutung gewesen.«[13]

13 Leopold v. Ranke: Ges. Werke, Bd. 31/32 (1875), S. 12, zit. bei Laeuen (S. 34, Anm. 9), S. 195.

Preußische Staatsverwaltung und polnische Nationalität

Wandlungen der polnischen Frage bis zum Ende Napoleons

Die russisch-preußisch-österreichische Gleichgewichtspolitik hatte mit der völligen Teilung Polens im Jahre 1795 zu einem Ergebnis geführt, das von den besonneneren Staatsmännern der drei Mächte selbst bald als verfehlt bedauert werden sollte. Die ultima ratio der Gewalt, welche am Abschluß jener Kettenreaktion der Teilungen stand, ließ wenig Hoffnung, daß der erreichte Zustand mehr als eine befristete Zwangslösung der polnischen Frage sein würde. Durch ihre eigene Interventions- und Teilungspolitik hatten die drei Mächte vielmehr selbst dafür gesorgt, daß Polen national und gesellschaftlich mobilisiert und große Teile seines bisher eher konservativ-quietistischen Adels auf die Seite der von Frankreich ausgehenden revolutionären Bewegung getrieben wurden. Selbst die in Rußland nach dem Tode Katharinas unter Paul I. (1796-1801) und dann vor allem durch Alexander I. (1801-1825) eingeleitete polenfreundliche Schwenkung der Petersburger Politik – sie hätte mit ihren eindrucksvollen Zugeständnissen polnischer nationaler Autonomie zehn oder zwanzig Jahre früher vielleicht Aussicht gehabt, die polnische Frage im Sinne der »friedlichen Hegemonie« Rußlands zu regeln – konnte jetzt nicht mehr verhindern, daß die stärksten Hoffnungen der Polen vor allem dem revolutionären Frankreich galten. Die Erinnerung an die verlorene »zlota wolnosc«, die »goldene Freiheit« Polens, und der Glaube an die Freiheitsprinzipien der französischen Revolution begannen sich zu verschwistern. Den stärksten Ausdruck dieser Hinwendung zu Frankreich stellten die polnischen Legionen dar, die 1797 in Oberitalien aufgestellt wurden und seitdem an beinahe allen Napoleonischen Feldzügen in Europa teilnahmen. Ihr Schöpfer Henry Dabrowski, der im November 1794 als polnischer General die letzten Kämpfe gegen die

Russen mitgemacht hatte, dann nach Westen emigriert war und von dort aus den Zuzug enthusiastischer Patrioten aus dem geteilten Polen organisierte, sah in den Legionen die Kader sowohl zur nationalen Wiederherstellung wie zur politischen Revolutionierung Polens im Sinne der Verfassung von 1791. Es entstand daraus jene militärisch-politische Legions-Idee, auf welche noch ein Jahrhundert später auch Pilsudski zurückgreifen sollte. Neben der Trikolore erhielt das Zeichen des polnischen weißen Adlers eine neue politische Bedeutung, neben der Marseillaise erklang das 1797 in den Legionen gedichtete Freiheitslied »Jeszcze Polska nie zginela« – »Noch ist Polen nicht verloren«.

Wenn es gegenüber diesen von außen kommenden nationalrevolutionären Bestrebungen zur Wiederaufrichtung des polnischen Staates mit Hilfe Napoleons eine erfolgversprechende Alternative zur Beruhigung des Polentums gab, dann konnte sie wohl nur darin bestehen, daß die Teilungsmächte ihren polnischen Gebieten innere Selbständigkeit gewährten. Ein bedeutender Versuch hierzu wurde jedoch nur von Alexander I. im russischen Teilgebiet unternommen. Der sowohl von den Ideen der Aufklärung wie einem religiös bestimmten politischen Missionsgefühl bewegte Zar ernannte den ihm befreundeten Fürsten Adam Czartoryski zu seinem Berater in auswärtigen Angelegenheiten und übertrug ihm außerdem mit dem Amt des Kurators der Universität Wilna praktisch die Befugnisse eines polnischen Unterrichtsministers für ganz Litauen und Ruthenien. Polnische Schule, Bildung und Sprache konnten sich unter diesen Umständen unbelastet von zaristischem Reglement oder Russifizierungsbestrebungen frei entfalten. Die von Katharina II. veranlaßten Gütereinziehungen und sonstigen Beschränkungen der Rechte des polnischen Adels wurden schon 1797 von Paul I. zumeist rückgängig gemacht. Alexander I. räumte schließlich auch in der lokalen Verwaltung den Polen weitgehende Autonomie ein. Ihm gelang es schon in den ersten Jahren seiner Regierung, einen beachtlichen Teil der polnischen Nobilität mit der russischen Oberhoheit zu versöhnen. Im Jahre

1805 beriet eine polnische Adelsversammlung in Pulawy, der auch Abgesandte aus den preußischen Teilgebieten beiwohnten, ob man Zar Alexander zum polnischen König proklamieren solle.[1]

Viel weniger Bewegungsraum blieb den führenden Kräften des Polentums unter preußischer Herrschaft. Die weiten, bis über Tschenstochau, Lodz, Warschau, Bialystok hinausreichenden polnischen Gebiete, die Preußen durch die zweite und dritte Teilung gewonnen hatte, bedeuteten eine radikale Verschiebung der Territorial- und Bevölkerungsstruktur Preußens. Über die Hälfte seines Staatsgebildes bestand nunmehr aus ehemals polnischen Ländern und rund 3 Millionen von der damals etwa 8 Millionen Menschen zählenden preußischen Bevölkerung aus »Untertanen polnischer Zunge«. Um so auffälliger ist der (verglichen mit der Petersburger Politik unter Katharinas Nachfolgern) ganz andere Aspekt, unter den man von Preußen her die »neue Akquisition« betrachtete.[2] Unter der Verbindung der altpreußischen Provinzen mit den erworbenen polnischen Gebieten verstand der frederizianische Staat keineswegs nur eine lose Vereinigung von Ländern ganz verschiedener Individualität und Verfassung unter einem königlichen Zepter, sondern beinahe selbstverständlich: Ablösung der polnischen Verfassungs- und Verwaltungsstruktur durch das seit Friedrich Wilhelm I. entwickelte kameralistische Einheitssystem der preußischen Staatsorganisation. Neue territoriale Souveränität der Hohenzollern bedeutete: Errichtung neuer Departements der preußischen Kriegs- und Domänenkammern mit ihren Land- und Steuerräten, Justizkommissaren, Zollinspektoren etc., Geltendmachung der königlich-staatlichen Ansprüche und Eingriffe polizeilicher, fiskalischer, organisatorischer und wirtschaftlich-kolonisatorischer Natur, auch da, und gerade da, wo man es mit einer fremden Bevölkerung zu tun hatte. Der

1 Feldman (S. 31, Anm. 6), S. 49.
2 Charlotte Bussenius: Die preußische Verwaltung in Süd- und Neuostpreußen 1793-1806. – Heidelberg 1960, S. 83.

Gedanke an eine nur föderative, lockere Angliederung, welche die Eigenart polnischer Verwaltungs- und Rechtsüberlieferungen beibehielt, kam auch schon deshalb kaum auf, weil man von der Fortschrittlichkeit und Wohltätigkeit der preußischen Verwaltung überzeugt war. Wenn Friedrich Wilhelm II. und seine Berater so unbedenklich daran gingen, preußische Staatsorganisation Hunderte von Kilometern nach Polen hinein zu verpflanzen, so spielte schließlich eine wesentliche Rolle, daß man glaubte, das Verfahren der Eingliederung mehr oder weniger schematisch übernehmen zu können, das Friedrich II. in Schlesien oder Westpreußen angewandt hatte. Dabei lag es auch nahe, die periphere Erfahrung, die man mit den gerade untypischen schlesischen und westpreußischen Polen gemacht hatte, auf »die Polen« schlechthin zu übertragen.

Namentlich in Pommerellen, Kulmerland und im Netzedistrikt hatte Friedrich II. nach 1772 eine ziemlich rigorose »Verpreußung« durchgesetzt. In ganz Westpreußen waren nicht nur die alte polnische Starosteiverwaltung abgeschafft und die Starosteigüter als Domänenbesitz eingezogen worden, auch der größte Teil der kirchlichen Grundherrschaft und die meisten hoheitlichen Rechte der adligen Gutsbesitzer hatten dem Zugriff des Fiskus und preußischer Staatsexekutive weichen müssen. Der fiskalische und bürokratische Druck der preußischen Verwaltung war in Schlesien und Westpreußen allerdings ausgeglichen und in vieler Hinsicht ins Positive gewendet worden durch intensive kolonisatorische Staatstätigkeit, die, vor allem in den Städten und auf dem platten Land in Westpreußen, auch das deutsche Element der Bevölkerung bewußt stärkte, um die wirtschaftliche Leistungsfähigkeit zu heben.[3] Im Falle Schlesiens mit seiner noch beträchtlichen Zahl polnischer Bevölkerung hatte sich der Übergang an Preußen auch insofern relativ konfliktlos vollzogen, als die »Einpreußung« der schle-

3 Dazu u. a. die Darstellung von Heinrich Bergér (S. 38, Anm. 12); ferner Max Bär: Westpreußen unter Friedrich dem Großen. – Leipzig 1909.

sisch-polnischen Einwohner hier an den Prozeß jahrhundertelanger vorhergegangener deutscher zivilisatorischer Einwir-
kung anknüpfen konnte.

Dagegen war die Annexion Westpreußens mit erheblich größeren Härten, verschiedentlich sogar mit der Ausweisung von
Juden und Polen verbunden gewesen. Für die Einschmelzung in
den preußischen Staat bestanden aber auch hier einige nicht
ungünstige Voraussetzungen. Der polnische Adel Westpreußens war besonders stark zersplittert und verarmt. Infolge des
Nebeneinanders von kaschubischer, polnischer und eingesie-
delter deutscher Bevölkerung wies das Land keine einheitliche
polnisch-nationale Eigenart auf. Außerdem boten die noch aus
der Zeit der Ordensherrschaft stark deutsch bestimmten Städte
natürliche Ansatzpunkte wirtschaftlich-kultureller Germanisierung. In Pommerellen, Ermland und Kulmerland konnte sich die
Einschmelzung in den preußischen Staat vor allem aber deshalb
im wesentlichen ungehindert anbahnen, weil das schon seit
1772 zu Preußen gehörige Land an den umstürzenden nationalrevolutionären Ereignissen, die sich in Polen seit dem vierjähri-
gen Reichstag bis zum Kosciuszko-Aufstand abspielten, nicht
Anteil genommen hatte und die westpreußischen Polen von der
Welle des neuen nationalpolitischen Bewußtseins, die durch
Polen ging, kaum erfaßt worden waren.

Demgegenüber stand die preußische Staatsverwaltung in den
zentralpolnischen Gebieten, die ihr aus der zweiten und dritten
Teilung zufielen, vor gänzlich anderen Verhältnissen. Wie
wenig sie indessen der Tatsache Rechnung trug, daß die selbst-
bewußte polnische Führungsschicht Posens und Warschaus
sich nicht in derselben Weise prussifizieren lassen werde wie
das »unpolitische« Polentum in Oberschlesien oder Westpreußen, zeigte sich schon daran, daß sie den neuen Gebieten keine
geläufigen landschaftlich-historischen Namen gab, sondern die
wenig glücklichen Provinzbezeichnungen »Südpreußen« und
»Neuostpreußen« erfand. Demnach war das in Besitz genom-
mene Land schon äußerlich als Kolonialland des preußischen
Staats gekennzeichnet. Dem entsprach im ganzen auch die Ver-

waltungspraxis. Als das großpolnische Gebiet um Posen als neue Provinz Südpreußen 1793 von preußischen Truppen okkupiert wurde, gaben die preußischen Militärkommissare zur Beschwichtigung vor allem des Adels zunächst der Hoffnung Nahrung, Preußen werde die überlieferte Verwaltung und Verfassung des Landes beibehalten. Doch schon unmittelbar nach der formellen Besitznahme und Huldigung ordnete Friedrich Wilhelm II. die Übertragung der preußischen Verwaltungsgrundsätze an. Eine Denkschrift des mit der Leitung der Provinz beauftragten Ministers v. Voß vom September 1794 gibt Einblick in die hierfür maßgebenden Überlegungen:

»*Durch die Besitznahme wurde Südpreußen eine Provinz der preußischen Monarchie. Ihre polnische Verfassung und Administration stimmte nicht mit der preußischen. Diese hatte das benachbarte Schlesien und Westpreußen so unendlich gehoben; die Beibehaltung von jener würde der neuen Provinz nicht allein diese Wohltaten vorenthalten, sondern würde sie mit ihren Einwohnern sogar isoliert und dadurch eine innige Verbindung für immer verhindert haben. Sie wäre Staat im Staate gewesen, und ihre Bewohner hätten sich stets als eine andere Nation, als ein Teil der polnischen betrachtet; diese polnische Verfassung hätte zugleich mit der Sprache sie täglich an ihre Abkunft erinnert, ihnen zur Rückkehr Hoffnung gelassen und dadurch eine stete Teilnahme an dem Schicksale Polens nicht allein veranlaßt, sondern sogar begünstigt und entschuldigt. Hierzu kommt, daß die innere Verfassung verwickelt und verworren ist, folglich immer zu Verwicklungen, Verdunklungen, Begünstigungen oder Erpressungen Anlaß bietet; sogleich nach der Besitznahme befahl also der König Organisation nach preußischen, besonders schlesischen und westpreußischen Grundsätzen.*«[4]

Die Denkschrift läßt die Einstellung der führenden preußischen Staatsmänner gegenüber den polnischen Provinzen deutlich erkennen: Ihre Überzeugung von der Überlegenheit der eigenen Staatsorganisation und der Wohltätigkeit, die damit auch den polnischen Untertanen zuteil werde, ließ ihnen die Abschaffung

4 Denkschrift v. Voß' vom September 1794; wiedergegeben bei Charlotte Bussenius: Urkunden und Akten . . . (S. 60, Anm. 12), S. 61 ff.

der überlieferten polnischen Selbstregierung und die Aufoktroyierung des preußischen Beamtenregiments nicht nur zweckmäßig, sondern auch gerechtfertigt erscheinen. In Verwaltungsgläubigkeit befangen, waren sie vor allem aber der Meinung, die »innige Bindung« der polnischen Provinzen an Preußen zuverlässiger und risikoloser auf bürokratisch-polizeilichem Wege bewerkstelligen zu können als durch die Beibehaltung polnischer administrativer Selbständigkeit.

In der königlichen Anordnung, die zentralpolnischen Gebiete »auf schlesischen« oder »westpreußischen Fuß« zu setzen, lag bereits die Tendenz, die »neue Akquisition« als koloniale Nebengebiete »Altpreußens« zu behandeln. Dem entsprach auch, daß sie den Provinzialministern der benachbarten Provinzen in Personalunion, gleichsam als sekundäre Aufgabe, unterstellt wurden: Die Provinzialminister der Kurmark und Schlesiens (v. Voß und Graf Hoym) erhielten nacheinander Südpreußen, der Provinzialminister von Ost- und Westpreußen (Freiherr v. Schroetter) Neuostpreußen

Schließlich aber wurde der Charakter der preußischen Oberherrschaft in beiden Provinzen nachdrücklich vor allem durch ihre ersten Maßregeln bestimmt: die Aktion zur Niederschlagung des polnischen Aufstandes von 1794, den anschließenden, teilweise langandauernden militärischen Ausnahmezustand und eine Reihe von Repressalien gegen die adligen und kirchlichen Träger der Insurrektion. Insbesondere die als Strafsanktion in Südpreußen durchgeführte Einziehung von Kirchengütern und die stark über dem Niveau der anderen preußischen Provinzen liegenden Steuersätze, durch welche vor allem der polnische Adel getroffen werden sollte, drückten das polnische Neuland auf die Stufe eines Staatsgebietes zweiter Klasse herab. Vorherrschend schien das Bestreben, in Polen einen stattlichen königlichen Domänenbesitz zusammenzubringen und dem preußischen Fiskus ansehnliche Quellen zu eröffnen. Selbst wohlwollende historische Untersuchungen der preußischen Verwaltung in Südpreußen und Neuostpreußen müssen einräumen, daß »die preußische Verwaltung ihr Regiment mit ziemlich rigorosen Steuererhöhungen begonnen« hat und sich daneben vor allem durch die Einziehung von Gütern zur Domänenbildung den neuen Untertanen »am nachhaltigsten bemerkbar« machte.[5] Eine sehr fühlbare Mißlichkeit lag auch darin, daß die preußische Verwaltung bei dem Vorhaben, die weiten Gebiete Polens mit einem Netz preußischer Steuerräte, Polizeiposten und Inspektionen zu überziehen, personell häufig auf sehr unzulängliche Kräfte angewiesen war, so daß die 12- bzw. 14jährige preußische Herrschaft über Südpreußen und Neuostpreußen keineswegs ein Muster integerer preußischer Verwaltungssauberkeit darstellte. Nicht zuletzt psychologische Fehlgriffe und bürokratische Ungeschicklichkeiten, etwa die Tatsache, daß man mitten in Polen polizeiliche Erlasse nur in deutscher Sprache bekanntgab, verhinderten, daß von der preußischen Verwaltung, auch wo sie sachliche Leistungen aufzuweisen hatte (etwa auf dem Gebiet des Rechts- und Bildungswesens) eine werbende Kraft ausging.

Die Unzufriedenheit mit dem preußischen Regiment war vielmehr ziemlich allgemein, und schon bald begann sich auch die Opposition zu regen. Dabei spielten die Fernwirkung der napoleonischen Kriege und die von ihnen herbeigeführte nationalrevolutionäre Entwicklung in Italien, die Einflüsse der westlichen polnischen Emigration, aber auch das sehr viel konziliantere Beispiel der zaristischen Polenpolitik im russischen Teilgebiet eine erhebliche Rolle.

Kennzeichnend für die besonders in Warschau sehr heikle Lage der preußischen Verwaltung ist ein Bericht, den der dort amtierende Oberpräsident Buchholtz am 6. Februar 1797 an den Provinzialminister sandte:

»Die in Rußland geschehene Freilassung der polnischen Gefangenen . . ., die Begünstigung des geistlichen Standes und Wiederherstellung dessen Nexus mit dem Papste, die Retablierung der Grodgerichte, Landtage zur Wahl der Richter und überhaupt eines großen Teils der polnischen Verfassung . . . all dies sind Dinge, welche die bisherige Unzufriedenheit der dem russischen Szepter unterworfenen Polen

5 Charlotte Bussenius (S. 68, Anm. 2), S. 101 und 149.

ebenso sehr vermindert und sie für die Regierung eingenommen, als sie die Mißstimmung bei den diesseitigen polnischen Untertanen vermehrt haben, obzwar es unmöglich ist, bei uns diese Begünstigungen in dem Maße zu erteilen und Rußland offenbar zu viel getan zu haben scheint.

Adel, Geistlichkeit, Jude und Bauer, alles ist in ganz Südpreußen äußerst unzufrieden, und es kann dem aufmerksamen Beobachter nicht entgehen, täglich die überzeugendsten Beweise dieser Unzufriedenheit zu erhalten.

Der Adel, durch die ehemalige Verfassung Polens so sehr daran gewöhnt, auf die Staatsverwaltung aufmerksam zu sehen, glaubt in allen neueren Einrichtungen Unvollkommenheit, Härte und Zurücksetzung gegen die Einsassen unserer alten Provinzen zu finden, er klagt im allgemeinen über zu hohe Spannung der Abgaben aller Stände ... Die Geistlichkeit will sich über den Verlust ihrer Güter und Unbeträchtlichkeit ihrer Abfindung nicht zufriedengeben und arbeitet dagegen im Verborgenen durch Aufwiegelung der Einsassen gegen den Staat und Souverän ... Es geht unter dem Adel ein Memorial zur Unterschrift herum, durch welches diese Klagen, die dringendsten Bitten um Abhelfung derselben und insbesondere der Wunsch, völlig auf den Fuß der altbrandenburgischen Untertanen und ohne Zurücksetzung behandelt zu werden, des Königs Majestät zu Füßen gelegt werden sollen.

Nichtsdestoweniger leuchtet bei dem vornehmen Teile der Nation die Meinung, von der preußischen Oberherrschaft noch gänzlich befreit zu werden, überall hervor, und das Benehmen selbst der vornehmen Polen ist so unbescheiden und mit verachtendem Blick auf jeden königlichen Offizianten verbunden ... Das Haus des sich jetzt hier wieder aufhaltenden vormaligen Reichstags-Marschalls v. Malachowski scheint hauptsächlich die Werkstatt aller für die Ruhe der Provinz so gefährlichen Entwürfe zu sein. Hier versammeln sich fast täglich die eifrigsten Anhänger der ehemaligen polnischen Verfassung ... So verdächtig alles dies ist und so gefährlich die Folgen sein können, zumal die aus Spandau entlassenen und vom Jakobinismus angefüllten Polen Teilnehmer dieser gesellschaftlichen Zusammenkünfte sind, so wenig läßt sich von Seiten der Polizei etwas dagegen machen ... Es ist sogar schon bemerkt worden, daß bei den Regimentern von Thiele und v. Ploetz der gemeine Mann, davon der größte Teil aus West- und Südpreußen, auch Oberschlesiern besteht, in sehr verdächtigem Einverständnis mit dem hiesigen Bürger lebt ...

Alles dies Ew. Exz. gehorsamst anzuzeigen, finde ich mich um so r.
aufgefordert und verpflichtet, als ich zwar einerseits wohl einsehe, da,
die Beschwerden der Nation über die gegenwärtige Regierung nicht
durchgehends begründet sind, andererseits aber mich auch überzeugt
habe, daß die Sache im Zuschnitt versehen worden, die Nation wirk-
lich manche Ursach zu Klagen hat, gleichwohl ich bei der Beschränkt-
heit meiner Autorität und meines Wirkungskreises nicht im Stande
bin, selbst solche Veranstaltungen zu treffen, wodurch die Gemüter
beruhigt und Wohlfahrt und Zufriedenheit in der Provinz befördert
werden.«[6]

Entgegen den zaghaften Anregungen zur Revision der Politik in
den preußischen Landesteilen, wie sie in dem Bericht Buchholtz' anklingen, stand der etwa von dem Posener Kammerdi-
rektor Justus Gruner vertretene perfektionistische und »harte«
Kurs. Gruner forderte unnachgiebig die Einschmelzung der
polnischen Provinzen in den preußischen Staat und schlug zu
diesem Zweck auch siedlungspolitische und sprachliche Germanisierung vor.[7] Ähnlich zeigte sich in den verschiedentlich voneinander abweichenden Ansichten der beiden verantwortlichen
Minister Graf Hoym und v. Schroetter der Unterschied zwischen der etwas beweglicheren und milderen schlesischen und
der strafferen westpreußischen Verwaltungsschule. Er berührte
aber kaum die grundsätzliche Frage der Organisation der preußischen Herrschaft über Polen. Auch Graf Hoym war weit
entfernt von dem Gedanken einer Umgestaltung des Hohenzol-
lernstaates zu einem preußisch-polnischen Föderativgebilde.
Derartige Konzeptionen gingen nur von einer kleinen preußisch
gesinnten Partei des polnischen Hochadels aus. Ihr vornehm-
ster Sprecher war Fürst Anton Radziwill, der durch seine
Heirat mit der Hohenzollernprinzessin Luise von Preußen dem
Berliner Hof eng verbunden war. Radziwill hatte schon 1796

6 Charlotte Bussenius: Urkunden und Akten ... (S. 60, Anm. 12),
S. 251 ff.
7 Vgl. dazu die Denkschrift Gruners, wiedergegeben bei Kurt Schott-
müller: Der Polenaufstand 1806-07. Urkunden und Aktenstücke aus
der Zeit zwischen Jena und Tilsit. – Posen 1907, S. 65.

edanken einer preußisch-polnischen Union gewor-
ederholte seine Vorstellungen in einer Denkschrift
die auch den Antrag erhielt, der König von Preußen
m... polnische Krone annehmen. Friedrich Wilhelm III.
(1798-1840) verhielt sich solchen Anregungen gegenüber
jedoch ebenso ablehnend wie sein Vorgänger. Zu einer grundsätzlichen Überprüfung der preußischen Polenpolitik kam es
nicht eher, als bis die Ereignisse unweigerlich dazu zwangen.
Nach dem raschen Triumph Napoleons über die preußische
Armee, eingeleitet durch Jena und Auerstädt (14. 10. 1806),
drangen französische Truppen über Berlin und Pommern schon
Ende Oktober 1806 in die polnischen Provinzen Preußens vor.
In ganz Südpreußen, wo die Polen auf diesen Augenblick seit
langem gewartet hatten, brach eine leidenschaftliche Erhebung
los. Preußische Steuerräte, Polizeibürgermeister und sonstige
Verwaltungsbeamte wurden größtenteils gewaltsam vertrieben.
Unterstützt von eilig rekrutierten polnischen Verbänden, konnten die Soldaten Napoleons im Laufe des November 1806 ganz
Südpreußen einschließlich Warschaus besetzen, während das
preußische Heer sich nach Norden hinter die Weichsel zur Verteidigung West- und Ostpreußens zurückzog, bis auch dort nach
der Schlacht von Friedland seine Lage aussichtslos wurde.
Nachdem so die preußische Herrschaft über die polnischen
Provinzen praktisch verlorengegangen, der Tilsiter Friede aber
noch nicht geschlossen war und somit noch Hoffnung bestand,
daß Preußen einen Teil der polnischen Gebiete wieder zugesprochen erhalten würde, besann man sich im königlich-preußi-
schen Exil in Ostpreußen auf eine Reform der bisherigen Polenpolitik. Einer der Kritiker bisheriger Versäumnisse, der Freiherr
vom Stein, machte in der »Nassauer Denkschrift« vom Juni
1807 präzise Vorschläge zur künftigen Neugestaltung des preußischen Verhältnisses zur polnischen Nation. Sie verdienen, in
ihren wesentlichsten Abschnitten wiedergegeben zu werden[8]:

8 Vgl. Frhr. v. Stein: Briefwechsel, Denkschriften und Aufzeichnun-
gen; bearb. von Erich Botzenhart. – 2. Bd. (1936), S. 229 ff.

»Die Theilung von Pohlen zeigt das traurige Bild einer durch fremde Gewalt unterjochten Nation, die in der selbständigen Ausbildung ihrer Individualität gestöhrt wurde, der man die Wohlthat einer sich selbst gegebenen freyen Verfassung entriss und an ihre Stelle eine ausländische Bureaucratie aufdrang. Die erobernde Nation fing mit Vergeudung des öffentlichen Vermögens an raubsüchtige Günstlinge an, sie übertrug die innere Landesverwaltung an Schreibseelige, formenreiche Behörden, sie erhöhte die Abgaben und entfernte die Einländer von jeder würksamen Theilnahme an der Verwaltung der Angelegenheiten ihres Vaterlandes ... Die Pohlnische Nation trifft allerdings der Vorwurf, daß sie leichtsinnig, sinnlich, roh und zu Ränken geneigt sey, sie wurde verunedelt durch die zwey Jahrhunderte dauernde Einmischung der Fremden in die Geschäfte des Staats, durch Gewaltthätigkeit und Bestechung. Dieses war wohl die Haupt Quelle ihrer Verderbtheit, denn sie erscheint in der älteren Geschichte des 14., 15., 16., 17. Jahrhunderts unterrichtet, kräftig und reich an ausgezeichneten Männern ... Selbst unter den schwachen Regierungen der drey letzten Könige, die den Untergang des Staates vorbereiteten, herbeyführten und vollendeten, findet man Männer, die durch hohen Sinn, unerschütterlichen Muth, brennende Vaterlands Liebe die edelsten Charaktere erreichten, deren die Geschichte der Nation erwähnt. Bei allen Fehlern, die die Nation hat, besitzt sie einen edlen Stolz, Thätigkeit, Energie, Tapferkeit, Edelmuth und Bereitwilligkeit, sich für Vaterland und Fryheit aufzuopfern, womit sie viele Fähigkeiten und Fassungs Kraft vereinigt. Man wirft ihr Mangel an Beharrlichkeit bey den Äusserungen ihrer Geistes Kräfte vor; diesen zu verbessern sey aber der Gegenstand der Bemühungen des Erziehers und des Regenten; jene Kräfte und Gesinnungen zu lenken und zu richten, nicht sie zu unterdrücken, sey der Zweck der Regierung, bey den Einrichtungen, die sie treffen und der Verfassung, die sie bilden will. Die Nation werde erzogen, nach ihrer Individualität veredelt, nicht unterdrückt und in ihr verhasste Formen von zweydeutiger Güte eingezwängt. Soll die Nation veredelt werden, so muß man dem unterdrückten Theile deselben Freyheit, Selbständigkeit und Eigenthum geben und ihm den Schutz der Gesetze angedeihen lassen ...

Die Pohlnische Nation ist stolz auf ihre Nationalität, sie trauert, sie, ihre Sprache, ihren Namen erlöschen zu sehen, und feindet den Staat an, der ihr dieses Leid zufügt. Sie würde zufriedengestellt werden, sie würde diesem Staat anhängen, wenn man ihr eine Verfassung gäbe,

bey der ihr National Stolz beruhigt und ihr der Besitz ihrer Individua-
lität gesichert wird. Diese nicht zu zerstöhren, sondern auszubilden,
wird jeder für einen Gewinn ansehen, der nicht mechanische Ordnung,
sondern freye Entwicklung und Veredelung der eigenthümlichen
Natur jedes Völkerstammes für den Zweck der bürgerlichen Gesell-
schaft hält . . .«

Die Empfehlungen Steins blieben zunächst gegenstandslos.
Napoleon zwang Preußen im Tilsiter Frieden vom Juli 1807,
seine Erwerbungen aus der zweiten und dritten polnischen Teilung, dazu auch das Kulmerland und den größten Teil des
Netzedistriktes herauszugeben. Nur eine schmale pommerel-
lisch-westpreußische Landbrücke zwischen Pommern und Ostpreußen verblieb dem preußischen Staat, während Danzig zur
selbständigen Republik erklärt wurde. Aus den abgetretenen,
bisher preußischen Teilen Polens entstand mit einigen territorialen Veränderungen im Nordostzipfel die napoleonische Zwi-
schenlösung des »Herzogtums Warschau« unter Friedrich
August von Sachsen. Mit Genehmigung Napoleons erzwangen
die Legionen Dabrowskis 1809 auch die Wiederangliederung
des seit 1795 österreichischen Westgalizien. Für wenige Jahre
bestand so wieder ein eigener polnischer Staat, dessen konstitutionelle Staatsgestaltung weitgehend dem Vorbild der Maiverfassung von 1791 entsprach und der zugleich Errungenschaften
der Französischen Revolution (den »Code Napoléon«, die
gesetzliche Bauernbefreiung) übernahm.
Die auf Napoleon gesetzten polnischen Hoffnungen waren
nicht grundlos gewesen, sie wurden freilich längst nicht voll
erfüllt. Napoleon verweigerte sich vor allem, mit Rücksicht auf
Alexander, den polnischen Wünschen auf Wiedererlangung der
russischen Teilungsgebiete und suchte den zum Herzogtum
(nicht Königtum!) erklärten polnischen Staat offensichtlich
bloß in einem Umfang und Grad wiederherzustellen, der den
Polen bewußt nur die Stellung eines Protektorat-Staates einräumte. Dennoch blieb Napoleon der Held der polnischen
Legende. Unter seinem leitenden Staatsmann und Heerführer
Fürst Josef Poniatowski, einem Neffen des letzten polnischen

Königs (Stanislaw August), verschrieb sich das Herzogtum Warschau bis zum Ende dem französischen Kaiser. Nach großen Opfern, die polnische Soldaten zuletzt noch während des Winterkrieges in Rußland brachten, fiel auch Poniatowski als Marschall Napoleons 1813 in der Völkerschlacht bei Leipzig. Von den wiederum vergeblichen nationalen Anstrengungen blieb aber ein gestärktes polnisches Selbstbewußtsein.

Die Beschlüsse des Wiener Kongresses

Der allgemeine Wandel des deutschen politischen Bewußtseins im Gefolge der napoleonischen Ära und der Befreiungskriege und die von den »Reformern« Stein, Hardenberg, Humboldt, Altensein, Boyen u.a. ausgehenden Impulse zur Verlebendigung der absolutistisch-bürokratischen friderizianischen Staatsauffassung und -organisation veränderten die preußische Einstellung auch gegenüber dem polnischen Problem. Hatte sich der preußische Territorialstaat noch am Ende des 18. Jahrhunderts mit gleicher Bereitwilligkeit deutsche oder polnische Provinzen und Untertanen angeeignet, »wenn es nur Untertanen waren«[9], so sah sich Preußen seit den Befreiungskriegen auf seine künftige historische Rolle als Vormacht in Deutschland verwiesen. Der »Geist der Zeit« bürdete ihm eine deutsche Aufgabe zu, und mit dem Erwerb der Rheinlande, Westfalens und der Provinz Sachsen wuchs es auch territorial stark nach Deutschland hinein. Dem entsprach das verringerte Interesse an einer Wiederherstellung der 1807 verlorengegangenen Herrschaft über weite rein polnische Gebiete. Staatskanzler v. Hardenberg und die leitenden Männer der preußischen Verwaltung hielten eine Rückgabe des polnischen Besitzes in der Ausdehnung von 1795 für »ein trauriges Geschenk für den preußischen Staat« und wünschten statt dessen, daß Preußen seine Macht in

9 So Bismarck über die preußische Polenpolitik am Ende des 18. Jahrhunderts: Gedanken und Erinnerungen, 1. Band. – Stuttgart/Berlin 1922. S. 309.

Deutschland festige, und nur »so viel von Polen besitzt, als es *deutsch* zu machen hoffen darf«.[10]

Die »Berliner Zeitung« kommentierte am 16. Februar 1815 die Haltung der Vertreter Preußens zur polnischen Frage während des Wiener Kongresses:

»*Es schien wünschenswert, in Zeiten, wo die Eigentümlichkeit des Volksgeistes sich so kräftig und achtbar gezeigt hat, auch Polen – soweit es ohne Verletzung der Rechte und Sicherheit der benachbarten Staaten möglich ist – in eine der Entwicklung seiner Nationalität günstige Lage zu bringen. Preußen hat nicht angestanden, diese wohltätige Absicht seinerseits dadurch zu unterstützen, daß es sich gegen angemessene Entschädigung des Anspruchs auf den Wiederbesitz derjenigen Teile von Polen begeben hat, die nicht ganz unentbehrlich sind, um zweckmäßige Verbindung zwischen seinen älteren Staaten zu bewirken.*«[11]

Anerkennung der nationalen Individualität, das war eine allgemeine, vor allem durch die Geistesbewegung der Romantik befruchtete Forderung. Nach dem Beweis ungebrochener nationaler Energie, den das Polentum neuerlich im napoleonischen Herzogtum Warschau abgelegt hatte, konnte man die Berücksichtigung ihrer Nationalität den Polen schwerlich vorenthalten. Das bedeutete allerdings nicht, daß Preußen oder die anderen Mächte des Wiener-Kongresses einen nachdrücklichen Versuch zur staatlichen Wiederherstellung Polens gemacht hätten. Auch die von Lord Castlereagh mit Rücksicht auf die englischen Liberalen und die britische öffentliche Meinung erhobene Forderung, Polen wieder als unabhängigen Staat zu errichten, wich schnell einer »realpolitischen« Einschätzung der Lage. Eine Rückgängigmachung der Teilungen, d. h. Wiederherstellung der historischen Grenzen Polens von 1772, war

10 Äußerungen des preußischen Staatsrates Hoffmann 1813 und 1814; vgl. Karl Griewank: Der Wiener Kongreß und die Neuordnung Europas 1814-15. – Leipzig 1942, S. 147 u. 149.
11 Zit. nach Richard Cromer: Die Sprachenrechte der Polen in Preußen in der ersten Hälfte des neunzehnten Jarhhunderts. – Zschr. *Nation und Staat*, 6. Jg. (1932/33), S. 614.

angesichts der inzwischen eingetretenen Machtverschiebungen von vornherein aussichtslos. Als Mitglieder der siegreichen Koalition gegen Napoleon waren die drei Teilungsmächte nicht gesonnen, auf alle jene ehemals zu Polen gehörenden Gebiete wieder zu verzichten, die für sie inzwischen eine wichtige Grundlage ihrer gewachsenen Staatsmacht darstellten. Preußen und Rußland konnten sich dabei darauf berufen, daß selbst Napoleon das preußische Interesse an der Weichselmündung und die Bedeutung der baltisch-litauischen Ostseeküste für Rußland respektiert hatte. Der Wiener Kongreß warf deshalb auch das polnische Problem gar nicht vom Grunde her auf, sondern erörterte nur die Frage, was aus dem »Herzogtum Warschau« werden solle. Hier war es aber Alexander I., der die Haupttrümpfe in der Hand hatte. Er machte sich zum eifrigen Fürsprecher einer Erhaltung des Herzogtums Warschau in seinen bisherigen Grenzen, wobei er sich die Protektorrolle vorbehielt, die vorher der sächsische König als Vasall Napoleons innegehabt hatte. Als fait accompli wirkte in dieser Richtung, daß russische Truppen bei der Verfolgung Napoleons das Herzogtum Warschau in Besitz genommen hatten und der russischen Partei unter dem polnischen Adel, geführt von Fürst Adam Czartoryski, der maßgebliche Einfluß in Warschau zugeschanzt worden war. Eine solche bedingte Wiederherstellung Polens unter russischer Hegemonie begegnete jedoch nicht nur in Wien und Berlin, sondern auch in London aus Gründen des europäischen Gleichgewichts starken Bedenken. Metternich und Lord Castlereagh unterstützten deshalb das Verlangen Preußens, zur strategischen Sicherung und Arrondierung seiner Ostgrenzen wenigstens einen Teil des Herzogtums Warschau mit der Weichsel-Festung Thorn und der Stadt Posen zurückzuerhalten.

Das Ergebnis der Wiener Beschlüsse bestand schließlich in einem unklaren Kompromiß. Er bedeutete insofern Besiegelung der Teilung Polens, als er den russischen, österreichischen und preußischen Besitz ehemals polnischer Gebiete, sofern diese außerhalb des Herzogtums Warschau lagen (Litauen, Ruthenien, Galizien, Pommerellen, Ermland), überhaupt nicht in Frage stellte und auch das von Napoleon verselbständigte polnische Kernland (mit der nur symbolischen Ausnahme des zur Republik erklärten Gebietes um Krakau) entweder der Souveränität des russischen Zaren oder des Königs von Preußen unterwarf. Gleichzeitig nahmen die in Wien versammelten Staatsmänner aber die Bereitschaft Alexanders, den Polen im ehemaligen Herzogtum Warschau weitestgehende Selbstverwaltung zu gewähren, wohlwollend auf und stellten der polnischen Nationalität eine gewisse völkerrechtliche Garantie aus. Lord Castlereagh hatte am 12. Januar 1815 in einer Zirkularnote hervorgehoben, daß man nicht hoffen könne, den Frieden in Osteuropa zu erhalten, wenn man die Gewohnheiten und Bräuche der polnischen Nation unterdrücke. Von preußischer Seite hatte Hardenberg dieser Empfehlung zugestimmt und am 30. Januar 1815 erklärt, es gelte den Völkern zu zeigen, daß »ihre nationale Existenz frei und ungeschmälert erhalten werden könne, gleichgültig, welchem politischen System ihr Schicksal verbunden sei«.[12] Diesen Grundsätzen entsprachen Bestimmungen in den preußisch-russischen und russisch-österreichischen Verträgen, die sinngemäß in die Wiener Schlußakte aufgenommen wurden. Im preußisch-russischen Vertrag vom 3. Mai 1815 hieß der reichlich verklausulierte (deshalb hier wörtlich übersetzte) Passus:

»*Die Polen werden als Untertanen der jeweiligen hohen vertragsschließenden Parteien Institutionen erhalten, welche die Regierungen, zu denen sie gehören, für nützlich und angebracht halten, ihnen zu gewähren.*«[13]

Im Grundsätzlichen war der Sinn dieser vertraglichen Garantie,

12 Das Staatsarchiv. Sammlung der offiziellen Aktenstücke der Gegenwart; hrs. von Ludwig Karl Aegidi und Alfred Klaushold. – Hamburg 1863, Bd. V, S. 337 f.
13 Aus dem Französischen übersetzt vom Vf.; vgl. Martens: Noveau Recueil de Traités. – Göttingen 1818, Bd. II, S. 227; zit. in: *Nation und Staat*, 6. Jg. (1932-33), S. 613, Anm. 8.

auf die sich bis zum Ersten Weltkrieg auch die Polen in Preußen immer wieder berufen sollten, nicht zweifelhaft: Sie sollte die Entnationalisierung der Polen durch die Teilungsmächte ausschließen und diese verpflichten, der polnischen Nation in irgendeiner Form Autonomie zu gewähren. Da aber alles Weitere dem Ermessen der Teilungsmächte überlassen blieb, stand der kasuistischen Interpretation Tür und Tor offen. Obwohl der Text der Garantie eine solche Beschränkung nicht erhielt, gingen die drei Teilungsmächte davon aus, daß die Berücksichtigung der polnischen nationalen Besonderheit nur für diejenigen Gebiete verbindlich sei, die sie 1815 als Bestandteile des ehemaligen Herzogtums Warschau zugesprochen erhielten. Österreich, das unverändert im Besitz Galiziens verblieb, fühlte sich deshalb kaum betroffen. Und Rußland und Preußen beschränkten die mehr oder weniger weitgehende »nationale Reorganisation« auf ihre Anteile aus dem Herzogtum Warschau. Ähnlich wie für Rußland, bedeutete das für Preußen bis 1848 und teilweise bis zur Reichsgründung von 1871 Polenpolitik nach zweierlei Maß: Im wesentlichen unveränderte Einschmelzungs- und Germanisierungspolitik in Westpreußen, daneben teils grundsätzlich bejahte, teils notgedrungen-halbherzige Tolerierung der polnischen Nationalität im sogen. Großherzogtum Posen. Die Aussichten auf eine Befriedigung der polnischen Hoffnungen waren unter diesen Umständen gering.

Die durch den Wiener Kongreß versuchte europäische Friedensordnung der »Heiligen Allianz« bedeutete auch in der polnischen Frage eine Absage an die nationalrevolutionäre Staatsgestaltung französisch-napoleonischer Provenienz. Sie war, so etwa bei Hardenberg, geleitet von der Zuversicht, nationale Besonderheiten durch eine geläuterte Staatspolitik auf der Ebene des Gesellschaftlich-Ständischen binden zu können. Ob der preußische Staat einer solchen übernationalen Ordnungsfunktion im Osten gewachsen war, inwieweit er in den ehemals polnischen Gebieten nur die eigene Herrschaft etablierte und dabei die Spontaneität polnischen Eigenlebens unterdrückte, wieweit er andererseits unter Eindämmung der nationalen Sprengkräfte sozial und zivilisatorisch »befreiend« zu wirken verstand, darüber entschied er selbst in positiver und negativer Weise durch die Praxis seiner Polenpolitik in den kommenden Jahrzehnten.

Versöhnungskurs im Großherzogtum Posen 1815-1830

Räumlich begrenzte, in der Sache aber bemerkenswert ausgedehnte nationale Autonomie erhielt nach 1815 das auf Grund der Wiener Beschlüsse an Rußland gefallene Territorium des ehemaligen Herzogtums Warschau (= Kongreßpolen). Den durch die Abtretung der westlichen Bestandteile an Preußen geschmälerten Umfang des napoleonischen »Herzogtums« suchte Alexander I. wettzumachen, indem er Kongreßpolen zum »Königreich Polen« erhob. Als Kaiser von Rußland und König von Polen stützte er die Besonderheit und Selbständigkeit des in Realunion mit Rußland verbundenen Königreiches Polen vor allem durch die ihm verliehene liberale Konstitution, ein sichtbares Zugeständnis an die polnische Überlieferung seit der Maiverfassung von 1791 und ihrer Wiederherstellung durch Napoleon. Die russische Oberhoheit über Kongreßpolen, repräsentiert durch einen Statthalter polnischer Herkunft (General Zajaczek) und einen kaiserlich-russischen Kommissar, bestand bis zum Tode Alexanders (1825) fast nur noch außenpolitisch. Die inneren Angelegenheiten des Landes wurden von einem polnischen Staatsrat und dem Warschauer Sejm selbständig wahrgenommen. Der polenfreundliche Zar konzedierte darüber hinaus auch die Aufstellung einer eigenen polnischen Armee unter der Oberaufsicht des Großfürsten Konstantin, einem Bruder Alexanders. Die wiedereröffnete Warschauer Universität wurde zum Mittelpunkt polnischer geistiger Kultur. Kongreßpolen bot unter diesen Umständen von allen Teilgebieten Polens die weitaus besten Voraussetzungen für die Entfaltung nationalen Eigenlebens.

Das von Alexander I. gegebene Beispiel der Tolerierung polnischer Selbständigkeit in Kongreßpolen spielte eine bedeutsame
Rolle auch bei den ersten Maßregeln Preußens zur Neuregelung
der Verhältnisse in den preußischer Hoheit unterstellten westlichen Gebieten des ehemaligen Herzogtums Warschau. Diese
erhielten jetzt als »Großherzogtum Posen« auch nominell eine
Sonderstellung innerhalb Preußens. Namentlich Hardenberg
selbst wirkte während der ihm noch verbleibenden Amtszeit als
Staatskanzler (bis 1822) dem Großherzogtum Posen gegenüber
auf eine Politik betonter Konzilianz hin. Schon in Wien veranlaßte er 1815 die Ernennung seines als polenfreundlich bekannten Ratgebers Josef v. Zerboni zum Oberpräsidenten in Posen
und brachte Friedrich Wilhelm III. dazu, Fürst Anton Radziwill als ständigen königlichen Statthalter in Posen einzusetzen.
Die Tendenz, das Polentum der Provinz zu beschwichtigen und
einen Wandel preußischer Politik gegenüber jenen Jahren
erkennen zu lassen, in denen das Großherzogtum als Teil der
Provinz Südpreußen (1793-1807) einem schematisch bürokratischen Regiment unterworfen worden war, drückte sich auch in
dem königlichen Zuruf an die polnischen Untertanen vom 19.
Mai 1815 aus:

*»Auch Ihr habt ein Vaterland ... Ihr werdet meiner Monarchie
einverleibt, ohne Eure Nationalität verleugnen zu dürfen ... Ihr
werdet wie die übrigen Provinzen meines Reiches eine provinzielle
Verfassung erhalten. Eure Religion soll aufrechterhalten ..., Eure
Sprache soll neben der deutschen in allen öffentlichen Verhandlungen
gebraucht werden, und jedem unter Euch soll nach Maßgabe seiner
Fähigkeiten der Zutritt zu den öffentlichen Ämtern des Großherzogtums, sowie zu den Ämtern, Ehren und Würden meines Reiches offen-
stehen. Mein unter Euch geborener Statthalter wird bei Euch residie-
ren. Er wird mich mit Euren Wünschen und Bedürfnissen und Euch
mit den Absichten meiner Regierung bekanntmachen.«*[14]

Die Proklamation läßt allerdings auch erkennen, daß der preußische König nicht gesonnen war oder sich nicht in der Lage

14 Vgl. Manfred Laubert: Die preußische Polenpolitik von 1772 bis
1914. – Krakau 1942, S. 49.

sah, dem Großherzogtum Posen jenes Maß an Selbstregierung zu gewähren, das Alexander I. seinem kongreßpolnischen Königreich zugestand. Dabei wirkte sich naturgemäß als objektiver Hinderungsgrund aus, daß das Land mit der Stadt Posen und dem alten Erzbistum Gnesen zwar ein traditionsreiches historisches Gebiet des Polentums, aber doch nach Fläche und Bevölkerung nur einen Randbezirk des ethnographischen Polens darstellte, zumal das Kulmerland mit Thorn (nicht dagegen der südliche Teil des Netzedistrikts mit Bromberg) der Provinz Westpreußen angegliedert wurde. Innerhalb des beträchtlich vergrößerten preußischen Staates mit seinen nunmehr (1815) rd. 10 Millionen Einwohnern bildete die polnische Bevölkerung in Posen, West- und Ostpreußen und Schlesien eine Minderheit von allenfalls 1,5 Millionen. Davon entfielen nach der Volkszählung von 1815/16 auf das Großherzogtum Posen 521 000 katholische (= polnische) neben 218 000 protestantischen (deutschen) und 50 000 jüdischen Einwohnern.[15] Von dieser Zahlenproportion her gesehen, waren – gegenüber den Bevölkerungsverhältnissen Preußens nach 1793/95 sowie auch verglichen mit dem Anteil des Polentums innerhalb des Russischen Reiches – die Voraussetzungen für die Ausbildung einer föderativen preußischen Staatlichkeit paritätischer deutsch-polnischer Nationalität schwerlich noch vorhanden, vielmehr von vornherein die Tendenz zur Majorisierung des Polentums durch das Deutschtum Preußens gegeben.

Die auf Grund der preußischen Reformen verstärkte Freizügigkeit des Gewerbes und Grundbesitzes trug ferner dazu bei, daß es im Großherzogtum Posen zum Einstrom deutschen Kapitals und deutschen Besitzes kam. Am wenigsten wirkte sich dies in den Jahren nach 1815 zunächst in den Städten aus. Das deutsche und jüdische bürgerliche Gewerbe im Posenschen wurde im Gegenteil durch die Abschnürung von seinem polnischen Hinterland in Gestalt der russischen Zollgrenze eher geschwächt. Zahlreiche deutsche und jüdische Kaufleute siedel-

15 Vgl. S. 144 f. (Tabelle).

ten nach Kongreßpolen über und legten hier u.a. den Grund zur Textilindustrie von Lodz. Wohl aber setzte sich auf dem Lande das Eindringen deutschen privaten Grundbesitzes fort, nachdem schon in südpreußischer Zeit größere Ländereien nicht nur in preußischen Domänenbesitz verwandelt, sondern z. T. auch von deutschen fürstlichen Magnaten (so insbes. von den Fürsten von Thurn und Taxis) aufgekauft worden waren. Der spätere preußische Finanzminister v. Motz (1825-30) gab dafür persönlich durch den Erwerb umfangreichen Grundbesitzes in Posen ein Beispiel. Bis zur Wende des Jahres 1830 stand dahinter jedoch kaum eine bewußte Methode und Absicht zur Verdrängung des polnischen Grundbesitz-Adels. In seinem Bestreben, den polnischen Adel für Preußen zu gewinnen, sorgte Oberpräsident v. Zerboni im Gegenteil auch für dessen wirtschaftliche Stärkung. Das auf seine Initiative hin in Posen in den 20er Jahren errichtete landwirtschaftliche Kreditinstitut, das mit Darlehen des preußischen Staates arbeitete, trug zur Sanierung des polnischen Grundbesitzes bei und bildete bis zu seiner Auflösung (1846) einen bedeutsamen ökonomischen Rückhalt für die polnische Landwirtschaft.

Im übrigen blieb trotz des Ankaufs durch deutsche Besitzer die dominierende Stellung des polnischen mittleren und kleinen Adels und einiger Magnaten (vor allem der Familien Radziwill, Sulkowski, Raczynski) bis über die Mitte des 19. Jahrhunderts hinaus unangetastet. Polnischer Berechnung zufolge befanden sich in der Provinz Posen noch im Jahre 1848 von den Gütern über 150 Hektar 950 000 Hektar in polnischer Hand, gegenüber 600 000 Hektar in der Hand deutscher Großgrundbesitzer.[16]

Wie die provinzielle Sonderstellung des Großherzogtums innerhalb des preußischen Staates durch die 1808 durch den Freiherrn v. Stein eingeführte Zwischeninstanz der Oberpräsidialregierungen gestützt wurde, die anstelle des alten Systems der

16 Deutsches Zentralarchiv Merseburg (künftig zit. als DZA Merseburg): Akten d. Preuß. Min. f. Landw., Domänen u. Forsten, Rep. 87 B, Nr. 9489: Bericht des Posener Polizeipräsidenten v. 1909.

Kammerdepartements trat, so kamen andere Neuerungen der Stein-Hardenbergschen Reform auch der Selbstverwaltung des polnischen Adels zugute. Auf Grund der Kreistagsverfassung erhielt der in den Kreistagen der Provinz Posen überwiegende polnische Großgrundbesitz das Recht zur Präsentation der Landrats-Kandidaten und damit den beherrschenden personellen Einfluß auf die Kreis- und Lokalverwaltung. Auch in dem 1827 eröffneten ersten Posener Provinziallandtag bestand eine absolut dominierende Mehrheit des polnischen Adels. Sein »erster Stand«, vertreten durch Fürst Sulkowski und Graf Raczynski, wurde zum vornehmsten Sprecher der Provinz.

Indessen lag im Wesen der preußischen Reformgesetze und -bestrebungen, die nach 1815 auf Posen übertragen wurden, auch die Tendenz zur Vereinheitlichung des preußischen Gesamtstaates, wodurch der proklamierten Sonderstellung des Großherzogtums in mancherlei Hinsicht entgegengewirkt wurde. Ein Beispiel bildete die schon 1816/17 auf dem Gebiet des Rechtswesens durch die Einführung des preußischen Allgemeinen Landrechts und des preußischen Prozeßverfahrens (anstelle des Code Napoléon) vorgenommene Angleichung an die übrigen preußischen Provinzen. Die preußische Regierung war dabei zwar bemüht, die besondere Lage Posens zu berücksichtigen, indem sie durch Errichtung eines Oberappellationsgerichts in Posen dafür sorgte, daß die Schlußinstanz im Großherzogtum verblieb. Im ganzen begründete die Übertragung preußischen Rechts und Verfahrens jedoch vor allem personell eine starke Verlagerung des Rechtswesens in die Hände deutscher Justizbeamter. Mangels ihrer polnischen Sprachkenntnisse blieb dabei oft auch die offiziell zum Grundsatz erhobene Gleichberechtigung des Deutschen und Polnischen als Gerichtssprache nur Theorie. Dergleichen »Germanisierung« im Gerichtswesen und bei sonstigen staatlichen Behörden, (etwa der Finanzverwaltung) bildete deshalb auch den wiederholten Gegenstand polnischer Beschwerden im Provinziallandtag, dessen Marschall, Fürst Sulkowski, dabei den statistischen Beleg führte, daß unter den Gerichtsassessoren, Regierungsräten und anderen Beamten der Provinz das deutsche Element weit überwiege und nur ein geringer Teil von ihnen der polnischen Sprache kundig sei.[17]

Was von den adligen Sprechern des Polentums zur Verteidigung der polnischen Nationalität geltend gemacht wurde, war freilich auch von subjektiven ständischen Interessen bestimmt. Politisch-nationale Freiheit und ständisch-soziale Herrschaft lagen oft nahe beieinander, und das eine ließ sich als Mittel zur Durchsetzung des anderen gebrauchen. Besonders charakteristisch hierfür waren die Kontroversen über die gesetzliche Regelung der Bauernbefreiung in den polnischen Landesteilen Preußens. Emanzipation der Bauern von der Grundherrschaft, das bedeutete einerseits soziale Befreiung; die preußische Bürokratie der Reformzeit erfüllte damit eine Emanzipationsaufgabe, die sie auch in den altpreußischen Provinzen oft gegen den Widerstand des »Junkertums« durchsetzen mußte. In den polnischen Gebieten, wo der Adel zugleich Träger des nationalen Sonderbewußtseins war, lag es jedoch nahe, die Bauernbefreiung auch bewußt als Mittel zur Zurückdrängung des nationalen Gegenspielers zu benutzen. Eine solche gleichzeitig germanisierende Tendenz lag z. B. in der strikten Durchführung der Bauernbefreiung, wie sie der westpreußische Oberpräsident Theodor v. Schön handhabe, der selbst auch maßgeblicher Urheber des grundlegenden Steinschen Edikts von 1807 gewesen war. Auch das 1823 für die Provinz Posen verordnete Gesetz über die Durchführung der Bauernbefreiung hatte eine solche verschärfende Tendenz. Im Unterschied zum Verfahren in den altpreußischen Provinzen verbot es den adligen (polnischen) Grundherren den Erwerb abgelöster Bauernlandes.

Zu den Bereichen konstruktiver preußischer Staatstätigkeit in den Jahren nach 1815, die auch den polnischen Gebieten zugute kam, gehörte namentlich die von der Humboldtschen Reform des Unterrichtswesens ausgehende Intensivierung der

17 R. Cromer (S. 80, Anm. 11), S. 617.

Volksschulen und Gymnasien. Humanistischer Geist, der weder vorher noch kaum je später wieder in solchem Maße die Spitze der preußischen Staatsverwaltung bestimmte wie in der Person Wilhelm v. Humboldts oder des ersten preußischen Kultusministers v. Altenstein, bildete einen Damm auch gegen nationale Intoleranz. So widersetzte sich besonders Kultusminister Altenstein nachdrücklich allen Bestrebungen zur sprachlichen Eindeutschung der Polen. Sein Sprachenerlaß vom 13. Dezember 1823 ist hierfür ein besonders eindrucksvolles Zeugnis:

»Was die Ausbreitung der deutschen Sprache betrifft, so kommt es hierbei zunächst darauf an, daß man sich selber klarmache, was man in dieser Hinsicht eigentlich wolle und solle, nämlich, ob nur auf ein allgemeines Verstehen der deutschen Sprache unter den polnischen Einwohnern dortiger Provinzen hingewirkt werden solle, oder ob man etwa die Ansicht habe, die ganze Nation zwar allmählich und unvermerklich, aber nichtsdestoweniger so vollständig wie möglich zu germanisieren. Nach dem Urteil des Ministers ist nur das erstere nötig, ratsam und ausführbar, das andere aber unratsam und unausführbar, denn um vollkommen gute Untertanen zu sein, an dem Vorteil der Staatseinrichtungen teilnehmen zu können, ist es zwar für die Polen wünschenswert und nötig, daß sie die Landesregierungssprache verstehen und sich in ihr verständlich zu machen wissen; es ist aber nicht nötig, daß sie deshalb ihre Stammessprache aufgeben oder auch nur hintansetzen müssen. Der Besitz zweier Sprachen ist so wenig für einen Nachteil zu erachten, daß er vielmehr als ein Vorzug betrachtet werden darf, da er in der Regel mit größerer Beweglichkeit der Verstandeskräfte und einer leichteren Auffassungsgabe verbunden zu sein pflegt. Aber selbst wenn man es für wünschenswert halten wollte, den Gebrauch der polnischen Sprache nach und nach einzuschränken und so das Volk zu entnationalisieren, so würde doch jeder direkte Schritt zu offenbarer Vertilgung ihrer Sprache, statt dem Ziele näherzubringen, nur davon entfernen. Religion und Sprache sind die höchsten Heiligtümer einer Nation, in denen ihre ganze Gesinnungs- und Begriffswelt gegründet ist. Eine Obrigkeit, die diese anerkennt, achtet und schätzt, darf sicher sein, die Herzen der Untertanen zu gewinnen, welche sich aber gleichgültig dagegen bezeigt oder gar Angriffe dagegen erlaubt, die erbittert oder entwürdigt die Nation und schafft sich ungetreue oder schlechte Untertanen. Wer aber etwa glauben

wollte, daß es zur Bildung der polnischen Nation wesentlich beitragen
würde, wenn sie wenigstens der Sprache nach germanisiert würde, der
möchte sich in einem großen Irrtum befinden. Die Bildung eines Indi-
viduums und einer Nation kann nur vermittels der Muttersprache
bewerkstelligt werden ... Ihm diese und somit seine ganze Vorstel-
lungswelt zu nehmen und statt deren ihm eine andere, fremde künst-
lich beibringen zu wollen, würde ein verkehrter Weg der Bildung
schon beim Individuum sein, geschweige bei einer ganzen Nation,
selbst wenn diese keine so reiche, eigentümliche und ausgebildete und
grammatisch vollendete Sprache besäße, als es bekanntlich die polni-
sche ist. Will man für die Bildung der polnischen Nation wirklich
erfolgreich sorgen, so wird dies immer am sichersten vermittels ihrer
eigenen Sprache geschehen. Das Interesse der Regierung wird hin-
länglich beraten sein, wenn die deutsche Sprache nur als Lehrgegen-
stand in jeder polnischen Schule aufgenommen und dahin angesehen
wird, daß es die Kinder vor ihrem Austritt aus der Schule darin zur
Fertigkeit gebracht haben müssen.«[18]

Die Respektierung der polnischen nationalen Individualität,
die sich in Altensteins schulpolitischen Prinzipien vorbildlich
äußerte, bestimmte indessen nur zum Teil die Wirklichkeit der
preußischen Staatsverwaltung jener Jahre. Ihr stand einerseits
die Beharrungstendenz altpreußisch-friderizianischer Auffas-
sungen entgegen, andererseits auch mancher staatliche Ratio-
nalisierungseifer, wie er unter dem Oberpräsidenten von Ost-
und Westpreußen, Theodor v. Schön, zum Ausdruck kam, der
die Politik der Einschmelzung der polnischen Gebiete Pommerellens und des Kulmerlandes – auch auf dem Wege der Germanisierung des Schulwesens – kräftig und gegen den Willen
Berlins durchsetzte. Die von Hardenberg begonnene Versöhnungspolitik gegenüber dem Polentum wurde ferner konterka-
riert durch die nach 1815 allmählich einsetzende reaktionäre

18 Wiedergegeben bei R. Cromer (S. 80, Anm. 11), S. 619 f. Die Verordnung Altensteins wurde fünfzig Jahre später, im Januar 1875, im
Deutschen Reichstag verlesen und von den Gegnern der Bismarckschen Polenpolitik als Muster früherer preußischer Liberalität ins Feld
geführt. Vgl. Stenograph. Ber. über die Verhandlungen des Deutschen
Reichstages 1875, S. 1140.

Wendung innerhalb des preußischen Kabinetts. Was Posen selbst betraf, so waren es u. a. der für die innere und Polizei-Verwaltung zuständige Kabinettsminister v. Schuckmann, ferner der Militärbefehlshaber in Posen, General v. Roeder, die dem von Hardenberg, Altenstein, Zerboni und Radziwill eingeschlagenen Kurs entgegenwirkten.

Eine Politik zur Versöhnung der polnischen Führungsschicht und ihrer Integration in den preußischen Staat konnte nach allem, was vorhergegangen war und polnisches Mißtrauen rechtfertige, nur innerhalb langer Fristen, wenn überhaupt, mit meßbaren Erfolgen rechnen. Statt dessen wurde die im Großherzogtum Posen begonnene Bemühung, behutsam eine reformierte preußische Staatswirksamkeit mit nationaler Toleranz zu verbinden, abrupt abgebrochen, als mit dem polnischen Aufstand in Kongreßpolen von 1830 der vermeintliche Beweis erbracht war, daß das Polentum durch Entgegenkommen nicht zu gewinnen war.

Liberale deutsche Polenbegeisterung und preußische Reaktion nach dem Aufstand von 1830/31

Durch die Ereignisse des Revolutionsjahres 1830, das die preußische Regierung mit den Folgen des polnischen Aufstandes in Russisch-Kongreßpolen verwickelte, verschafften sich innerhalb der preußischen Staatsverwaltung mit einem Schlage diejenigen Argumente Gehör, die schon bisher gegen den Versöhnungskurs im Großherzogtum Posen ausgespielt worden waren. Preußen geriet dadurch zugleich in Gegensatz zur liberalen öffentlichen Meinung in Deutschland, die durch den Aufstand und seine abermalige Niederschlagung leidenschaftlich für die Sache der Polen bewegt wurde.

Bis zum Ende der Regierungszeit Zar Alexanders I. hatte das »Königreich Polen« eine Stätte zwar nicht souveräner, aber doch weitgehend eigenständiger polnischer Staatlichkeit gebildet. Die Union Kongreßpolens mit Rußland hatte manche hoffnungsvollen Perspektiven eröffnet: Innerhalb des Russischen Reiches, das allein über zwei Drittel des ehemaligen polnischen Staatsgebietes (Grenzen von 1772) gebot, schien am ehesten eine Wiederherstellung Polens möglich, zumal Alexander verschiedentlich durchblicken ließ, daß er den Warschauer Wünschen auf Angliederung Litauens und Rutheniens an das Königreich Polen nicht gänzlich abgeneigt sei. Durch seine konstitutionelle Verfassung stellte überdies Kongreßpolen den am fortschrittlichsten organisierten Herrschaftsraum innerhalb des zaristischen Imperiums dar. Führende Vertreter des Warschauer Staatsrates, wie der liberale Finanzminister Lubecki, nährten die Hoffnung, daß auch in Rußland die zaristische Alleinherrschaft sich nach dem Vorbild des »Königreichs« modifizieren werde und dem Polentum auf diesem Wege starker politischer und kultureller Einfluß, gleichsam eine Chance der »geistigen Beherrschung« Rußlands, zuwachsen könne.[19] Die weiterzige Förderung polnischer Kultur durch Alexander, die hohen Ehren, die dem polnischen Nationaldichter Adam Mickiewicz in Moskau zuteil wurden, und ähnliche Anzeichen trugen zu solchem Selbstbewußtsein wesentlich bei.

Der Wechsel auf dem russischen Thron im Jahre 1825 bereitete indessen der Ära russisch-polnischer Union und den daran geknüpften Erwartungen ein schnelles Ende. Der neue Zar Nikolaus I. (1825-55), durch seine Heirat mit einer Tochter Friedrich Wilhelms III. den Hohenzollern verschwägert, leitete mit der Niederschlagung des Dekabristenaufstandes (1825) einen neuen absolutistisch-reaktionären Kurs der russischen Innenpolitik ein, begleitet von einer nationalrussischen Wendung gegen die westlichen und polnischen Einflüsse. An eine Erweiterung Kongreßpolens um die 1793-95 dem Zarenreich einverleibten Gebiete Litauens und Rutheniens war jetzt nicht mehr zu denken. Nikolaus begann statt dessen auch die konstitutionellen Rechte und Freiheiten im Königreich Polen durch Zensur der polnischen Presse, Ausschluß der Öffentlichkeit von

19 Vgl. Feldman (S. 31, Anm. 6), S. 87.

den Verhandlungen des Warschauer Sejm u. a. Maßnahmen zu beschränken. In Warschau sahen sich die auf den Ausgleich mit Rußland setzenden »Realpolitiker« diskreditiert; demokratische Faktionen, wie die der »Patriotischen Gesellschaft«, nährten eine aktive antirussische revolutionäre Stimmung. Umgekehrt begann sich in Rußland der Fremden- und Polenhaß derart auszubreiten, daß äußerliche Anlässe, wie die Cholera-Epidemie in Moskau vom September 1830, genügten, um die aufgebrachte russische Bevölkerung gegen Polen und andere Fremde als die vermeintlichen Urheber der Seuche zu mobilisieren. Das Beispiel der französischen Juli-Revolution und der anschließenden Erhebung Belgiens, welche überall in Europa die liberaldemokratischen und nationalen Bewegungen ermutigten, brachte auch in Kongreßpolen die aufgespeicherten polnisch-russischen Spannungen zur Explosion. Ein Anschlag auf den Großfürsten Konstantin leitete am 29. November 1830 den polnischen Aufstand ein, dessen treibende Kraft Gruppen des polnischen Offizierkorps, Studenten der Warschauer Universität und demokratische Adelsgesellschaften bildeten. Großfürst Konstantin räumte erschreckt das Königreich; binnen einer Woche war Kongreßpolen von russischen Truppen befreit. Treitschke schrieb später über dieses Ereignis: »Die große Woche der Polen ward von der gesamten liberalen Welt Europas kaum minder freudig begrüßt als die Juli-Revolution selber.«[20]
Die neugebildete provisorische Regierung und ihre Armee, die auch aus dem preußischen Posen geheimen Zuzug von Freiwilligen erhielt, behaupteten den Überraschungserfolg zunächst auch militärisch gegen den russischen Marschall Diebitsch. Ein dauerhafter Erfolg aber war den Polen wie 1794 versagt, weil jede auswärtige Hilfe ausblieb. Der französische Bürgerkönig und das englische Kabinett Palmerston beschränkten sich auf diplomatische Intervention zugunsten der Polen. Die Wiener

20 Heinrich v. Treitschke: Deutsche Geschichte im 19. Jahrhundert, Bd. 3. – Leipzig 1928, S. 58 f.

Politik verhielt sich freundlich reserviert, Preußen aber stellte sich – obwohl formell neutral – offen auf die Seite Rußlands. Ein Ersuchen Fürst Adam Czartoryskis, der die Leitung der Warschauer provisorischen Regierung übernommen hatte, der preußische König möge seinen Neffen Nikolaus I. zum Einlenken bewegen, wurde von Friedrich Wilhelm III. schroff abgelehnt.

Der preußische König riet den Polen die Unterwerfung unter den Zaren an und entschied sich – gegen liberale Strömungen auch innerhalb der preußischen Verwaltung und des Offizierkorps – für eine aktive Unterstützung der im Sommer 1831 beginnenden russischen Gegenoffensive unter Marschall Paskiewitsch. Preußische Truppen sperrten die Grenze zwischen Posen und Kongreßpolen. Gneisenau, der den Oberbefehl über die preußische Armee im Osten inne hatte, erhielt Befehl, dem von Nordosten anrückenden russischen Heer Verpflegung aus ostpreußischen Magazinen zugänglich zu machen und ihm die Benutzung der preußischen Weichselübergänge zur Umfassungsbewegung gegen Warschau zu gestatten. Berlin sagte dem Zaren auch die Entwaffnung aller auf preußisches Gebiet übertretenden polnischen Soldaten zu.

Die russischen Operationen führten mit der Einnahme Warschaus am 6. September 1831 zu einem vollständigen Erfolg. Kongreßpolen sah sich nach zahlreichen strengen Repressalien gegen die polnischen Aufstandsführer bald auf den Status einer russischen Provinz herabgedrückt. Nikolaus I. annullierte die Mehrzahl der von Alexander bewilligten Rechte, das polnische Heer wurde aufgelöst, die Warschauer Universität geschlossen, der polnische Adel durch Güterkonfiskationen hart getroffen und die polnische katholische Kirche und Schule strenger Aufsicht und zunehmenden Russifizierungsbestrebungen unterworfen.

Preußen hatte durch die Rußland gewährte militärische Rückendeckung abermals, wie schon 1794 anläßlich des Kosciuszko-Aufstandes, eine nationale Wiederherstellung Polens verhindern helfen. Dabei war allerdings die preußische Haltung nicht wie damals von aktivem Expansionsstreben bestimmt. Als Nikolaus I. 1831 den Plan einer Teilung Kongreßpolens aufbrachte, lehnte Berlin dankend ab; man war nicht gesonnen, sich mit dem nationalpolnischen Problem zusätzlich zu belasten. Eine erneute Teilung Polens, so schrieb Gneisenau im Juli 1831 dem preußischen Staatsminister Bernstorff, sei wenig wünschenswert: denn »die Verhältnisse der Polen zu den Deutschen haben sich sehr verbittert seit jener Zeit vor 36 Jahren; sie sind unfähig durch eine sanfte und gerechte Regierung sich leiten zu lassen«.[21]

Diese Stellungnahme Gneisenaus drückt recht charakteristisch den wachsenden Unmut über die polnische Frage aus, der sich angesichts des Aufstandes von 1830/31 der preußischen Regierung bemächtigte. Man wollte mit dem nationalpolnischen Problem nichts zu tun haben, empfand es als lästiges Störungselement, das man sich fernhalten müsse, war aber andererseits entschlossen, die Provinz Posen ungeschmälert bei Preußen zu erhalten. Wie man in der Umgebung Friedrich Wilhelms III. die polnische Nationalbewegung primär als ein Element innerpolitischer Aufsässigkeit gegen die staatliche Ordnung betrachtete, so glaubte man auch, sie gleichsam vorsorglich, d. h. auch außerhalb Preußens bekämpfen zu müssen. Gerade diese präventive Beihilfe, die Preußen dem zaristischen Vorgehen in Kongreßpolen lieh, obwohl der preußische Staat von dem Aufstand von 1830/31 weder selbst betroffen war, noch eigene expansive Ziele verfolgte, hat der Berliner Politik das Odium reaktionärer Komplizenschaft aufgeladen.

Was die Polen selbst betraf, so war die neuerliche Erfahrung gewaltsamer Unterdrückung nur geeignet, die Feindschaft gegenüber den Teilungsmächten noch zu stärken und das polnische Nationalbewußtsein zu radikalisieren. Mehr noch als bisher zog sich jetzt die adlige Führungsschicht, die noch immer der Hauptträger der polnischen Nationalbewegung war, auf sich selbst zurück, kapselte sich gesellschaftlich ab oder ging,

21 Zit. bei H. v. Treitschke, ebenda, S. 201.

was ebenfalls Abkapselung bedeutete, in die Emigration. Damit war aber zugleich eine ideologische Versteifung des National-bewußtseins verbunden. Romantische Vergangenheitsverklä-rung und revolutionärer nationaler Messianismus durchdran-gen sich. Charakteristischen Ausdruck fand dies in der polni-schen Emigrationsliteratur der 30er Jahre und in den Zirkeln und Komitees der aus Kongreßpolen geflüchteten Aufstands-führer in Paris.

Es war im wesentlichen die Folge der erzwungenen Staatslosig-keit, daß der polnische Nationalismus sich seitdem vielfach in einen Mystizismus vergangener oder künftiger Größe hinein-steigerte. Das polnische Geschick wurde als stellvertretendes weltgeschichtliches Märtyrertum für die nationale und freiheit-liche Sache in ganz Europa, die polnische Freiheitsbewegung als Kampf für die Rechte aller unerlösten Völker verstanden und verklärt. Solches überhöhtes missionarisches nationales Selbstbewußtsein wuchs der polnischen Emigration auch von außen zu durch die populäre Begeisterung und Hochschätzung, die den aus Kongreßpolen geflüchteten polnischen Adligen und dem polnischen Freiheitskampf im liberalen Westen nach 1831 zuteil wurden und namentlich in Süddeutschland, aber auch in den bürgerlich-liberalen Zentren Preußens starken Ausdruck fanden. In den süddeutschen Städten feierten liberale Bürger-komitees die polnischen Flüchtlinge. Polnische Fahnen und polnische Lieder gehörten in den 30er Jahren zum Instrumenta-rium liberaler und demokratischer Aufzüge und Versammlun-gen. Die Sache der deutschen Einheit und Freiheit und die der polnischen nationalen Selbständigkeit schienen zwischen 1830 und 1848 weithin identisch, an dieselben Bedingungen geknüpft und gegen die gleichen »Mächte der Reaktion« gerichtet. Es entstand im liberalen Deutschland eine verbreitete polenfreundliche deutsche Dichtung, Literatur und Geschichts-schreibung. Platen, Lenau, Holtei schrieben ihre Polenlieder und -gedichte, der Historiker Friedrich von Raumer beklagte den Untergang Polens, und der badische Politiker und Histo-riker Carl v. Rotteck bezeichnete 1832 in seiner »Weltgeschichte« die durch die Teilung und Niederhaltung der polnischen Nation verursachte »Leidensgeschichte Polens« als »das traurigste Schauspiel in der neuen Geschichte«, die »entsetzlichste Verletzung des heiligen Völker- und Menschenrechts«, einen Sieg der Gewalt gegen alles öffentliche Recht und die zivilisierte Welt.[22]

Die deutsche Polenbegeisterung dieser Zeit ist später als sentimentales Mißverständnis des deutschen bürgerlichen Liberalismus hingestellt worden, welcher aus der Ferne nur eine sehr verschwommene Vorstellung von der Realität des polnischen Problems besessen habe. Heinrich v. Treitschke schrieb fünfzig Jahre später in seiner »Deutschen Geschichte« ironisch: »Die Polen teilten mit dem römischen Stuhle das Schicksal, daß die ihnen gewidmete Verehrung mit der räumlichen Entfernung wuchs.«[23] An dieser Kritik ist einiges berechtigt. Der sich damals angesichts der politischen und gesellschaftlichen Elite der Aufstandsführer in Süddeutschland bildende Idealbegriff von der »edlen polnischen Nation« war ebenso perspektivisch einseitig wie – umgekehrt – manches grenzdeutsche nationale Vorurteil von der polnischen »Minderwertigkeit«, das vornehmlich von der peripheren Anschauung des sozial deklassierten Polentums in Schlesien und Pommerellen oder – später – des polnischen Saisonarbeiters herrührte. Die deutsche bürgerliche Nationalbewegung des Vormärz verkannte auch den Unterschied zwischen dem deutschen volkskulturellen Nationsbegriff und dem historischen Nationalbegriff der polnischen Adelsnation; sie übersah schließlich in idealistischem Überschwang die schwierige nationale Problematik, die sich in territorialer und ethnographischer Hinsicht zwischen einem deutschen und einem polnischen Nationalstaat im Osten ergeben mußte. Dennoch wurde von den deutschen Liberalen und Demokraten der 30er Jahre durchaus zutreffend erfaßt, daß Preußen durch seine

22 Carl v. Rotteck: Allgemeine Weltgeschichte. – 3. Bd. Stuttgart 1832, S. 375.
23 H. v. Treitschke (S. 94, Anm. 20), Bd. 3, S. 59.

Politik zur Behauptung der polnischen Landesteile sowohl außenpolitisch (durch das Zusammengehen mit dem russischen Zarismus) wie innenpolitisch in immer stärkeren Gegensatz zu den deutschen nationalen und liberal-konstitutionellen Bestrebungen geriet, daß insofern also zwischen der polnischen Unfreiheit und dem Mangel deutscher politischer Einheit und Freiheit eine Wechselwirkung bestand.

In Preußen rief der polnische Aufstand von 1830 und die Aufdeckung, daß weite Kreise des polnischen Adels in Posen den Erhebungsversuch unterstützt, fast alle mit ihm sympathisiert hatten, eine entschiedene Wendung der Politik hervor. Friedrich Wilhelm III. und seine Ratgeber betrachteten die polnische Frage jetzt vornehmlich unter dem Aspekt der staatlichen Sicherheit. Gegen mehr als 1000 Polen, vorwiegend Angehörige des Adels, wurden 1831 Hochverratsprozesse angestrengt, die jedoch zumeist mit Freispruch oder nur milden Strafen endeten. Im Gegensatz zu der drakonischen Strafpraxis, die unter Nikolaus I. gegen die Rädelsführer des Aufstandes geübt wurde, zeigte sich die preußische Justiz besonnen und bewährte sich als Hüter der Rechtsstaatlichkeit. Die reaktionäre Wendung der russischen Polenpolitik wurde aber im allgemeinen, insbesondere von der preußischen Generalität und den höheren Beamten der Provinzialverwaltung im Osten, durchaus mit Erleichterung aufgenommen: Fiel doch nunmehr die Nötigung weg, mit Rücksicht auf die von Alexander in Kongreßpolen eingeführte Konstitution den 1815 aufgestellten Grundsätzen zur Erhaltung der polnischen Nationalität auch preußischerseits zu entsprechen. Das Experiment eines Versöhnungskurses in Posen erschien rückwirkend als gefährliche, vom polnischen Adel mißbrauchte Konzession. General v. Roeder schrieb am 5. Mai 1831:

»Der Adel ist es, der undankbar gegen unzählige Wohltaten seinen giftigen Haß über alle Gesetze und Verordnungen ausspritzt und seine gehässige Gesinnung besonders auf die königlichen Beamten ausdehnt ... Die polnische Nationalität ist ihm nur das einzige Mittel, die Absonderung und Entfremdung der Provinz von der preußischen

Monarchie und zugleich die Neigung zum Polentum dauern zu machen.«[24]

Nicht weniger negativ äußerte sich Roeders Nachfolger als Kommandierender General in Posen, Carl v. Grolman, in einer umfangreichen, für das Kriegsministerium bestimmten Niederschrift vom 25. März 1832 mit dem Titel »Bemerkungen über das Großherzogtum Posen«[25]: Die unter Hardenberg dem Großherzogtum eingeräumte Sonderstellung und die »törichten« Versprechungen durch das königliche Besitznahme-Patent von 1815 seien ein ganz »falscher Weg«, die Überlassung der Landratsstellen an die Polen und die Einführung der Provinzialstände »eine unglaubliche Torheit« gewesen. Anstatt wie in Westpreußen mit strengen Maßnahmen eine Verschmelzung mit den alten preußischen Provinzen zu bewerkstelligen, habe man auf die »lächerliche Nationalität« der Polen mit »empfindsamer Sentimentalität« Rücksicht genommen und dadurch die »schlechte Gesinnung« der Polen selbst gefördert. Um jeder künftigen Aufsässigkeit vorzubeugen, empfahl Grolman eine Reihe rigoroser Schritte. Ein »Hauptmittel, wodurch die Übel grundsätzlich behoben werden können«, sei die »Auflösung der Provinz Posen und ihre Vereinigung mit den alten Provinzen des Staates«. Dabei brauche man sich um so weniger an die Wiener Kongreßakte zu halten, als das »verräterische Betragen der Polen« alle Handhabe zur Modifizierung früherer Zusagen gebe. Besonders wichtig sei es ferner, den polnischen Adel auszuschalten. Grolman schrieb:

»Im Großherzogtum Posen befinden sich einige Hundert polnische Güter besitzende Edelleute, die mit ihren Vettern, Schlachtschützen (sic!), Woyten, Vögten und Hausbedienten nur einige Tausend Köpfe bilden, die das böse Prinzip dieser Provinz sind und deren allmähliche Entfernung von dem wesentlichen Nutzen sein würde, da noch Generationen darüber hingehen, ehe ihre polnische Natur sich zu einer

---

24 Zit. bei Laubert (S. 85, Anm. 14), S. 52 f.
25 DZA Merseburg: Preuß. Innenministerium, Rep. 77, tit. 50/21, Adh. 1.

menschlichen ausgebildet haben kann ... Wenn Preußen die ansehnlichen Kosten, die uns die Anstalten gegen die polnische Insurrektion gekostet haben, in den 15 Jahren verwendet hätte, um die polnischen Gutsbesitzer auszukaufen, wäre das Großherzogtum Posen eine ganz sichere preußische Provinz.«

Grolmans Empfehlungen enthalten unverkennbar bereits die Tendenz zur Germanisierung. Wenngleich er die polnische Frage nicht primär als nationales Problem, sondern unter dem Gesichtspunkt der preußischen Staatsautorität und Staatsgesinnung betrachtete, so war doch nach seiner vereinfachenden Denkungsweise »polnisches Wesen« weithin mit »schlechter Gesinnung« identisch. Bezeichnend hierfür ist folgender Satz aus Grolmans Denkschrift: »Jeder, der es ehrlich mit seinem Vaterlande meint, muß seine letzte Kraft anspannen, nicht allein um dies Land dem preußischen Vaterland zu erhalten, sondern es auch gut gesinnt – daß heißt teutsch zu machen.«

Die Praxis des neuen Kurses in Posen, die 1830-31 begann, ging zwar nicht so weit wie Grolmans Denkschrift, entsprach aber weithin ihren Grundgedanken. Sie stand vornehmlich im Zeichen des energischen neuen Oberpräsidenten Eduard Flottwell, dem unter dem Eindruck des polnischen Aufstandes Ende 1830 die Leitung der Provinzialverwaltung in Posen übertragen worden war. Flottwell, bisher Regierungspräsident von Marienwerder, entstammte der Verwaltungsschule Theodor v. Schöns. Er war bestrebt, dessen »fortschrittliche« westpreußische Grundsätze staatlicher Einschmelzungs- und Eindeutschungspolitik, die u. a. auf eine Zurückdrängung ständischer (polnischer) Privilegien zugunsten einer Hebung und Stärkung des bürgerlichen (deutschen) und bäuerlichen Elements gerichtet waren, nunmehr auch auf Posen zu übertragen. In der Person Flottwells, der es verstand, unmittelbaren Zugang zum König zu erhalten, setzte sich dabei auch – wie später noch des öfteren in der polnischen Frage – der härtere Provinzialverwaltungsgesichtspunkt gegenüber manchen abweichenden staatspolitischen Erwägungen einzelner Berliner Kabinettsminister, etwa Altensteins, durch. Eine der ersten von Flottwell veranlaßten Maßnahmen war die stärkere Betonung des Deutschen als Amtssprache in Posen (Regulativ vom 14. 4. 1832). Dem folgte 1833 eine besonders folgenschwere königliche Verordnung, durch welche künftig die Kreistage in Posen von der Mitwirkung bei der Bestellung der Landräte ausgeschlossen, diese vielmehr allein der Regierung vorbehalten wurde. Das bedeutete praktisch die Ausschaltung des polnischen Adels von der Kreisverwaltung. Desgleichen wurde die bisher noch in Posen bestehende altpolnische Institution der Woyts, der grundherrlichen Amts- und Polizeigewalt in den Gemeinden, abgeschafft und an ihrer Stelle (1836) von der Regierung ernannte Distriktskommissare (meist gediente Offiziere und Unteroffiziere) eingesetzt. Die lokale polnische Selbstverwaltung mußte so in Posen einem besonders intensiven Beamtenapparat weichen. Posen wurde in der Folgezeit der am stärksten bürokratisch verwaltete Landesteil Preußens. Aus der lokalen ländlichen Verwaltung herausgedrängt, sah sich nunmehr selbst derjenige Teil des polnischen Adels, der bisher preußisch gesinnt gewesen war, absichtlich vom Staate ferngehalten. Das Land wurde jetzt »wie eine eroberte Provinz von fremden Beamten verwaltet, die keine Fühlung mit dem Volke hatten«.[26]

Die zehnjährige Wirksamkeit Flottwells als Oberpräsident von Posen war vor allem auch dadurch charakterisiert, daß sie die soziale, wirtschaftliche und geistige Kultur des Landes den anderen, deutschen Provinzen Preußens durch intensive Staatstätigkeit anzugleichen suchte. Bewußt ins Auge gefaßte Germanisierung verband sich hierbei mit erheblichen Anstrengungen zur Hebung der bürgerlichen und bäuerlichen Schichten. Die Tätigkeit Flottwells ist deshalb auch von dieser Ambivalenz ihrer Wirkungen her zu sehen: Sie schmälerte aus staatspolitischen Gründen die Selbstverwaltungsrechte und wirtschaftlichen Grundlagen des polnischen Adels, z. B. auch durch

26 Vgl. Georg Gotheim: Die preußische Polenpolitik. In: *Patria*. Bücher für Kultur und Freiheit; hrsg. v. Friedrich Naumann. – Berlin 1909, S. 50.

Veräußerung konfiszierter polnischer Adelsgüter an deutsche Interessenten, verschärfte insofern auch den Kampf gegen die von der Schlachta repräsentierte polnische »Nationalität«, sie ließ dem Lande aber zugleich an Wohltaten zuteil werden, was Preußen damals zu bieten hatte: Ausbau der städtischen Selbstverwaltung und Hebung der bürgerlichen Gewerbe, Fortführung der Bauernablösung, wirtschaftliche Kultivierung des Landes, Einrichtung neuer Schulen etc. Mit Hilfe der durch die preußische Verwaltung vermittelten deutschen Bildung und Kultur, glaubte Flottwell, werde sich auf die Dauer die Einschmelzung der polnischen Untertanen in den preußischen Staat am nachhaltigsten erreichen lassen. Durch dieses, freilich mehr bürokratisch als politisch konzipierte Reformprogramm unterschied sich Flottwell immerhin weit von späteren Versuchen gewaltsamer Germanisierung. Nach seiner Abberufung schrieb er am 15. März 1841 in seinem ausführlichen Rechenschaftsbericht:

»Während meiner Wirksamkeit habe ich die der Verwaltung dieser Provinz gestellte Aufgabe dahin verstehen zu müssen geglaubt: ihre innige Verbindung mit dem preußischen Staate dadurch zu fördern und zu befestigen, daß die ihren polnischen Einwohnern eigenthümlichen Richtungen, Gewohnheiten und Neigungen, die einer solchen Verbindung widerstrebten, allmählich beseitigt, daß dagegen die Elemente des deutschen Lebens in seinen materiellen und geistigen Beziehungen immer mehr in ihr verbreitet, damit endlich die gänzliche Vereinigung beider Nationalitäten als der Schluß dieser Aufgabe durch das entschiedene Hervortreten deutscher Kultur erlangt werden möge.« [27]

Flottwell verkannte hierbei freilich, daß für eine solche ruhige Entwicklung, wie sie in Schlesien, in den ermländisch-masurischen und polnischen Teilen Ostpreußens, auch weitgehend in Westpreußen, auf bestem Wege war, in Posen die Voraussetzungen fehlten. War das polnische nationale Selbstbewußtsein bereits in solchem Maße politisiert wie hier, so konnte man nicht

27 Flottwells Denkschrift v. 15. 3. 1841 ist enthalten u. a. in: DZA Merseburg, Rep. 77, tit. 50, Nr. 21, Adh. 1.

mehr auf einen vollen Erfolg sozial- und bildungspolitischer Einschmelzung hoffen. Das zeigte sich u. a. an dem Widerstand des polnischen Klerus gegen die Kulturpolitik Flottwells, der anläßlich der Frage der Mischehen schließlich zum offenen Konflikt zwischen dem preußischen Staat und dem Gnesener Erzbischof Dunin führte. Es war wohl auch nicht zufällig, daß in das letzte Jahr der Ära Flottwell eine überaus bedeutsame polnische Gründung fiel, durch welche der staatlichen preußisch-deutschen Kulturpolitik in Posen eine eigene national-polnische Bildungsinitiative entgegengestellt wurde: Der polnische Arzt Karl Marcinkowski, 1836 aus der Pariser Emigration nach Posen zurückgekehrt, gründete dort 1840 die »Gesellschaft für wissenschaftliche Hilfe«, deren wichtigste Aufgabe in der Verleihung von Stipendien an polnische Schüler und Studenten aus dem Bauern- und Bürgerstand lag. Marcinkowski gelang es, den polnischen Adel in erheblichem Umfang zur Finanzierung dieser Bildungsarbeit zu gewinnen. Der nach ihm benannte »Marcinkowski-Verein« entwickelte sich, unabhängig von der preußischen Staatsverwaltung, zu einem zentralen kulturellen Selbsthilfe-Instrument des Polentums in Posen, der in den Jahrzehnten nach 1840 mit großem Erfolg um die Heranbildung einer jungen bürgerlichen polnischen Intelligenz bemüht war. Die Gründung des Vereins entsprach einerseits den Bemühungen des Flottwellschen Verwaltungssystems zur Hebung der allgemeinen Bildung. Sie enthielt aber andererseits die polnische Antwort auf die Germanisierungstendenz preußischer Kulturpolitik in den polnischen Landesteilen.

Die Anfänge Friedrich Wilhelms IV. und die Revolution
von 1848

Mit der Thronbesteigung Friedrich Wilhelms IV. (1840), der persönlich stark von den romantisch konservativ-nationalen Idealen seiner Zeit beeinflußt war, nahm die preußische Politik in Posen abermals eine versöhnliche Wendung. Der König veranlaßte die Begnadigung und Wiedereinsetzung des 1838 verbannten Erzbischofs Dunin (Juli 1840); er verfügte, daß der unter Flottwell in Posen mit Staatsgeldern erworbene Grundbesitz ohne Unterschied an Deutsche und Polen veräußert würde, und drang darauf, in der Praxis der Schul-, Behörden- und Gerichtssprache alle Germanisierungsbestrebungen aufzugeben. Als ein Entgegenkommen gegenüber dem polnischen Klerus galt insbesondere auch die Einrichtung einer besonderen katholischen Abteilung im preußischen Kultusministerium (1841). Oberpräsident Flottwell, der Vertreter allzu eifriger Methoden, wurde durch Graf Adolf v. Arnim-Boitzenburg ersetzt, der nach seinem Amtsantritt erklärte:

»Ich empfehle daher, daß in allem, was geschieht, um den polnischen Untertanen deutsche Sprache, Bildung und Wissenschaft nahezubringen, jede Weise eines Aufdrängens derselben und bei allem, was zur Kräftigung des deutschen Elements in der Provinz dienen soll, jeder Anschein einer versuchten Verdrängung oder Beeinträchtigung des polnischen Elements vermieden werden.«[1]

Für mehrere Jahre wurden für das preußische Kabinett betont konservative Grundsätze maßgeblich. Man befleißigte sich in Nationalitätenfragen der Neutralität, erwartete von solcher

1 Denkschrift Arnim Boitzenburgs vom 30. Juni 1841, zit. bei R. Cromer (S. 80, Anm. 11), S. 631. Zu dieser Periode preußischer Polenpolitik jetzt vor allem die im Anhang (S. 328) aufgeführte Untersuchung von Siegfried Baske.

ückhaltung aber andererseits eine vorbehaltlose preußische ιaatsgesinnung auch der polnischen Untertanen, die Überwindung nationaler Gegensätze zugunsten preußischen Patriotismus. In diesem Sinne ermahnte Friedrich Wilhelm IV. in seinem Posener Landtagsabschied vom 6. August 1841 die Vertreter des Polentums:

»*In der untrennbaren. Verbindung mit unserer Monarchie hat das Nationalgefühl der polnischen Untertanen unserer Provinz die Richtung seiner ferneren Entwicklung, die feste Schranke seiner Manifestation zu erkennen. Die Verschiedenheit der Abstammung, der Gegensatz der Namen Polen und Deutsche findet seinen Vereinigungspunkt in dem Namen der einen Monarchie, des Staates, dem sie gemeinsam und für immer angehören, in dem Namen Preußen. Nicht ohne Verschuldung darf diese Tatsache verkannt und der Unterschied der Nationalitäten als Grundlage eines politischen Gegensatzes wieder hervorgerufen werden . . .*«*

Zwei Jahre später beantworteten die Posener Stände diese Erklärung durch eine an den König gerichtete Adresse, in der sie deutlich machten, daß Loyalität gegenüber dem preußischen Staat für sie kein Ersatz für das polnische Nationalbewußtsein sein könne:

»*Sie (die Stände) haben die Tatsache nicht verkennen wollen, daß das Großherzogtum ein Teil Ew. Majestät Monarchie ist. Aber dieser politischen Verbindung ungeachtet, war ihnen die Erhaltung und Bewahrung ihrer Nationalität als Polen, war ihnen ihr Vaterland, der Gebrauch ihrer Sprache in allen öffentlichen Verhandlungen, zugesichert. Sollen sie . . . ihren Vereinigungspunkt in dem Namen Preußen finden, so erblicken sie hierin eine Gefährdung jener Verheißung; sie fürchten nicht mehr zu sein und sich nennen zu dürfen, was sie nach ihrer Sprache, ihren Sitten, ihren geschichtlichen Erinnerungen, was sie nach feierlich abgeschlossenen Verträgen und erteilten Zusicherungen sind – Polen.*«[2]

Zwischen der angestrebten Verschmelzung Polens mit der preu-

2 Vgl. G. A. Noah: Die staatsrechtliche Stellung der Polen in Preußen. – Berlin 1861, S. 183 ff.; zit. auch bei Schinkel (S. 27, Anm. 1), S. 47 f.

ßischen Gesamtmonarchie und dem nationalen Sonderwillen des Polentums blieb eine unüberhörbare Dissonanz. Vor allem der kleine und mittlere Landadel stand stark unter dem Einfluß demokratischer, von der polnischen Emigration in Paris getragener Ideen. Dagegen gelang es Friedrich Wilhelm IV. und dem Oberpräsidenten Arnim in Posen in den Jahren bis 1846, einen Teil des polnischen Hochadels, angeführt von den Radziwills und Raczynskis, stärker an den preußischen Staat heranzuziehen. Posen entwickelte sich vorübergehend zu einem Zentrum polnischer Aktivität. Da Friedrich Wilhelm 1840 eine Amnestie für die Teilnehmer am Aufstand von 1830 verkündet hatte und das Auslieferungsabkommen zwischen Preußen und Rußland nicht erneuert wurde, ließen sich – sowohl aus Frankreich wie aus Kongreßpolen, teilweise auch aus Galizien kommend – einige politisch und geistig besonders aktive Gruppen des Polentums in der Provinz Posen nieder. Polnische Zeitungen und Zeitschriften wurden gegründet, und in der von Marcinkowski eingeschlagenen Richtung begann sich rege Initiative auch auf dem Gebiet sogenannter »organischer Arbeit« zur Hebung der kulturellen und wirtschaftlichen Lage der polnischen Land- und Stadtbevölkerung bemerkbar zu machen.

Das politisch führende Polentum des Großherzogtums war in zwei Lager gespalten. Der konservative Hochadel und ein Teil des Bürgertums und der Geistlichkeit trachtete sich mit dem preußischen Staat zu arrangieren und hoffte auf weitere Auflockerung des preußischen Regiments zugunsten polnischer Selbstverwaltung. Die Mehrzahl des politisch entmündigten und auch sozial z. T. deklassierten Adels blieb weiterhin für den Gedanken revolutionärer Erhebung empfänglich. Wenn immer dies sich in umstürzlerischen Aktionen äußerte, gab es wiederum den preußischen Befürwortern eines strengen Regiments neue Argumente und arbeitete ihnen ungewollt in die Hände. Zu diesem verhängnisvollen Zirkel führte Anfang 1846 ein neues, ziemlich dilettantisch unternommenes Komplott. Ausgehend vom »Freistaat Krakau«, der 1836 von österreichischen Truppen besetzt worden war, sollte nach dem Plan der

Verschwörung in allen drei Teilgebieten Polens ein gleichzeitiger Aufstand versucht werden. Das Unternehmen mißlang von Anfang an. In Galizien rief es sogar eine sozialrevolutionäre und nationale Gegenerhebung des hier besonders stark unterdrückten ukrainischen Bauerntums gegen die Herrschaftsstellung des polnischen Adels hervor. In Posen und in der Provinz Westpreußen wurde die Verschwörung vorzeitig entdeckt. Es kam lediglich zu einigen kleinen Scharmützeln. Das alles genügte jedoch, um Friedrich Wilhelm IV. sofort auf die Linie Flottwellscher Polenpolitik zurückzubringen. Es wiederholte sich in mancher Hinsicht die Situation von 1830: Während die preußische Regierung daran ging, die Stellung zum Polentum abermals im Sinne einer Politik der starken Hand zu revidieren, wurde andererseits die preußische Herrschaft über Polen der öffentlichen Meinung in Deutschland immer suspekter. Das polnische Komplott von 1846 und der 1847 vor dem preußischen Kammergericht in Moabit geführte Prozeß gegen 254 polnische Verschwörer löste erneut eine Welle von Sympathie unter den deutschen Liberalen und Demokraten für die polnische nationale Unabhängigkeit aus. Der preußische Vereinigte Landtag von 1847 beschloß einstimmig, Friedrich Wilhelm IV. um Gnade für die polnischen Verurteilten zu bitten. Der Führer der preußischen Liberalen, Georg v. Vincke, erklärte: nicht nur das Großherzogtum Posen, auch Teile anderer preußischer Provinzen, so Oberschlesien, müßten »als der polnischen Nationalität zugehörig« angesehen werden.[3] In besonders einprägsamer Weise formulierte der junge Friedrich Engels bei einem Londoner Meeting der »Fraternal Democrats« im Namen der deutschen Demokraten am 29. November 1847, anläßlich des 17. Jahrestages des polnischen Aufstandes von 1830, den Zusammenhang von deutscher und polnischer Freiheitsbewegung:

»*Wir deutschen Demokraten haben ein besonderes Interesse an der Befreiung Polens. Es sind deutsche Fürsten gewesen, die aus der*

3 Vgl. Schinkel (S. 27, Anm. 1), S. 55.

Teilung Polens Vorteil gezogen haben, es sind deutsche Soldaten, die noch jetzt Galizien und Posen unterdrücken. Uns Deutschen, uns deutschen Demokraten, muß vor allem daran liegen, diese Flecken von unserer Nation abzuwaschen. Eine Nation kann nicht frei werden und zugleich fortfahren, andere Nationen zu unterdrücken. Die Befreiung Deutschlands kann also nicht zustande kommen, ohne daß die Befreiung Polens von der Unterdrückung durch Deutsche zustande kommt.«[3]

Sowenig diese Äußerung als Beweis für eine grundsätzlich polonophile Einstellung genommen werden kann – Engels und Marx machten bei anderen Gelegenheiten keinen Hehl daraus, daß sie das rückständige Polen im Lichte ihrer marxistischen Entwicklungsstrategie für eine »nation perdue« hielten –, so belegt sie doch jene »vormärzliche« Prinzipienpolitik, von der her ein freiheitlicher deutscher Nationalstaat unvereinbar erschien mit der Unterdrückung anderer Nationalitäten.

Die deutsche Märzrevolution von 1848 schien eine Zeitlang die gleichzeitige Verwirklichung des deutschen und polnischen Nationalstaates in greifbare Nähe zu rücken. In Berlin wurden die inhaftierten polnischen Aufstandsführer am 20. März amnestiert und im Triumph durch die Stadt und vor das Schloß geleitet. Schwarz-rot-goldene und weiß-rote Kokarden waren in Berlin, sogar in Posen, nebeneinander zu sehen. Polnische und deutsche Revolution, so glaubte man, seien zusammengehörig, weil Preußen nur in Deutschland aufgehen könne, wenn auch das preußische Polentum den nationalen Staat wiedererlange. In ihrer »Dankadresse« an das Berliner Volk erklärten die befreiten Polenführer:

»Der gesunde Sinn des Volkes sieht die Dinge und beurteilt sie besser als die Weisheit der Politik. Ihr fühlt es, daß nicht nur die Zeit gekommen ist, in welcher die verhängnisvolle That der Theilung Polens wieder gesühnt werden mußte, sondern die Zeit auch gebiete, daß zur Sicherstellung eines freien Deutschlands ein unabhängiges

4 Voller Text in Karl Marx – Friedrich Engels: Werke; hrsg. v. Inst. für Marxismus-Leninismus beim ZK der SED, Bd. 4. – Berlin (Ost) 1959, S. 417 f.

Polen als Vormauer gegen den Drang der Asiaten errichtet werden muß.«[5]

Der einzige reale Weg zur Schaffung eines freien Deutschland und eines freien Polen, das drängte sich damals auf, war ein gemeinsamer deutsch-polnischer Krieg gegen das zaristische Rußland, den Inbegriff der vormärzlichen Reaktion. Freiherr v. Arnim-Suckow, der Außenminister des nach der Revolution berufenen liberalen preußischen März-Ministeriums, arbeitete unverhohlen auf diese Auseinandersetzung hin. In den Tagen zwischen dem 24. und 31. März schien sie nahe bevorzustehen. Polnische Emigranten strömten bereits aus ganz Europa in Berlin zusammen, in Posen bildeten sich bewaffnete polnische Freikorps. Auch die Liberalen der Paulskirche, Heinrich v. Gagern, Dahlmann, Struve, die Gebrüder Grimm, begeisterten sich für den Gedanken. Professor Gervinus schrieb in der »Deutschen Zeitung«:

»Wir haben uns seit jeher mehr als die Franzosen und Engländer berufen gefühlt, die Befreiung Polens zu vollbringen, nicht allein, weil die Gerechtigkeit sie von uns fordert, sondern auch, weil wir mit den Polen ein Interesse haben, Rußlands ungeheure Macht und Ausdehnung zu brechen.«[6]

Zu dem projektierten revolutionären Krieg gegen Rußland, einer ebenso bemerkenswerten wie problematischen Konsequenz liberaler Prinzipienpolitik, ist es nicht gekommen. Arnim wurde nicht nur von Frankreich enttäuscht, ohne dessen Rückendeckung das preußisch-polnische Unternehmen und die nationale Neuordnung nicht riskiert werden konnte; auch Friedrich Wilhelm IV. und seine Militärs scheuten in entscheidender Stunde zurück und sabotierten die Politik des Außenministers. Ein wesentlicher Grund hierfür war die Entwicklung in Posen. In der Stadt Posen hatte während der revolutionären Märzereignisse zunächst weithin Einvernehmen zwischen der

5 Zit. bei Rudolf Stratz: Die Revolution der Jahre 1848 und 1849. – Heidelberg 1888, S. 266, Anm. 1.
6 Vgl. Wolfgang Hallgarten: Studien über die deutsche Polenfreundschaft in der Periode der Märzrevolution. – München 1928, S. 78.

deutschen und der polnischen Bevölkerung geherrscht; es war sogar zu öffentlichen Erklärungen deutscher Demokraten gekommen, die – so die zeitgenössische Denkschrift eines »Deutschen des Großherzogtums Posen« – eine »auf preußische Bajonette gestützte« Übermacht der Deutschen in Polen ablehnten und dem adligen preußischen Offizier (»in der geschnürten Taille und dem gewichsten Schnurrbart«) das umgänglichere Wesen des polnischen Adels »zum Vorbild« empfahlen.[7] Friedrich Wilhelm IV. hatte nach Empfang einer polnischen Abordnung aus Posen durch einen Erlaß vom 24. März den Polen »nationale Reorganisation« des Großherzogtums zugesagt. Sie sollte auf gesetzlichen Bahnen durch eine deutsch-polnische Reorganisationskommission in die Wege geleitet werden. Daraufhin bildete sich, maßgeblich geleitet von den zurückgekehrten Aufstandsführern von 1846 (Mieroslawski, Dr. Libelt u. a.) in Posen ein zehnköpfiges »Nationalkomitee«, das, unterstützt von entsprechenden Kreiskomitees, während der revolutionären Hochstimmung in den letzten März- und beginnenden Apriltagen in weiten Teilen Posens und Westpreußens als revolutionäre Behörde anerkannt wurde. Neben den Landräten und Regierungspräsidenten begannen von den Komitees eingesetzte Kreisdeputierte und Bezirkskommissare tätig zu werden, gleichzeitig rekrutierte das Nationalkomitee aus Bauern und Bürgern eine bewaffnete Mannschaft für den vermeintlich bevorstehenden Krieg gegen Rußland.

Dieser Entwicklung, welche die Möglichkeit revolutionärer polnischer Machtergreifung im Großherzogtum abzeichnete, begann sich Anfang April der Befehlshaber der preußischen Truppen in Posen, General Colomb, entgegenzustellen und in entsprechendem Sinne nach Berlin zu berichten. Auch bei der Mehrzahl der deutschen Bevölkerung schwenkte die Stimmung um. Als am 5. April 1848 der vom preußischen März-Ministerium zum Reorganisationskommissar ernannte polenfreundliche Generalmajor v. Willisen in Posen eintraf, herrschte hier

7 R. Stratz (S. 110, Anm. 5), S. 302, Anm. 2 (Denkschrift Senst).

bereits kaum verhehlte Kampfstimmung. Willisens Auftrag, die Einsetzung eines polnischen Oberpräsidenten vorzunehmen und die Neuwahl von Landräten und Bürgermeistern durch die Bevölkerung sowie eine Neuorganisation der Polizei und des Militärwesens einzuleiten, stieß bald auf den vereinigten Boykott General Colombs, der preußischen Beamten und der nun ihrerseits in Bürgerkomitees organisierten deutschen Bevölkerung. Den Ausbruch größerer Kämpfe zwischen den preußischen Truppen und den polnischen Freikorps konnte v. Willisen durch eine Übereinkunft vom 11. April zunächst noch verhindern. In Berlin entschloß man sich inzwischen, das Großherzogtum in einen deutschen und einen polnischen Bezirk zu teilen. Ersterer sollte in den Deutschen Bund aufgenommen werden, letzterer eine eigene konstitutionelle Verfassung, nationale Gerichtsbarkeit und Verwaltung, polnische Schul- und Geschäftssprache zugebilligt erhalten. Das Problem einer solchen Teilung Posens nach mehrheitlich polnischen und mehrheitlich deutschen Gebieten beschäftigte noch eine Reihe von Monaten die preußische Staatsregierung, desgleichen die zusammengetretene preußische Nationalversammlung und das deutsche Nationalparlament der Paulskirche. Die tatsächliche machtpolitische Entscheidung zeichnete sich aber bereits Ende 1848 in Posen ab, als Willisen, der von den preußischen Kommandeuren und höheren Beamten zunehmend in seinem Reorganisationsauftrag behindert wurde, am 20. April nach Berlin zurückkehren mußte. Seine Abberufung aus Posen deutete das Nationalkomitee als Bruch der gegebenen Versprechungen. Es kam zu einzelnen Überfällen auf preußische Soldaten, bald zu regelrechten Gefechten zwischen den polnischen Freikorps und den preußischen Truppen. Am 10. Mai kapitulierten die meist nur mit Hieb- und Stichwaffen ausgerüsteten polnischen Freischärler. Ihre Führer, darunter Mieroslawski, wurden gefangengesetzt.

Die Würfel waren damit gefallen. Die gegenüber den Märztagen erheblich veränderte Stimmung und Situation in der polnischen Frage beeinflußte auch die Haltung der deutschen Libe-

ralen und Demokraten in der Nationalversammlung der Frankfurter Paulskirche, die im Sommer 1848 die Frage des Verzichts
auf Eingliederung Posens in das zu schaffende Deutsche Reich
bzw. einer Teilung des Großherzogtums erörterten. Anläßlich
der dreitägigen Polendebatte vom 24.-26. Juli trat eine liberale
Gruppe noch dafür ein, aus Gründen der Gerechtigkeit auf das
mehrheitlich polnische Posen ganz zu verzichten. Robert Blum
gab dieser idealistisch-weltbürgerlich geprägten Auffassung der
nationalen Frage Ausdruck:

»*Denen aber, die so sehr bereit sind, heute das polnische Volk in den
möglichst tiefen Schatten zu stellen, muß ich zurufen, sie sollen nicht
vergessen, daß wir einen großen Teil der Schuld daran tragen. Das
Volk ist seit 80 Jahren zerrissen, geknebelt und unterdrückt und wir
haben es beraubt, seiner inneren Kraft und seines Landes und seiner
Selbständigkeit und Freiheit . . . Wenn Sie Posen durchschneiden, um
die Deutschen zu reclamieren, so schneiden Sie auch Schleswig durch,
geben Sie die Slawen los, die zu Österreich gehören, und trennen Sie
auch Südtirol von Deutschland . . . Entweder das eine oder das andere
ist richtig; denn sich die Politik zurechtmachen in der Art und Weise,
wie sie einem für den Augenblick paßt, das ist meiner Ansicht nach gar
keine Politik.*«[8]

Robert Blums fairer Objektivität lag die Überzeugung zugrunde, daß demokratisch-nationale Politik an allgemeine sittliche
Prinzipien gebunden sei. Ihr stand aber bereits 1848 sichtbar
der nationale Machtwille gegenüber, der solche Prinzipienpolitik als unverantwortliche Schwäche und Sentimentalität ver-
warf. Nicht nur auf der konservativen Rechten der Paulskirche,
auch auf der äußersten Linken, bei Republikanern und Demokraten meldete er sich zu Wort, am deutlichsten in der Rede des
demokratischen Abgeordneten Jordan vom 24. Juli 1848:

»*Soll eine halbe Million Deutscher unter deutscher Regierung leben
und zum großen deutschen Vaterland gehören oder sollen sie in der*

---

8 Vgl. hierzu wie zu der im Folgenden zitierten Rede Jordans (beide
vom 24. 7. 1848): Stenograph. Bericht über die Verhandlungen der
deutschen constituierenden Nationalversammlung; hrsg. v. F. Wigard.
– Leipzig 1848, II, S. 1100 ff.

sekundären Rolle naturalisierter Ausländer in die Untertänigkeit einer anderen Nationalität gegeben und hinausgestoßen werden in die Fremde? Wer da sagt, wir sollen diese deutschen Bewohner von Posen den Polen hingeben und unter polnische Regierung stellen, den halte ich mindestens für einen unbewußten Volksverräter. Polen bloß deswegen herstellen zu wollen, weil sein Untergang uns mit gerechter Trauer erfüllt, das nenne ich eine schwachsinnige Sentimentalität. Die Politik, die uns zuruft: ›Gebt Polen frei, es koste, was es wolle‹, ist eine kurzsichtige, eine selbstvergessene Politik der Schwäche, eine Politik der Furcht, eine Politik der Feigheit. Es ist wohl Zeit für uns, endlich einmal zu erwachen, aus jener träumerischen Selbstvergessenheit, in der wir schwärmten für alle möglichen Nationalitäten, während wir selbst in schmachvoller Unfreiheit darniederlagen, zu erwachen zu einem gesunden Volksegoismus.«

Das waren neuartige Töne aus dem Lager der deutschen Bewegung für Freiheit und Einheit, mit ihnen kündigte sich die Zukunft an: deutschnationale Machtpolitik, das Bündnis zwischen Nationalliberalen und Bismarck, das Ende aber auch der liberalen deutschen Polenbegeisterung.

Konservative und liberale preußische Polenpolitik bis 1863

Das preußische Erbe aus den polnischen Teilungen, namentlich das Großherzogtum Posen mit seiner mehrheitlich polnischen Bevölkerung, hatte sich 1848 schließlich als ein Hindernis der revolutionären nationalen Einigung Deutschlands erwiesen. Der preußische Staat ließ sich nicht ohne weiteres in einen deutschen Nationalstaat einordnen. Wie sich bei den Liberalen der Paulskirche eine kritischere Ansicht der polnischen Frage bemerkbar machte, sobald diese mit den Interessen der ansässigen Deutschen kollidierte, so schlug andererseits bei den Polen die Enttäuschung über die gescheiterte Revolution von 1848 teilweise in antideutsche Stimmung um. Ein bezeichnendes Ereignis war der Slawenkongreß in Prag vom Sommer 1848, an dem auch preußische Polen beteiligt waren: Hier zog man sich von dem vormärzlichen Ideal der Solidarität aller freiheitlichnationalen Bewegungen auf den engeren Begriff westslawischer Gemeinsamkeit zurück.

In den polnischen Landesteilen Preußens, vornehmlich in Posen, hatten die Ereignisse von 1848 erstmals eine scharfe Frontstellung zwischen deutscher und polnischer Bevölkerung mit sich gebracht. In der Folgezeit begann sich der Nationalitätengegensatz zunehmend auch organisatorisch auszubilden. Deutsche und Polen fingen an, sich in getrennten Vereinen auf dem Wege organisierter Wirtschaftskonkurrenz und gesellschaftlicher Exklusivität gegeneinander abzuschließen. War das polnische Problem in Preußen vor 1848 wesentlich eine Frage des Verhältnisses zwischen preußischem Staat und polnischer Adelsnation gewesen, so komplizierte es sich jetzt zum Dreiecksverhältnis staatlich-preußischer, nationaldeutscher und nationalpolnischer Interessen und Ansprüche. Von den Reorganisationsplänen blieb nichts übrig. Die revidierte preußische Verfassung von 1850 übernahm nicht einmal die Nationalitätenschutzbestimmung, die der Verfassungsentwurf der Frankfurter Nationalversammlung (§ 188) vorgesehen hatte. Die Entwicklung Preußens zum konstitutionellen Staat mußte den Polen unter diesen Umständen als ein sehr zweifelhafter Fortschritt erscheinen. Über das Dreiklassenwahlrecht erhielten sie im preußischen Landtag eine neue Möglichkeit politischer Vertretung ihrer Ansprüche, doch die mit der Umbildung Preußens zum Verfassungsstaat verstärkte Staatseinheit bedeutete zugleich das Ende der bisher formell noch bestehenden staatsrechtlichen Sonderstellung des Großherzogtums Posen, das nunmehr auch offiziell preußische Provinz wurde. Der bisher noch offene Weg zu föderativer, autonomer Staatsgestaltung in den ehemals polnischen Landesteilen war damit praktisch für die Zukunft versperrt. Preußens einheitsstaatliche Organisation ließ nicht mehr den Begriff »preußische Polen«, sondern nur noch die Bezeichnung »polnische Preußen« zu.

Sie entsprach auch der Vorrangigkeit des Staatsgedankens gegenüber dem Nationalitätsprinzip, die sich nach 1848 in der über ein Jahrzehnt lang in Preußen herrschenden konservativen Regierung v. Manteuffel geltend machte. Damals schrieb der Redakteur der »Kreuzzeitung« Hermann Wagener:

»*Das Nationalitätsprinzip dient nur dazu, die europäischen Nationen wieder in Rassen aufzulösen und damit auf den Standpunkt der Barbaren zurückzuführen.*«[9]

Diese Auffassung von der destruktiven Wirkung des Nationalitätsprinzips hatte gewiß ihre Berechtigung und nahm künftige bittere Erfahrungen in der deutsch-polnischen Mischzone vorweg. Auch die ihr entsprechende Theorie vom Staat, als dem historisch gewordenen obersten Ordnungsgefüge der menschlichen Gesellschaft, war nicht gleichbedeutend mit »Reaktion«, sofern sie nicht opportunistisch und pragmatisch als Argument für die Unterdrückung unerwünschter Ansprüche diente, sondern, wie bei dem Theoretiker Ludwig v. Gerlach, einer grundsätzlichen konservativen Ethik und Einsicht entstammte. Objektiv angewendet und wirkungsvoll befolgt, wäre die in der Gegenwendung zur Revolution von 1848 entwickelte orthodoxe preußisch-konservative Staatsidee vielleicht imstande gewesen, den Gegensatz von Deutsch und Polnisch zu überbrücken. Dazu hätte es jedoch strikter Neutralität des Staates auch dort bedurft, wo es um Belange der deutschen Bevölkerung in Posen ging. In Einzelfällen nahm die preußische Regierung in den 50er Jahren in diesem Sinne eine durchaus entschiedene Haltung ein: Als im Jahre 1850 ein deutscher Abgeordneter der Stadt Posen im Abgeordnetenhaus Regierungsmaßnahmen zur besseren Entwicklung des deutschen Bürgertums forderte, antwortete Minister v. Manteuffel:

»*Der Antrag geht dahin, die Regierung solle für die Vorbereitung der deutschen Nationalität sorgen. Das ist eine Aufgabe, die die Regierung nicht übernehmen kann. Wenn die deutsche Bevölkerung des Schutzes der Verwaltungsbehörden bedarf, um sich geltend zu machen, dann hat sie auf keine Zukunft mehr zu rechnen.*«[10]

9 Zit. bei Schinkel (S. 27, Anm. 1), S. 97 f.
10 Stenographischer Bericht der II. Kammer, 1850, S. 2652; auch zit. bei Schinkel, ebenda.

Solcher konservativen Grundsatz-Politik stand allerdings in Westpreußen und Posen das sehr viel mehr an Zweckmäßigkeitsgesichtspunkten orientierte tägliche Wirken der preußischen Verwaltung gegenüber. Hier bestand nach wie vor ein unentschiedener Zwiespalt vor allem darin, daß man einerseits durch Toleranz in nationalen Fragen die nichtdeutschen Untertanen zu gewinnen suchen mußte, aber doch auch wiederum eine fortschreitende Germanisierung als Mittel staatlicher Integration nicht entbehren zu können glaubte.

In Posen ergab sich aus diesem durch die Ereignisse von 1848 noch verstärkten Dilemma während der Amtszeit des Oberpräsidenten v. Puttkamer (1851-1860) eine oft konzeptionslose und vornehmlich abwehrende Inaktivität. Man stand ratlos unter dem Eindruck, daß eine positive Gestaltung der polnischen Frage kaum noch zu bewerkstelligen sei und beschränkte sich weitgehend auf die Ausschaltung möglicher gefährlicher Entwicklungen. Puttkamer formulierte sein Programm am 24. September 1851 mit den Worten:

»*Es ist durchaus notwendig, daß die Regierung dem Polonismus gegenüber eine feste und prononcierte Stellung einnehme. Denn er ist und bleibt ein ihr feindliches Element, mag er auftreten, in welcher Gestalt er wolle. Ihn versöhnen ist unmöglich, ihn ausrotten inhuman (und nebenbei auch unmöglich, wenigstens gehören Generationen dazu), also bleibt nichts übrig als ihn energisch in der ihm zukommenden untergeordneten Stellung halten.*«[11]

Dem entsprach eine Verwaltungspraxis, die vornehmlich auf polizeiliche Sicherung und bürokratische Kontrolle ausgerichtet war, auf anderen Gebieten aber (z. B. in Fragen der Schul- und Kirchenpolitik) den Dingen – mehr aus Resignation als aus einer politisch toleranten Konzeption heraus – ihren Lauf ließ. Das unter Flottwell eingeführte Regiment behördlich eingesetzter Landräte und Distriktkommissare wurde eher gestrafft als in Richtung auf Selbstverwaltung gemildert. Dabei stellte – auch dies war eine Folge der gekennzeichneten Grundhaltung – die preußische Beamtenschaft in Posen und Westpreußen im allge-

11 Zit. bei Laubert (S. 85, Anm. 14), S. 120.

meinen weit eher eine negative als eine positive Auslese dar, wie
überhaupt die Ostprovinzen Preußens in den 50er Jahren ein
Stiefkind des Staates blieben, auch in der wirtschaftlich-indu-
striellen Entwicklung hinter den anderen preußischen Ländern
weit zurückstanden.

Die polnische Fraktion im preußischen Landtag, das einzige
durch die Immunität der Abgeordneten geschützte Organ, durch
das polnische Beschwerden an zentraler Stelle zur Sprache
gebracht werden konnten, zählte bis 1855 zwischen 11 und 15
Mitglieder. Angefangen von ihrem Widerstand gegen die preußische Verfassung von 1850, erschöpfte sich ihre Rolle wesentlich darin, »Reservationen«, »Erklärungen« und »Proteste«
vorzubringen, zumal sich bald zeigte, daß ihr weder von den
preußischen Liberalen noch von den rheinischen Katholiken
sonderliche Unterstützung zuteil wurde. Dennoch hat die preußische Regierung es anläßlich der Neuwahlen von 1855 für
notwendig befunden, in Posen durch rigorose Veränderungen
der Wahlbezirke, Verlegung der Wahlorte in abgelegene deutsche Gebiete und andere Manipulationen, der Wahl polnischer
Abgeordneter stärkste Hindernisse in den Weg zu legen. Mit
dem Geist konservativer Politik, wie ihn Ludwig v. Gerlach
verkörperte, hatte dieser rücksichtslose Gebrauch behördlicher
Macht nichts mehr zu tun. Hier handelte es sich um ein Kabi-
nettstück reaktionärer Unterdrückung, das – wie Ludwig Bernhard später urteilte – »in der Geschichte des Parlamentarismus
wohl kaum seinesgleichen haben dürfte«.[12] Als Folge der kaum
verschleierten Manipulation schmolz die polnische Fraktion im
preußischen Landtag auf fünf Abgeordnete zusammen und verlor für die nächsten Jahre alle Bedeutung.

Außenpolitisch hielt während der gleichen Zeit die Regierung
v. Manteuffel am russischen Bündnis fest: Friedrich Wilhelm
IV. verzichtete 1854 anläßlich des Krimkrieges gegen Rußland
bewußt auf einen Versuch, Preußen aus dem vielkritisierten

12 Ludwig Bernhard: Die Polenfrage. Der Nationalitätenkampf der
Polen in Preußen. – München/Leipzig 3. Aufl. 1920, S. 77 (1. Aufl.
von 1907).

Einvernehmen mit dem reaktionären Zarentum Nikolaus' I. herauszulösen und dabei auch der polnischen Frage eine neue Wendung zu geben. Außenseiter, wie der preußische Gesandte v. Bunsen in London und die oppositionelle Wochenblattpartei, die zum Eintritt Preußens in den Krieg gegen Rußland und auf eine Wiederherstellung Polens auf Kosten Rußlands drängten, fanden kein Gehör.

Die Sympathien der preußischen Liberalen für Polen reichten damals freilich auch nur so weit, als es gegen Rußland ging. Eine Aufgabe Posens oder gar Westpreußens kam für sie ebenfalls nicht in Betracht. Das Verhältnis zwischen preußischen Liberalen und Konservativen in der polnischen Frage war nicht mehr auf die einfache Formel »pro oder contra« zu bringen: Aus außenpolitischen Gründen zwar propolnisch – weil antirussisch – eingestellt, neigten die Liberalen doch in der Innenpolitik aus Gründen ihrer einheitsstaatlichen und nationalpolitischen Konzeption stärker als die Konservativen zu aktiver Integration und Germanisierung der preußischen Polen.

Insbesondere die deutschen bürgerlichen Liberalen Posens, Westpreußens und Schlesiens opponierten gegen die nationalpolitische Inaktivität des konservativen Systems unter Friedrich Wilhelm IV. Man vermißte staatliche Anstrengungen zur Kolonisation und zur Stärkung des deutschen Elements in den Ostgebieten. Daneben kritisierten »großdeutsch« gesinnte Gruppen und Publizisten wie Constantin Frantz oder Paul de Lagarde, daß Preußen nicht die Chance einer aktiven gegen Rußland gerichteten Ostmitteleuropa-Politik ergriff.[13] Zu den rührigen antipolnischen Liberalen, die der Germanisierungspolitik das Wort redeten, gehörte auch der Schriftsteller Gustav Freytag. Er schrieb 1861 an die Adresse des Abgeordneten Max Duncker:

»*Die Wirtschaft in Posen und ein Kolonisationsprojekt beschäftigen mich jetzt, und ich will in Berlin dafür werben. Denn mit den Polen*

13 Vgl. u. a. die Schrift Paul de Lagardes von 1853 »über die gegenwärtigen Aufgaben der deutschen Politik«.

muß ein schnelles Ende gemacht werden. Die Schande dieser langen Schwäche wird zu groß. Da die Regierung jetzt dazu keine Kraft hat, wollen wir es privatim zu besorgen suchen.«[14]

Schon im Jahre 1854 hatte Gustav Freytag mit seinem Roman »Soll und Haben«, dem bis zur Jahrhundertwende nicht weniger als 40 Neuauflagen beschert wurden, dem antipolnischen deutschen Kolonisatorenbewußtsein auch »schöngeistigen« Ausdruck verschafft. Polnische Mißwirtschaft, Liederlichkeit und Falschheit (neben einer kräftigen Portion jüdischer Gemeinheit) bilden in dem Roman das böse Prinzip, gegen das der bürgerliche Tugend-Siegfried, Anton Wohlfahrt, Sohn einer schlesischen Grenzstadt, mit untadeliger Tatkraft zu Felde zieht. – Wenngleich noch biedermeierlich-sentimental gemildert, war hier doch bereits der Kanon späterer grenzdeutscher und bürgerlich-nationaler Ostmarkenideologie vorgezeichnet. Am Beispiel Freytags wird aber vor allem auch der Wandel in der Beurteilung der polnischen Frage sichtbar, der sich bei einem Teil der deutschen Liberalen auf dem Wege zum Nationalliberalismus bemerkbar machte.

Vorübergehend schien Ende der 50er Jahre wieder eine günstigere Konstellation für die polnische nationale Sache zu entstehen. In Rußland hatte sich nach dem Tode Nikolaus' I., unter dem Zaren Alexander II. (1855-81) eine prowestlich-liberale und polenfreundlichere Entwicklung angebahnt, maßgeblich beeinflußt von Außenminister Fürst Gortschakow. Dem entsprach in Preußen das Ende der konservativen »Reaktion« durch die unter dem Prinzregenten Wilhelm 1858 eingeleitete »Neue Ära«, die auch in Posen manche Milderungen, z. B. der Pressezensur, sowie – nach den Neuwahlen – eine Verstärkung der polnischen Fraktion auf über 20 Abgeordnete mit sich brachte. Gleichzeitig weckte die erfolgreiche italienische Freiheitsbewegung und die mit ihr verbündete Diplomatie und Kriegführung Napoleons III. abermals die Erwartungen der

14 Max Duncker: Politischer Briefwechsel; hrsg. v. Joh. Schultze. – 1923, S. 305; zit. auch bei Schinkel (S. 27, Anm. 1), S. 114 f.

Polen, daß der internationale Gärungsprozeß auch zu einer Erlösung der polnischen Nation führen werde. Die in Kongreßpolen erneut angefachte revolutionäre Stimmung ermutigte auch die preußischen Polen, was sich u. a. an der größeren Entschiedenheit erkennen ließ, mit der die polnische Fraktion ihre nationalpolitischen Forderungen vortrug. Dabei zeigte sich aber immer deutlicher, daß die Mehrheit der preußischen Liberalen, bei aller noch vorhandenen prinzipiellen Sympathie für die polnische nationale Sache die Berufung der polnischen Abgeordneten auf das Nationalitätsprinzip für Posen nicht gelten ließen. Wie schon 1848 trat dem polnischen historischen Staatsbegriff das deutsche ethnisch-völkische Nationalitätsprinzip entgegen. Man berief sich dabei sowohl auf die seit den polnischen Teilungen zugunsten des Deutschtums eingetretene Verschiebung der Nationalitätenverhältnisse als auch auf die inzwischen investierte deutsche »Leistung«. Gestützt auf eigene Posener Erfahrungen, erklärte der liberale Abgeordnete Schulze-Delitzsch 1862 im preußischen Landtag:

»Die Prätensionen, welche die Polen aus dem Nationalitätsprinzip herleiten, sind vollkommen unberechtigt ... Die Forderungen der Polen gründen sich nicht auf das Nationalitätsprinzip, sondern auf das Territorialprinzip. Wenn man das als Recht aufstellt, daß ein Volk jedes Stück Land, das einmal seine Vorfahren beherrscht haben, für sich in Anspruch nehmen könnte, so ist das wahrlich nicht Nationalitätsprinzip, sondern es heißt, das Territorialprinzip proklamieren mit seinem Recht an Land und Leuten und allem Zubehör des Bodens. Nicht bloß um preußischen Besitz handelt es sich, sondern um deutschen Besitz, um ein Stück echten deutschen Lebens. Diesen Boden wieder aufzugeben, hieße die Arbeit von Jahrhunderten aufgeben.«[15]

Wo der liberale Schulze-Delitzsch nationalpolitisch argumentierte, führte Bismarck, im gleichen Jahr zum preußischen Ministerpräsidenten ernannt, fast ausschließlich staatspolitische Gründe an. Bereits im Revolutionsjahr 1848 hatte der »Junker« Bismarck dem damaligen liberalen Ideal einer Wiederherstellung Polens die strenge Aufrechnung von Machtfaktoren und

15 Ebenda, S. 115.

die Gefahr des polnischen Revisionismus für Preußen entgegengehalten:

»*Man kann Polen in seinen Grenzen von 1772 herstellen wollen, ihm ganz Posen, Westpreußen und Ermland wiedergeben; dann würden Preußens beste Sehnen durchschnitten. Andererseits kann eine Wiederherstellung Polens in einem geringeren Umfange beabsichtigt werden, etwa so, daß Preußen nur den entschieden polnischen Teil des Großherzogtums Posen hergäbe. In diesem Fall kann nur der, welcher die Polen gar nicht kennt, daran zweifeln, daß sie unsere geschworenen Feinde bleiben würden, solange sie nicht die Weichselmündung und außerdem jedes polnisch redende Dorf in West- und Ostpreußen, Pommern und Schlesien von uns erobert haben würden. Ein rastloser Feind würde geschaffen, viel gieriger als der russische Kaiser.*«[16]

Bismarck hatte insofern gewiß recht: Es war nicht ausgemacht, ob eine nach ethnischen Gesichtspunkten vollzogene Abtrennung von Teilen der ehemaligen polnischen Gebiete den Revisionismus der Polen für dauernd von Preußen hätte fernhalten können. Die Überkreuzung preußischer und polnischer Staatsansprüche war eine Tatsache, die sich nicht allein durch Großherzigkeit aus der Welt schaffen ließ. Doch ebenso vereinfachend war Bismarcks apodiktische Folgerung, daß Preußen nur die Alternative zwischen unbegrenzter polnischer Revision oder bewußter Unterdrückung jeglicher polnisch-nationaler Sonderbestrebungen habe.

Diese starre These von der Unvereinbarkeit preußischer Staatsräson und jeglicher Form polnischer nationaler Selbständigkeit bestimmte Bismarck, als es zu Beginn des Jahres 1863 in Kongreßpolen zu einem neuen Aufstand kam und sich auf russischer Seite, mit Rücksicht auf das von Außenminister Gortschakow seit dem Krimkrieg verfolgte Ziel der Annäherung an Frankreich, manche Neigung zur Nachgiebigkeit, evtl. gar zum Verzicht auf einen Teil Kongreßpolens bemerkbar machte. Bismarck leitete sofort eine diplomatische Initiative ein, um die

16 Aus dem offenen Brief Bismarcks an die Magdeburgische Zeitung vom 20. 4. 1848; vgl. Bismarck: Gesammelte Werke (Friedrichsruher Ausgabe), Bd. 14. – Berlin 1933, T. 1, S. 103 f.

Unterdrückung des polnischen Aufstandes zu gewährleisten und den francophilen und polonophilen Kräften in Petersburg das Wasser abzugraben. Dem preußischen Generalkonsul in Warschau gab er im Januar 1863 die Weisung:

»*Die Zeiten zur Reorganisation im polnischen Sinne sind vorbei und können nach der Entwicklung der diesseitigen, ehemals polnischen Landesteile und dem einheitlichen Verfassungsverhältnis des preußischen Staates nicht mehr wiederkehren. Preußen wird stets ein natürlicher Gegner der autonomen und nationalen Entwicklung des Königreiches Polen bleiben müssen.*«[17]

Anfang Februar 1863 sandte Bismarck den preußischen General v. Alvensleben in eiliger Mission nach Petersburg. Am 8. Februar wurde dort ein preußisch-russisches Geheimabkommen unterzeichnet, das die Truppenführung beider Staaten verpflichtete, sich gegenseitige Unterstützung bei der Bekämpfung der polnischen Erhebung zu gewähren, und insbesondere russischen Truppen zu diesem Zweck auch das Betreten preußischen Gebietes gestattete. Die Alvenslebensche Konvention, die in Preußen nur gerüchtweise aus englisch-französischen Verlautbarungen bekannt wurde, hat den von Bismarck verfolgten Zweck erreicht. Zar Alexander II. entschloß sich zu einer gewaltsamen Herstellung des status quo in Kongreßpolen. Und die erneute Bindung Rußlands an das gemeinsame Interesse in der polnischen Frage sicherte Bismarck für die folgenden Jahre den wertvollen russischen Rückhalt auch gegenüber Frankreich. Am 9. März 1863 schrieb Bismarck zur Rechtfertigung seiner Politik an den preußischen Gesandten Graf Bernstorff in London:

»*Durch den Abschluß unserer Convention, der unter großen Widerstreben Gortschakows erfolgte, verschafften wir, soviel an uns lag, der antipolnischen und antifranzösischen Partei im Kabinette des Kaisers die Oberhand, und die bis dahin schwankenden Entschließungen erfolgten im Sinne der entschlossenen Unterdrückung des Aufstandes.*«[18]

17 Zit. bei Schinkel (S. 27, Anm. 1), S. 117.
18 Zit. in Otto v. Bismarck: Gedanken und Erinnerungen. – Stuttgart/Berlin 1922, 1. Bd., S. 359, Anm. 1.

Der erfolgreiche Schachzug der Alvenslebenschen Konvention offenbarte ebenso die zielbewußte Aktivität des neuen Ministerpräsidenten wie die Problematik seiner Realpolitik. Bismarcks Macht-Logik, vor allem auch die bündnispolitische Instrumentierung des polnischen Problems, verhärteten die negative Haltung Preußens in der polnischen Frage zu einem starren Prinzip preußischer Staatsräson. Bismarcks rigorose und präventive Verhinderung dessen, was Preußen allenfalls mittelbar und künftig bedrohen konnte, lud ihm nicht nur den Ruf besonderer Intransigenz auf, sondern legte die preußische Politik selbst auf ein Axiom fest, das möglichen Zukunftsentwicklungen und Kompromissen nicht genügend Rechnung trug.

Einbeziehung der preußisch-polnischen Gebiete in das nationalstaatliche Deutsche Reich (1866-1871)

Durch Bismarcks erfolgreiche Politik zur nationalen Einigung »Kleindeutschlands« unter preußischer Führung erfuhr das Problem der polnischen Bevölkerung Preußens eine wesentliche Verschiebung. Die Ansicht, daß die Bildung eines deutschen Nationalstaats auch die nationale »Reorganisation« der polnischen Landesteile Preußens mit sich bringen würde, war in den 60er Jahren in Preußen und Deutschland bereits erheblich geschwächt, wenn nicht völlig fallengelassen worden. Auf bürgerlich-liberaler Seite hatte man diesen vormärzlichen prinzipiellen und internationalen Aspekt der nationalen Sache zugunsten eines mehr pragmatischen und egoistischen nationalen Standpunktes aufgegeben. Die Vorstellung von der Interdependenz der deutschen und der polnischen Frage und die Erwartung einer davon ausgehenden staatlichen und gesellschaftlichen Revolutionierung wurde jetzt aber z. T. von der entstehenden deutschen Arbeiterbewegung übernommen. Anläßlich des polnischen Aufstandes erklärte der Deutsche Bildungsverein für Arbeiter in London im Oktober 1863 in einer Proklamation über Polen:

»*Die polnische Frage ist die deutsche Frage. Ohne ein unabhängiges Polen kein unabhängiges und einiges Deutschland. Die deutsche Bourgeoisie sieht stumm, tatlos und gleichgültig dem Abschlachten des Heldenvolkes zu, das Deutschland allein noch vor der muskovitischen Sündflut beschützt ... Lauten Protest gegen den deutschen Verrat an Polen, der zugleich ein Verrat an Deutschland und Europa ist, schuldet die deutsche Arbeiterklasse in diesem verhängnisvollen Augenblick den Polen, dem Ausland und ihrer eigenen Ehre. Wiederherstellung Polens muß sie in Flammenzügen auf ihre Fahne schreiben, nachdem der bürgerliche Liberalismus diese glorreiche Parole von seiner Fahne weggestrichen hat.*«[19]

Die hier zum Ausdruck kommenden, vom vormärzlichen Liberalismus übernommenen Vorstellungen beruhten auf der Voraussetzung, daß Preußen auf mehr oder weniger revolutionärem Wege in Deutschland aufgehen würde. Demgegenüber ließ die von Preußen her und von preußischer Staatsräson geleitete Reichsgründung Bismarcks von vornherein keine nationale Ausgliederung der polnisch-preußischen Landesteile erwarten. Dennoch waren auf polnischer Seite die Hoffungen noch nicht ganz erloschen, daß die nationalstaatliche Umgestaltung Deutschlands eine günstige Wirkung auf die Stellung des Polentums ausüben müsse. Als der preußische Landtag sich mit der geplanten Bildung des Norddeutschen Bundes befaßte, beantragte die polnische Fraktion im August 1866, folgende Adresse an den preußischen König zu richten:

»*Dieses von Euer Majestät begonnene große Werk der Neugestaltung Deutschlands auf nationaler Grundlage, womit Preußen die Basis seiner natürlichen Entwicklung beschritten, und die Tatsache, daß Preußen selbst die Nationalität als berechtigtes Staatsprinzip anerkennt, mithin sich auch der Lösung der polnischen Frage nicht wird entziehen können, berechtigt Euer Majestät polnische Untertanen zu der Erwartung der vollen Anerkennung der den Polen gewährleisteten unverjährbaren Rechte.*«[20]

19 Karl Marx – Friedrich Engels (vgl. S. 109, Anm. 4), Bd. 15, S. 576 f.
20 Sten. Ber. Preuß. Abgh. 1866. Anlage 34; zit. auch bei Schinkel (S. 27, Anm. 1), S. 136.

Es zeigte sich rasch, daß ein Verzicht auf Posen oder auch nur auf den rein polnischen Teil der Provinz, wie er im Jahre 1848 projektiert worden war, jetzt – 1866 – für die preußische Regierung nicht zur Debatte stand. Auch die liberal gesinnte Mehrheit der Norddeutschen Bundesversammlung war nicht gesonnen, den ohnehin nur »kleindeutschen« Zusammenschluß durch eine territoriale Schmälerung der zu vereinigenden Einzelstaaten zu beeinträchtigen, zumal eine »reine« Verwirklichung des Nationalitätsprinzips im Osten ohnehin schwer möglich schien. Für die Führer der preußischen Polen aber bedeutete die Eingliederung der ehemals polnischen Gebiete, vor allem Posens, in den Norddeutschen Bund einen eklatanten Bruch der ihnen 1815 feierlich zugesagten nationalen Sonderstellung. Als Vertreter der Polen betonte der Abgeordnete Kantak am 18. März 1867 in der Bundesversammlung, daß das deutsche Volk, wenn es das Nationalitätsprinzip für sich und seine staatliche Gestaltung in Anspruch nehme, »dasselbe Recht anderen Nationalitäten zugestehen muß«. Im Namen der polnischen Abgeordneten sprach er dem Norddeutschen Reichstag die Kompetenz ab, »durch einseitigen Beschluß internationale Verträge umzuwerfen und die ehemals polnischen Landesteile Preußens in den Norddeutschen Bund einzuverleiben«, und fuhr fort:

»Was um des Himmels willen, haben wir Gemeinschaftliches in einem auf nationaler Grundlage gebildeten Bunde, den ein gemeinschaftliches Deutsches Band umschlingen, der gemeinschaftliche Deutsche Interessen vertreten, wahren, pflegen und fortbilden, der einem gemeinschaftlichen Deutschen Ziele entgegengehen soll?«[21]

Dieser Protest wiederholte sich bei der Beratung der Reichsverfassung am 1. April 1871 im ersten deutschen Reichstag. Nun konnte sich der polnische Abgeordnete Zoltowski außerdem darauf berufen, daß Deutschland mit der Einverleibung Elsaß-

21 Vgl. Theodor Schieder: Das deutsche Kaiserreich als Nationalstaat. Wiss. Abhdlgn. der Arb. Gem. für Forschung des Landes Nordrhein-Westfalen; Bd. 20. – Köln/Opladen 1961, S. 18 f.

Lothringens selbst das ethnisch-sprachliche Nationalitätsprinzip zur Rückgängigmachung »faktisch und rechtlich jahrhundertelang bestehender Verhältnisse« in Anspruch genommen habe, folglich dasselbe Prinzip auch im Osten zugunsten der Polen anerkannt werden müsse. Bemerkenswert ist die Kontroverse, die sich an diese polnische Argumentation anschloß. Bismarck entgegnete schroff: die Polen im preußischen Osten gehörten »zu keinem anderen Volke als zu dem der Preußen, zu dem ich mich selbst zähle«. Daraufhin erwiderte der Sprecher der polnischen Fraktion:

»Wir wollen, meine Herren, bis Gott anders über uns bestimmt hat, unter preußischer Herrschaft bleiben, aber dem deutschen Reich wollen wir nicht einverleibt sein.«[22]

Sämtliche deutsche Parteien im Reichstag haben den polnischen Anspruch zurückgewiesen. Die Mehrheit der Liberalen, die 1863 unter dem Eindruck des Verfassungskonflikts und aus vorwiegend außenpolitischen Gründen Bismarcks Petersburger Intervention zur Unterdrückung des Aufstandes in Kongreßpolen noch energisch kritisiert hatte, war durch die Reichsgründung mit Bismarck versöhnt und stellte im Rahmen der Nationalliberalen Partei für die nächsten Jahre die ausschlaggebende parlamentarische Rückendeckung des Kanzlers im Reichstag.

Bismarck vertrat in der polnischen Frage auch als Kanzler des neuen deutschen Nationalstaates noch grundsätzlich die alte Idee der Einschmelzung des Polentums in den preußischen Staat. Dem von den Polen in Anspruch genommenen historischen und ethnisch-sprachlichen Nationalitätsprinzip stellte er den Begriff des preußischen »Volkes«, d. h. der Staatsnation gegenüber. Doch diese Bezugnahme auf den staatlich-politischen Begriff des Preußentums taugte gerade nicht als Argument für die Einbeziehung der preußischen Polen in den deutschen Nationalstaat. Entgegen Bismarcks Erwartungen mußte die Verdeutschung Preußens die Aussicht auf staatspolitische Assimilierung des Polentums verringern. Auch den unpoliti-

22 Ebenda, S. 19 f.

schen Schichten des Polentums, die bisher dem preußischen König als Landesherrn loyal ergeben gewesen waren, wurde mit der Eingliederung in den deutschen Nationalstaat ihre andere Nationalität stärker ins Bewußtsein gehoben. Erst als Angehörige des Deutschen Reiches wurden die preußischen Polen nationale Minderheit; erst jetzt verwandelte sich das polnische Problem Preußens primär zur nationalen deutsch-polnischen Frage und geriet vollends in die Gefühlszone völkisch nationaler Gegensätze hinein.

Germanisierungs- und Kampfpolitik unter Bismarck und Wilhelm II. (1871-1914)

In den rund 40 Jahren zwischen der Reichsgründung und dem Ersten Weltkrieg ist im Gegensatz zu früheren Perioden preußischer Polenpolitik kaum noch versucht worden, die staatspolitische und nationale Problematik der polnischen Frage auf partnerschaftliche Weise zu regeln oder wenigstens durch Behutsamkeit zu entschärfen. Statt dessen ergab sich aus der Verbindung traditioneller preußischer Herrschafts- und Überlegenheitsansprüche über das untertänige Polentum – potenziert durch Bismarcks autoritäre Handhabung preußischer Staatspolitik – mit der Dynamik nationalstaatlichen deutschen Prestige- und Machtwillens ein Prozeß zunehmender Radikalisierung der Polenpolitik in den Ostprovinzen. Verstärkte staatliche Eingriffe, um den politischen Sonderwillen des Polentums preußischer Staatsräson unterzuordnen, und hemmungsloser als bisher forcierte Germanisierungsbestrebungen leiteten schließlich um die Jahrhundertwende über zu kaum noch verhüllter deutschnationaler Kampfpolitik, nachdem inzwischen die polnische Bevölkerung ihrerseits gesellschaftlich und nationalpolitisch mobilisiert worden war.

Innerhalb der Geschichte der preußisch-deutschen Polenpolitik stellen diese Jahrzehnte, in denen selbst noch die Ergebnisse vergangener Assimilierung rückgängig gemacht und frühere historische Leistungen und Legitimationen preußischer Ostpolitik in Frage gestellt wurden, eine ganz überwiegend negative Wendung dar. Es formierten sich dabei auch bereits Methoden, Organisationsformen und Ideologien, in denen sich die beginnende Pervertierung preußisch-deutscher Politik zu wirklichkeitsfremder und selbstzerstörerischer nationaler Trotzhaltung abzeichnet. Die Motivationen, Hintergründe und Prozeduren, die den Kurs der Polenpolitik zur Zeit Bismarcks und Wilhelms II. bestimmten, geben Einblick in die am meisten problematischen Aspekte deutscher Nationalstaatspolitik dieser grundlegenden Epoche.

Außenpolitische Aspekte: Das galizische Polentum

In dem polnischen Protest gegen die Eingliederung Posens und Westpreußens in das Deutsche Reich erblickte Bismarck vor allem einen erneuten Beweis für die hartnäckige Aufsässigkeit gegen den preußischen Staat. Die Betonung der nationalen Besonderheit erschien ihm als ein bewußt und künstlich durch den polnischen Adel und die polnische Geistlichkeit hochgespieltes Element des Separatismus und der Staatsfeindlichkeit, ein besonders gefährlicher Ausdruck des Machtanspruchs der katholischen Kirche und des politischen Katholizismus, welche auch im Süden und Westen des neuen kleindeutschen Reiches der preußisch-protestantischen Vormacht widerstrebten und zudem die Gefahr katholisch-österreichischer Frontbildung heraufbeschwörten. Am 7. Februar 1872 schrieb Bismarck an den preußischen Innenminister Graf Eulenburg:

>*Ich habe das Gefühl, daß auf dem Gebiete unserer polnischen Provinzen der Boden unter uns, wenn er noch nicht auffällig wankt, so doch unterhöhlt wird, daß er einbrechen kann, sobald sich auswärts eine polnisch-katholisch-österreichische Politik entwickeln kann.*«[1]

Wie Bismarck 1863 in der polnischen Erhebung vor allem eine außenpolitische Gefährdung preußischer Staatsinteressen erblickt hatte, weil seiner Meinung nach jedes autonome polnische Gemeinwesen zwischen Preußen und Rußland ein »französisches Lager an der Weichsel« darstellen würde, so befürchtete er jetzt ungünstige Rückwirkungen der österreichischen Polenpolitik in Galizien.

Die verlustreichen Erfahrungen, die die Habsburger Monarchie 1859 und 1866 mit der italienischen Nationalbewegung in der Lombardei und Venetien gemacht hatte, veranlaßte sie in

1 Zit. u. a. bei Laubert (S. 85, Anm. 14), S. 139.

Zusammenhang mit der Umgestaltung der Staatsverfassung zur österreichisch-ungarischen k. u. k. Doppelmonarchie auch den galizischen Polen erweiterte Selbstverwaltung einzuräumen. Die auf den Ausgleich mit Österreich setzenden polnischen Politiker, voran Graf Goluchowski, der seit 1859 als österreichischer Staatsminister und ab 1866 als k. u. k. Statthalter in Galizien regierte, erreichten die Ersetzung zahlreicher bisher in Galizien amtierender deutscher Beamter durch Polen und erlangten über den 1860 eingerichteten galizischen Landtag sowie die Vertretung im Reichsrat nicht nur ausgedehnte Selbstverwaltungsbefugnisse, sondern auch beachtlichen Einfluß auf die Politik Kaiser Franz Josephs. Das Wiener Kabinett überließ das Volksschulwesen in Galizien, desgleichen die Landesuniversitäten in Krakau und Lemberg fast ausschließlich den Polen. Im Jahre 1868 wurde im Kronland Galizien die polnische Sprache als »Amtssprache« vor Gericht und in der Verwaltung eingeführt. Die Vorherrschaft des polnischen Adels in Galizien leistete der Wiener Politik insofern gute Dienste, als die von ihr ausgehende Polonisierung der Ruthenen für die Eindämmung ukrainischer und panslawistischer Separationsbestrebungen sorgte. Gleichzeitig beunruhigte das lebendige polnische Gemeinwesen Rußland, zumal die polnischen Vertreter im Wiener Kabinett sich alle Mühe gaben, die polnische Frage zum Gegenstand einer aktiven antirussischen Politik Österreichs zu machen. Der von ihnen genährte Gedanke einer internationalen Aktion zur Wiederherstellung Polens wich jedoch allmählich der Ernüchterung, insbesondere nachdem die europäischen Mächte es auf dem Berliner Kongreß (1878) ausdrücklich abgelehnt hatten, die polnische Frage zu erörtern. Dennoch blieb das galizische Polentum, dessen Aristokratie unter dem feudal-klerikalen Kabinett Graf Taaffes (ab 1879) besonders starken Einfluß auf die österreichische Politik erhielt, der Kristallisationspunkt polnischer nationaler und kultureller Energien, von dem aus eine mehr oder minder große Wirkung auf die Polen auch in Rußland und Preußen ausging. Obwohl die preußischen Polen dem zivilisatorisch und sozial rückständigeren galizischen Polentum durchaus kritisch gegenüberstanden, sah Bismarck doch in dem Beispiel der galizischen Autonomie, welche den Grundsätzen der preußischen Polenpolitik in Posen diametral entgegengesetzt war, eine Belastung des Verhältnisses zwischen Berlin und Wien. Sosehr er in den 70er Jahren um ein engeres Verhältnis zu Österreich bemüht war, was dann zum Zweibund von 1879 führte, so nötigte ihn doch die polnische Frage gleichzeitig zur Zurückhaltung Wien gegenüber. Sie bildete auch eines der Motive dafür, daß Bismarck trotz mancher Enttäuschungen über die russische Politik – so anläßlich der »Krieg-in-Sicht-Krise« von 1875 – an dem Bündnis mit Rußland festhielt und es nicht riskieren konnte, der von Wien in den 70er Jahren bevorzugten Annäherung an England zu folgen. Bismarck mußte statt dessen um einen Ausgleich der russisch-österreichischen Gegensätze bemüht bleiben, und er verstand dabei mit Erfolg, Wien von etwaigen außenpolitischen Aktionen zugunsten der Polen zurückzuhalten. Deutlich gab er 1877 zu erkennen, daß er »eine aktive polnische Politik Österreichs nicht dulden könne«.[2]

Die Verhinderung polnischer staatlicher Selbständigkeit blieb ein Angelpunkt seiner Außenpolitik. Es entsprach wohl letzten Endes Bismarcks traditioneller preußisch-konservativer Sichtweise, daß er glaubte, die polnische Frage wie ein lästiges Störungselement behandeln zu können, ihre wirkliche national-revolutionäre Dynamik verkannte und daher auch der Möglichkeit, gemeinsam mit Österreich die polnische Frage gegen Rußland auszuspielen (wie sie sich nach 1914 ergab), zuwenig Bedeutung beigemessen, hiervon jedenfalls keinerlei Folgerungen für die Praxis der preußisch-deutschen Polenpolitik abgeleitet hat.

Lediglich in der Form einer militärischen Generalstabshypo-

2 Vgl. Johannes Behrendt: Die polnische Frage und das österreichisch-deutsche Bündnis. In: Archiv für Politik und Geschichte, Jg. 1926, H. 12, S. 713.

these wurde diese Eventualität im August 1882 zwischen Generalleutnant Graf Waldersee und dem österreichischen Feldmarschalleutnant v. Beck in Strobl angeschnitten. Das Gespräch behandelte die Möglichkeit einer gemeinsamen, offensiv zu führenden deutsch-österreichischen militärischen Aktion gegen Rußland und berührte dabei auch die Frage, ob in einem solchen Fall Kongreßpolen als Feindesland zu betrachten sei oder ob man »die Polen als befreit von russischer Herrschaft behandeln« solle. Die Gesprächspartner betonten, daß die Frage auf diplomatischem Wege rechtzeitig geklärt werden müsse. Waldersee war der Meinung, daß die »Ausnutzung des polnischen Elements zu wichtig sei, um ganz darauf verzichten zu können und daß der Kanzler die Frage noch studieren werde«.[3] Sowohl Waldersee als auch Bismarck beschäftigten sich in der folgenden Zeit noch mehrfach mit diesem Problem. Bei letzterem überwog aber stets die Meinung, daß die Wiederherstellung Polens wegen der Rückwirkungen auf die preußisch-polnischen Provinzen ein »zweischneidiges Schwert« sei.[4]

Es hätte aus Gründen außenpolitischer Räson nahegelegen, sich solchen Eventualitäten gegenüber auch innenpolitisch durch eine flexible Polenpolitik wenigstens die Tür offen zu halten. Bismarck aber ging den entgegengesetzten Weg. Er glaubte möglichen außenpolitischen Rückwirkungen, die sich von Galizien oder Kongreßpolen her in Gestalt eines polnischen Separatismus im preußischen Osten ergeben könnten, am besten durch eine möglichst rasche und energische Germanisierung der preußischen Polen vorbeugen zu können. So hat das Modell nationaler Autonomie des Polentums in Österreichisch-Galizien Bismarck nicht nur nicht zur Nachahmung bewegt, sondern ihn eher zur Verschärfung des antipolnischen Kurses

3 So in dem vom österr. Gesandten in Berlin, Szögyeny, stammenden Auszug aus dem Bericht über die Besprechung Waldersee – Beck (Österr. Staatsarchiv, Wien: Aufzeichnung vom 24. 8. 1882) vgl. auch Denkwürdigkeiten des General-Feldmarschalls Alfred Grafen von Waldersee. – Stuttgart 1923/25, I, S. 221.
4 J. Behrendt (S. 132, Anm. 2), S. 715.

in Preußen veranlaßt. Über diesen Zusammenhang äußerte er sich selbst in einem Erlaß an den preußischen Gesandten Graf Reuß in Wien vom 1. Februar 1886:

> *»Die polnische Frage bildet die einzige Schwierigkeit in den Konsequenzen unseres (österreichischen) Bündnisses. Österreich wird nach seiner bisherigen Politik vielleicht nicht darauf verzichten wollen, bei einem etwaigen Krieg mit Rußland Polen zu insurgieren und eine nationale polnische Armee in Galizien zu gründen. Diese Entwicklung würde für uns um so gefährlicher werden, je kräftiger das polnische Element in Posen und Westpreußen noch ist . . . In der Abschwächung des polnischen Elements bei uns (liegt) die Verstärkung unserer Bündnisfähigkeit mit Österreich.«*[5]

Sprachen- und Kulturkampf der siebziger Jahre und neue polnische Abwehrkräfte

Zielstrebiger Germanisierungswille kam nach der Reichsgründung zunächst vor allem in der antipolnischen Sprachen- und Kulturkampfpolitik der 70er Jahre zum Ausdruck. In ihr drückte sich die Entschlossenheit Bismarcks aus, den preußisch-autoritär geprägten Staatsanspruch gegenüber katholisch-ultramontanen und nationalen Sonderungen mit Gewalt durchzusetzen. Dabei galt ihm die Verbindung von politischem Katholizismus und polnisch-nationalen Bestrebungen gleichsam als potenzierte Form »reichsfeindlicher« Haltung. Hinzu kam als zweites Motiv das durch die Reichsgründung verstärkte Bestreben zur Staatsvereinheitlichung im deutsch-nationalen Sinne.

Eine der ersten Maßregeln war der Erlaß des preußischen Schulaufsichtsgesetzes von 1872, das dem polnischen Klerus seinen Einfluß auf das Schulwesen, vor allem die Volksschulen, entzog. Die Landtagsdebatte über das Gesetz, das außer von

5 Ebenda, S. 701.

den Polen auch vom Zentrum und einem Teil der preußischen Konservativen bekämpft wurde, benutzte Bismarck zu einer offenen Einschüchterung der polnischen Abgeordneten:

»*Diese polnische Agitation lebt doch vielleicht nur von der Gutmütigkeit des Staates, aber ich kann Ihnen sagen, sie ist zu Ende. Sie werden, wie man mir sagte, mit weiteren Anträgen und Klagen zugunsten der polnischen Sprache kommen; wir werden Ihnen mit Gesetzesvorlagen zugunsten der Förderung der deutschen Sprache entgegentreten.*«[6]

Auf diese Ankündigung folgte am 27. Oktober 1873 die folgenschwere Oberpräsidialverfügung über den Sprachunterricht in den Volksschulen in Posen und Westpreußen. Sie bestimmte: »In allen Lehrgegenständen mit Ausnahme der Religion und des Kirchengesanges ist die Unterrichtssprache die deutsche.«[7] Damit wurde in den Volks-, Mittel- und Oberschulen beider Provinzen Zehntausenden von Schülern, welche lediglich die polnische Muttersprache beherrschten, das Deutsche als Schulsprache oktroyiert und die polnische Sprache nur als Lehrgegenstand geduldet. Die Verfügung überließ es außerdem dem Ermessen der Kreisschulinspektoren, auch im Religionsunterricht die deutsche Sprache obligatorisch einzuführen, wenn ihrer Meinung nach die Schüler bereits genügende Kenntnis der deutschen Sprache besäßen.
Bismarck betrachtete die sprachliche Eindeutschung vornehmlich als ein Mittel, um die breiten Massen des Polentums dem geistigen und politischen Einfluß des polnischen Klerus und der nationalpolnischen Agitation zu entziehen. Er verwies darauf, daß die einfachen Polen sich 1866 und 1870/71 als tapfere und loyale Soldaten innerhalb der preußischen Armee bewährt hätten, und meinte, daß ihnen, sobald sie Deutsch verstünden, »durch die Presse, durch Reden und Verkehr viele Quellen der Wahrheit offen und zugänglich« würden, so daß sie sich selbst orientieren könnten, »ob das wahr ist, was man ihnen sagt über

6 Sten. Ber. Preuß. Abgh. 1872, S. 701.
7 Vgl. Gotheim (S. 102, Anm. 26), S. 60.

die Tendenz der Regierung«; seien sie aber der deutschen Sprache nicht mächtig, befänden sie sich wie hinter einem Vorhang, »hinter dem sie nur erfahren, was die Leute, die beider Sprachen kundig, und die Gebildeten für gut finden, ihnen ins Polnische zu übertragen«.[8] Germanisierung durch die Schule erschien Bismarck im übrigen nur eine Wohltat, da den aufstrebenden polnischen bäuerlichen und bürgerlichen Schichten durch die Erlernung des Deutschen bessere Aufstiegschancen im preußisch-deutschen Staat, mithin auch soziale und kulturelle Hebung zuteil würden.

Dieser Aspekt mußte aber ins Gegenteil verkehrt werden, wenn die Schule bewußt zum Kampfinstrument gegen die Muttersprache herabgewürdigt wurde. Die jetzt zwangsweise, oft von landfremden Lehrern den polnischen Kindern beigebrachte deutsche Sprache trug wenig dazu bei, deutsche Bildung und Gesinnung sympathisch zu machen und rief statt dessen die Gegenwirkung der Eltern und polnischen Geistlichen wach. Auf Grund der Verfügung von 1873 verlor aber auch der Unterricht selbst an Wert und Wirksamkeit. Die in den Ostprovinzen des preußischen Staates errichteten Bildungsanstalten, vornehmlich das preußische Volksschulwesen, hatten bislang wesentlich dazu beigetragen, daß die Masuren und Kaschuben in Ost- und Westpreußen, die Polen in Oberschlesien, aber auch ein erheblicher Teil der polnischen Landbevölkerung Posens in den preußisch-deutschen Kulturkreis hineinzuwachsen begannen. Diese fast absichtslose Germanisierung hatte eben deshalb ihre Wirkung getan, weil sie nicht von nationaler Politik diktiert war, sondern zivilisatorischem und damit auch sozialem Fortschritt diente. Erst die Sprachen- und Kulturkampfgesetzgebung brach diesen Prozeß ab. Die Schulen, die bisher hilfreiche Mittel kultureller Hebung gewesen waren, wurden jetzt als feindliche Instrumente der Entnationalisierung empfunden. Die preußisch-deutsche Kulturleistung im Osten

8 Rede im Preuß. Herrenhaus v. 6. 3. 1872; zit. bei Schieder (S. 126, Anm. 21), S. 25.

verlor an Glaubwürdigkeit. Eine der konkreten Folgen war, daß polnische bürgerliche Bildungsvereine auf den Plan traten und das Polentum, insbesondere in Posen, vermehrte eigene zivilisatorische Initiative entfaltete und sich der preußisch-deutschen Kulturfürsorge zu entziehen begann.

Der Stimmungsumschwung, der nun erstmalig in größerem Umfang auch die unteren Schichten des Polentums sowie diejenigen Gebiete (Oberschlesien, Pommerellen) erfaßte, in denen sich bisher kaum nationalpolitische Bestrebungen gezeigt hatten, wurde wesentlich gefördert durch die gleichzeitige Maßregelung des polnischen Klerus. Alarmierend wirkte auf die kirchenfromme polnische Bevölkerung vor allem die Entlassung oder Verhaftung polnischer Geistlicher, die, den päpstlichen Weisungen entsprechend, die Ausführung der Kulturkampfgesetze verweigerten oder sich der Einschränkung des muttersprachlichen polnischen Religionsunterrichtes und Gottesdienstes widersetzten. Als auf dem Höhepunkt des Kulturkampfes der polnische Erzbischof Ledochowski von Gnesen-Posen, bisher ein Gegner der Politisierung des Klerus, gegen die preußische Regierung Partei nahm und daraufhin 1874 gewaltsam von seinem Amt entfernt und wie andere Bischöfe und Dutzende von polnischen Pastoren und Dekanen zu mehrjähriger Gefängnisstrafe verurteilt wurde, trieb dies deutsche und polnische Katholiken zu gemeinsamer Abwehr, die auch parlamentarisch im Zusammengehen zwischen Zentrum und polnischer Fraktion im preußischen Abgeordnetenhaus und im Reichstag von Bedeutung wurde. So führte am Ende der Kulturkampf nicht zu einer Schwächung, sondern zu einer außerordentlichen Stärkung des polnischen Nationalbewußtseins. 1874 konnte der polnische Abgeordnete Jazdzewski im preußischen Abgeordnetenhaus feststellen:

»*Durch diese Maßnahmen haben sich bei uns im Lande alle Parteien geeinigt, durch dieses Vorgehen gegen den Oberhirten haben sich alle Zwistigkeiten gelegt und das Ganze ist heute stärker als je. Unter diesen Umständen können wir in gewisser Beziehung diese ganze Kollision zwischen Staat und Kirche nicht beklagen, um so weniger, weil wir in diesem Augenblicke nicht mehr so vereinsamt dastehen wie früher.«[9]*

Den Kulturkampf gegen Kirche und Klerus mußte Bismarck Ende der 70er Jahre einstellen. Die germanisierende Sprachenpolitik aber wurde fortgesetzt. Denn hierbei ging es nicht allein um preußische Staatspolitik gegen die Sonderbestrebungen einer bestimmten Bevölkerungsgruppe, sondern zugleich um nationalstaatliche Homogenität. Der schon in der liberalen Staatskonzeption enthaltene Begriff der einheitlichen Staatssprache erhielt im Raum des preußisch-deutschen Nationalstaates erhöhte Geltung. Richard Böckh, der deutsche Vorkämpfer überstaatlichen Sprachenschutzes, war 1869 (in seiner Schrift »Der Deutschen Volkszahl und Sprachgebiet«) dafür eingetreten, die alleinige Geltung der Staatssprache auf wenige wichtige, zentrale staatliche Angelegenheiten zu beschränken und daneben der »Volkssprache« in der lokalen Verwaltung weiten Spielraum zu lassen. Solche Selbstbegrenzung wurde aber nach 1870 überspielt durch das nun zunehmende Bestreben, den kaiserlich deutschen Nationalstaat mit deutschem Charakter zu erfüllen, seine einzelnen Bestandteile auch sprachlich-kulturell als einheitlichen Nationalstaat zu organisieren. Einen wesentlichen Schritt auf diesem Wege stellte das preußische »Gesetz betreffend die Geschäftssprache der Behörden, Beamten und politischen Körperschaften des Staates« dar, das namentlich auf Betreiben der Oberpräsidenten in den Ostgebieten 1873 im preußischen Herrenhaus eingebracht und schließlich nach langen Beratungen am 28. 8. 1876 erlassen wurde.[10] In den Motiven zu dem Gesetz wurde geltend gemacht, »daß ein Staat, welcher auf das nationale Gepräge Wert legt, die Nationalsprache als ein Wahrzeichen seiner Einheit im gesamten öffentlichen Leben zur Anwendung bringen muß«.[11] Die Mehrheit der

9 Sten. Ber. Preuß. Abgh. 1874, S. 1527.
10 Preuß. Ges. Sammlung 1876, S. 389.
11 So rückblickend der Oberpräsident von Münster im Bericht vom 29. 12. 1897 an den preußischen Innenminister anläßlich der Anwendung des Gesetzes auf das polnische Vereinswesen in Westfalen; DZA

Befürworter des Gesetzes räumte ein, daß die polnische Volkssprache im nichtstaatlichen öffentlichen Leben weiterhin geduldet werden solle. Man scheute sich bei der Debatte – vor allem auf nationalliberaler Seite – aber andererseits auch nicht, als Ziel des Gesetzes die Germanisierung deutlich zu nennen.[12]

Das preußische Geschäftssprachengesetz, das hinsichtlich der deutschen Gerichtssprache 1877 durch das Reichsgerichtsverfassungsgesetz ergänzt wurde, war von einschneidender Wirkung: Es bedeutete die Ausschaltung der polnischen Sprache vor Gericht, bei den Provinzial- und Landratsämtern, in den Kommunalverwaltungen, Kreistagen, Bürgerschaftsversammlungen u. ä. sowie bei allen amtlichen Bekanntmachungen. Die seit 1815, wenn auch nicht voll realisierte, so doch – vor allem in Posen – als Prinzip aufrechterhaltene Zweisprachigkeit der preußischen Verwaltung in den ehemals polnischen Landesteilen war beseitigt. Die polnische Bevölkerung sah sich demonstrativ auf die Stufe von Staatsangehörigen zweiter Klasse herabgesetzt. Ein erheblicher Teil von ihr befand sich nunmehr in der Lage, im Verkehr mit den Behörden sich entweder nur gebrochen in deutscher Sprache ausdrücken zu können oder sich eines Dolmetschers oder Übersetzers bedienen zu müssen.

Die germanisierende preußische Sprachen- und Schulpolitik der 70er Jahre ging davon aus, daß die Masse des polnischen Volkes der Assimilierung keinen nennenswerten Widerstand entgegensetzen würde. Bismarck erklärte noch 1886:

»In der Provinz Posen und in den polnischen Teilen von Westpreußen beruht das Widerstreben gegen die Assimilierung, gegen das Zusammenwirken mit Deutschen, die Vertiefung der Kluft, die beide Nationen trennt, doch fast ausschließlich auf dem Adel. Der Adel mit seinem Gefolge und seiner zahlreichen Dienerschaft, mit seinen Dworniks und seinen Beamten liefert hauptsächlich die Elemente zur Unterhaltung der Agitation.«[13]

Merseburg: Preuß. Innenministerium, Rep. 77, tit. 662 Nr. 48a, Beih. F; zum allgemeinen Th. Schieder (S. 126, Anm. 21).
12 Th. Schieder (S. 126, Anm. 21), S. 30 ff.
13 Sten. Ber. Preuß. Abgh. v. 28. 1. 1886.

Demgegenüber erschienen die polnischen Bauern und Landarbeiter, wie man sie in Westpreußen, Posen, auch in Oberschlesien kannte, als gefügig und gutwillig. Nach konservativ-
patriarchalischer Auffassung waren es vielfach gar »bessere
Untertanen« als die selbstbewußtere, anspruchsvollere deutsche Bevölkerung. Der Präsident des Regierungsbezirks Bromberg berichtete 1886 über die deutschen und polnischen landwirtschaftlichen Arbeiter auf den Gütern:

*»Es kann leider als Regel gelten, daß die polnischen Arbeiter von den
deutschen Besitzern bevorzugt werden. Wenn auch die deutschen
Arbeiter leistungsfähiger sind, so sind doch die polnischen bequemer,
sie sind anspruchsloser, folgsamer, verlangen nicht die regelmäßige
Auszahlung ihres Wochenlohns, lassen sich ohne Murren einen Jagd-
hieb gefallen und nehmen mit Wohnungen fürlieb, die den Deutschen
als Hundeställe gelten.«* [14]

Das hier zum Ausdruck kommende herablassend-wohlwollende
Urteil des ostelbischen »Herren« über das untertänige Polen-
tum, hergeleitet von seiner am meisten rückständigen sozialen
Schicht, hat »unterschwellig« die preußische Polenpolitik jener
Jahre mit beeinflußt. Abgesehen vom Adel, rechnete man im
ganzen mit den »bequemen« und »folgsamen« Polen. Der
Glaube an die Wirksamkeit bewußter sprachlich-kultureller
Germanisierung war bedingt von dem gesellschaftlichen Supe-
rioritätsbewußtsein gegenüber dem polnischen »Volk«. Das
Bild von unmündigen polnischen Untertanen begann aber
gerade in den 70er und 80er Jahren Fiktion zu werden. Die
allgemeine wirtschaftlich-soziale Bewegung, die nach 1870
auch die polnischen Landesteile Preußens ergriff, führte innerhalb kurzer Zeit auch unter der polnischen Bevölkerung zu
stärkerer sozialer Differenzierung, namentlich zur Herausbildung eines selbstbewußten polnischen Bauern- und Bürger-
standes. Vor allem in Posen begann sich in den 70er und 80er

14 In Denkschrift des Reg. Präs. Christoph v. Tiedemann v. 6. 1. 1886
»betr. einige Maßregeln zur Germanisierung der Provinz Posen«;
Abschrift u. a. in Akten Pr. Min. f. Landw., Domänen u. Forsten:
DZA Merseburg: Rep. 87 B, Nr. 9483.

Jahren das polnische »Volk« wirtschaftlich und zunehmend auch politisch sowohl von seinem eigenen Adel wie von der preußisch-deutschen Obrigkeit unabhängig zu machen. Die starke organisatorische Verselbständigung, die, namentlich in Gestalt polnischer Bauernorganisationen und des polnischen gewerblichen Genossenschaftswesens, in den 70er Jahren zu verzeichnen war, stand dabei in engem Zusammenhang mit der gleichzeitigen preußischen Sprachen- und Kulturkampfpolitik, durch die das Polentum sich veranlaßt sah, auch auf der Ebene gesellschaftlich-ökonomischer Tätigkeit den bestehenden preußisch-deutschen Einrichtungen eigene, polnische Organisationen gegenüberzustellen.

Wie für die polnischen Bildungsvereine Karl Marcinkowski, so wurde für die polnische Bauernorganisation in Posen Maximilian Jackowski bahnbrechend. Jackowski war 1864 unter dem Verdacht der Begünstigung des Aufstandes in Kongreßpolen in ein preußisches Gefängnis eingeliefert worden, hatte nach seiner Entlassung 1865 jedoch alle Hoffnungen auf Rebellion aufgegeben und statt dessen das Programm einer zielstrebigen wirtschaftlich-sozialen Organisation des polnischen Volkes in Preußen entwickelt. Als auf seine Initiative hin der von ihm gegründete Zentralverein polnischer Grundbesitzer im Februar 1873 die Gründung eigener polnischer Bauernorganisationen beschloß, war der Erfolg dieser Absicht noch durchaus zweifelhaft. Die Mehrzahl der polnischen Bauern stand dem preußischen Staat loyal gegenüber, zumal die preußische Verwaltung auf dem Dorfe bis dahin den polnischen Charakter der Schule und der Kirche im ganzen unangetastet gelassen hatte. Durch die Oberpräsidialverfügung vom 27. Oktober 1873 über die Eindeutschung des Volksschulwesens änderte sich dies plötzlich. Jackowski, der in dieser Zeit von Dorf zu Dorf herumreiste, hatte überraschenden Erfolg. Innerhalb von vier Jahren (bis 1877) gelang es ihm, nicht weniger als 105 polnische Bauernvereine zu gründen.[15]

15 L. Bernhard (S. 118, Anm. 12), S. 95

In die gleiche Zeit fiel auch die erste stärkere Verselbständigung des polnischen gewerblichen Genossenschaftswesens, das neben die vorher meist deutschen oder paritätischen deutschpolnischen Kreditinstitute trat. Hier war es der Geistliche Szamarzewski aus Schroda, der sich als Vorsitzender des Verbandes der polnischen Genossenschaften den Namen eines »polnischen Schulze-Delitzsch« erwarb. Allein während der Jahre 1873 konnte er 14 polnische Genossenschaften ins Leben rufen.[16] Szamarzewski hatte wie Jackowski 1864 zu den Angeklagten des damaligen Berliner Polenprozesses gehört. Auch er hatte danach dem polnischen Verschwörertum abgesagt und sich statt dessen der ökonomischen-nationalen Reformarbeit zugewandt. Die bäuerliche und bürgerliche soziale und nationale polnische Demokratie, die sich begründen halfen, wurde zu einer neuen, bald auch politisch hervortretenden Kraft des Polentums.

Ludwig Bernhard, der in den Jahren vor dem Ersten Weltkrieg zum ersten Mal die Mobilisierung der wirtschaftlich-sozialen Kräfte des Polentums in Preußen in den verschiedensten Bereichen untersuchte, nannte es den »großen Irrtum« der Bismarckschen Polenpolitik,[17] daß sie diesen Wandel nicht erkannte und statt dessen weiterhin das Polentum für ein gefügiges, führerloses Volk hielt, wenn es nur dem Einfluß seines Adels entzogen würde.

Bevölkerungs- und Bodenpolitik: Polenausweisungen und Ansiedlungsgesetz 1885/86

Wenngleich Bismarck und die preußischen Minister in den 80er Jahren nicht genügend zur Kenntnis nahmen, daß die nationalpolnische Bewegung in Posen und Westpreußen der Führerschaft sowohl der republikanischen Emigranten wie des einhei-

16 Ebenda, S. 106.
17 Ebenda, S. 121 f.

mischen Grundbesitz-Adels zu entwachsen begann, aus dem sich bis dahin auch die polnische Fraktion im preußischen Landtag fast ausschließlich zusammensetzte, so blieb ihnen doch das Faktum verstärkten und verbreiteten polnischen nationalen Selbstbewußtseins nicht verborgen. Man erkannte, daß man dem von der Schul- und Sprachengesetzgebung der 70er Jahre erhofften Ergebnis nicht nähergekommen, die Aussicht auf Assimilierung des Polentums eher geringer geworden war. Zu dieser Optik trug bei, daß sie in den 80er Jahren in Russisch-Kongreßpolen und Österreichisch-Galizien bemerkbare Aktivität neuer polnischer Partei- und Agitationsgruppen, polnischer Sozialisten und bürgerlicher Demokraten, zum Teil auch nach Posen herüberwirkte.

Besonders aber registrierte man das Anwachsen der polnischen Bevölkerung in den preußischen Ostgebieten sowie den durch die Industrialisierung bewirkten Zuzug Zehntausender von Polen nach Oberschlesien, Berlin und dem rheinisch-westfälischen Industrierevier. Die polnische Frage begann über Preußen hinaus im reichsdeutschen Bewußtsein eine größere Rolle zu spielen. Die industrielle Ost-West-Wanderung, welche Deutsche und Polen gleichermaßen erfaßte, aber doch im Osten die Zahlenrelation zugunsten des Polentums verschob, das aus Galizien und Kongreßpolen »Nachschub« erhielt, wurde zu einem Faktor, der dem nationalstaatlichen Konzept der Eindeutschung entgegenwirkte. In patriotischen Kreisen begann man von der Gefahr der Überschwemmung durch das Slawentum zu sprechen und zu schreiben. Der Kulturphilosoph Eduard v. Hartmann kommentierte im Januar 1885 in einem Artikel in der »Gegenwart« den bedrohlichen »Rückgang des Deutschtums« durch den Emanzipationsprozeß der östlichen Nachbarvölker, gegen den staatliche Bevölkerungspolitik im Osten einen Damm errichten müsse.[18] Der Gedanke der »inneren

18 Eduard v. Hartmann: Der Rückgang des Deutschtums. In: *Die Gegenwart*. Wochenschrift für Literatur, Kunst und öffentliches Leben, 2 (1885); vgl. auch Joachim Mai: Die preußisch-deutsche Polenpolitik 1885-1887. – Berlin (Ost) 1962, S. 35 f.

Kolonisation« beschäftigte auch den nationalliberalen Partei-
kongreß des Jahres 1885.[19]
Die Bevölkerungsstatistik der Provinz Posen vom Jahre 1885
zeigte das weitere Anwachsen der polnisch sprechenden Bevölkerung an, während die Zahl der Deutschen – trotz erheblichen
Geburtenüberschusses – infolge der Abwanderungsbewegung
gegenüber 1880 sogar um über 5000 Personen zurückgegangen
war (vgl. Tabelle II/B).

I. Bevölkerung der Provinz Posen[20]

A. Konfessionsstatistik 1815–1858

Zählungs-jahr	Gesamtbevöl-kerung	Evangelische	Katholische	Jüdische u. andere
1815/16	789 999	218 393	521 217	50 389
1825	1 031 925	289 708	677 054	65 163
1834/37	1 139 555	336 626	729 110	73 819
1846	1 350 918	407 227	862 382	81 309
1855	1 378 515	437 494	867 051	72 455
1858	1 403 628	454 399	876 714	73 970

19 L. Bernhard (S. 118, Anm. 12), S. 116.
20 Die Tabellen I und II fußen auf den statistischen Angaben, die in
den Akten des Pr. Min. f. Landw., Domänen und Forsten (DZA
Merseburg Rep. 87 B, Nr. 9489) enthalten sind. Bei der Konfessions-
statistik (Tab. I/A) ist zu berücksichtigen, daß rund 10% der Katholiken dem Deutschtum zuzurechnen sind, bei der Sprachenstatistik für
die Prov. Posen (Tab. I/B), daß unter »Deutsch« die überwiegende
Mehrzahl der Juden enthalten ist. Bei den Ergebnissen der Zählung
von 1910 muß in Rechnung gestellt werden, daß die »Zweisprachi-
gen« (aufgrund ihrer kaschubischen oder »wasserpolnischen« Dialekt-
Sprache) im ganzen dem polnischen Sprachkreis zuzuzählen sind,
denn von »Zweisprachigkeit« kann nur im Hinblick auf die Umgangs-,
nicht die Muttersprache die Rede sein.

B. Sprachenstatistik 1871–1905

Erhebungs-jahr	Gesamt-bevölkerung	Deutsch	Polnisch
1871	1 583 843	678 236	905 607
1875	1 606 084	688 983	917 101
1880	1 703 397	705 967	997 430
1885	1 715 881	700 594	1 015 287
1890	1 751 642	707 474	1 044 168
1895	1 828 658	727 862	1 100 796
1900	1 887 275	738 960	1 148 315
1905	1 986 637	777 518	1 209 119

II. Ergebnisse der Volkszählung von 1910 (nach der Muttersprache) in den polnischen Gebieten Preußens

A. Provinz Posen

Bezirk	Gesamt-bevölkerung	Deutsch	Polnisch	Zwei-sprachig
Reg. Bez. Posen	1 335 884	427 232	900 059	8 593
Reg. Bez. Bromberg	763 947	379 488	378 831	5 628
Prov. Posen insgesamt	2 099 831	806 720	1 278 890	14 221
Einzelne Städte:				
Posen	156 691	65 319	89 351	2 021
Bromberg	57 696	46 720	9 350	1 626

B. Provinz Westpreußen

Bezirk	Gesamt-bevölkerung	Deutsch	Polnisch	Zweisprachig (kaschubisch)
Reg. Bez. Danzig	742 619	532 620	102 182	107 719
Reg. Bez. Marienwerder	960 855	565 323	373 773	21 729
Prov. Westpreußen insgesamt	1 703 474	1 097 943	475 853	129 628

Einzelne Städte:

Danzig:	170 337	164 343	3 443	2 551
Thorn:	46 227	30 505	14 889	833
Graudenz:	40 352	34 183	5 034	1 097

C. Oberschlesien (Reg. Bez. Oppeln)

Gesamt-bevölkerung	Deutsch	Polnisch	Zweisprachig
2 207 981	884 045	1 169 340	154 596

Der preußische Kultusminister v. Goßler alarmierte am 12. Februar 1885 Bismarck mit der Meldung, daß in manchen bisher mehrheitlich deutsch-evangelischen Gemeinden Posens und Westpreußens infolge des polnischen Zuzugs aus Kongreßpolen und Galizien polnische Mehrheiten entstanden seien, die sich auch auf die Schul- und Kirchenverhältnisse auswirkten. Dem entsprach ein Bericht des Innenministers v. Puttkamer, der feststellte, daß sich im Osten Preußens über 30 000 aus Kongreßpolen stammende »russisch-polnische Überläufer« befänden. Es handelte sich dabei um Personen, die z. T. schon seit Jahren und Jahrzehnten in Preußen wohnhaft und lediglich noch nicht naturalisiert worden waren.[21] Bismarck gab daraufhin am 22. Februar die Weisung an den preußischen Innenminister, den »eingerissenen Übelständen« mit umfassenden Ausweisungen zu begegnen. Die angeordnete Massenausweisung, die im Juli 1885 auch auf galizisch-österreichische Polen in Oberschlesien ausgedehnt wurde, stellte eine ungewöhnliche Verschärfung der preußischen Polenpolitik dar. Bismarck war dabei geleitet von dem Gedanken, auf diese Weise vor allem »vorbeugend« gegen agitatorische Elemente einzuschreiten. Die ergriffenen Maßnahmen gingen darüber jedoch hinaus, sie nahmen den Charakter nationaler Bevölkerungspolitik mit dem Ziel quantitativer Zurückdrängung des Polentums an. In einem Schreiben Goßlers an Puttkamer vom 11. März 1885 hieß es:

21 Hierzu und zum folgenden J. Mai (S. 143, Anm. 18), S. 39 ff.

»*Auch die von der politischen Agitation unberührten Massen stören unseren staatlichen Organismus dadurch, daß sie die Grenzprovinzen polonisieren, während die Germanisierung unsere Aufgabe ist.*«[22]

Die Polenausweisungen von 1885 sind neuerdings Gegenstand ausführlicher historischer Forschung geworden. Helmut Neubach hat ihre Resonanz in der deutschen Öffentlichkeit und ihre Bedeutung für das deutsch-polnische Verhältnis in folgendem Resumee zusammengefaßt:

Mit großer Empörung wandten sich neben den Polen die deutschen Katholiken, Liberalen, Sozialisten und die kleineren »Reichsfeinde« (Welfen, Elsässer, Dänen) in Presse, Parlament und Kundgebungen gegen die Ausweisungen. Nach einer Interpellation im preußischen Abgeordnetenhaus (6. Mai 1885), vor dem Puttkamer die Regierungsmaßregel aus Gründen der »Sicherheit des Staates« und des »Fortschrittes deutscher Kultur in jenen Gegenden« rechtfertigte, brachten sie eine große Anfrage im Reichstag ein, der nach heftigen Debatten (1. Dezember 1885, 15. und 16. Januar 1886) mit großer Mehrheit einen Antrag Windthorsts annahm, demzufolge die Ausweisungen »nach ihrem Umfang und nach ihrer Art nicht gerechtfertigt erscheinen und mit dem Interesse der Reichsangehörigen nicht vereinbar sind«. Bismarck, für den dieser Reichstagsbeschluß eine schwere Niederlage bedeutete, stellte in seiner großen Polenrede vom 28. Januar 1886 die Ausweisungen als einen Notwehrakt hin: »Wir wollen die fremden Polen los sein, weil wir an unseren · eigenen genug haben.«
Die Auswirkung auf die Polen war unerwartet stark. In allen drei Teilgebieten erhob sich Haß gegen die neuen »Kreuzritter«, ja gegen alles Deutsche. Das Bild des angeblich so grausamen preußischen Polizisten, der mitten im Winter hilflose Frauen, Kinder und Greise mit Gewehrschlägen über die Grenze treibt, ist in einer Gedenkmünze, in zahlreichen Karikaturen, Gedichten, in dem letzten Roman von Kraszewski (»Die schwarze Stunde«) und selbst noch in der heutigen Geschichtsschreibung festgehalten.[23]

Der Massenabschub dauerte bis Ende 1887 an, vereinzelt wur-

22 Ebenda, S. 41.
23 Helmut Neubach: Die Ausweisungen von Polen und Juden aus Preußen 1885/86. – Wiesbaden 1967.

den Ausweisungen aber auch später wieder aufgenommen. Zwischen 1885 und 1887 sind insgesamt 25 914 Personen aus Preußen verwiesen worden.[24] Selbst konservative Gesinnungsgenossen Bismarcks wie der Botschafter in Petersburg General v. Schweinitz urteilten nach den auch außenpolitisch ungünstigen Erfahrungen mit der Aktion, sie sei »eine unkluge und nutzlos grausame Maßregel« gewesen.[25]

Bismarck war von seinen Kritikern wenig beeindruckt, vielmehr nach der Niederlage im Reichstag entschlossen, die antipolnischen Maßnahmen in Preußen mit Unterstützung der konservativ-nationalliberalen Mehrheit des preußischen Landtages fortzusetzen. Während noch die Debatte über die Ausweisungen im Gange war, beschäftigte er sich mit verschiedenen Projekten einer weitergehenden Restriktion des polnischen Einflusses und zog dabei u. a. in Erwägung, »ob nicht analoge Einrichtungen wie das Sozialistengesetz... auch gegen die polonisierende Tätigkeit der Presse und der Vereine in den polnischen Bezirken erstrebt werden können«.[26] Die Erörterungen des Staatsministeriums konzentrierten sich jedoch bald auf den schon 1885 von Landwirtschaftsminister Lucius und Kultusminister Goßler angeregten Gedanken staatlichen Bodenkaufs im Osten zur Zurückdrängung des polnischen Adels und gleichzeitiger Ansiedlung deutscher bäuerlicher »Erbpächter«. Schon am 26. April 1886 wurde das Gesetz »betreffend die Beförderung deutscher Ansiedlungen in den Provinzen Westpreußen und Posen« verabschiedet. Für den Ankauf von Grundbesitz stellte die preußische Regierung einen Fonds von 100 Millionen Mark zur Verfügung, der bis zum Weltkrieg im Laufe der Jahre auf 500 Millionen Mark erhöht

24 Wiedergabe der genauen Bilanz aus den preußischen Akten bei J. Mai (S. 143, Anm. 18), Anhang II, S. 205.
25 v. Schweinitz: Denkwürdigkeiten des Botschafters General v. Schweinitz. 2. Bd. – Berlin 1927, S. 313.
26 Von Bismarck eigenhändiges revidiertes Briefkonzept v. 11. Jan. 1886; vgl. J. Mai, a. a. O., S. 103 f.; zu den diesbezüglichen Überlegungen Bismarcks auch L. Bernhard (S. 118, Anm. 12), S. 118.

wurde, und beschloß die Gründung einer mit dem Grunderwerb und der Kolonisation beauftragten Königlich Preußischen Ansiedlungskommission.

Maßgeblicher Einfluß auf die Entstehung des Gesetzes fiel dem Bromberger Regierungspräsidenten Christoph v. Tiedemann zu. Dieser hatte in einer 59seitigen Denkschrift, die am 8. Januar Bismarck und drei Tage später abschriftlich auch den preußischen Ministern zuging, ein kritisches Bild der Lage in der Provinz Posen entworfen und einleitend erklärt:

»Man muß sich vor allen Dingen der Illusion entschlagen, daß es möglich sei, die polnischen tonangebenden Kreise durch Konzessionen irgendwelcher Art zu gewinnen... Die Polen besitzen volles Verständnis für eine zielbewußte und rücksichtslose Politik; in jedem Entgegenkommen der Machthaber aber erblicken sie nur ein Zeichen der Schwäche... Die Polen wollen kein friedliches, gleichberechtigtes Zusammenleben mit den Deutschen. Sie wollen Hammer oder Amboß sein.«[27]

Tiedemann sah eine besondere Gefahr in der zahlenmäßigen Zunahme der polnischen Bevölkerung, die mit einer »innerlichen Kräftigung« verbunden sei. Der Rückgang der deutschen Bevölkerung sei maßgeblich dadurch verursacht, daß sie sich in der polnischen Umgebung »nicht heimisch« fühle. Die Mehrzahl der Beamten habe den Wunsch auf Rückversetzung in deutsche Gebiete, die deutschen Grundbesitzer betrachteten ihre Güter vornehmlich als spekulative Kapitalanlage, die deutschen Bauern sähen sich auf Grund der traditionellen Vormachtstellung des Adels sowie auch der Kreistagsverfassung in Posen zurückgesetzt und die deutschen Landarbeiter hätten durch die Konkurrenz der anspruchsloseren polnischen Arbeiter »auf das empfindlichste zu leiden«. Seit dem Kulturkampf, schrieb Tiedemann, habe sich die deutsche Verwaltung bemüht, dem Polonismus »Dämme entgegenzusetzen; ihm aber Terrain abzugewinnen, hat sie nicht vermocht«. Zu einer »wirklichen Offensive« bedürfe es weiterer solcher »außerordentlicher

27 Vgl. S. 140, Anm. 14.

Maßregeln« wie der 1885 begonnenen Massenausweisungen. Er empfahl im einzelnen: Versetzung aller polnischen Beamten (Lehrer, Richter u. a.) aus der Provinz in deutsche Gebiete Preußens, Gewährung einer Ostmarkenzulage für deutsche Beamte und Anrechnung ihrer in der Provinz Posen verbrachten Dienstzeit als Kriegsjahre (»denn Kriegsjahre wären sie in der Tat«), Einberufung polnischer Rekruten nach rein deutschen Gegenden, stärkere Förderung der evangelischen Kirche. Für den »wichtigsten Schritt zur Germanisierung der Provinz Posen« hielt er es aber, »wenn die königliche Staatsregierung sich entschließen könnte, zu dem alten Flottwellschen System des Güter-Ankaufs zurückzukehren« und beginnen würde, »durch Parzellierung angekaufter Güter und Ansiedlung deutscher Bauern auf den Teilstücken die Provinz nachhaltig mit deutschen Elementen zu durchsetzen«.

Nicht nur Bismarck nahm den Vorschlag bereitwillig auf; er fand vor allem die volle Zustimmung der Nationalliberalen in Preußen. Der nationalliberale Finanzminister v. Miquel votierte selbst dafür, daß für den Ansiedlungsfonds statt der von Bismarck zunächst vorgeschlagenen 10 Millionen sofort 100 Millionen Mark bewilligt wurden. Auch die konservative Partei hatte sich in der Polenfrage längst von dem altpreußischen Grundsatz staatlicher Nichteinmischung in Nationalitätenfragen entfernt. Bei der Landtagsdebatte über das Ansiedlungsgesetz erklärte Freiherr v. Hammerstein, er erkenne »vollkommen das Recht Deutschlands an, Polen zu germanisieren«. Die vornehmste Basis Deutschlands sei ganz unzweifelhaft die »nationale Einheitlichkeit«.[28] Gegen Zentrum, Freisinnige und Polen wurde das Ansiedlungsgesetz im Abgeordnetenhaus am 7. April 1886 mit 214 : 120 Stimmen angenommen. Vergeblich hatte der Zentrumsführer Windthorst darauf hingewiesen, daß das nach dem Willen der preußischen Regierung ausdrücklich gegen das

28 Sten. Ber. Preuß. Abgh. 1886. 3. Bd. S. 1917; auch Hans Booms: Die Deutsch-Konservative Partei. Preußischer Charakter, Reichsauffassung, Nationalbegriff. – Düsseldorf 1954, S. 114 ff.

Polentum gerichtete Gesetz den Verfassungsgrundsatz der Gleichheit verletze und »die Proklamierung eines vollständigen Ausnahmezustandes« bedeute, »der unter keinen Umständen toleriert« werden könne.[29] Nach den scharfen Angriffen, die Bismarck am 28. Januar gegen die Polen gerichtet hatte, schrieb die polnische demokratische Zeitung »Oredownik« in Posen am 6. Februar 1886:

> *»Der Eindruck dieser Debatten ist enorm. Er hat alle unsere Volksschichten ergriffen bis zum schlichtesten Mann. Sogar die Dienstboten debattieren heute über den preußischen Landtag und den Fürsten Bismarck ... Manchen spiegelt die erschreckte Phantasie vor, die polnische Gemeinschaft könne sogar in eine solche Lage geraten, in der sich die Sozialisten in Deutschland befinden.«*[30]

Zur gleichen Zeit berichtete der deutsche Generalkonsul aus Warschau: »Man ist hier fürchterlich ergrimmt unter den Polen, und die Russen freuen sich, daß wir zur Stunde unpopulärer sind als sie.«[31]

Zur Begründung des Gesetzes hatte das preußische Staatsministerium angeführt: Das »Vordringen der durch Sprache und Sitte dem preußischen Staatsleben innerlich entfremdeten polnischen Nationalität« erfordere »umfassende Abwehrmaßregeln«.[32]

Die These vom defensiven Charakter des preußischen Ansiedlungsgesetzes ist auch von der deutschen Geschichtsschreibung weithin übernommen worden. Zutreffend war sie jedoch allenfalls für das subjektive Bewußtsein, nicht für die tatsächliche Entwicklung der landwirtschaftlichen Besitzverhältnisse, um die es bei dem Gesetz ging. Hatte doch der polnische Großgrundbesitz in der Provinz Posen in den vorangegangenen Jahrzehnten starke Einbußen erlitten. Die allgemeine Krise der Landwirtschaft im Osten, die für die polnischen Gutsbesitzer

---

29 Sten. Ber. Preuß. Abgh. 1886. 1 Bd. S. 177.
30 Zit. bei J. Mai (S. 143, Anm. 18), S. 122 f.
31 Ebenda, S. 122.
32 DZA Merseburg: Rep. 87 B, Nr. 9483.

dadurch verschärft wurde, daß ihnen erheblich weniger Kredite zur Verfügung standen als den deutschen Gutsherren, hatte zahlreiche polnische Adlige zum Verkauf ihrer Güter bewogen. Zwischen 1848 und 1878 war der polnische Großgrundbesitz (Güter über 150 ha) in Posen von einer Gesamtfläche von 950 000 ha auf 700 000 ha zurückgegangen, der deutsche dagegen auf 850 000 ha angewachsen.[33] Der preußische Landwirtschaftsminister hatte dieses kontinuierliche Anwachsen deutschen Grundbesitzes in der Sitzung des Abgeordnetenhauses am 22. Februar 1886 ausdrücklich zugegeben, aber hinzugefügt, daß dadurch keine zahlenmäßige Verschiebung der agrarischen Bevölkerung zugunsten des Deutschtums bewirkt worden sei. Diese lasse sich nur durch Vermehrung des deutschen Bauernlandes gegenüber dem noch vorherrschenden polnischen bäuerlichen Besitz (bisherige Relation 400 000 : 650 000 ha) erreichen. Das klar formulierte Ziel war demnach: Gewinnung einer absoluten deutschen Majorität auf dem Lande, sowohl nach Besitzfläche wie nach Bevölkerungszahl. Man wird dies schwerlich als Defensivvorhaben bezeichnen können.

Gewaltsamkeit und ideologische Versteifung wilhelminischer Ostmarkenpolitik.

Der Plan, den polnischen adligen Großgrundbesitz in Posen und Westpreußen mit Staatsgeldern aufzukaufen, schien der preußischen Regierung 1886 durchaus vielversprechend. Man wußte, daß zahlreiche polnische Grundbesitzer stark verschuldet waren. Bismarck spekulierte u. a. auf den Geldbedarf jener Angehörigen des »kosmopolitischen« polnischen Adels, die ihre Güter vernachlässigten, um sich die Reise nach Paris und das gesellschaftliche Leben von Monaco und Nizza leisten zu können. Tatsächlich gelang es der Ansiedlungskommission

33 Ebenda, Nr. 9489.

152

schon im Jahre 1886, 12 000 Hektar meist polnischer Güter aufzukaufen. Auf dem Boden altpolnischer Gutsherrschaften im Gebiet von Gnesen und Znin entstanden deutsche Ansiedlungen. An die Stelle der Besitzungen Komorowo, Czewojewo, Swinary, Zrazim, Runowo traten die Dörfer Kaisersaue, Herrenkirch, Friedrichshöhe, Hohenhain etc.[34] Doch in aller Stille formierten die Polen sich auch auf dem Gebiet der Agrarpolitik zur Verteidigung. Als Gegengewicht gegen den preußischen 100-Millionen-Fonds wurde bereits im Februar 1886 in Posen die »Verbandsbank« der polnischen Genossenschaften (Bank Zwiazku), im November des gleichen Jahres die »Landbank« (Bank Ziemski) mit überwiegender finanzieller Beteiligung des polnischen Adels geschaffen, den dabei seine galizischen Standesgenossen durch eine »Hilfsaktion für Posen« stark unterstützten. Beide Bankunternehmen, die zunächst mit bescheidenen Mitteln begannen, entwickelten sich neben den jetzt zur Verteidigung des nationalen Bodens aufgerufenen polnischen Bauernvereinen und neu gegründeten Parzellierungsgesellschaften zu einer wirksamen und beweglichen Konkurrenz der preußischen Ansiedlungskommission. Zwischen ihr und den polnischen privaten Organisationen kam es drei Jahrzehnte lang zum ökonomischen Kleinkrieg um den Grundbesitz.

Auch auf polnischer Seite begann man mit der Teilung und Parzellierung von Gutsbesitz und seiner Umwandlung in Bauernland. Es wurde dabei nationale »Ehrensache«, daß die polnischen Gutsherren, die ihren Besitz verkaufen oder zwecks wirtschaftlicher Sanierung verkleinern wollten, der Bank Ziemski das Vorkaufsrecht einräumten. Die preußische Ansiedlungskommission war zunehmend darauf angewiesen, Grund und Boden aus der Hand deutscher Besitzer zu kaufen, die sich angesichts rapide steigender Bodenpreise im ganzen verkaufswilliger und weniger »bodenständig« erwiesen als die Polen.

Der deutsch-polnische Wettbewerb zur Parzellierung von Großgrundbesitz bewirkte in Posen und Westpreußen eine

34 L. Bernhard (S. 118, Anm. 12), S. 120.

erhebliche Strukturveränderung der Landwirtschaft. Dem Vorgang dieser »Agrarrevolution« entsprach auf polnischer Seite einer natürlichen soziologischen Tendenz, ausgelöst durch die Vielzahl landhungriger Bevölkerung, die nach Besitz drängte, während es auf deutscher Seite, wo die breite agrarische Unterschicht fehlte, umgekehrt darum ging, diese erst zu schaffen. Der Prozeß förderte das nationale Selbstbewußtsein der polnischen Bauern und die Stärkung ihres öffentlichen Einflusses gegenüber dem Adel durch die gut organisierten Bauernvereine.

Es zeigte sich rasch, daß die Ausdehnung des Nationalitätenkampfes auf den ökonomischen Bereich dem Polentum die Gelegenheit bot, sich sehr viel rascher wirtschaftlich und sozial zu emanzipieren, als dies unter normalen Umständen geschehen wäre. Das galt insbesondere für den polnischen gewerblichen Mittelstand, der sich bisher gegenüber der wirtschaftlich überlegenen Konkurrenz deutscher oder jüdischer Kaufleute und Gewerbetreibender nur sehr langsam durchzusetzen vermochte. Wie die geistig-kulturelle Leistung Preußen-Deutschlands im Osten wesentlich darin gelegen hatte, allgemeinem Bildungsfortschritt den Weg zu ebnen, so war es die Leistung des deutschen Kaufmannes und Unternehmers gewesen, die materielle Zivilisation über nationale Grenzen hinweg zu verbreiten. Die wirtschaftliche »Pionierleistung« des deutschen Bürgertums in den polnischen Landesteilen mußte aber zwangsläufig an Bedeutung verlieren, sobald das Wirtschaftsleben zur nationalen Sache verengt wurde. Diese Bindung der Wirtschaft an den Nationalitätenkampf, der dem ökonomischen Interesse des bisher führenden deutschen Kaufmanns, Handwerkers und Industriellen im Osten widersprach und ihm die polnische Kundschaft entzog, bedeutete aber umgekehrt für das Polentum einen wirksamen Schirm ökonomisch-sozialen Aufstiegs und Ausschaltung hemmender deutscher und jüdischer Konkurrenz. In der »Abwehr der Germanisierung«, welche von polnischer Seite in den 90er Jahren durch Aufrufe zum Boykott deutscher Waren stark auf den gewerblichen Sektor verlagert und auch in der Agrarpolitik weithin erfolgreich geführt wurde, vollzog sich eine sowohl nationale wie soziale Revolutionierung der polnischen Bevölkerung. Diese unbeabsichtigte Wirkung der preußischen Germanisierungspolitik führte im Deutschtum Posens und bei der preußischen Verwaltung zu wachsender Beunruhigung und Unsicherheit.

Nach der Entlassung Bismarcks machte Reichskanzler Caprivi (1890-94) noch einmal den kurzlebigen Versuch, das Polentum durch eine Reihe versöhnlicher Maßnahmen zu gewinnen. Die in den letzten Jahren Bismarcks weiter verschärften Erlasse zur Germanisierung des Volksschulwesens in Posen und Westpreußen wurden z. T. gemildert, außerdem staatliche Darlehen auch polnischen Wirtschaftsorganisationen zugänglich gemacht. Als besondere Konzession galt ferner, daß 1892 nach dem Episkopat des Deutschen Dinder wieder ein Pole, der Abgeordnete v. Stablewski, Erzbischof von Posen und Gnesen wurde. Die »Versöhnungsära« hatte z. T. außenpolitische Gründe (Distanzierung von Rußland), war aber vor allem durch den Umstand bedingt, daß Reichskanzler v. Caprivi im Reichstag die polnische Fraktion zur Unterstützung gegen die wachsende Macht des Zentrums benötigte und ihr deshalb nationale Zugeständnisse in Preußen machen mußte. Vorübergehend spielte die vorwiegend adlige polnische Fraktion in Berlin, die sogenannte »Hofpartei«, geleitet von dem geschickten Josef v. Koszielski, der auch bei Wilhelm II. und der Regierung in gutem Ansehen stand, dank der Gunst der parteipolitischen Konstellation noch einmal eine wichtige Rolle. Nach den Neuwahlen von 1893 gab die 19 Mann starke polnische Fraktion anläßlich der Militärvorlage durch ihre Stimmen (neben denen der Konservativen und Nationalliberalen) den Ausschlag für die Annahme des für die Regierung entscheidend wichtigen Gesetzes. Doch eben dieses Faktum: daß eine Grundfrage deutscher Militärpolitik mit Hilfe der polnischen Stimmen für die Regierung entschieden wurde – rief einerseits die deutschnationale Opposition auf den Plan und mobilisierte andererseits die laute Kritik der polnischen bürgerlichen »volksparteilichen« Presse in Posen, die der »Hofpartei vorwarf, sie habe sich ihre Dienstbarkeit interessenpolitisch honorieren lassen. Wegen dieser inneren Gegensätze legte Koszielski im März 1894 sein Mandat nieder. Damit war für die Regierung Caprivi der polnische Verhandlungspartner ausgeschieden. Die »Versöhnungsära« fand ihr Ende.

Die politische Führung des Polentums ging in der Folgezeit an die bürgerliche und bäuerliche Volksbewegung über, der sich ein Teil des Provinzadels anschloß. Die polnische Fraktion im preußischen Landtag und im Reichstag verlor dabei insgesamt an Bedeutung. Das Schwergewicht der nationalpolnischen Bewegung verlagerte sich nun ganz auf das Vereinswesen im Lande, auf die Arbeiter- und Gewerkvereine, die Sokolvereine, Bauernverbände und bürgerlichen Genossenschaften, daneben vor allem auf die Presse, die jetzt auch außerhalb Posens an Bedeutung zunahm. In Oberschlesien gewann namentlich die in Beuthen erscheinende Zeitung »Katolik« unter der Leitung des polnischen »Zeitungsgenies« Adam Napieralski seit den 90er Jahren entscheidenden Einfluß auf die Entwicklung einer eigenen polnischen christlichen Arbeiterbewegung, die sich hier dem Zentrum entgegenstellte. Die allgemeine Gewährung bürgerlicher Freizügigkeit, die im Presse- und Vereinswesen, bei der Bildung genossenschaftlicher wirtschaftlicher Hilfs- und Kreditverbände auch der polnischen Sache stark zugute kam, blieb in bismarckisch-wilhelminischer Zeit im wesentlichen intakt. Hier, im Bereich bürgerlichen Rechts, hatte die staatlich-administrative Germanisierungspolitik ihre Grenze, und dies unterschied diese Phase deutlich von der späteren totalitären antipolnischen Politik der Hitler-Zeit. Hier lag auch die innere Hemmung und Zwiespältigkeit der nationalen antipolnischen Kampfpolitik vor 1914.

Angesichts der wachsenden ökonomisch-sozialen und national-politischen Aktivität der Polen geriet die preußische Politik in ein zunehmend verstärktes Dilemma. Es zeigte sich zwar immer deutlicher, daß das Konzept Bismarcks, das die verschärfte Germanisierungspolitik eingeleitet und bestimmt hatte, insbesondere seine Vorstellung, man könne nach Ausschaltung der polnischen Führungsschicht mit einem politisch gefügigen polnischen Volkstum rechnen, sich nicht bewahrheitete. Dennoch bestand die preußische Regierung darauf, diese Politik fortzusetzen. Man glaubte selbst nicht mehr an eine Assimilierung des Polentums, sprach aber um so mehr von seiner Eindämmung und Zurückdrängung. Es begann der Rückzug auf eine nationale Kampf-Position, aus der sich eine *politische* Lösung der deutsch-polnischen Nationalitätenfragen praktisch nicht mehr ergeben konnte. Wie vage der Zukunftsaspekt der preußischen Polenpolitik in den letzten Jahren vor 1914 gewesen ist, wie erkünstelt das Bemühen, sich selbst einzureden, daß man auf dem erfolgversprechenden Wege sei, demonstriert eine Aktennotiz des damaligen preußischen Innenministers v. Bethmann Hollweg vom 22. Dezember 1906:

»Wenn man gegenüber den zahlenmäßigen Erfolgen der Deutschtumspolitik die steigende Entfremdung zwischen Deutschen und Polen und den wachsenden nationalen Widerstand der Letzteren als Beweis für die geringen Erfolge im Osten anführt, so vergißt man, daß ein energisches Zurückdrängen der Polen den Widerstand naturgemäß steigern muß. Eine Beruhigung kann nicht eher eintreten, bis dem Deutschtum in politischer wie in wirtschaftlicher Beziehung die Übermacht endgültig gesichert ist. Dann, aber auch erst dann, wird der Assimilierungsprozeß beginnen. Bis dahin ist allerdings noch ein weiter Weg, und die bisherigen Ergebnisse der Ostmarkenpolitik bedeuten bis jetzt nur einen ersten Schritt, aber sie beweisen, daß der Weg der richtige ist, wenn er ohne Schwanken mit fester Entschlossenheit in einer langen Zeitperiode fortgesetzt wird.«[35]

Die sogenannte Ostmarkenpolitik wurde gleichsam Flucht nach vorn gegenüber einer unangenehmen Wirklichkeit, Trotzpolitik unter der unglaubwürdig gewordenen Devise preußisch-deutscher Kolonisationsleistung. Zahlreiche Zeugnisse und Akten lassen erkennen, daß es der preußischen Regierung dabei oft darum ging, nur vor allem nicht das »Gesicht zu verlieren«,

35 Votum des preuß. Innenministers v. Bethmann Hollweg v. 22. 12. 1906; DZA Merseburg, Rep. 87 B, Nr. 9488.

sowohl den Polen als auch den eigenen deutsch-nationalen Kritikern gegenüber, die seit den 90er Jahren stark an Einfluß gewonnen hatten. Manche unklugen, das Polentum unnütz provozierenden Maßregeln erklären sich aus diesem »patriotischen« Meinungsdruck, dem die preußische Regierung wider besseres Wissen ihren Tribut zollte, um zu beweisen, daß sie eine Politik der »harten Hand« nicht scheue.

Ein Beispiel hierfür ist die Entstehung der Novelle von 1908 zum Ansiedlungsgesetz, welche in bestimmten Fällen statt des Ankaufs auch die behördliche Enteignung polnischen Grundbesitzes vorsah. Nach dreijährigen interministeriellen Beratungen, Einwänden, die gegen den Enteignungsgedanken vor allem vom preußischen Justizminister und vom Reichsjustizamt geltend gemacht wurden und die zu erheblicher Einschränkung der ursprünglichen gesetzlichen Absichten führten, war der Gesetzentwurf jeder nennenswerten praktischen Bedeutung entleert. Man setzte das kaum wirksam gewordene Enteignungsgesetz dennoch durch, weil man sich eine Zurückziehung des längst der Öffentlichkeit angekündigten, vom Ostmarkenverein und anderen patriotischen Kreisen energisch »geforderten« Vorhabens nicht erlauben zu können glaubte. Es galt, wenigstens zu demonstrieren, daß man nicht untätig sei. Auffällig oft war bei den Beratungen der preußischen Ministerien über den Entwurf die Rede davon, daß man die Verantwortung für energische Schritte zu übernehmen bereit sei. Als es 1907 noch fraglich war, ob sich im preußischen Landtag eine Mehrheit für den Enteignungsparagraphen finden lassen werde, erklärte Finanzminister v. Rheinbaben am 10. Januar 1907, er scheue sich nicht, »sich vom Landtag ein Refus zu holen«. Lehne dieser ab, so würde »in den nationalen Kreisen und besonders in der hakatistischen[36] Presse sich ein Entrüstungssturm ohnegleichen erheben«. Den aus dem Landtag oft gehör-

36 »hakatistisch«: so genannt nach den Anfangsbuchstaben der Gründer des Ostmarkenvereins (1894): Hansemann, Kennemann, Tiedemann.

ten Vorwurf eines »Mangels an Konsequenz in der Polenpolitik« könne die Regierung dann »mit gleichem Recht zurückge-
ben«. Der preußische Landwirtschaftsminister ergänzte bei
späterer Gelegenheit: Der Landtag habe dann »die Verantwortung vor der Geschichte« zu tragen.[37]

Mit dieser Verstrickung preußischer Polenpolitik in die
deutschnationale Meinungsmache hing es auch zusammen, daß
sich die Regierung in Berlin bei ihrer Entschlußbildung zunehmend ins Schlepptau der Provinzialverwaltung der Ostmarken
und ihrer Repräsentanten nehmen ließ. Das Votum der Oberpräsidenten von Posen, Danzig und Breslau, auch des Präsidenten der Ansiedlungskommission sowie einzelner Regierungspräsidenten bestimmten in hohem Maße den Kurs der
Regierungspolitik in der polnischen Frage. Damit aber
beherrschte der Gesichtspunkt möglichst effektiven, zweckmä-
ßigen Nationalitätenkampfes weitgehend die grundsätzliche
politische Entscheidung, die für Preußen und das Reich insgesamt und nach anderen als nur provinziell »ostmärkischen«
Gesichtspunkten zu fällen war. Hinzu kam noch, daß die Beamtenschaft in Posen und Westpreußen stimmungsmäßig mit den
Bestrebungen des Ostmarkenvereins sympathisierte und ihm
zum Teil selbst angehörte. Die »Umsetzung« der Ostmarken-
kampfstimmung in Regierungspolitik wurde besonders auch
dadurch begünstigt, daß Personen, die sich in Posen und Westpreußen als besonders tatkräftig im Sinne der Germanisierungspolitik erwiesen hatten, als vortragende Räte und sachkundige
Referenten für Fragen der Ostmarken in die preußischen Ministerien einzogen. Auf diese Weise haben z. B. bei der Entstehung des Enteignungsgesetzes von 1908 als Vertreter der beiden wichtigsten Ressorts der damalige Vortragende Rat im
preußischen Finanzministerium Alfred Hugenberg (der sich
vordem als Initiator der deutschen Mittelstandskasse in Posen,

37 Protokoll der interministeriellen Sitzung vom 10. 1. 1907 und
Votum des Preuß. Min. f. Landw., Domänen und Forsten v.
20. 10. 1907; DZA Merseburg, Rep. 87 B, Nr. 9488.

Mitarbeiter der Ansiedlungskommission und Mitbegründer des Alldeutschen Verbandes betätigt hatte) und Oberregierungsrat Friedrich v. Schwerin als zuständiger Referent des preußischen Innenministeriums (der seit 1891, z. T. mit Hugenberg zusammen, in der Ansiedlungskommission, 1896-1902 Landrat von Thorn gewesen war und gleichfalls dem Alldeutschen Verband angehörte) eine außerordentlich einflußreiche Rolle spielen können. Hugenberg, der schon um die Jahrhundertwende für den Enteignungsgedanken eingetreten war, hat dies selbst deutlich in einem später auch veröffentlichten Brief vom 13. 9. 1907 an seinen damaligen Vorgesetzten im preußischen Finanzministerium, Ministerialdirektor Förster, ausgesprochen:

»*Dank dem persönlichen Interesse unseres Ministers für die polnischen Angelegenheiten, dank Ihrer Festigkeit und dem einmütigen, von gleichen Überzeugungen geleiteten Zusammenwirken mit Schwerin und Wahnschaffe sind wir ja nun so weit, daß alle maßgebenden Stellen der Staatsregierung die sachliche Überzeugung teilen, daß es ohne Enteignung nicht weitergeht.*«[38]

Hugenberg hatte schon Jahre vorher, in einem Brief an den Vorsitzenden des Alldeutschen Verbandes vom 12. Januar 1902 sein tiefes Bedauern darüber ausgesprochen, daß die preußische Politik im 19. Jahrhundert es mit den Polen überhaupt soweit habe kommen lassen, und dabei ausgemalt, wieviel zweckmäßiger es gewesen wäre, »die deutsche Kolonialbevölkerung wie im Mittelalter unter eigenes Recht zu stellen« und die Polen, die sich nicht germanisieren ließen, außerhalb deutschen Rechts zu lassen. Der Verfassungsparagraph, der die Gleichberechtigung der Staatsbürger garantiere, sei für die Ostmarken nicht anwendbar, denn »entweder ist dieser Paragraph eine Phrase oder der Schutz des Deutschtums«.[39]

Hugenberg hatte hiermit Anschauungen offen ausgesprochen, die auch im Lager des Ostmarkenvereins Allgemeingut zu wer-

---

38 Enthalten in Alfred Hugenberg: Streiflichter aus Vergangenheit und Gegenwart. – 2. Aufl. Berlin 1927, S. 223.
39 Ebenda, insbes. S. 280 und S. 292.

den begannen: Die Polen sind der nationale Gegner, die Verfassungsgarantie der Gleichberechtigung kann auf sie deshalb nicht angewendet werden. Bis zu dieser Konsequenz ist die offizielle Polenpolitik zur Zeit Wilhelms II. nicht gegangen; sie ließ sich aber seit der Jahrhundertwende bedenklich nahe in diese Richtung drängen.

Namentlich unter der Reichskanzlerschaft Bülows (1900 bis 1909), der sich auch persönlich bei verschiedenen Gelegenheiten zum Sprecher deutscher Ostmarkensendung machte[40], kam es fast in allen Bereichen der Polenpolitik zu neuer Verschärfung. Im Frühjahr 1900 verfügte der preußische Kultusminister v. Studt den obligatorischen Gebrauch der deutschen Sprache auch im Religionsunterricht der Unter- und Mittelstufe. Sechs Jahre später, im April 1906, ließ er polnischen Religionsunterricht auch in der Oberstufe verbieten. Wegen dieser Maßregel, die die Gefühle der polnischen Bevölkerung besonders stark verletzte, kam es bereits 1901 in der Stadt Wreschen bei Posen zu Tätlichkeiten zwischen polnischen Eltern und dem Lehrpersonal sowie zu Zusammenstößen mit der Polizei, schließlich im Sommer und Herbst 1906 zu einem allgemein passiven Widerstand in Gestalt eines umfassenden, von Eltern, Geistlichen und geheimen Schülergesellschaften organisierten Schülerstreiks in ganz Posen und Westpreußen. Über 40 000 Schüler protestierten durch wochen- und monatelanges Fernbleiben von der Schule gegen die letzte Verfügung Studts. Streik gegen die Schule, weil diese als politisch-nationales Kampfmittel eingesetzt wurde, — das war das sinnfällige Ende der Werbekraft preußisch-deutscher Bildungsarbeit unter den Polen. Zentrum, Freisinnige und Sozialdemokraten nannten die Sprachenverfügungen Studts nicht zu Unrecht eine »Bankrotterklärung« preußischer Polenpolitik. Der SPD-Abgeordnete Ledebour warf im Reichstag der preußischen Exekutive vor, daß sie Sprachenfragen grobschlächtig nach Polizeibegriffen handhabe und

40 Bezeichnend das Kapitel »Ostmarkenpolitik« in Fürst v. Bülow: Deutsche Politik. – Berlin 1916.

nationaldeutsche Interessen im Stile eines »Polizeipatriotismus« verfechte.[41] August Bebel, der Führer der Sozialdemokraten, drückte offen seine Bewunderung für den »polnischen Schulkinderboykott« aus und gab zu bedenken, daß Deutschland sein Ansehen als Kulturvolk verspiele, wenn es mit Polizeimethoden den Gebrauch der polnischen Muttersprache unterbinde, der zu den »einfachsten Menschenrechten« zähle.[42]

Ein weiteres, besonders heftig umstrittenes Vorgehen stellte das Verbot der polnischen Sprache in öffentlichen Versammlungen dar. Mit der Verschärfung der nationalen Auseinandersetzung waren die preußischen Behörden in Posen und Westpreußen, aber auch im rheinisch-westfälischen Industriegebiet mit seiner wachsenden Zahl polnischer Zuwanderer in den 90er Jahren mehr und mehr dazu übergegangen, genehmigungspflichtige Versammlungen zu verbieten, wenn dabei polnisch gesprochen werden sollte. Den Eingriff in die verfassungsmäßig garantierte Versammlungsfreiheit begründeten die preußischen Oberpräsidenten einhellig damit, daß die Polizei nicht über eine genügende Zahl der polnischen Sprache mächtiger Beamten verfüge, um diese Versammlungen überwachen zu können.[43] Dieses Polizei-Argument wurde jedoch auf Klagen der Polen wiederholt vom preußischen Oberverwaltungsgericht zurückgewiesen. Namentlich durch eine Entscheidung vom 5. Oktober 1897 widersprach das Oberverwaltungsgericht der Verbotspraxis unter Berufung auf die Verfassung. Rechtsstaatliche preußische Überlieferung und weitgehend noch liberale Einstellungen in den höheren Rängen der Justiz standen hier wie in anderen Fällen dem Mißbrauch der staatlichen Gewalt und der Überfremdung rechtsstaatlicher Prinzipien durch nationalpolitische

41 Hans-Ulrich Wehler: Sozialdemokratie und Nationalstaat. – Würzburg 1962, S. 174.
42 Ebenda, S. 176.
43 Bemerkenswert dazu die Berichte der preußischen Oberpräsidenten von Königsberg, Danzig, Posen, Breslau und Münster vom Dezember 1897; Akten Preuß. Innenministerium.; DZA Merseburg: Rep. 77, tit. 662, Nr. 48a, Beih. 7.

Zweckmäßigkeitsgesichtspunkte noch entgegen. Die überwiegend konservative preußische innere Verwaltung war aber nicht gesonnen, sich ohne weiteres hinter die durch den Spruch des Oberverwaltungsgerichts gezogene Grenze zurückzuziehen. Das preußische Innenministerium nahm den Entscheid des Gerichts vom 5. 10. 1897 zum Anlaß, um schon im November des gleichen Jahres den Entwurf eines gesetzlichen Verbots der polnischen Sprache bei allen genehmigungspflichtigen Versammlungen auszuarbeiten, um nunmehr auf diese Weise »das staatliche Überwachungsrecht für solche Versammlungen sicherzustellen«.[44] Sämtliche Oberpräsidenten im Osten erklärten sich im Dezember 1897 prinzipiell für den Erlaß des ihnen zur Begutachtung übersandten Gesetzentwurfs. Der westpreußische Oberpräsident v. Goßler erklärte: »Unter der Herrschaft des vom Oberverwaltungsgericht aufgestellten Grundsatzes« würden die polnischen Vereine, die schon heute eine »ernste Gefahr für die Ruhe und Sicherheit des Staates« darstellen, »ihre Minierarbeit mit noch größerem Erfolg fortsetzen«. Es käme darauf an, »daß durch eine Novelle mindestens der bisherige Zustand wiederhergestellt, mit anderen Worten: den Polizeibehörden die Befugnis gewährt wird, fremdsprachliche Versammlungen, welche der Überwachung unterliegen, in der Regel nicht zu dulden«. Noch weiter ging der Posener Oberpräsident v. Wilamowitz, der die Ausdehnung des Sprachverbots auch auf die Verhandlungen polnischer wirtschaftlicher und genossenschaftlicher Unternehmungen empfahl.[45]

Nachweislich ist diese Haltung der preußischen Verwaltung im Osten durch die gleichzeitig verschärfte Auslegung des Begriffs der Staatssprache beeinflußt worden, für die vor allem der Bonner Staatsrechtler Professor Philipp Zorn plädierte. Zorn schrieb 1902:

»Alles, was in die Sphäre des öffentlichen Lebens, in Staat und politi-

44 Ebenda, Gesetzentwurf des Preuß. Innenmin. und Anschreiben an die Oberpräsidenten v. 3. 12. 1897.
45 Berichte v. Goßlers vom 23. 12. 1897 und v. Wilamowitz' v. 18. 12. 1897; ebenda.

sche Gemeinde reicht, steht unter der Herrschaft der deutschen Spra-
che... Jede von Staats wegen vorgeschriebene Aufsichtsführung ist in
ihrer Möglichkeit rechtlich bedingt von der Anwendung der deutschen
Staatssprache, z. B. die vorgeschriebene Überwachung öffentlicher
Versammlungen.«[46]

Gegen diese Interpretation machten andere angesehene Staatsrechtler starke Einwände geltend, vor allem aber hielt das
Oberverwaltungsgericht selbst an dem aus liberaler Rechtstra-
dition stammenden Grundsatz fest, daß sich die Staatsgewalt
bei dem Grundrecht der Versammlungsfreiheit »nach den freien
Lebensäußerungen der Individuen zu richten hat, nicht diese
nach dem Bedürfnis und den verfügbaren Kräften der Staatsgewalt«.[47] Die preußischen Staatsbehörden stießen bei ihrem
Vorhaben eines gesetzlichen Verbots der polnischen Versamm-
lungssprache aber auch bei den Parteien des Reichstages auf
starken Widerstand. Anders als im preußischen Landtag, wo
infolge des Dreiklassenwahlrechts die SPD bis 1908 nicht vertreten war, fand sich im Reichstag, der für die Regelung der
reichsrechtlichen Materie des Vereinsrechts zuständig war, nur
eine knappe Mehrheit für den auf Drängen Preußens einge-
brachten und besonders von Zentrum und SPD bekämpften
Antrag. Nach hitzigen Debatten kam schließlich am 19. 4. 1908
das Reichsvereinsgesetz zustande, welches (in § 12) die deutsche Sprache für alle genehmigungspflichtigen Versammlungen
vorschrieb und lediglich in denjenigen Kreisen, in denen mehr
als 60 Prozent der Bevölkerung polnischer Muttersprache
waren, die Zulassung des Polnischen erlaubte. Die Intransigenz
preußischer Ostmarkenpolitik war mit dem Gesetz auch dem
Reichsrecht oktroyiert worden. Wie der freisinnige Abgeordnete Georg Gotheim 1909 in dem von Friedrich Naumann
herausgegebenen Jahrbuch »Patria« berichtete, hatte es bei dem
Zustandekommen des Gesetzes eine wesentliche Rolle gespielt,
daß die preußische Staatsregierung drohte, andernfalls ein eige-

46 Th. Schieder (S. 126, Anm. 21), S. 34.
47 H. U. Wehler (S. 162, Anm. 41), S. 178.

nes preußisches Verbot der polnischen Sprache »in schärfster Weise durch den preußischen Landtag votieren zu lassen«.[48]
Die Politik der sprachlichen Germanisierung hatte längst aufgehört, im Einklang mit wohlverstandener deutscher oder preußischer Staatsräson zu stehen. Die neue Verschärfung wirkte auch außenpolitisch besonders ungünstig. Die russische Revolution von 1905, die in Petersburg eine konstitutionelle Regierung erzwang, führte auch zu einer Revision der bisher forcierten Russifizierungspolitik in Kongreßpolen ebenso wie in Litauen, den baltischen Provinzen oder in der Ukraine und zu größerer Toleranz gegenüber den nichtrussischen Nationalitäten und Sprachen. Angesichts dieser Wandlungen mußte sich die preußische Sprachenpolitik besonders rückschrittlich ausnehmen. Selbst Max Weber, der lange Zeit das Recht Deutschlands zur Germanisierung im Osten voll anerkannt und darin zugleich eine Zivilisationsaufgabe gesehen hatte, bezeichnete 1908 den preußisch-deutschen »Sprachenzwang« als das »sittlich und politisch Unmögliche und Sinnlose«.[49]
Kurz vor dem antipolnischen Vereinsgesetz hatte die preußische Regierung am 20. 3. 1908 das neue Ansiedlungsgesetz mit dem bereits erwähnten Enteignungsparagraphen erlassen.[50] Auch dieses mehr demonstrativ gemeinte und nur in vier Fällen tatsächlich angewendete Ausnahmegesetz war ein kaum verhülltes Eingeständnis, daß die Entwicklung in den Ostmarken einen anderen Gang genommen hatte, als man erwartet hatte. Der »natürliche« deutsche Wanderungsverlust in den Ostmarken war weit wirksamer gewesen als alle staatlichen Versuche zur Stärkung des Deutschtums. Während den Polen für ihre Parzellierungstätigkeit ein Überschuß an landhungriger Bevölkerung zur Verfügung stand, hatte die preußische Ansiedlungs-

48 G. Gotheim (S. 102, Anm. 26), S. 67.
49 Max Weber, Brief an Friedrich Naumann v. 26. 4. 1908; vgl. Wolfg. Mommsen: Max Weber und die dt. Politik 1890-1920. – Tübingen 1959, S. 67.
50 Preuß. Ges. Sammlung 1908, S. 29.

kommission jahrelang große Schwierigkeiten bei der Anwerbung deutscher Siedler und mußte ihnen außerdem mehr »bieten«. Schließlich griff sie in starkem Maße auf deutsche Rückwanderer aus Rußland zurück.

In den acht Jahren zwischen 1896 und 1904, als auf deutscher wie auf polnischer Seite der Bodenankauf und die Ansiedlungstätigkeit erstmals größeren Umfang annahmen, ergab sich folgende Bilanz: Auf deutscher Seite wurden in dieser Zeit in Posen und Westpreußen sowohl durch die Ansiedlungskommission wie durch private Parzellierungstätigkeit auf insgesamt 240 076 ha angekauften Landes 24 969 neue deutsche Bauernstellen (von durchschnittlich 9 ha) errichtet, während die Polen mit ihren geringeren finanziellen Mitteln auf insgesamt 150 524 ha Grundbesitz 35 486 neue Besitzstücke (von durchschnittlich 4,5 ha) schufen. Flächenmäßig war demnach der deutsche bäuerliche Besitz gegenüber dem polnischen gewachsen, zahlenmäßig aber das anspruchslosere polnische Kleinbauerntum stärker geworden. Das bedeutete, daß ein Hauptziel des Ansiedlungsgesetzes von 1886 nicht erreicht wurde. Als beherrschender Faktor wirkte sich immer wieder die durch staatliche Anstrengungen nicht wettzumachende Tatsache der in umgekehrter Richtung verlaufenden industriellen Ost-West-Wanderung aus, welche die sozial durchschnittlich höhere und anspruchsvollere Schicht des Deutschtums weit mehr erfaßte als die Polen. Die dennoch hartnäckig verfolgte Absicht, gegen dieses soziologische Faktum eine Vermehrung des Deutschtums und Zurückdrängung der Polen zu erreichen, mußte sich immer mehr von der Wirklichkeit entfernen. Oder umgekehrt: die allgemeine Verschärfung der Polenpolitik seit der Jahrhundertwende war eine Folge des Versuchs, zu verwirklichen, was nicht den tatsächlichen sozialen und bevölkerungsmäßigen Gegebenheiten entsprach. Ihr lief parallel das Aufkommen jener Ostmarkenpropaganda, welche die Unbeugsamkeit und Härte im Osten als nationale Pflicht forderte. Ideologische und politische Rigorosität und Verkrampfung spiegelten sich immer mehr auch in den amtlichen Verlautbarungen, so etwa, wenn Reichskanzler

v. Bülow am 13. Januar zur Ostmarkenpolitik Stellung nahm und dabei formulierte:

»Wir leben nicht in Wolkenkuckucksheim, sondern wir leben auf dieser harten Erde, wo es heißt, Hammer oder Amboß sein. Wir können nicht dulden, daß die Wurzel preußischer Kraft verdorrt und daß unser Volkstum überflutet und verdrängt wird ... Die Erbschaft der Geschichte hat uns in diese Gegenden geführt. Diese Gegenden sind getränkt mit deutschem Schweiß und Blut, da sind wir und da bleiben wir, ob das anderen Leuten angenehm ist oder nicht.«[51]

Dem Mangel natürlicher Voraussetzungen für eine deutsche kolonisatorische Tätigkeit im Osten glaubte man mit Ostmarkenzulagen für Beamte und anderen staatlichen Lock- und Subventionsmitteln und – nicht zuletzt – mit nationalen Durchhalteparolen überwinden zu können. Wilhelm II. übernahm nicht selten selbst diese Rolle des nationalen Mahners. Während eines Besuches in Gnesen im Jahre 1905 rief er:

»Wer als Deutscher ohne Grund seinen Besitz im Osten veräußert, der versündigt sich an seinem Vaterland, welch Alters und Standes er auch sei. Er muß hier aushalten. Hier im Osten zu wirken, ist eine Verpflichtung gegen das Vaterland, gegen das Deutschtum. Und wie der Posten nicht von seiner Wache weichen darf, so dürfen Deutsche nicht aus dem Osten weichen.«[52]

In diesem Zusammenhang ist abschließend noch einmal auf die Verschärfung der Ansiedlungspolitik zurückzukommen. Bereits durch eine Novelle vom 10. August 1904, welche polnische private Güterteilungen von staatlicher Genehmigung abhängig machte, hatte das Ansiedlungsgesetz noch stärker den Charakter einer antipolnischen Ausnahmegesetzgebung erhalten. Die preußische Regierung erreichte damit eine weitgehende Ausschaltung der polnischen Ansiedlungskonkurrenz, keineswegs aber eine Wendung der agrarischen Besitz- und Bevölkerungsverhältnisse zugunsten des Deutschtums. Ein Jahr nach Erlaß

51 Johannes Penzler: Fürst Bülows Reden nebst urkundlichen Beiträgen zu seiner Politik. – Berlin Bd. I, S. 268.
52 M. Laubert (S. 85, Anm. 14), S. 165 f.

der Novelle berichteten der Präsident der Ansiedlungskommission und der Oberpräsident von Posen übereinstimmend von der »durch den nationalen Kampf um den Grund und Boden« hervorgerufenen weiteren Steigerung der Bodenpreise und dadurch bedingten vielfach spekulativen Verkäufen, die bei der »beklagenswerten Schwäche des nationalen Pflichtbewußtseins des deutschen Elements bisher andauernd zum Nachteil des Deutschtums« ausschlügen. »Um der Verkaufs- und Abwanderungslust der deutschen alteingesessenen ländlichen Bevölkerung wirksam entgegenzutreten«, müßten noch stärkere Mittel eingesetzt werden.[53] Solcherlei Überlegungen führten schließlich zu dem Plan, der Ansiedlungskommission u. a. das Recht zur Enteignung zu erteilen, weil man hoffte, schon durch die Enteignungsdrohung die Bodenpreise drücken und den »Mißstand« beseitigen zu können, der darin lag, daß die Regierung einerseits »durch fortdauernde wirkliche oder vorgespiegelte Gefahr des Übergangs deutschen Besitzes in polnische Hand« zu immer stärkerer Erhöhung des Ansiedlungsfonds gedrängt, dadurch aber zugleich die Preissteigerung fortgesetzt und »der deutsche Besitzer zum Verkauf verleitet« wird.[54] Die Diskussion über den Entwurf eines Enteignungsgesetzes läßt erkennen, daß die Mehrzahl der preußischen Minister und maßgeblichen Repräsentanten der Ostmarkenpolitik – darin der Argumentation des Ostmarkenvereins folgend – das Prinzip der Kampf- und Ausnahmegesetzgebung bejahten, auch wo es mit Verfasssungsgrundsätzen nicht vereinbar schien. Zum Beleg zitieren wir aus dem Protokoll der interministeriellen Sitzung vom 10. Januar 1907:

»Staatsminister v. Arnim (Landwirtschaftsminister) erklärte, der Einführung des Enteignungsrechts nicht ganz so sympathisch gegenüberzustehen wie die meisten der Herren Vorredner. Es werde hierdurch doch unzweifelhaft zweierlei Recht für Polen und Deutsche geschaffen

53 Bericht des Oberpräs. v. Posen v. 25. 10. 1905; DZA Merseburg, Rep. 87 B, Nr. 9485.
54 Stellungnahme des preuß. Finanzmin. v. Rheinbaben v. 28. 11. 1905; DZA Merseburg, Rep. 87 B, Nr. 9485.

werden ... Eine solche Maßregel halte er für staatsrechtlich nicht unbedenklich ...

Finanzminister v. Rheinbaben: Es handele sich doch um eine nationale Existenzfrage. Man habe auch beim Gesetz vom 10. August 1904 keine Bedenken getragen, gegen die Polen ein derartiges Ausnahmegesetz zu machen ...

Oberpräsident von Jagow (Posen): Die staatsrechtliche Frage sei doch geklärt, die ganze Ostmarkenpolitik sei eine Kampfpolitik ...

Präsident Blomeyer (Ansiedlungskommission) hält die von Herrn Landwirtschaftsminister betonten staatsrechtlichen Bedenken für beseitigt. Seit 18 Jahren beobachte er den Nationalitätenkampf und er sei der festen Überzeugung, daß nur durch Anwendung von scharfen Kampfmitteln dieser Kampf mit Erfolg geführt werden könne ...«[55]

Durch solche Identifizierung von Staatspolitik und nationaler Kampfpolitik, die eine bedenkliche Aushöhlung der rechtsstaatlichen Verfassung bedeutete, kompromittierte die wilhelminische Ostmarkenpolitik letzten Endes die gesamte innerdeutsche Staatsverfassung. Sie konnte schon deshalb nicht im Interesse der deutschen Nation liegen. Hinzu kam, daß auch auf ihrem eigentlichen Wirkungsfeld, den Provinzen im Osten, die neuen Ausnahmemaßregeln die Gegensätze wesentlich verschärfen halfen, dem angestrebten Ziel der Germanisierung aber kaum nennenswert näherzubringen vermochten. Von den rund 20 000 Familien (mit einer Gesamtzahl von etwa 120 000 Personen), die zwischen 1886 und 1914 durch die Ansiedlungskommission als Inhaber von Rentengütern oder kleinen Parzellen in Posen und Westpreußen auf dem Lande seßhaft gemacht wurden, stellte nur ein Teil Zuzug von außen dar, und dieser wurde mehr als wettgemacht durch die gleichzeitige Abwanderung nach dem Westen. Um überhaupt eine steigende Zahlenbilanz des Deutschtums im Osten nachweisen zu können, mußte die preußische Verwaltung im letzten Jahrzehnt vor 1914 dazu übergehen, in großem Umfange deutsches Militär sowie staatliche Beamte, Angestellte und Arbeiter in die Ostmarken zu versetzen. Die Zunahme der deutschen Bevölkerung in Posen

55 Ebenda, Nr. 9488.

seit der Zählung von 1905, so berichtete der Oberpräsident von Posen am 1. 5. 1909, sei namentlich auf die »Ausschaltung des polnischen Elements im höheren und mittleren Beamtenstand, auf die Vermehrung der Deutschen in den großen Körpern der Unterbeamten- und Arbeiterschaft der Staatsbetriebe wie Post und Eisenbahn« zurückzuführen.[56] In der Provinz Posen waren im Jahre 1908 allein bei der Bahn- und Postverwaltung nicht weniger als 22 076 Beamte, Angestellte und Arbeiter beschäftigt, d. h. zu diesem Sektor der Staatsbediensteten gehörten (mit Familienangehörigen) mindestens 120 000 Personen (rund 15% der Deutschen Posens). Insbesondere in der Stadt Posen machte sich diese »Verbeamtung« der deutschen Bevölkerung stark bemerkbar. Die Tatsache eines in solchem Maße künstlich in die Provinz »gepumpten« Deutschtums war aber wenig geeignet, dauerhafte preußisch-deutsche Herrschaft zu begründen. Die kritische Analyse der Berufsstatistik von 1907 kam für die Provinz Posen zu dem Ergebnis:

»Eine beträchtliche deutsche Konsumentenschicht bildet das Militär, das wachsende Beamtenheer und die Arbeiter- und Angestellten der Post- und Eisenbahnverwaltung. Aber sie ist nicht bodenständig: Eine veränderte Polenpolitik kann sie über Nacht zerstören und damit die Grundlage, auf der ein immer größerer Teil der (deutschen) Gewerbe- und Handwerktreibenden seine Existenz aufgebaut hat.«[57]

Verglichen mit der tatsächlichen Lage in den Ostmarken wurde der nationale Zweckoptimismus der offiziellen preußisch-deutschen Politik immer mehr zur Scheinwelt. Seit der Jahrhundertwende hatte die nationalpolnische Bewegung sich über Posen und Westpreußen hinaus auch stark auf Oberschlesien ausgedehnt, wo sich das Polentum überwiegend aus den unteren sozialen Schichten (Industriearbeitern, Kleinbauern und Land-

56 Bericht des Oberpräs. v. Posen v. 1. 5. 1909; ebenda, Nr. 9624.
57 Friedrich Swart: Deutsche und Polen in der Provinz Posen nach der Berufszählung 1907; in Jb. f. Gesetzgebung, Verwaltung und Volkswirtschaft im Dt. Reich, hrsg. v. G. Schmoller, N. F. Jg. 36, 1912, S. 871.

arbeitern) rekrutierte. Das vorher im oberschlesischen Regierungsbezirk Oppeln allein herrschende Zentrum verlor bei den Reichstagswahlen von 1907 von insgesamt zwölf Wahlkreisen fünf an polnische Kandidaten. In sozialer und politischer Hinsicht lag die Dynamik auf polnischer Seite. Die Berliner und Posener Politik hielt indessen an der Fiktion glänzender deutscher Ostmarkenstellung fest. Man verwechselte allzuoft die Errichtung kolossaler wilhelminischer Prunkbauten, wie der Kaiserpfalz in Posen, mit echter zivilisatorischer Leistung. Stattete Wilhelm II. der Stadt Posen eine seiner kaiserlichen Visiten ab, dann sorgte geschäftige Vorbereitung dafür, daß Seiner Majestät die Problematik des deutsch-polnischen Verhältnisses durch Girlanden und Fahnen verdeckt wurde. Maximilian Harden, der kluge Kritiker wilhelminischer Politik, berichtete 1902 über den ersten Kaiserbesuch in Posen. Das Hauptübel erblickte er in der inneren Unwahrhaftigkeit wilhelminischer Polenpolitik:

»Parade, Zapfenstreich, Denkmalsenthüllungen, Museumsweihe, Diners, Einzug und Auszug: von früh bis spät konnte die Schaulust sich weiden. Hinter Laubgewinden und Flaggenmasten verschwanden die düsteren Polenburgen. Der Kaiser, lasen wir denn auch, habe sich ganz entzückt über die Fülle erfreulicher Eindrücke geäußert. Und am dritten Tage sagte er: ›Wir befinden uns hier in einer treuen deutschen Stadt.‹ Daß die Stadt Posen viel mehr polnisch als deutsch ist, konnte während der Festtage das schärfste Auge nicht merken. – Hatten die Beamten gelobt, dem König Schaustücke vorzuführen oder ihm Wahrheit zu geben? Wenn sie nicht blind sind, müssen sie doch die Folgen der illuminierten Politik sehen, die in Deutschland jedes schlichte Gefühl verwirrt. Hätte man dem Kaiser die Stadt Posen ungeputzt gezeigt, dann hätte er gefragt: Wie kommt es, daß die Polen mir jetzt sogar das äußere Zeichen der Ehrerbietung verweigern? Dann mußte ein furchtloser Mann vortreten und sprechen: Man hat die Leute unklug behandelt. Euer Majestät Ahnherr hatte ihnen 1815 zugerufen ›Ihr werdet meiner Monarchie einverleibt, ohne Eure Nationalität verleugnen zu dürfen‹. Jetzt hat man, statt die Deutschen zu stärken, die Polen zu Deutschen zu machen versucht und, da dieser Plan scheiterte, sie dem König als unbotmäßig, als freche Empörer geschildert. – Das *bunte Licht ist erloschen, die Bühne abgeräumt, der alte Jammer, der alte Hader geht weiter. Und dieselben Beamten, die wochenlang mit der Inszenierung des Manöverfestes beschäftigt waren, werden wieder vor die Aufgabe gestellt, ihre Volksgenossen gegen die wachsende Kraft der jungen polnischen Bourgeoisie zu schützen.«*[58]

58 Gekürzte Wiedergabe des Berichts »über die Kaisertage in Posen« (2. bis 4. 9. 1902); vgl. Maximilian Harden: Von Versailles nach Versailles. Ges. Aufsätze. – Dresden 1927, S. 239 ff.

Weltkrieg und Wiederherstellung Polens

Polen zwischen den Fronten der ehemaligen Teilungsmächte

In dem halben Jahrhundert zwischen dem letzten polnischen
Aufstand in Kongreßpolen (1863) und dem Ersten Weltkrieg
spielte die polnische Frage für die europäische Diplomatie keine
nennenswerte Rolle mehr. Der Standpunkt Petersburgs, Berlins
und Wiens, daß das polnische Problem eine innere Angelegenheit der drei Teilungsmächte darstelle, war stillschweigend auch
in Paris und London akzeptiert worden. Die Kette gescheiterter
Erhebungsversuche mit ihren zahlreichen Opfern und stets
neuen Schmälerungen polnischer Freiheit hatten aber auch
innerhalb des Polentums selbst das romantisch-ritterliche Revo-
lutionsideal abgeschwächt. Man war, ohne sich mit der Staats-
losigkeit abzufinden, doch dazu übergegangen, sich in ihr ein-
zurichten und von den unterschiedlichen Möglichkeiten wirtschaftlichen, kulturellen oder auch politischen Fortschritts in
den drei Teilgebieten Gebrauch zu machen. Das Polentum hatte
dabei eine erstaunliche Fähigkeit bewiesen, seine Nationalität
auch ohne Staat zu erhalten, indem es das kirchliche, aber auch
das gesellschaftliche Leben, bäuerliche und gewerbliche
Genossenschaften, Schützen- und Turnvereine, nicht zuletzt die
Presse und Literatur mit Nationalbewußtsein förmlich imprä-
gnierte und sich so ein Gemeinwesen ohne Staat schuf.
Dennoch war es nicht ausgeblieben, daß die polnische Nation
in den drei Teilgebieten auseinanderrückte.
Eigentliches Zentrum, nach der Zahl und Geschlossenheit polnischen Volkstums, war noch immer Kongreßpolen. Man liebte
hier die russische Herrschaft nicht, litt unter den zaristischen
Russifizierungsbestrebungen in Schule und Kirche, auch unter
den immer wiederkehrenden polizeilichen Maßregeln der Verbannung von polnischen Schriftstellern und Politikern, dem
Verbot einzelner Parteien u. ä. Doch in über 100 Jahren hatte
man sich andererseits an die mehr willkürliche als systematische

Herrschaft des slawischen Nachbarn gewöhnt, dem man sich kulturell überlegen fühlte und mit dem wirtschaftlich ertragreiche Verbindungen angebahnt worden waren.

In anderer Weise wiederum war das Polentum Galiziens in den Habsburgerstaat hineingewachsen. Die fast unbeschränkte Selbstverwaltung in der Hand der polnischen Grundbesitzer-Aristokratie und ihre starke Vertretung auch im Wiener Reichsrat und Kabinett bedeuteten, daß der polnische Adel nicht nur Raum für provinzielle politisch-administrative Betätigung besaß, sondern selbst begann, österreichisch zu denken. So wenig sich die Wiener Politik um eine Hebung der verarmten polnisch-ruthenischen Kleinbauern- und Landarbeiterschicht kümmerte, so hatte doch die Tatsache, daß man Galizien weitgehend sich selbst überließ, zur Folge, daß das Land sich zum einzig freien Refugium des Polentums und gleichsam zum nationalpolitischen »Piemont« Polens entwickeln konnte. Die Städte Krakau und Lemberg wurden zum Asyl für politische Flüchtlinge aus Russisch-Polen und bildeten Zentren lebhafter polnischer Parteitätigkeit, politischer und literarischer Diskussion.

Ganz anders die Lage der Polen im preußischen Osten: Von politischer und kultureller Selbstverwaltung der polnischen Nationalität konnte hier noch weniger als in Kongreßpolen die Rede sein, man stand seit Jahrzehnten einer methodischen Germanisierungspolitik gegenüber. Doch diesem selben national feindlichen Preußen und Deutschland verdankten die Polen ansehnlichen wirtschaftlichen Aufschwung, fortschrittliche soziale Gesetzgebung, auch eine bis 1914 trotz allem noch intakte Rechtsstaatlichkeit, welche behördlichen Übergriffen Grenzen setzte und besonders die Pressefreiheit und bürgerliche Freizügigkeit unangetastet ließ. Diese bürgerlichen Entwicklungsmöglichkeiten hatten das Polentum Posens erst in den Stand gesetzt, so tatkräftig mit eigenen Organisationen der Germanisierung Widerstand zu leisten, hatten einen besonderen Typ des fortschrittlichen preußischen Polen entstehen lassen, der dem Anspruch der preußischen Bürokratie selbstbewußt entgegentrat, dennoch aber kaum bereit war, die preußischen Errungenschaften aufzugeben und mit Kongreßpolen oder Galizien zu tauschen. Roman Dmowski, der Warschauer Führer der polnischen nationaldemokratischen Partei, und, neben Pilsudski, der bedeutendste Wegbereiter des neuen polnischen Staates, rühmte deshalb in seinem 1908 erschienenen Buch »Deutschland, Rußland und die polnische Frage« das preußische Polentum als Vorbild und Avantgarde des modernen polnischen Nationalismus:

»In den zu Preußen gehörigen Gebieten ist das geistige Niveau der Massen des polnischen Volkes höher als irgend sonst, und die nationale Energie hat dort ihren höchsten Grad erreicht... Das lange Ringen mit einem zivilisatorisch überlegenen Gegner hat die Polen dieser Provinz zu großen Anstrengungen gezwungen. Das ist für sie eine harte aber nützliche Schule gewesen. Lange Zeit waren sie dem Gegner unterlegen, aber sie haben sich schließlich dessen Waffen angeeignet, und es kam der Moment, wo sie den Kampf mit denselben Waffen beginnen konnten. Der Germanismus hat heute aufgehört, Fortschritte zu machen und sogar angefangen zurückzugehen. Heute vermehren sich die antipolnischen Gesetze und beengen das Feld nationaler Arbeit, aber der Mut der Nation läßt sich nicht niederschlagen, ihre Energie wird nicht geschwächt, im Gegenteil, innerhalb der gesetzlichen Schranken, immer intensiver.«

Die zivilisatorische Auseinanderentwicklung des Polentums konnte ebenso wie die staatliche Trennung kaum noch von innen her, sondern wohl nur noch durch äußeren Anstoß, durch Zerfall der bisherigen monarchischen Solidarität der Teilungsmächte aufgehoben werden. Diesen Anstoß, den Dmowski und andere nationale Führer des Polentums seit Jahrzehnten prophezeit hatten, brachte der 1. August 1914. Rußland stand, verbündet mit den Westmächten, im Krieg gegen das Deutsche Reich und Österreich-Ungarn. Die Grenzen zwischen den Kriegsparteien aber liefen im Osten fast überall durch von Polen bewohntes Land. Militärisch und politisch wurde vor allem die Haltung der Polen in Kongreßpolen vom ersten Kriegstage an ein wichtiger Faktor. Ein polnischer Aufstand in Kongreßpolen, bisher ein Alptraum für Berlin, war über Nacht von militä-

rischen Gesichtspunkten aus durchaus wünschenswert geworden. Obwohl es in Berlin an politischen Entschlüssen angesichts der neuen Lage noch gänzlich fehlte, rief auch der
Befehlshaber der von Ostpreußen her in den ersten August-
tagen nach Kongreßpolen vorrückenden deutschen Truppen,
General v. Morgen, die Bevölkerung zur Erhebung gegen die
»russischen Barbaren« auf und versprach dem Land »politische
und religiöse Freiheit«.[1] Offizielleren Charakter als diese
Improvisation psychischer Kriegführung hatte die Proklamation, welche Großfürst Nikolaus am 14. 8. 1914 als Oberbefehlshaber der russischen Truppen erließ:

*»Polen! Die Stunde ist gekommen, da der geheiligte Traum Eurer
Väter und Großväter in Erfüllung gehen kann. Vor anderthalb Jahr-
hunderten hat man den lebendigen Leib Polens geteilt, aber seine
Seele ist nicht gestorben. Sie lebte in der Hoffnung, daß die Stunde der
Wiederauferstehung des polnischen Volkes, seiner brüderlichen Aus-
söhnung mit dem großen Rußland kommen werde. Die russischen
Truppen bringen Euch die glückliche Kunde dieser Versöhnung.
Mögen die Grenzen fallen, welche das polnische Volk trennen, möge
es nur ein einziges Polen unter dem Szepter des russischen Zaren
geben. Unter diesem Szepter wird Polen wiederauferstehen, frei in
seiner Religion, seiner Sprache, seiner Selbstverwaltung . . .«*[2]

Dmowski und Pilsudski

Das Manifest des Großfürsten stellte nicht die Unabhängigkeit
Polens in Aussicht, aber – und das war verlockend genug – die
Wiedervereinigung aller drei polnischen Teilgebiete. Ein Versprechen, das in dieser Form Berlin und Wien schon deshalb
nicht leisten konnten, weil die Mittelmächte bei ihren Kriegszie-
len bestenfalls über das polnische Territorium ihres russischen
Gegners, nicht aber über das ihres Verbündeten befinden konn-

1 Hutten-Czapski: Sechzig Jahre Politik und Gesellschaft, Bd. II. –
Berlin 1935, S. 155.
2 Zit. bei W. Recke (S. 30, Anm. 4), S. 205.

ten. Nationaldemokratische polnische Vertreter in der Duma, dem Petersburger Reichstag, hatten selbst kurz zuvor die Wiedervereinigung aller drei Teilgebiete unter russischer Herrschaft auch als ihr Ziel bezeichnet. Dies stand ganz im Einklang mit dem seit 1905 von der polnischen nationaldemokratischen Partei als der führenden legalen Vertretung des Polentums in Rußland – im Gegensatz zu den illegalen polnischen Sozialisten – festgelegten »Minimalprogramm« polnischer Autonomie innerhalb Rußlands, das allerdings zugleich expansiv nach Westen (gegenüber Preußen-Deutschland) gemeint war.

Schon in den 90er Jahren, als die nationaldemokratische Bewegung, repräsentiert durch die »Liga Polska« (später »Liga Narodowa«), noch das revolutionäre Ziel voller staatlicher Unabhängigkeit verfocht, hatten ihre bedeutendsten Führer, Dmowski und Poplawski, in der von ihnen seit 1895 gemeinsam redigierten Lemberger Zeitschrift »Przeglad Wszechpolski« (Allpolnische Rundschau) stets den Grundsatz verkündet, daß eine Wiedergeburt Polens nicht möglich sei ohne Erweiterung Kongreßpolens nach Westen, d. h. insbesondere auf Kosten Preußens. 1899 hatte Poplawski geschrieben:

»*Armselig wäre das künftige Polen . . . nicht nur ohne Posen, sondern auch ohne Schlesien, ohne Zugang zum Meere, und also auch ohne Danzig und Königsberg. Diese Provinzen, die heute zu Preußen gehören, sind die Grundbedingungen für das Bestehen eines polnischen Staates, wie sie heute die Bedingungen sind für die Aufrechterhaltung der preußisch-deutschen Machtstellung.*«[3]

Zu diesem antipreußischen Programm, das sich ganz offen auch zu einem »gesunden« polnischen National-Egoismus bekannte und insofern das Kehrbild deutscher völkisch-nationaler Ostmarkenideologie darstellte, trat seit der russischen Revolution von 1905 die von Dmowski entwickelte These, daß das Ziel der nationalen Wiederherstellung Polens zunächst nur mit Hilfe Rußlands und im Rahmen des Russischen Reiches zu verwirkli-

3 Ebenda, S. 162.

chen sei. Dmowski, der selbst als antirussischer Revolutionär begonnen hatte und 1892 für einige Zeit ins Baltikum verbannt worden war, leitete nach der Jahrhundertwende persönlich die »realpolitische« Wendung ein. In seiner für die nationaldemokratische Partei wegweisend gewordenen, 1903 in Lemberg erschienenen Schrift »Gedanken eines modernen Polen« widersprach er dem »veralteten« Ideal des revolutionären Aktivismus und bekannte sich zu einem »passiven« Weg der »organischen« nationalen Arbeit. Die Umwandlung Rußlands zum konstitutionellen Staat durch die Revolution von 1905 verstärkte die Überzeugungskraft seiner These. Die von Dmowski geleitete Nationaldemokratie wurde seitdem zum Sammelbecken derjenigen polnischen Kräfte, die sich den »illegalen« Bestrebungen zur Erlangung staatlicher Unabhängigkeit widersetzten, statt dessen im Einvernehmen mit den liberalen russischen »Kadetten« in Petersburg nationale Autonomie für Kongreßpolen forderten und zugleich außenpolitisch einer antideutschen, panslawistischen russischen Politik das Wort redeten. Der von Dmowski vertretene Grundgedanke, daß ein gestärktes Polentum auch für Rußland wertvoller Schutz gegen preußisch-deutsche Ostexpansion sei, wurde dabei nachdrücklich mitbestimmt durch die gleichzeitig verschärften antipolnischen Germanisierungsmaßnahmen in den preußischen Ostprovinzen und die Ausbreitung deutscher Ostkolonisations-Ideologie.

Das polnische Feindbild von der Gewalttätigkeit preußisch-deutscher Herrschaft erhielt in den ersten Kriegstagen manche frische Nahrung, so u. a. durch die Ereignisse von Kalisch, wo der Befehlshaber der deutschen Truppen bei der Einnahme der kongreßpolnischen Grenzstadt am 14. August 1914 eine vermeintliche oder wirkliche Provokation polnischer »Heckenschützen« durch Artilleriefeuer auf ganze Wohnbezirke beantworten ließ und ganze Teile der Stadt eingeäschert wurden.[4]
Unter diesen Umständen fand das Manifest Großfürst Niko-

---

4 Vgl. Werner Conze: Polnische Nation und deutsche Politik im Ersten Weltkrieg. – Köln/Graz 1958, S. 58.

laus' vom August 1914 überschwengliche Zustimmung unter den bürgerlichen Nationaldemokraten und den ihnen nahestehenden »Realisten« Warschaus. 68 führende Politiker, mit Dmowski an der Spitze, unterzeichneten ein Danktelegramm an den Großfürsten und erließen im Namen des von ihnen gebildeten »Komitet Narodowy Polski« (Polnisches Nationalkomitee) eine Proklamation, welche die »historische« Bedeutung des zaristischen Manifestes unterstrich. »Nur eine Aufgabe stand vor dem Volk«, so schrieb Dmowski später, »die Zerschlagung der feindseligen deutschen Macht und die Vereinigung Polens unter dem Zepter des russischen Monarchen.«[5]

Der auf diese Weise erzielten, namentlich durch die polnischen Nationaldemokraten geförderten Stimmung zugunsten der Russen war es wesentlich zuzuschreiben, daß im Herbst 1914 auch die aus Österreichisch-Galizien herrührenden Versuche zur Anstiftung einer antirussischen Erhebung in Kongreßpolen zunächst wenig Erfolg hatten. Der weitere Verlauf der militärischen Ereignisse dämpfte andererseits jedoch die mit der Polenproklamation des Großfürsten ausgelösten Hoffnungen. Der russische Angriff auf Ostpreußen war schon in der Schlacht von Tannenberg abgeschlagen worden. Ostgalizien mit Lemberg konnte von den russischen Truppen zwar genommen werden, doch schon im Herbst 1914 verloren sie das westliche Kongreßpolen, und die deutsch-österreichische Sommeroffensive von 1915 führte schließlich zum Verlust ganz Russisch-Polens, das seitdem bis Kriegsende deutsch-österreichisches Okkupationsgebiet blieb. Auch die Brussilow-Offensive vom Juni 1916 vermochte die schlechte russische militärische Position nicht zu wenden. Diese ließ vielmehr befürchten, Petersburg könne in einem Sonderfrieden mit den Mittelmächten Rettung suchen,

5 Roman Dmowski: Polityka Polska i odbudowanie panstwa polskiego (Die polnische Politik und der Wiederaufbau des polnischen Staates). – Warschau 1929, S. 505 ff.; vgl. auch Leon Grosfeld: Die Proklamation des Königreiches Polen. In: Neue polnische Geschichtswissenschaft, Beih. 3 der Zschr. f. Geschichtswissenschaft. – Berlin 1956, S. 139, Anm. 6.

wodurch naturgemäß alle den Polen gemachten Versprechungen hinfällig geworden wären.

Vergeblich versuchten die nationaldemokratischen Vertreter in der Duma, seit 1916 in zunehmendem Maße auch die westlichen Verbündeten Rußlands, die zaristische Regierung zu einer Konkretisierung ihrer polnischen Kriegsziele und Versprechungen zu bewegen. Dmowski, der nach dem deutschen Einmarsch in Warschau im August 1915 zunächst nach Petersburg geflohen war, reiste schon im November 1915 in die französische Schweiz, um von dort und später als Leiter des polnischen Nationalkomitees von Paris und London aus mit Hilfe der westlichen Alliierten durchzusetzen, was die russische Politik nicht zu bieten vermochte.

Doch lange bevor die Früchte Dmowskis reiften, waren politische Kräfte des Polentums zum Zuge gekommen, die einen ganz anderen Weg eingeschlagen hatten. Ihr erfolgreichster und populärster Exponent war Josef Pilsudski. Er entstammte einer polnisch-litauischen Adelsfamilie aus der Gegend von Wilna, war schon als 20jähriger 1887 aufgrund einer – fälschlichen – Beschuldigung der Beteiligung an Attentatsvorbereitungen gegen Alexander III. für fünf Jahre nach Sibirien deportiert worden und dann nach seiner Rückkehr maßgeblich an der Begründung der Polnischen Sozialistischen Partei (1892) beteiligt gewesen, die sich durch ihre antirussischen revolutionären Bestrebungen von den Nationaldemokraten unterschied. Schon Jahre vor dem Weltkrieg hatte Pilsudski sein Tätigkeitsfeld nach Galizien verlegt und in Erwartung einer künftigen österreichisch-russischen Auseinandersetzung als Vertrauensmann der polnischen Linksparteien am Aufbau einer halbmilitärischen Freischärler-Truppe, dem sogen. Schützenverband, gearbeitet, der sich vor allem aus polnischen Flüchtlingen aus Kongreßpolen rekrutierte. Aus dem Schützenverband, der 1914 einige tausend Mann zählte, gingen die polnischen Legionen hervor, die nach Kriegsausbruch mit österreichischer Unterstützung in Galizien im Kampf gegen Rußland aufgestellt wurden. Pilsudski, bis zum Sommer 1916 Kommandant der 1. Brigade der

Legionen, war deren eigentliches Willenszentrum. Sein Versuch, die Legionen aus der österreichischen Heeresorganisation herauszulösen und zum Kern einer unabhängigen polnischen Armee umzubilden, scheiterte zwar, doch zog er sich aus dem Kreis der polnischen Legionsoffiziere ein ihm ergebenes militärisch-politisches Führerkorps heran und wußte sich außerdem dadurch von Wien unabhängig zu machen, daß er im besetzten Kongreßpolen eine Art polnischer Miliz im Untergrund, die »Polska Organizacja Wojskowa« (POW) als künftiges Machtinstrument heranbildete. Denselben Kurs bewußter polnischer Unabhängigkeit, Vermeidung jeder zu engen Bindung an eine der drei Kriegsparteien, verfolgte Pilsudski auch in politischer Hinsicht.

Das Ziel der Wiener Politik, das Außenminister Graf Berchtold den Vertretern des polnischen parlamentarischen Klubs schon bei Kriegsbeginn darlegte, ging dahin, das gesamte Königreich Polen im Falle einer russischen Niederlage abzutrennen, es mit Galizien zu vereinigen und aus diesen beiden Ländern einen selbständigen polnischen Staat im Rahmen Österreich-Ungarns zu bilden.

Dieser austropolnische Leitgedanke wurde von der im Wiener Reichsrat tonangebenden adlig-konservativen Vertretung des galizischen Polentums im Prinzip gutgeheißen. Bei der erwiesenen österreichischen Liberalität in Nationalitätenfragen erschien die Umwandlung der bisherigen Doppelmonarchie in einen staatlichen Trialismus Österreich-Ungarn-Polen als verheißungsvolle Möglichkeit. Sie schloß allerdings die Einbeziehung der preußischen Polen aus und war folglich mit der nationaldemokratischen Vorstellung eines nach Westen hin orientierten Polen mit Zugang zur Ostsee und Weichselmündung unvereinbar. Schon aus diesem Grunde mochte Pilsudski sich auf das austropolnische Programm nicht festlegen, zumal dessen Chancen in dem Maße sanken, als die militärische Führungsrolle unter den Mittelmächten an Berlin überging und die deutsche Reichsregierung eigene Ambitionen in Polen zu verfolgen begann. Angesichts der wechselnden Kriegschancen und

Mächtekonstellationen machte Pilsudski es sich zur Devise, für eine aktivistische Unterstützung der Mittelmächte nur solange einzutreten, wie es um klare Interessen Polens ging, sich jedoch zurückzuziehen und alle Verpflichtungen abzulehnen, sobald zu befürchten stand, daß er einer Kriegspartei und Besatzungsmacht dienstbar würde. Auf die »sphynxhafte« Undurchsichtigkeit[6] und Hartnäckigkeit Pilsudskis sollte über kurz oder lang auch die Polenpolitik des Deutschen Reiches stoßen.

Halbherzige deutsche Zugeständnisse

Anders als Rußland und Österreich-Ungarn, hatte die Reichsleitung in Berlin keine eigenen politischen Pläne den Polen gegenüber entwickelt, sondern bis Ende 1915 Österreich die Initiative überlassen. Reichskanzler Bethmann Hollweg empfand die polnische Frage, wie er in seinen Erinnerungen später eingestand, im Grunde als eine fatale Angelegenheit, bei der es für Preußen-Deutschland überhaupt keine gute Lösung, sondern nur ein kleineres Übel gab. Soviel räumte er allerdings ein: Seit der kriegerischen Verwicklung der Mittelmächte mit Rußland und insbesondere nach der Okkupation Kongreßpolens war eine einfache Rückkehr zur Vorkriegs-Polenpolitik nicht mehr möglich. Am 5. April 1916 erklärte Bethmann Hollweg vor dem Reichstag:

»Das, was war, ist nicht mehr... Es gibt kein Zurück. Unsere und Österreich-Ungarns Absicht ist es nicht gewesen, die polnische Frage aufzurollen. Das Schicksal der Schlachten hat sie aufgerollt. Deutschland und Österreich-Ungarn müssen und werden sie lösen. Nun steht sie da und harrt der Lösung. Den status quo ante kennt nach so ungeheuren Geschehnissen die Geschichte nicht.«[7]

Dennoch sträubte man sich in Berlin weiterhin, an eine politi-

---

6 Dazu auch W. Conze (S. 178, Anm. 4).
7 Bethmann Hollwegs Kriegsreden; hrsg. v. Friedrich Thimme. – Stuttg./Berlin 1919, S. 96 f.

sche Lösung der polnischen Frage heranzugehen; vor allem deshalb, weil jede Form der Anerkennung polnischer Eigenstaatlichkeit der jahrzehntelang in den preußischen Ostgebieten betriebenen Entpolonisierung widersprach. Daß Bethmann Hollweg über ein Jahr lang den austropolnischen Bestrebungen nichts entgegensetzte, war wesentlich eine Folge solchen Ausweichens. Fataler aber war noch, daß einflußreiche Kreise nicht nur den status quo retten wollten, sondern im Siegestaumel der ersten Kriegsjahre danach trachteten, die eroberten kongreßpolnischen Gebiete zum Gegenstand expansiver neudeutscher Ostkolonisation zu machen, wie dies in Kriegsziel-Denkschriften des Alldeutschen Verbandes, des Wehrvereins oder Ostmarkenvereins, zahlreicher Einzelpersonen, aber auch hoher preußischer Verwaltungsbeamte im Osten gefordert wurde. Als einer der rührigsten Ost- und Siedlungspolitiker trat der schon an der Entstehung des preußischen Enteignungsgesetzes von 1908 maßgeblich beteiligte, inzwischen zum Regierungspräsidenten von Frankfurt a. d. Oder avancierte Friedrich von Schwerin auf. Schwerin, der auch Vorsitzender der »Gesellschaft zur Förderung der inneren Kolonisation« war, lieferte der Reichskanzlei 1915 zwei umfangreiche Memoranden, in denen er nachdrücklich die Inbesitznahme neuen deutschen Kolonisationsraumes im Osten im Interesse der völkisch-deutschen Zukunftsentwicklung forderte:

»Der gegenwärtige Krieg bietet die Möglichkeit, vielleicht zum letzten Male in der Weltgeschichte, daß Deutschland seine kolonisatorische Mission nach dem Osten in entschiedener Weise wieder aufnimmt... Es darf nicht vor Worten zurückgeschreckt werden, sondern es muß mit entschlossener Tat eingegriffen werden; an den Gedanken einer Umsiedlung großer Volksmengen heißt es sich rechtzeitig zu gewöhnen.«[8]

8 Vgl. dazu im einzelnen Imanuel Geiss: Der polnische Grenzstreifen 1914-1918. Historische Studien H. 378. – Lübeck u. Hamburg 1960, S. 78 ff. Zum allgemeinen auch Werner Basler: Deutschlands Annexionspolitik in Polen und im Baltikum 1914-1918. – Berlin (Ost) 1962.

Die Auswirkung vorangegangener wilhelminischer Ostmarken-politik und -ideologie ist hier deutlich zu erkennen. Nachdem durch jahrzehntelange Germanisierung in den preußischen Ost-provinzen die erkünstelte Vorstellung neudeutscher Ostkolo-nisation zu einem Grundsatz deutschnationaler Überzeugungen verfestigt worden war, erschien die Ausnahmesituation des Krieges als ideale Gelegenheit, um mit einem Schlage zu verwirklichen, was in normalen Zeiten auf alle möglichen Hemmnisse stieß. Die von Schwerin ebenso wie vom Vorsitzen-den des Alldeutschen Verbandes, Heinrich Claß, während des Ersten Weltkrieges erhobene Forderung nach Kolonialland »frei von Menschen«, d. h. einer Verbindung von Annexion und Aussiedlung der ansässigen nichtdeutschen Bevölkerung, war radikale Zuspitzung der im Frieden mit schwächeren Mit-teln erfolglos versuchten Verdrängung des Polentums und nahm theoretisch vorweg, was 25 Jahre später Hitler im großen Maßstab tatsächlich in die Wege leitete.

Schwerin stand mit seinen Konzeptionen nicht vereinzelt da. Das Phantom deutscher Ostexpansion beschäftigte eine Viel-zahl angesehener Intellektueller in Deutschland. In einer Sam-meleingabe vom Juli 1915 setzten 1347 Personen, darunter 352 Hochschulprofessoren, ihre Unterschrift unter eine dem Reichs-kanzler übermittelte Denkschrift, welche verlangte, daß »längs der östlichen Grenze Posens und Schlesiens sowie der südlichen Grenze Ostpreußens« ein »möglichst eigentumsfreier Grenzgür-tel« zum Zweck deutscher Besiedlung geschaffen werden müs-se.[9]

Auch die Reichsleitung machte sich den Plan zu eigen, einen mehr oder weniger breiten kongreßpolnischen Grenzstreifen zur Arrondierung der deutschen Ostgrenze zu annektieren. Für sie waren dabei jedoch, alles in allem, weniger die »völkischen« Kolonisationsträume als vielmehr das von militärischer Seite (Ludendorff u. a.) nachdrücklich vorgebrachte Verlangen einer »strategischen Verbesserung« der deutschen Grenze maßgeb-

9 I. Geiss (S. 183, Anm. 8), S. 53.

lich. Am 11. November 1915 schrieb Reichskanzler Bethmann Hollweg an den Chef der Obersten Heeresleitung, Generaloberst Falkenhayn:

»Politisch und militärisch halte ich es für erwünscht, diese Grenzkorrekturen auf das strategisch unbedingt notwendige Maß zu beschränken. Jeder nennenswerte Zuwachs an polnischer und jüdischer Bevölkerung bedeutet für uns einen nationalen Schaden und die Abhilfe, die durch die Übersiedlung der neuen Grenzbevölkerung nach Kongreßpolen geschaffen werden muß, wird sich praktisch immer in bescheidenen Grenzen halten.« [10]

Wie umfangreich man sich auch immer die zu erwerbenden Grenzstreifen vorstellte, der Annexionsplan, der erst im Sommer 1918 fallen gelassen wurde, stellte einen anachronistischen Rückfall in die Praxis der Teilungen dar und mußte alle Ansätze einer konstruktiven Polenpolitik belasten. Bereits im Sommer 1915 war das von den Mittelmächten besetzte Kongreßpolen in zwei Zonen, das österreichische Gouvernement Lublin und das deutsche Generalgouvernement Warschau, aufgeteilt worden. In Wien und Berlin war man sich zwar im Prinzip darüber einig, daß es nur *eine* künftige politische Lösung für das gemeinsame Besatzungsgebiet geben könne, praktisch kam es aber zu einem beinahe permanenten deutsch-österreichischen Gegeneinander.

Neben dem Grenzstreifen-Plan verschrieb man sich in Berlin nach der militärischen Besetzung Kongreßpolens, der westlichen Ukraine und des Baltikums in Anlehnung an die von Friedrich Naumann, Paul Rohrbach und anderen schon vor 1914 vertretenen Mitteleuropa-Konzeptionen, mehr und mehr der Idee, im Osten eine Zone halbselbständiger Pufferstaaten unter deutscher Hegemonie zwecks künftiger Zurückdrängung Rußlands zu bilden. Bethmann Hollweg wandte sich im Frühjahr 1916 entschieden gegen die austropolnische Lösung, und in Warschau versuchte der deutsche Generalgouverneur General v. Beseler auf der Linie deutscher Mitteleuropa-Politik eine

10 Zit. ebenda, S. 95, Anm. 302.

Versöhnung mit den Polen seiner Okkupationszone einzuleiten. Da die Absicht der Annexion eines polnischen Grenzstreifens aber nicht aufgegeben wurde, blieb dieses Programm schon theoretisch in Halbheiten stecken, was noch unerquicklicher dadurch wurde, daß sich die Reichsleitung selbst für diesen durchlöcherten Mitteleuropa-Plan nicht wirklich entscheiden konnte. Reichskanzler Bethmann Hollweg schielte vielmehr bis zum Herbst 1916 immer wieder auf einen Sonderfrieden mit Rußland, in dem er am Ende doch die beste Möglichkeit sah, es sowohl den deutschen Annexionisten als auch den konservativ-preußischen Gegnern jeder polnischen Eigenstaatlichkeit recht zu machen. Fürst Ferdinand Radziwill, Mitglied des preußischen Herrenhauses, der zu den Anhängern einer gemeinsamen deutschpolnischen Mitteleuropa-Politik gehörte, drückte im Oktober 1916 seine Enttäuschung über diese Entscheidungslosigkeit in einem Vortrag in Berlin aus, den auch zahlreiche Regierungsvertreter besuchten:

»*Es geht um die Frage: Kann aus den Rußland entrissenen, polnischen Ländern ein verläßlicher Verbündeter für Deutschland werden. Meine Herren, meine Antwort, die Antwort eines Polen, lautet: Ja! Aber eines ist erforderlich, und zwar ohne Verzug: die prinzipielle Entscheidung über das künftige Schicksal Polens. Worauf, wie lange, aus welchem Grunde, zu welchem Zweck sollen wir noch warten? Liegt Ihnen nichts an unserer Freundschaft, an unserer Bundesgenossenschaft? Wenn ja, dann sprechen Sie das befreiende Wort aus!*«[11]

Scharfer Widerspruch gegen jegliche Aufrichtung polnischer Staatlichkeit kam vor allem von der preußischen Bürokratie und den preußischen Konservativen, wo man an der dogmatischen These festhielt, daß ein wiederhergestelltes Polen politisch keinen Gewinn, sondern nur ein erhöhtes Risiko bedeute, daß es folglich vorzuziehen sei, die Zurückdrängung Rußlands nicht von einem verbündeten Pufferstaat zu erhoffen, sondern durch kräftige Annexionen im Osten in eigene Regie zu nehmen.

11 Gekürzter Auszug der Wiedergabe, die in den Akten des Preuß. Innenmin. enthalten ist; DZA Merseburg, Rep. 77, tit. 1884, Nr. 1.

Zeugnis solcher Argumentation, die in machtpolitischen Sekuritäts- und Faustpfand-Denken erstarrt war und schon seit Jahrzehnten oft die preußische Polenpolitik zur Unbeweglichkeit verurteilt hatte, ist eine Notiz, welche der Polenreferent im preußischen Innenministerium, Geheimer Oberregierungsrat Conze, nach dem Vortrag Radziwills für seine Minister machte:

»Man gebe vor allem Deutschland den Schutz nach Osten durch Verschiebung seiner Grenze bis zur Warthe-Bug-Narew-Linie. Dann ist es stark in sich und nicht durch ein Polen. Aus dem Rest von Russisch-Polen mag dann werden, was da wolle – sekundäre Frage!«[12]

Auch Innenminister v. Loebell vertrat bzw. übernahm diesen Standpunkt. In einem Schreiben an den Staatssekretär des Auswärtigen Amtes v. Jagow riet er noch am 17. 10. 1916 nachdrücklich davon ab, dem besetzten Kongreßpolen staatliche Selbständigkeit einzuräumen:

»Wenn man die Sache nüchtern und klar lediglich vom deutschen Standpunkt aus betrachtet, so muß man zu der Überzeugung kommen, daß nur bei festen realen Sicherheiten das deutsche Interesse gewahrt bleibt. Bei allen Vorschlägen, die uns bisher gemacht sind, vermisse ich aber diese Sicherheiten vollkommen... Wer sichert uns denn, daß die polnische Armee nur an unserer Seite kämpfen wird, daß die polnischen Gewehre nicht einmal gegen uns losgehen? Wird die jetzige Abneigung gegen Rußland nicht alsbald verblassen, wenn Polen von Rußland getrennt ist?... Allen diesen Erwägungen kann ich mich nicht verschließen und sehe nach wie vor in dem freien Polen eine schwere Gefahr für Deutschland... und habe die allerschwersten Bedenken dagegen, daß während des Krieges bindende Beschlüsse gefaßt und gar feierlich verkündet werden.«[13]

Stil und Inhalt dieser »Erwägungen« spiegeln die vorrangigen Motive der politischen Entschlußbildung innerhalb der preußisch-deutschen Staatsorganisation wider. Sie offenbaren die Vorherrschaft eines seinem Wesen nach auf Perfektion bedachten militärischen oder bürokratischen Verwaltungsdenkens

12 Ebenda.
13 Ebenda.

über die Politik. Man plädierte in der Regel für den vermeintlich »sicheren« Status quo gegen die offene Zukunft, ergriff und
begriff kaum die Besonderheit und Einmaligkeit einer bestimmten politischen Situation, bestand statt dessen auf »Garantien«,
ließ als »Realität« vornehmlich nur gelten, was der eigenen
Verfügungsgewalt und Berechnung unterlag und scheute das
Risiko, auf unabhängige, nicht regulierbare Faktoren und Partner zu setzen.

Dazu kam noch der starke Einfluß der »Provinzgesichtspunk-
te«, die, vertreten durch die gesellschaftlich und politisch führende Schicht ostelbischer Grundbesitzer, gegen den Gedanken
polnischer Selbständigkeit geltend gemacht wurden. Charakteristisch waren die Argumente, die eine Deputation konservativer Abgeordneter aus den Ostprovinzen Ende September 1916
im Preußischen Staatsministerium vortrug:

»*Gegen die Errichtung eines autonomen Polen sowohl jetzt als auch
beim Friedensschlusse sprächen gewichtige, allgemeine politische
Gründe . . . Man vermöge sich nicht vorzustellen, wie man sich einem
selbständigen Polen gegenüber freundlich stellen und gleichzeitig hier
in Preußen die gegen die Polen gerichtete deutsche Ansiedlungspolitik
betreiben könne . . . Auf die Stimmung im Lande werde der Schritt
deprimierend wirken. Er werde als ein Zeichen der Schwäche aufgefaßt werden . . . Das Land wolle keine Polenpolitik treiben, sondern
eine deutsche Politik . . . Die beste Lösung bestehe darin, daß
Deutschland sich den Teil Polens sichere, der zu seinem Schutze
notwendig sei, und wegen der Rückgabe des Restes mit Rußland
verhandle. Hierdurch würden die Friedenschancen verstärkt und die
polnischen Aspirationen vernichtet. Das sei die einzig richtige
Lösung.*«[14]

Auch hier sperrte man sich, wie Hans Delbrück im August 1918
kritisch schrieb, gegen die Einsicht, daß »ein gutes Verhältnis
zu den Polen eine bessere Schutzwehr für unsere Grenze ist, als

14 Vermerk des preußischen Innenministers v. 29. 9. 1916 über den
vorangegangenen Empfang der konservativen Abgeordneten; ebenda;
siehe auch W. Conze (S. 178, Anm. 4), S. 204.

eine bloß geographisch-strategische Verschiebung, die uns das gesamte Polentum zu ewigen Todfeinden machen müßte.«[15]

Am 15. 11. 1916 kam es aber schließlich dennoch zu einer gemeinsamen deutsch-österreichischen Proklamation über die Wiederherstellung eines polnischen Staates:

»Seine Majestät der deutsche Kaiser und seine Apostolische Majestät der Kaiser von Österreich und König von Ungarn, von dem Wunsche geleitet, die der russischen Herrschaft entrissenen polnischen Gebiete einer glücklicheren Zukunft entgegenzuführen, sind übereingekommen, aus diesen Gebieten einen selbständigen Staat mit erblicher Monarchie und konstitutioneller Verfassung zu bilden. Die genauere Bestimmung der Grenze des Königreiches bleibt vorbehalten. Es wird im Anschluß an die beiden verbündeten Mächte die Bürgschaft finden, deren es zur freien Entfaltung seiner Kräfte bedarf. In einer eigenen Armee sollen die ruhmvollen Überlieferungen des polnischen Heeres früherer Zeiten in dem großen Kriege der Gegenwart fortleben. Ihre Organisation, Ausbildung und Führung wird im gemeinsamen Einvernehmen geregelt werden.«[16]

Die letzten Sätze des Polen-Manifestes lassen ihren eigentlichen Beweggrund erkennen. Das Versprechen polnischer Unabhängigkeit war nicht von den Anhängern einer politischen Neuorientierung des deutsch-polnischen Verhältnisses durchgesetzt worden, sondern von den Militärs, Conrad v. Hötzendorf in Österreich und, vor allem, Ludendorff in Deutschland, die aus Kongreßpolen polnische Soldaten für die weitere Kriegführung der Mittelmächte schöpfen wollten. Ludendorff sah in der Proklamation der polnischen Unabhängigkeit gleichsam nur Stimmungsmache für die Freiwilligenwerbung. Schon vier Tage nach der Proklamation erging der Werbeaufruf zur Rekrutierung, der im übrigen auch erkennen ließ, daß die versprochene polnische Armee lediglich eine Zukunftsvertröstung war, man aber für die Kriegszeit nur an polnische Kontingente innerhalb der deutschen Armee dachte. Der an sich verheißungsvolle Akt der

15 Hans Delbrück: Das selbständige Polen. In: Krieg und Politik III, S. 160.
16 Schulthess' Europäischer Geschichtskalender, 1916, II, S. 441.

Ausrufung eines polnischen Staates wurde dadurch weitgehend entwertet. Es fehlten der Wille und die Großherzigkeit, die zugesagte Unabhängigkeit Wirklichkeit werden zu lassen. Selbst Generalgouverneur Beseler vermochte nicht über den Schatten preußischer Pedanterie zu springen. Auch er sah in den Polen kaum wirkliche Partner, sondern eher unmündige politische Heißsporne, die man durch landesväterliche Strenge erst allmählich zu brauchbaren Bundesgenossen erziehen müsse. Zeugnis davon gibt ein Brief an seine Frau:

»*Die Hauptsache ist jetzt, diese politischen Kinder, die Polen, im Zaume zu halten und zu erziehen. Mein Zimmer wird jetzt nicht leer von Notabeln, Parteiführern und Deputationen, die teils danken, teils fordern und immer von neuem von mir belehrt werden müssen, daß sie nur Wünsche, aber keine Forderungen vorzubringen haben. Sie bilden sich nämlich schon jetzt ein, daß sie sich selbst befreit haben, und verlangen eigentlich, daß sie schon jetzt, mitten im Kriege, die Gewalt hier an sich reißen müßten. Aber so schnell schießen die Preußen nicht.*«[17]

Die Chance einer Bündnispartnerschaft, die an sich zu dieser Zeit durchaus bestand, verflüchtigte sich bald. Die Rekrutenwerbung erwies sich als völliger Mißerfolg. Die polnische Antwort auf den Werbeaufruf ließ sich deutlich vernehmen. Eine Massenversammlung in Warschau am 12. November brach in Hochrufe auf Pilsudski aus und forderte in Sprechchören: »Ohne polnische Regierung keine Armee«, »Wir wollen keine deutschen Söldner sein«.[18]

Schon im Dezember 1916 berichtete Generalgouverneur Beseler von erheblicher Mißstimmung und fürchtete die Möglichkeit eines polnischen Aufstandes. Bald schwand das bisherige Selbstbewußtsein, die deutsche Politik sah sich gezwungen, bestimmte polnische Forderungen wenigstens teilweise zu erfüllen und geriet ins Treiben. Im Januar 1917 wurde den Polen ein Provisorischer Staatsrat mit beratender Funktion für beide

17 Zit. bei W. Conze (S. 178, Anm. 4), S. 232, Anm. 24.
18 Ebenda, S. 233.

Okkupationsgebiete konzediert, dem auch Pilsudski angehörte. Ohne seine Popularität, seinen Einfluß bei den nationalen Unabhängigkeitsparteien und die von ihm gebildete volkstümliche »Militärorganisation« war an polnische Waffenhilfe nicht zu denken. Pilsudski aber forderte dafür volle Partnerschaft und Einräumung nicht nur beratender, sondern leitender polnischer Initiative. Als sich zeigte, daß man auf deutscher Seite, im Gegensatz zu der auch hier beweglicheren österreichischen Haltung, dazu nicht bereit war, legte Pilsudski Anfang Juli 1917 sein Mandat im Staatsrat nieder, forderte den Staatsrat zur Demission auf und bewirkte durch diese Demonstration, daß fast zwei Drittel der polnischen Offiziere und Mannschaften aus den nach Kongreßpolen überführten polnischen Legionen den von ihnen geforderten Eid verweigerten. General v. Beseler ließ daraufhin am 22. Juli 1917 Pilsudski verhaften und nach der Festung Magdeburg abführen. Die gewaltsame Ausschaltung des populärsten polnischen Führers schwächte die Tragfähigkeit und Zukunftsaussicht einer deutsch-polnischen Zusammenarbeit ganz erheblich. Was seitdem im Herbst 1917 noch unternommen wurde, um mit Hilfe eines polnischen Regentschaftsrates tatsächlich Teile der Verwaltung in Kongreßpolen in polnische Zuständigkeit zu übergeben, kam zu spät und konnte die polnische Stimmung kaum noch wenden. Die drei Regenten – Erzbischof Kakowski, Fürst Lubomirski und Graf Ostrowski – vertraten nicht die Nation, sondern nur eine kleine, rechtsgerichtete adlig-klerikale Honoratiorenschicht. Doch selbst sie lavierten abwartend vorsichtig und konnten nur unter Vorbehalten als Parteigänger einer »aktivistischen« prodeutschen Politik gelten. Ganz abseits standen die Anhänger Pilsudskis und die Nationaldemokraten. Enttäuscht schrieb Friedrich Naumann nach einem Besuch in Polen im Frühjahr 1917:

»*Große Ideen dürfen nicht in gär zu kleinen Portionen aufgetragen werden. Ich fürchte aber, daß man diesen Fehler getan hat und täglich weiter tut. Vor dem 5. November 1916 war noch volle Ungebundenheit, ob die mitteleuropäischen Mächte eine Befreierrolle spielen wol-*

len oder nicht. Nachdem sie aber einmal die sogenannte »große Geste« gemacht, nachdem sie sich als Freiheitsbringer angekündigt haben, ist es gegen die innere Logik ihres eigenen Vorgehens, wenn sie mit sauersüßer Miene sich jeden einzelnen Schritt langsam abringen lassen . . . Es gibt für jede Zukunftsaussaat einen wichtigen Monat, ein historisch gegebenes Wetter. Dieser Monat war ungefähr der November [1916]. Hätte man damals die Armee gleich fertig gemacht, dem Staatsrat positive Arbeit gegeben, den Polen ihre Mittätigkeit merkbar werden lassen, so würden heute schon grüne Halme auf dem Acker stehen.«[19]

Wiederherstellung Polens als Kriegsziel der westlichen Alliierten

Inzwischen war das historische Wetter umgeschlagen. Während die Mittelmächte ihre Polen-Proklamation nicht glaubwürdig zu machen vermochten, wurde die polnische Selbständigkeit das erklärte Kriegsziel ihrer Gegner, wobei nun die »maximalistische« nationaldemokratische Spielart der polnischen Staatsidee zum Zuge kam. Mit dem Übertritt Dmowskis nach dem Westen (November 1915) kündigte sich die Internationalisierung der polnischen Frage an. Statt der innerrussischen autonomistischen Lösung, begannen die Nationaldemokraten im Westen die Forderung voller staatlicher Selbständigkeit aufzustellen, für die sich neben Dmowski besonders tatkräftig der berühmte Pianist und geschickte Politiker Ignaz Paderewski gemeinsam mit den in der Schweiz, in Frankreich, England und Amerika existierenden polnischen Emigrantenkomitees unermüdlich verwandte. Bis 1915/16 hatten sich die britische und französische Regierung im wesentlichen damit begnügt, auf die russische Proklamation vom August 1914 zu verweisen, dagegen mit Rücksicht auf Rußland vermieden, die Frage der staatlichen Selbständigkeit Polens zu erörtern. »Es wäre dies«, so schrieb Paderewski in seinem Tagebuch, »in Petersburg als klarer

19 Friedrich Naumann: Was wird aus Polen? – Berlin 1917, S. 57.

feindlicher Akt angesehen worden. Man betrachtete die polnische Frage immer noch als eine innere Angelegenheit des russischen Imperiums«.[20] Nach der Proklamation der Mittelmächte vom 5. November 1916 – hierin lag unzweifelhaft eine der positiven Wirkungen dieses Aktes – wurde es jedoch für die Westmächte zunehmend schwieriger, auf dieser Position zu beharren, zumal die befreundete, aber noch neutrale Regierung der USA nicht zögerte, deutlich zugunsten eines unabhängigen polnischen Staates Stellung zu beziehen. Paderewski hatte schon 1916 über Oberst House den amerikanischen Präsidenten Wilson für die polnische Frage erwärmt und, im Wahlkampf, mit einer geschickten Werbung unter den Amerikapolen für den demokratischen Kandidaten verbunden. In seiner berühmten Senatsrede vom 22. Januar 1917 über den künftigen »Frieden ohne Sieg« griff Wilson als wiedergewählter Präsident erstmalig die polnische Frage auf:

»Kein Friede kann oder soll dauern, der nicht den Grundsatz anerkennt, daß es nirgends ein Recht gibt, Völker von einer Landesherrschaft an die andere zu übertragen, als ob sie Sachen wären. Ich halte zum Beispiel für sicher, alle Staatsmänner stimmen darin überein, daß es ein geeintes, unabhängiges und selbständiges Polen geben und daß in Zukunft die unverletzliche Sicherheit des Landes, des Glaubens und der wirtschaftlichen und gesellschaftlichen Entwicklung allen Teilen dieses Volkes verbürgt werden sollte . . .«[21]

Die Hemmungen, die einer Schwenkung Englands und Frankreichs zugunsten eines unabhängigen Polen vor allem entgegenstanden, fielen mit der bolschewistischen Revolution vom Oktober 1917. Das am 15. August 1917 (im Gegensatz zu dem von den Mittelmächten abhängigen Regentschaftsrat in Warschau) gebildete Polnische Nationalkomitee in Paris (mit Dmowski und

20 Leon Grosfeld (S. 179, Anm. 5), S. 139, Anm. 7.
21 Schulthess (S. 189, Anm. 16), 1917, II, S. 861; vgl. außerdem Louis L. Gerson: Woodrow Wilson and the rebirth of Poland 1914-1920. – New Haven 1953; ferner: Victor S. Mamatey: The United States and East Central Europe. A Study in Wilsonian Diplomacy and Propaganda. – New Jersey 1957.

Paderewski als führenden Mitgliedern) wurde bis zum Ende des Jahres 1917 von Frankreich, Großbritannien, Italien und den USA als Vertretung der polnischen Nation anerkannt. Offiziellen Ausdruck fand das alliierte Kriegsziel in der polnischen Frage schließlich in den 14 Punkten, die Präsident Wilson am 8. Januar 1918 dem amerikanischen Kongreß vortrug. In Punkt 13 hieß es:

»Ein unabhängiger polnischer Staat soll errichtet werden, der die von einer unbestreitbar polnischen Bevölkerung bewohnten Gebiete umfassen und dem ein freier und gesicherter Zugang zum Meere gewährleistet werden soll.«[22]

Die 14 Punkte Wilsons, die auch von London, Paris und Rom akzeptiert wurden, erwiesen sich jetzt als die einzig eindeutige, wenngleich vorerst nur theoretische Garantie polnischer Unabhängigkeit. Denn zur selben Zeit war das Ausmaß an Selbständigkeit, das das okkupierte Land von den Mittelmächten zu gewärtigen hatte, erheblich zusammengeschrumpft. Die ohnehin wenig überzeugenden Bemühungen Generalgouverneurs Beselers, nach der Verhaftung Pilsudskis eine deutsch-polnische Zusammenarbeit, gestützt allein auf die Notabeln des Regentschaftsrates, fortzuführen, kamen im allgemeinen Bewußtsein der Polen wenig zur Geltung. Als sehr viel »wirklicher« wurden die zunehmend drückenderen materiellen Lasten empfunden, die die Militärverwaltung dem Land im vierten Kriegsjahr auferlegte. Tatsächlich aber standen Berlin und Wien seit dem Spätsommer 1917 auch gar nicht mehr hinter dem in der Proklamation vom 5. November 1916 selbst verkündeten Grundsatz polnischer Selbständigkeit, sondern hatten inzwischen auf frühere Pläne zurückgegriffen.

Österreich forcierte erneut das austropolnische Projekt einer Vereinigung Galiziens und Kongreßpolens, in Berlin aber war man sich nur in der negativen Beurteilung einig, daß unter den veränderten militärischen Umständen im Osten, besonders nach

22 Vgl. Fritz Berber: Das Diktat von Versailles. B. II. – Essen 1939, S. 4.

dem Zusammenbruch des russischen Kriegsgegners, eine polnische staatliche Selbständigkeit nur störend sei. Unter dem wachsenden Einfluß der Obersten Heeresleitung, namentlich Ludendorffs, trat jetzt wiederum die Absicht in den Vordergrund, sich
vor allem durch Annexion eines mehr oder weniger großen
Grenzstreifens an Kongreßpolen schadlos zu halten und solchem territorialen Machtzuwachs alle außenpolitischen Konzeptionen unterzuordnen. Nachdem das mit der Proklamation
der polnischen Selbständigkeit verfolgte Ziel der Gewinnung
polnischer Hilfstruppen weitgehend fehlgeschlagen, außerdem
seit der russischen Revolution nicht mehr aktuell war, suchte
die Oberste Heeresleitung statt dessen bestimmte strategisch-
kriegswirtschaftliche Faustpfänder in den sogenannten Randstaaten, vor allem in Litauen und der Ukraine zu schaffen und
dadurch Polen zugleich einzuschnüren.
Bereits im Herbst 1917 nahm das deutsche Oberkommando Ost
durch Anerkennung der litauischen Ansprüche auf Wilna deutlich gegen Polen Stellung. Seit Dezember 1917 verhandelten die
deutschen und österreichischen Delegationen in Brest-Litowsk
über einen Friedensschluß mit der bolschewistischen Regierung, ohne den Warschauer Regentschaftsrat zu beteiligen. Die
offene Feindschaft sämtlicher polnischer Parteigruppen zogen
sich beide Mächte schließlich zu, als sie die kurz zuvor proklamierte »Ukrainische Volksrepublik« als Verhandlungspartner
anerkannten und im sogen. »Brotfrieden« vom 9. Februar 1918
der Ukraine (gegen Lebensmittellieferungen) das bisher zu
Kongreßpolen gehörige Cholmer Land zusprachen. In Streiks
und Kundgebungen machten die Polen ihren Gefühlen gegen
das »wortbrüchige Preußentum« und das »verräterische Österreich« Luft. Eine demonstrierende Menge in Lublin verbrannte
die beiden Kaiserbilder; auch der Regentschaftsrat protestierte
gegen die »neue Teilung Polens«.[23] Einigen Verbänden des
polnischen Hilfskorps unter Oberst Haller gelang es, die Front
nach der Ukraine zu durchbrechen, sich mit polnischen Trup-

23 W. Conze (S. 178, Anm. 4), S. 341 f.

penteilen der in Auflösung befindlichen ehemaligen russischen Armee zu vereinigen und sich später über See nach Frankreich durchzuschlagen. Im September 1918 wurde die daraus entstandene sogen. Haller-Armee von den Westmächten als assoziierte kriegführende Truppe anerkannt.

Die von der Obersten Heeresleitung mit Unterstützung der preußischen Bürokratie im Osten bis zum August 1918 strikt festgehaltene Annexionsforderung blockierte nicht nur die austropolnische Konzeption der Wiener Diplomatie, sondern auch die von Beseler, Friedrich Naumann und anderen Vertretern der deutschen Mehrheitsparteien (Erzberger) im Frühjahr und Frühsommer 1918 unternommenen und, wie es damals schien, nicht ganz aussichtslosen Versuche einer »kleinen Wiederherstellung« Polens unter deutscher Protektion. Die hierbei ins Auge gefaßte Bildung eines mehr oder weniger auf Kongreßpolen beschränkten polnischen Pufferstaates (unter Verzicht sowohl auf deutsche Annexionen wie auf polnische Ansprüche gegen Preußen) wurde allerdings nur noch von einem kleinen Teil der polnischen Rechten, vor allem aus Besorgnis vor der bolschewistischen Gefahr, befürwortet. Den prodeutschen »Aktivisten« stand längst eine überwältigende Mehrzahl derjenigen politisch denkenden Polen gegenüber, deren Hoffnung sich den Westmächten und dem Maximalprogramm voller Wiederherstellung Polens zugewandt hatte, das durch Wilsons 14 Punkte gedeckt schien. Insofern waren nicht nur Ludendorffs Annexionspläne im Jahre 1918 anachronistisch, auch die recht begrenzten »Konzessionen« mancher der versöhnungsbereiten deutschen Politiker entsprachen kaum noch den tatsächlichen Gegebenheiten. Aus der Perspektive hundertjähriger Teilung Polens und preußischer Vormundschaft über die polnische Nation erschien ihnen die Errichtung eines kleinen, Deutschland vorgelagerten polnischen Protektoratsstaates als äußerstes Zugeständnis. Man verurteilte zwar die alldeutsche Hybris, wollte wohlwollend den Polen eine staatliche Existenz nicht gänzlich verwehren, blieb aber doch von vorbehaltloser Anerkennung polnischen nationalen Selbstbestimmungsrechts weit entfernt und war allzu schnell geneigt, in dahin gehenden polnischen Bestrebungen phantastische und wirklichkeitsfremde Anmaßung zu erblicken. In diesem Sinne schrieb Generalgouverneur Beseler am 22. Februar 1918:

»*Auf der einen Seite das phantastische, anmaßende, um nicht zu sagen unverschämte Polentum, dem es absolut an jedem Maßstab für das Wirkliche gebricht, auf der anderen Seite ein gegen alles Polnische von vornherein voreingenommenes Deutschtum, das unter der Leitung gewisser alldeutscher Strömungen keine andere Aufgabe kennt als dies sozusagen befreite Volk zu einer vollständigen Nichtigkeit zu verkrüppeln und zu unterdrücken.*«[24]*

Unbewegliche Engherzigkeit bestimmte vor allem auch die preußische Staatsregierung gegenüber dem Polentum in den preußischen Ostprovinzen, deren führende Vertreter sich im Zeichen des innerpolitischen »Burgfriedens« in den ersten Kriegsjahren zunächst loyal hinter die Reichsregierung gestellt hatten. Im preußischen Abgeordnetenhaus war es erstmals im Januar 1917 zu einer heftigen Kontroverse zwischen dem polnischen Abgeordneten Korfanty und dem preußischen Innenminister gekommen. Korfanty beschwerte sich emphatisch darüber, daß auch im vierten Kriegsjahr, nachdem unzählige polnische Soldaten der deutschen Armee gefallen seien, in den preußischen Ostprovinzen die antipolnische Ostmarkenpolitik noch immer nicht abgebaut sei. Ein Jahr später, im Februar 1918 nahmen die Abgeordneten Korfanty, Seyda, Trampczynski im Reichstag gegen die Verhandlungen der Reichsregierung in Brest-Litowsk und die Mißachtung polnischer Interessen durch den Vertrag mit der Ukraine Stellung. Dabei zeigte sich schon deutlich, daß das Polentum Preußens sein eigenes Schicksal mit dem des künftigen polnischen Staates eng verbunden sah. Anfang 1918 war auch in den Ostprovinzen selbst das veränderte Klima nicht mehr zu übersehen. Zur Veranschaulichung zitieren wir aus einem »Immediatverwaltungsbericht«, den der Regierungspräsident v. Bülow (Posen) am 29. April 1918 »an des Kaisers und Königs Majestät« richtete:

24 Ebenda, S. 346.

»*Den Ereignissen draußen an der Front und den bewunderungswürdigen Leistungen unserer Heere im Westen steht die Mehrzahl der Polen teilnahmslos gegenüber. Ihr Interesse ist auf die Vorgänge gerichtet, die für die nationale und politische Entwicklung der Polen nach dem Kriege von Bedeutung sind ... Die ihnen während des Krieges zugestandene größere Bewegungsfreiheit hat in ihnen die Sucht, ihre phantastischen Zukunftspläne immer offener zur Schau zu tragen, gestärkt. Die in meinem letzten Immediatbericht erwähnten Ausschreitungen der Polen anläßlich der in der Stadt Posen stattgefundenen Kosciuszko-Feier gaben doch zu Bedenken Anlaß und führten zu Verhaftungen und Strafverfolgungen. Da die Erinnerung an Kosciuszko in ausgedehntem Maße zur Veranstaltung nationalpolnischer Feiern und Kundgebungen benutzt wurde und die deutsche Bevölkerung daran Anstoß nahm und sich beunruhigt fühlte, wurde vom Stellvertretenden Generalkommando die Fortsetzung dieser Feiern im Januar dieses Jahres verboten ...*
Das Selbstbewußtsein der Polen ist gewaltig gestiegen und wird an allen Orten zur Schau getragen ... Die Gründung des Königreiches Polen und später die überallhin verbreitete Lehre von dem Selbstbestimmungsrecht der Völker hat das spezifisch polnische Nationalgefühl in einer die deutschen Interessen schwer schädigenden Weise wachsen lassen. Vor dem Kriege war die nationale Sehnsucht der Polen mehr sentimentaler Natur, da die politischen Wirklichkeiten allzusehr der Erfüllung ihrer Träume entgegenstanden. Jetzt hat diese alte, nie erloschene Sehnsucht der Polen einen realeren Charakter erhalten. Aus utopischen Ideen sind irredentistische Absichten geworden ... Offen freilich spricht aus Vorsicht und unter dem Drucke der Zensur die polnische Presse kaum von Losreißung und Autonomie.«[25]

Wilhelm II. signierte den letzten zitierten Satz des Berichts mit der Randbemerkung: »Wird ihnen Köpfe kosten«. Andere Abschnitte, die davon handelten, daß die Posener Polen die Einführung der polnischen Sprache im Schulunterricht, die Errichtung von polnischen Lehrerseminaren u. ä. verlangten, quittierte er mit den Bemerkungen: »Nein«, »Nein!«, »gibts

25 Immediatverwaltungsbericht des Reg.-Präs. v. Posen v. 29. 4. 1918. In: Akten Preuß. Staatsmin. Hauptarchiv Berlin-Dahlem: Rep. 90/2227.

nicht!« – Unbeweglich hielt man an der höchsten Stelle wie in den Ämtern in Berlin und in den Ostprovinzen beinahe bis zum letzten Kriegstage an den alten Kategorien preußischer Ostmarkenpolitik fest.

Als die von den Mittel- und Linksparteien gebildete letzte kaiserliche Regierung des Reichskanzlers Prinz Max von Baden Anfang Oktober 1918 die Wilsonschen 14 Punkte offiziell als Grundlage von Friedensverhandlungen angenommen hatte, forderte der polnische Abgeordnete Seyda im Reichstag die Anwendung des nationalen Selbstbestimmungsrechts auch für die preußischen Ostprovinzen, und es wurde bekannt, daß ähnliche Proklamationen von den polnischen Vereinen und Parteien in Posen beabsichtigt seien. Das preußische Innenministerium reagierte darauf am 12. Oktober mit der Weisung, daß jede »der Loslösung preußisch-deutscher Landesteile geltende Agitation im gegenwärtigen Zeitpunkt als Hochverrat anzusehen und demgemäß zu behandeln sei«.[26] Mitte Oktober 1918 sprach sich Reichskanzler Prinz Max v. Baden, unterstützt von Vizekanzler Payer, Staatssekretär Erzberger, u. a., dafür aus, wenigstens jetzt durch Abbau der antipolnischen Gesetze und bestimmte kulturelle Konzessionen die Stimmung der Polen in einem für Deutschland günstigen Sinne zu beeinflussen und damit zugleich einen »Kurs in der Polenpolitik einzuschlagen, den die Parteien, aus denen sich die Reichsleitung jetzt zusammensetzt, schon immer als richtig erkannt und befürwortet haben.«[27] Auf diese Empfehlung, die antipolnischen Gesetze unverzüglich zu kassieren, lautete das Gegenargument der preußischen Ressorts jedoch wie in alten Zeiten:

26 Vgl. Protokoll der Bespr. im Preuß. Innenmin. v. 12. 10. 1918; ebenda.
27 Schreiben Reichskanzlers Prinz Max v. Baden an den Vizepräs. des preuß. Staatsmin. v. 21. 10. 1918; ebenda. Die gleiche Forderung war bereits in einer unter Vorsitz des Reichskanzlers stattfindenden Sitzung der Staatssekretäre der Reichsregierung am 14. 10. 1918 erhoben worden und war erneut in einer kommissarischen Besprechung im Reichsamt des Innern v. 18. 10. 1918 zur Sprache gekommen.

» *Die im Osten der Monarchie amtierenden Ober- und Regierungspräsidenten hätten sich sämtlich gegen eine solche Maßnahme ausgesprochen, weil die Polen sie lediglich als Schwäche auffassen und als Anlaß zur Steigerung ihrer Forderungen bis zu einem unmöglichen Grade benützen würden.* «[28]

Die Position der preußisch-deutschen Polenpolitik war unhaltbar geworden, schon ehe der 9. November 1918 hinter sie den historischen Schlußpunkt setzte. Einen Tag nach der Abdankung Wilhelms II. traf Pilsudski, aus dem Magdeburger Gefängnis kommend, in Warschau ein. Ohne Befragen der noch amtierenden deutschen Besatzungsmacht übertrug der polnische Regentschaftsrat ihm den militärischen Oberbefehl und schließlich – am 14. November 1918 – diktatorische Vollmachten. Während die deutschen Truppen sich auflösten, entwaffnet wurden und das Land räumten, schlug für Polen nach über einhundert Jahren die Stunde staatlicher Selbständigkeit.

28 Aufzeichnung (Valentiners?) für den Stellvertr. Präs. d. Preuß. Staatsmin. über die Besprechung i. Reichsamt d. Innern am 18. 10. 1918, ebenda.

Die Weimarer Republik und Polen

Grenz- und Abstimmungskämpfe 1919-1921

Der Ausgang des Ersten Weltkrieges bedeutete eine unerwartet günstige Konstellation für die Wiederaufrichtung Polens: Unter militärischer Niederlage und Revolution waren zuerst das zaristische Rußland, dann Deutschland und Österreich-Ungarn zusammengebrochen. Die drei Dynastien, welche 146 Jahre vorher die Aufteilung Polens in die Wege geleitet hatten – Hohenzollern, Romanows, Habsburger –, existierten nicht mehr. In dem Vakuum, das die drei Kaiserreiche hinterlassen hatten, konnte sich 1918/19 die nationalrevolutionäre Vereinigung des Polentums der drei Teilgebiete schnell durchsetzen. Dem in Warschau zum Staatschef erhobenen Legionsführer Pilsudski unterstellte sich unverzüglich die nach dem Zerfall des österreichischen Staates Anfang November im Militärgouvernement Lublin von alten Mitstreitern Pilsudskis gebildete »provisorische Regierung«, desgleichen die »polnische Liquidierungskommission«, die Ende Oktober in Westgalizien die Macht übernommen hatte.

Die preußischen Teilgebiete blieben zunächst noch außerhalb des Machtbereichs Pilsudskis. Auch in Posen hatte sich nach dem 9. November ein polnischer Volksrat als nationalrevolutionäre Instanz gebildet.[1] Doch seine Leitung lag in den Händen der nationaldemokratisch gesinnten polnischen Abgeordneten (Korfanty, Adamski, Trampczynski, Seyda), die in politischer Rivalität zu Pilsudski standen. Um die Annexion der Provinz schon vor der Friedensregelung durchzusetzen und einer Sonderpolitik der Posener Nationaldemokraten vorzubeugen, inszenierte die von Pilsudski dirigierte POW am 27. Dezember

---

1 H. v. Gerlach: »Bericht über die Posener Reise am 19. November 1918«; in: Akten Preuß. Staatsmin., Hauptarchiv Berlin-Dahlem: Rep. 90/2228.

1918 einen bewaffneten Aufstand, durch den die öffentliche Gewalt in der Stadt und dem größten Teil der Provinz Posen binnen weniger Tage den preußischen Behörden entrissen wurde. Anlaß des Handstreichs war eine Massenkundgebung der Posener Polen zu Ehren Ignaz Paderewskis, der sich auf der Durchreise von Danzig nach Warschau befand und wenige Tage später unter Pilsudski zum Ministerpräsidenten ernannt wurde.

Obwohl nach den Kriegszielerklärungen der Alliierten kaum ein Zweifel darüber bestehen konnte, daß die Provinz Posen von Deutschland abgetrennt werden würde, rief das eigenmächtige polnische Vorgehen sowohl bei der preußischen und Reichs-Regierung in Berlin wie bei der unmittelbar betroffenen ostdeutschen Bevölkerung starke Verbitterung hervor. Zur Abwehr weiteren polnischen Vordringens wurden der Grenzschutz-Ost und örtliche Heimatschutz-Verbände ins Leben gerufen. Es kam zu wochenlangen wechselvollen Gefechten, ehe im Februar durch die Waffenstillstandskommission eine Demarkationslinie durch Posen und Westpreußen gezogen wurde, die deutsche und polnische Truppen voneinander fernhielt. Diese bewaffneten Auseinandersetzungen bildeten den ersten Abschnitt der dann 1920-21 in noch schärferer Form in Oberschlesien ausgetragenen Grenzkämpfe mit ihren bürgerkriegähnlichen Begleiterscheinungen: der gegenseitigen Schikane und Denunziation, der Festnahme von Geiseln und einer Kanonade von Haß und Propaganda. Ein verhängnisvoller Zirkel bestand vor allem darin, daß auf der einen Seite die nationaldemokratische polnische Gefühlswelle zur Abschüttelung der verhaßten preußisch-deutschen Herrschaft trieb, dadurch aber, in dem Bestreben, den Zusammenhalt des Reiches zu wahren, auch die »neuen Männer« der deutschen November-Republik sich veranlaßt sahen, gegen die polnische »Losreißung« Front zu machen, ohne dabei immer den nötigen Trennungsstrich gegenüber der wilhelminischen Überlieferung zu ziehen. In der plötzlichen Kampfsituation und dem Bestreben, dem Auseinanderfall des preußischen Ostens entgegenzu-

wirken, bediente man sich in Proklamationen vielfach des alten antipolnischen Vokabulars. Ein von Kriegsminister Reinhardt Mitte Januar 1919 gebilligter Aufruf »an die Bewohner Ost- und Westpreußens« bezeichnete die Polen als »Leichenfledde- rer«, die den »gegenwärtigen Schwächezustand des Reiches benutzen, um die blühenden Provinzen des Ostens zu rauben«, »niemals in der Geschichte« hätten die Polen sich »staatsbil- dend gezeigt«, »die polnische Kultur mit ihrem weitverbreiteten Analphabetentum« sei »der deutschen weit unterlegen«, etc.[2]
Im Klima nationaler Erregung entwickelten die Extremisten unter Polen und Deutschen die größte Lautstärke, so daß Stimmen der Mäßigung sich kaum Gehör zu verschaffen ver- mochten. Bald entstanden auch kleine und große Dolchstoß- legenden. So wurde vor allem die Fabel in Umlauf gesetzt, der preußische sozialdemokratische Innenminister Hirsch und sein Unterstaatssekretär Hellmuth v. Gerlach hätten durch ihre Ver- handlungen mit Mitgliedern des Posener polnischen Volksrates im November und Dezember 1918 die Provinz an Polen »verra- ten«. Heinrich v. Tiedemann, der Vorsitzende des Ostmarken- vereins, der besser daran getan hätte, den anachronistisch gewordenen Verein still zu begraben, erklärte auf einer Vor- standssitzung vom 14. Mai 1919: »Durch Schuld der Reichsre- gierung verloren wir den größten Teil der Provinz Posen.« Und er fuhr hochtrabend fort: es dürfe zu keiner kampflosen Preis- gabe der Ostmark kommen. »Sollen wir schon untergehen, dann wollen wir wenigstens mit Ehren sterben.«[3]
In den entscheidenden Wochen im Sommer 1919, als die alli- ierten Friedensbedingungen festlagen und in Weimar über Annahme oder Ablehnung des Versailler Friedensvertrages heftig diskutiert wurde, mußte ernstlich damit gerechnet wer- den, daß Militärs und Behörden im Osten unabhängig von der

2 Schreiben des Reichskriegsmin. an d. Preuß. Staatsmin. v. 12. Jan. 1919; ebenda.
3 Akten des Ostmarkenvereins: DZA Merseburg Rep. 195/Nr. 1, fol. 327 ff.

Reichsregierung den Kampf gegen Polen auch auf eigene Faust fortsetzen würden. August Winnig, der sozialdemokratische »Reichskommissar für den Osten«, brachte der preußischen Regierung am 11. Juni 1919 zur Kenntnis, ein im Osten stationiertes Divisionskommando habe in aller Form erklärt: »Wenn je einmal die Regierung in eine Abtretung von uns jetzt besetzten deutschen Landes an die Polen einwilligen und das Zurückziehen der Truppen befehlen sollte«, so würde ein solcher Befehl »von der überwiegenden Mehrzahl der Truppen einschließlich der Offiziere und der Bevölkerung nicht ausgeführt« werden.[4]

Der Verlauf der Friedensverhandlungen, in denen die deutsch-polnischen Grenzen festgelegt wurden, gab weiteren Anlaß zu der erregten Stimmung. In Paris machte sich besonders der Einfluß des von Dmowski beherrschten polnischen Nationalkomitees geltend, das die Regierungen der Entente mit Denkschriften und Eingaben zur Stützung der polnischen Forderungen auf weite preußische Gebiete überhäufte. Obgleich Pilsudski selbst an den ehemals preußischen Provinzen weniger interessiert war als an der Wiederaufrichtung der historischen »jagellonischen« Hegemonialstellung Polens im Osten über Litauer, Weißruthenen und Ukrainer, hatte er schon bald nach seiner Machtübernahme mit den nationaldemokratischen Rivalen paktieren und dabei auch Dmowski die Leitung der am 12. Januar 1919 gebildeten polnischen Delegation bei der Friedenskonferenz in Paris überlassen müssen. Diese »Aufgabenteilung« erwies sich als ein für Polen sehr vorteilhafter Umstand. Während Pilsudski im Frühjahr 1919 alle Anstrengungen darauf verwandte, mit Hilfe eines rasch mobilisierten polnischen Heeres seine Vorstellung eines polnischen föderativen Ostreiches zu verwirklichen, vertraten Dmowski und Paderewski in Paris wirksam die Doktrin antideutscher polnischer Westorientierung. Am 25. Februar überreichte die polnische Delegation

4 Akten Preuß. Staatsmin.: Hauptarchiv Berlin-Dahlem: Rep. 90/2237.

der alliierten »Kommission für polnische Angelegenheiten« eine Denkschrift Dmowskis, welche die Angliederung ganz Oberschlesiens, der Provinzen Posen und Westpreußens (einschließlich Danzigs), des südlichen Ostpreußen (Masuren und Ermland) sowie einiger niederschlesischer und ostpommerscher Kreise forderte, insgesamt ein Gebiet von rd. 84 000 Quadratkilometern. Die polnischen Vertreter in Paris räumten ein, daß in großen Teilen dieses Territoriums die deutsche oder deutschgesinnte Bevölkerung mit slawisch-polnischer Muttersprache (Masuren, Ermländer, Kaschuben und »wasserpolnisch« sprechende Oberschlesier) die Mehrheit ausmache. Doch man argumentierte, daß ebendies eine Folge jahrhundertelanger Eindeutschung sei, die es rückgängig zu machen gelte. Solche »Wiedergutmachung« ließ sich allerdings mit dem Begriff des nationalen Selbstbestimmungsrechts schwerlich vereinen. Man konnte sich nicht logisch sowohl auf das überzeugend subjektive nationalpolitische Bekenntnis als auch gleichzeitig auf die (ihm vielfach entgegenstehende) objektive ethnisch-nationale Abstammung berufen. Wenn Pilsudski im Osten das historische Recht Polens über die polonisierten Litauer und Weißruthenen und zu gleicher Zeit Dmowski im Westen das ethnische Recht Polens auf die germanisierten Masuren und Kaschuben geltend machte, so war dies nicht minder doppelbödig als der deutsche Anspruch von 1870 (damals heftig von den Polen kritisiert), der sowohl die französisierten Elsaß-Lothringer (deutscher Sprache) als auch die germanisierten Oberschlesier, Litauer und Masuren (nichtdeutscher Sprache) für den deutschen Nationalstaat reklamierte.

Das Ziel der Wiederherstellung verletzten Rechts, das insbesondere den amerikanischen Präsidenten Wilson angesichts der über ein Jahrhundert lang geteilten und unterdrückten polnischen Nation antrieb, stärkte jedoch die nationaldemokratische historisch-ethnische Wiedergutmachungsthese. Hinzu kam vor allem das von Clemenceau betonte Argument, daß der polnische Staat, den man schaffen wollte, sowohl Deutschland wie dem bolschewistischen Rußland gegenüber nur dann einigermaßen selbständig sein und bleiben könne, wenn ihm bestimmte territoriale und wirtschaftsgeographische Voraussetzungen mitgeben würden. Dennoch erfüllte der »Oberste Rat« der Entente bei weitem nicht alle polnischen Wünsche. Namentlich der britische Premierminister Lloyd George warnte am 19. März 1919 nachdrücklich davor, durch Annahme der polnischen Maximalforderungen eine mächtige deutsche Irredenta-Bewegung heraufzubeschwören, die sich als »Saat eines künftigen Krieges« erweisen könne.[5] In erster Linie seinem Einfluß war es zuzuschreiben, daß der Versailler Vertrag vom 28. Juni 1919 nur die Abtretung der Provinz Posen (mit Ausnahme einiger westlicher Kreise) und des größten Teiles von Westpreußen verfügte. Das Gebiet umfaßte eine Gesamtfläche von 43 000, statt der von polnischer Seite geforderten 84 000 Quadratkilometer. Danzig wurde – gemäß seiner früheren vorpreußischen Überlieferung als deutsche Stadtrepublik innerhalb Polens – zum Freistaat unter Völkerbundsstatut erklärt. Über die endgültige Staatszugehörigkeit der mehrheitlich deutschen bzw. masurischen west- und ostpreußischen Bezirke Marienwerder und Allenstein ebenso wie Oberschlesiens sollte erst ein Plebiszit der Bevölkerung entscheiden.

Paderewski nannte den Spruch der Siegermächte, vor allem sofern er Danzig und Oberschlesien betraf, einen »grausamen Schlag«, den er nur mit »tiefem Bedauern« annehmen könne.[6] Als besondere Demütigung empfand man außerdem, daß die Entente der polnischen Regierung zugleich mit dem Versailler Vertrag die Unterzeichnung eines Minderheitenschutzvertrages auferlegte, durch den Polen sich den Alliierten und dem Völkerbund gegenüber verpflichten mußte, allen Einwohnern »ohne Unterschied der Geburt, Nationalität, Sprache, Rasse und Religion« volle Freiheit und staatsbürgerliche Gleichbe-

5 Vgl. Papers relating to the Foreign Relations of the United States: The Paris Peace Conference 1919, vol. IV. – Washington 1943, S. 417.
6 Karl Schodrock: Das Erlebnis der oberschlesischen Volksabstimmung. – Neumarkt/Opf. 1951, S. 35.

rechtigung sowie das Recht auf eigene Schulen und die eigene Sprache zu gewähren.[7]

Der Minderheitenschutzvertrag war namentlich auf Betreiben jüdischer Organisationen zustande gekommen, die fürchteten, daß das Judentum Polens in einem polnischen Nationalstaat nach den Vorstellungen der Nationaldemokratie erheblichem Druck ausgesetzt sein würde. Polnischer Nationalismus hatte sich schon im 19. Jahrhundert verschiedentlich in Pogromen auch gegen die Juden Luft gemacht, die auf Grund ihrer Monopolstellung in Handel, Handwerk und Gewerbe in den meisten Städten Polens ähnlich wie die Deutschen sowohl als nationaler wie als sozialer »Fremdkörper« galten. Im Frühjahr 1919 war es im befreiten Polen abermals zu Übergriffen gegen die Juden gekommen. Die Interessen der jüdischen und der deutschen Minderheit, die infolge des Versailler Vertrags unter polnische Herrschaft gerieten, deckten sich damals vielfach. Das Auswärtige Amt in Berlin stützte sich bei den Erörterungen über die Ausgestaltung der Minderheitenrechte im Jahre 1919 maßgeblich auf jüdische Denkschriften und Empfehlungen, und die Vertreter deutscher und jüdischer Minderheiten in Ostmitteleuropa arbeiteten auch in den folgenden Jahren, z. B. innerhalb des Nationalitätenkongresses, aufs engste zusammen. Erst der Ideologie und Praxis des Nationalsozialismus blieb es vorbehalten, die fruchtbare kulturelle und politische Verbindung von Judentum und Deutschtum in Polen und Osteuropa gewaltsam zu zerstören.

Wenngleich der Versailler Vertrag auch in Polen als unbefriedigend galt, so war doch die negative Resonanz in Deutschland naturgemäß erheblich stärker. Vor allem die Abtretung des westpreußischen Weichselkorridors, welcher dem polnischen Staat Zugang zur Ostsee verschaffte, dadurch aber Ostpreußen vom übrigen Reichsgebiet trennte, wurde als diskriminierende

7 Erwin Viefhaus: Die Minderheitenfrage und die Entstehung der Minderheitenschutzverträge auf der Pariser Friedenskonferenz 1919. – Würzburg 1960, S. 232.

»Zerstückelung« empfunden. Die Annahme des Friedensvertrages unter dem Druck sonst drohender Repressalien, zu der sich die Weimarer Nationalversammlung und die Reichsregierung genötigt sahen, war sogleich begleitet von öffentlichen Erklärungen, daß Deutschland sich mit dieser Regelung auf die Dauer nicht zufriedengeben werde. In der Nationalversammlung betonte der sozialdemokratische Reichsaußenminister Hermann Müller am 23. Juli 1919:

> *Wir lassen keinen Zweifel darüber, daß es uns mit dem Willen zur Erfüllung der Vertragsverpflichtungen bis zur Grenze unserer Fähigkeiten ernst ist, aber auch darüber nicht, daß wir mit allen loyalen Mitteln die Revision dieses Vertrages erstreben werden.*«[8]

Damit war, noch ehe die neue Regelung der deutsch-polnischen Grenzen in Kraft trat, das Stichwort der Revision ausgegeben. – In der Folgezeit konzentrierte sich die Rivalität deutscher und polnischer Interessen und Erwartungen zunächst aber auf die noch offenen Grenzfragen, die erst durch Volksabstimmungen entschieden werden sollten. Das erste dieser Plebiszite, das am 11. Juli 1920 in den Regierungsbezirken Allenstein und Marienwerder stattfand, erbrachte einen sehr beachtlichen deutschen Erfolg. Über 90 Prozent der Wahlberechtigten gaben ihre Stimme für Deutschland ab, darunter auch die Mehrzahl der Masuren. Es zeigte sich hier, daß ungeachtet ihrer Muttersprache zahlreiche Einwohner polnischer Herkunft sich zum Verbleib innerhalb des preußisch-deutschen Staates bekannten. Dazu trug freilich auch die technische Überlegenheit der preußischen Verwaltung bei der vorbereitenden Propaganda, der Organisation und Finanzierung des Abstimmungskampfes bei. Außerdem kam Deutschland zugute, daß der neue polnische Staat sich gerade damals in einem äußerst bedrohten Zustand befand.

Die von Pilsudski geschaffene und geführte Armee war nach ihrem raschen Vormarsch im Frühjahr 1920, der bis nach Kiew geführt hatte, zum Rückzug gezwungen worden. Im Juli 1920

8 Schulthess (S. 189, Anm. 16), 1919, I. 1, S. 328.

näherte sich die Armee des sowjetischen Generals Tucha-
tschewski der Hauptstadt Warschau und der ostpreußischen
Grenze. Der Bestand des polnischen Staates schien dadurch
erneut in Frage gestellt. Man sprach damals vom »Saisonstaat«
Polen, der seine Existenz nur der vorübergehenden Ohnmacht
Deutschlands und Rußlands verdanke. Die Reichsregierung –
überzeugt, daß die Sowjetisierung nur das begrenzte Ziel einer
Zurückdrängung Polens auf seine »ethnographische Basis«
verfolge – sah solche Schwächung Polens nicht ungern. Der
Ostexperte der Deutschnationalen Volkspartei, Professor Otto
Hoetzsch, bekannte am 27. Juli 1920 im Reichstag:

*»Ich für meine Person sage ruhig, daß ich diesem russischen Kriegsziel
mit voller Sympathie gegenüberstehe ... Eine Brücke kann Polen erst
bilden, wenn auch das Selbstbestimmungsrecht der vergewaltigten
Deutschen in Westpreußen und Posen wiederhergestellt ist ... Bis
dahin besteht Todfeindschaft zwischen uns und Polen.«*[9]

Innerhalb der Reichswehr bereitete man sich sogar darauf vor,
bei einem vollständigen russischen Triumph gegebenenfalls von
Westen her den Korridor und Teile der Provinz Posen wieder
in Besitz zu nehmen.[10] Mitte August 1920 kam es jedoch zu dem
»Wunder an der Weichsel«. Marschall Pilsudski zwang durch
eine erfolgreiche Abwehrschlacht vor Warschau die sowjetischen Truppen zum eiligen Rückzug aus Polen. Am 18. März
1921 wurde mit dem Frieden von Riga der polnisch-russische
Krieg auf eine für Polen sehr vorteilhafte Weise beendet.
Angesichts der militärischen Erschöpfung Moskaus vermochte
Pilsudski eine Ostgrenze auszuhandeln, die über das ethnographische Polen hinausging und ganz Ostgalizien und Wolhynien
mit seiner mehrheitlich ukrainisch-ruthenischen Bevölkerung
einschloß. Die dem polnischen Staat zufallenden Gebiete reichten aber andererseits nicht weit genug nach Osten, um ein
ausgewogenes polnisch-litauisch-ukrainisches Großreich zu

9 Sten. Ber. des Dt. Reichstages, 11. Sitzg., 27. Juli 1920, Bd. 344,
S. 300 ff.
10 Vgl. Christian Höltje: Die Weimarer Republik und das Ost-
locarno-Problem 1919-1934. – Würzburg 1958, S. 28, Anm. 24.

verwirklichen, wie es Pilsudski ursprünglich vorgeschwebt hatte. Es bildete sich hier ein ähnliches Dilemma heraus, wie es sich nach 1815 im preußischen Osten ergeben hatte. Der Anteil und die Bedeutung der fremdnationalen Gebiete und ihrer Bevölkerung waren zu gering für eine übernationale, föderative Staatsgestaltung, aber groß genug, um einer einheitlichen nationalstaatlichen Entwicklung im Wege zu stehen. Je mehr Polen später unter dem innenpolitischen Einfluß der Nationaldemokratie glaubte, die Ukrainer im Osten in den polnischen Nationalstaat einschmelzen zu können, um so mehr belastete es sich selbst mit der nationalpolitischen Fronde des Ukrainertums, an das auch sowjetische Bestrebungen zur Revision der russisch-polnischen Grenze immer wieder anknüpfen sollten.

Weit mehr als auf den Frieden von Riga war das Augenmerk der deutschen Öffentlichkeit auf ein fast gleichzeitiges Ereignis gerichtet: die oberschlesische Volksabstimmung vom 20. März 1921. Nachdem blutige Kämpfe zwischen polnischen Aufständischen und deutschen Selbstschutz- und Freikorpsverbänden und eine überhitzte Propaganda die Gefühle auf beiden Seiten aufgestachelt hatten, entschieden sich 707 000 Oberschlesier für Deutschland und 479 000 für Polen. Auf polnischer Seite war man über das Ergebnis enttäuscht; insbesondere deshalb, weil zusammen mit der deutschsprachigen Bevölkerung des Abstimmungsgebietes (rd. 410 000 = 35 %) auch über ein Drittel der Einwohner polnischer Muttersprache für Deutschland gestimmt hatte. In Deutschland feierte man den Erfolg und beanspruchte die ungeteilte Provinz. Der preußische Ministerpräsident erklärte nach der Abstimmung:

»Namens der Regierung danke ich den Oberschlesiern für alle Hingebung und Aufopferung, mit der sie den schweren Kampf um den Verbleib ihrer Provinz bei Deutschland geführt haben. Soll das Selbstbestimmungsrecht der Völker nicht zum Gespött der Welt werden, so ist über das Schicksal Oberschlesiens zugunsten Deutschlands entschieden.«[11]

11 Sitzungsber. des preuß. Landtages, 13. Sitzung, 22. April 1921, Bd. 1, S. 634; zit. auch bei Höltje (S. 209, Anm. 10), S. 33.

Dabei wurde verkannt, daß dem Versailler Vertrag (§ 88) der Gedanke einer Teilung Oberschlesiens – je nach den Mehrheitsverhältnissen, die sich in den einzelnen Gemeinden und Bezirken ergeben würden – von Anfang an zugrunde gelegen hatte. Mit größerem Recht jedoch protestierte man auf deutscher Seite gegen die französisch-polnischen Versuche, dem Entscheid der alliierten Botschafterkonferenz nach der Abstimmung vorzugreifen und mit Gewalt ein fait accompli zugunsten Polens zu schaffen. Es kam damals zum dritten polnischen Aufstand, dem der französische Vorsitzende der alliierten Abstimmungskommission, General Le Rond, allzu nachsichtig gegenüberstand. Die erneuten deutsch-polnischen Freikorpskämpfe vom Frühjahr und Sommer 1921 überboten an Härte alles Bisherige. Der Streit ergriff auch die Botschafterkonferenz, die sich über die aus der Abstimmung zu ziehenden Konsequenzen nicht einigen konnte. Der schließlich zur Vermittlung angerufene Völkerbundsrat beschloß am 12. Oktober 1921, das oberschlesische Industriegebiet zu teilen, weil er nur darin eine Lösung sah, die sowohl dem Ergebnis der Abstimmung entsprach als auch in geographischer und wirtschaftlicher Hinsicht beiden Teilen zumutbar erschien.

Die Teilung Oberschlesiens, die im Mai 1922 durch ein vom Völkerbund garantiertes Abkommen verbrieft wurde, war nach Lage der Dinge durchaus ein fairer Kompromiß. Tatsächlich hat sich auch die spätere Handhabung des Abkommens unter der Aufsicht des Völkerbundkommissars für Oberschlesien und das dabei eingeführte Verfahren zur Schlichtung von Streitigkeiten durch gemischte Schiedskommission usw. im ganzen bewährt und die Spannungen in diesem Konfliktsgebiet mildern helfen. Diese Tatsache gestand man sich freilich in den 20er Jahren auf deutscher wie auf polnischer Seite kaum ein. Oberschlesien blieb im populären deutschen Bewußtsein vielmehr ein Beweisstück polnisch-französischer Verschwörung gegen Deutschland. Die Flut der in der Weimarer Zeit entstandenen deutschen Oberschlesien-Literatur rückte nicht die schließlich doch gelungene internationale Schlichtung in den Mittelpunkt, sondern den »Kampf um den Annaberg« und die Erinnerung an die Grenz- und Abstimmungskämpfe. Ähnliche patriotische Legendenbildung um vielfach recht fragwürdige Ereignisse förderte auf polnischer Seite insbesondere der sogenannte Aufständischenverband.

Neben den Fragen der Grenzziehung und Abstimmung war es vornehmlich das Schicksal der deutschen Bevölkerung in den Abtretungsgebieten, das in den Jahren nach 1918 die Emotionen in Deutschland gegen Polen lenkte. Dabei stand vor allem die Tatsache im Vordergrund, daß von rund 1,1 Millionen Deutschen, die bei Kriegsende in den an Polen gefallenen Gebieten Posens und Westpreußens (ohne Danzig) ansässig gewesen waren, bis 1921/22 rund zwei Drittel in das Reich abwanderten bzw. durch wirtschaftlichen oder administrativen Boykott u. a. verdrängt wurden. Man sah darin vor allem das Ergebnis bewußter Drangsalierung, zumal polnische national-demokratische Politiker schon 1919 erkennen lassen hatten, daß sie gewillt waren, den Prozentsatz der noch im Lande befindlichen Deutschen auf ein Minimum herabzudrücken.[12]

Tatsächlich war aber die »Entdeutschung Posens und Westpreußens« seit 1919 in nicht unerheblichem Maße auch ein unweigerlich rückläufiger Prozeß nach der vorangegangenen künstlichen Subvention und Stützung des Ostmarkendeutschtums, wie ihn Kenner der Verhältnisse schon vor 1914 für den Fall eines politischen Umschwungs prophezeit hatten. Zu einer ersten Abwanderungswelle aus Posen war es schon unmittelbar nach Annahme des Versailler Vertrages im Sommer 1919 gekommen, d. h. noch ehe am 20. 1. 1920 die Hoheit formell an Polen überging. Die »panikartige Flucht« vieler Deutscher, so berichtete am 11. 7. 1919 der deutsche militärische Überleitungskommissar in Posen, sei u. a. »eine Folge des Ostmarken-beamtensystems, das zur Unselbständigkeit erzog«. Bei vielen deutschen Kaufleuten und Gewerbetreibenden fehle die Anpas-

12 Vgl. Hans Roos: Geschichte der polnischen Nation 1916-1960. –Stuttgart 1961, S. 59.

sungsfähigkeit, zahlreiche Ansiedler verlören den Kopf, nicht wenige Deutsche verschleuderten »trotz ernstester Warnungen« ihr bewegliches Vermögen, ihre Grundstücke und zögen in das Reich ab.[13] Die Abwanderung wurde maßgeblich auch durch die damalige Entwertung des polnischen Geldes, die Abneigung gegen eine Einberufung zur polnischen Armee und das Bestreben, sich rechtzeitig im Reich Entschädigung und Ersatz zu verschaffen, begünstigt. Für die amtliche preußische und deutsche Politik sowie die nationalpolitisch aktiven Führer des Deutschtums in Posen und Westpreußen, die inzwischen begonnen hatten, deutsche Minderheitenorganisationen ins Leben zu rufen, war der rasche Abzug Hunderttausender von Deutschen, der durch polnischen Druck zusätzlich und kräftig forciert wurde, ein empfindlicher Schlag. Er schwächte nicht nur künftige Revisionsansprüche, sondern enthüllte auch die mangelnde »Bodenständigkeit« des Deutschtums. Auf den deutschen Protest gegen die »Verdrängung« antworteten die Polen: Die Abwanderung sei nur Folge der vorangegangenen »künstlichen Hochzucht der deutschen Einwohnerzahl« gewesen; »unzählige überflüssige« Deutsche, die aus dem preußischen Staatsfonds genährt und durch ihn demoralisiert worden seien, hätten »das Weite gesucht«, sobald die Favorisierung durch die Regierung zu Ende gewesen sei.[14]

Rapallo, Locarno, Wirtschaftskrieg

Die heftigen und oft gewaltsamen Auseinandersetzungen um die Grenzen im Osten und die schmerzlichen Folgen, mit denen die polnische Inbesitznahme der abgetrennten Gebiete für die

13 Ber. d. dt. Militärkommissars in Posen Hauptmann Dr. Andersch v. 11. 7. 1919, Hauptarchiv Berlin-Dahlem, Rep. 90/2231.
14 Kazimiera Jezowa: Die Bevölkerungs- und Wirtschaftsverhältnisse im westlichen Polen. – Danzig 1937 (Die Schrift ist eine Entgegnung zu Hermann Rauschning: Die Entdeutschung Westpreußens und Posens. – Berlin 1930).

ansässige deutsche Bevölkerung verbunden war, haben naturgemäß dazu beigetragen, daß diese Grenzziehung in Deutschland nicht als wirkliche »Lösung«, sondern fast einhellig als »offene Wunde« empfunden wurde. Das Verlangen nach einer Revision der deutschen Ostgrenze blieb die ganze Weimarer Zeit hindurch ein unverändertes Axiom deutscher Politik. Von der Zielsetzung und Stimmung des Revisionismus wurde die Diplomatie der Weimarer Regierung in eine grundsätzlich antipolnische Richtung gedrängt. Die Fixierung auf das vordergründige Problem der Ostgrenze verhinderte bis 1933 immer wieder, daß sich in den staatlichen, wirtschaftlichen und kulturellen Beziehungen zwischen Berlin und Warschau ein einigermaßen normaler Kontakt entwickelte. Der negative Grundsatz der Nichtanerkennung der Grenze verwischte dabei z. T. auch die Gegensätze, die früher zwischen den deutschen Parteien in der Polenfrage bestanden hatten, als diese noch primär eine innenpolitische Angelegenheit darstellte.

Die Stärke und Einhelligkeit des deutschen Protests gegen die durch Versailles geschaffenen neuen Verhältnisse im Osten läßt sich ganz sicher nicht allein von den objektiven »Ungerechtigkeiten« der deutsch-polnischen Grenze ableiten. An dieser war gewiß manches unbefriedigend, vor allem die Künstlichkeit des Korridors und die Regelung in Oberschlesien. Aber sie konnte alles in allem kaum viel anders ausfallen, nachdem die Reichsregierung selbst die 14 Punkte Wilsons als Grundlage des Friedensvertrages anerkannt und damit auch die Gewährung eines polnischen Zugangs zur Ostsee im Prinzip gebilligt hatte. Die Verweigerung von Volksabstimmungen in Posen und im größeren Teil Westpreußens war gewiß ein Verstoß gegen das Prinzip der nationalen Selbstbestimmung, aber dieses Prinzip ließ sich, wie die Abstimmung in Oberschlesien zeigte, ohnehin bei der völkischen »Gemengelage« im Osten nicht rein verwirklichen. Eine saubere Scheidung zwischen Deutsch und Polnisch war von vornherein unmöglich, und die Einbeziehung einer deutschen Minderheit in den polnischen Staat um so weniger zu vermeiden, als ein großer Teil der Deutschen Posens und Westpreußens städtische Bevölkerung inmitten mehrheitlich polnischer Umgebung darstellte oder im Zuge der Ostmarkenpolitik absichtlich im Sinne völkischer »Vorposten«-Politik in den äußeren Randbezirken der ehemals preußischen Provinzen angesiedelt worden war. Polen hatte im übrigen (abgesehen von dem Sonderfall Oberschlesien) nirgends die historische Grenze des Jahres 1772 nach Westen überschritten; einige ganz überwiegend deutsch bewohnte Bezirke, die vor 1772 zum polnischen Staat gehört hatten (die später sogen. Grenzmark Posen-Westpreußen mit Schneidemühl, das ostpreußische Ermland und der westpreußische Bezirk Marienwerder) waren im Gegenteil bei Deutschland verblieben. In den Deutschland erhalten gebliebenen Teilen des preußischen Ostens existierte auch immer noch eine nicht ganz unbeträchtliche autochthone Bevölkerung polnischer Herkunft und Muttersprache, namentlich in Oberschlesien und im südlichen Ostpreußen, die allerdings nur in geringem Umfange eine nationalpolitisch aktive Minderheit darstellte.

Bei alledem wird man jedenfalls den Sturm der Entrüstung, der in der Weimarer Zeit gegen die Ostgrenze entfesselt worden ist, nicht allein von den tatsächlichen Einbußen, sondern wesentlich auch von bestimmten nationalpsychologischen Einstellungen her erklären müssen. In ihm drückte sich besonders prononciert aus, was ganz allgemein in Deutschland die Reaktion auf den verlorenen Krieg und Versailles weithin bestimmte: Der Protest gegen die Kriegsfolgen war ebenso überlaut wie vorher die überschwenglichen Kriegszielerwartungen; er war der psychologisch »folgerichtige« Umschlag übermäßiger Hoffnungen in übermäßige Enttäuschung. Je mehr das nationale Urteilen und Meinen der Deutschen im Osten noch im traditionellen Überlegenheitsbewußtsein den Polen gegenüber wurzelte, je mehr man noch in der jahrzehntelang gepflegten deutschen Ostmarkenvorstellung befangen war, um so näher lag es, daß man den Verlust im Osten als ungerechtfertigten »polnischen Raub« ansah und abreagierte. Daß dabei das deutsche Nein gegen die Ostgrenze so einhellig ausfiel und in gemäßigter Form auch von der Mehrheit der Sozialdemokraten geteilt wurde, war nach den inzwischen eingetretenen Ereignissen nicht verwunderlich. Die deutschen Mittel- und Linksparteien hatten vor 1914 den Unrechtscharakter der diskriminierenden preußischen Polenpolitik oft energisch kritisiert, aber eine staatliche Separation der preußischen Polen war auch auf sozialdemokratischer Seite kaum noch in Betracht gezogen oder zugestanden worden. Der Krieg hatte ein übriges getan, um die SPD an die vorgeformte Idee des kaiserlichen deutschen Nationalstaats noch stärker zu binden. Und als Regierungspartei mußte die von Ebert, Noske und Otto Braun repräsentierte Sozialdemokratie nach der Trennung von ihrem linken Flügel von Anbeginn an mit den »alten Kräften« in Reichswehr und Verwaltung paktieren und beweisen, daß auch sie zuverlässig nationalgesinnt war. Der Umstand, daß die Republik von Weimar mit dem demütigenden Frieden von Versailles begann, ließ wenig Raum für internationale Prinzipienpolitik in den auswärtigen Beziehungen. Von ihr nahm die Sozialdemokratie jetzt in ähnlicher Weise Abstand wie nach 1848 der bürgerliche Liberalismus. Hinzu kam die stark angewachsene Agitation der nationalistischen gegenrevolutionären Gruppen und Parteien, denen die maßgeblichen Träger der vielgescholtenen Republik glaubten das Wasser abgraben zu können, indem sie selbst dem nationalen Revisionsverlangen ihren Tribut zollten. So trug auch die innenpolitische Schwäche der republikanischen Kräfte im Weimarer Deutschland dazu bei, daß sich in dieser Zeit Polen gegenüber ein »neuer Geist« deutscher Politik wenig bemerkbar machte, daß die breite deutsche Öffentlichkeit von nüchterner Anerkennung der Gegebenheiten im Osten entfernt blieb und statt dessen die Elemente völkisch-nationalen Denkens in der veränderten Gestalt antipolnischer Revisionspolitik auch in den Behörden republikanischer Observanz weiterlebten.

Dazu gaben allerdings auch die ersten Schritte der polnischen Politik nach der Wiederherstellung des Staates nicht geringen Anlaß. Innenpolitisch und bei der Verwaltung der ehemals preußischen Gebiete ließ Warschau deutlich das Bestreben nach rascher Liquidierung der preußisch-deutschen Vergangenheit erkennen. Zur gleichen Zeit verschrieb sich unter der Leitung vorwiegend nationaldemokratischer Außenminister (bis 1925) die polnische Regierung der kurzsichtigen Vorstellung, daß die Sicherheit und Zukunftsentwicklung Polens nur gewährleistet sei, wenn die Konstellation von Versailles, das hieß aber auch die Ohnmacht und Isolierung Deutschlands, gleichsam zum Dauerzustand erhoben würde. Dies äußerte sich vor allem in den Jahren bis 1923, als Polen im Bunde mit den französischen Kabinetten Clemenceau und Poincaré, deren Politik vorbeugender Repressivmaßnahmen gegen Deutschland abdeckte oder doch zumindest mit ihnen sympathisierte.

Auf Grund des polnisch-französischen Bündnisvertrages vom 19. Februar 1921, der durch eine geheime Militärkonvention ergänzt wurde, bildete Polen den ersten und wichtigsten Pfeiler des in der Folgezeit auf die Tschechoslowakei und Rumänien ausgedehnten französischen Bündnissystems in Osteuropa, nachdem von Paris auch die tatkräftigste Unterstützung Polens zur Erlangung möglichst günstiger Grenzen gegenüber Deutschland angegangen war. In deutschen Augen schien sich auf Grund dessen die These Bismarcks zu bestätigen, daß ein selbständiges Polen »ein französisches Militärlager an der Weichsel« sei. Polen galt als der »Gendarm Frankreichs« im Osten Deutschlands, und die französisch-polnische Einschnürung mußte um so bedrohlicher empfunden werden, als die deutsche Wehrmacht durch das Diktat von Versailles auf ein Minimum begrenzt worden war.

Innerhalb der Reichswehr, in der die preußisch-wilhelminische Tradition stark fortlebte, sah man in der neuentstandenen polnischen Macht das weitaus größte Ärgernis der deutschen Nachkriegssituation. Mit einer gewissen Zwangsläufigkeit forderte die polnisch-französische Allianz die deutsch-russische Reaktion heraus. Der Gegensatz zu Polen bildete innerhalb der Reichswehr und des Auswärtigen Amtes ein Hauptmotiv für die Wiederaufnahme der alten Rußland-Orientierung, in der man ungeachtet der weltanschaulichen Diskrepanz eine günstige

Möglichkeit erblickte, um ein gewisses Maß außenpolitischer Handlungsfreiheit wiederzugewinnen. Im Vertrag von Rapollo (24. 4. 1922), dem schon die Anbahnung geheimer militärtechnischer und rüstungswirtschaftlicher Kontakte zwischen Reichswehr und Roter Armee vorangegangen war, fand dieses Bestreben ein rasches, wenngleich vielfach überschätztes Ergebnis. Die durch den Rapallo-Vertrag mehr dokumentierte als real begründete Möglichkeit gemeinsamer deutsch-sowjetischer Aktionen erfüllte Polen gegenüber weitgehend den erstrebten Zweck. Der von der Reichswehrführung stark beachteten Gefahr eines polnischen Vorgehens gegen Ostpreußen war jetzt ein gewisser Damm errichtet. Während der französischen Besetzung des Ruhrgebietes konnte Polen eine ähnliche Faustpfand-Politik im Osten schwerlich riskieren. Das Zusammengehen mit Moskau enthielt freilich nicht nur defensive Möglichkeiten. Unter den Verfechtern einer neuen deutschen Ostorientierung fehlte es nicht an Stimmen, die sich davon eine offensive Politik gegen Polen und möglicherweise gar seine völlige Beseitigung versprachen. In diesem Sinne äußerten sich 1922 sowohl Reichskanzler Wirth wie vor allem der damalige Chef der Reichswehr, General v. Seeckt. Letzterer erklärte am 11. 9. 1922 in einem Schreiben an Graf Brockdorff-Rantzau, den ersten Außenminister der Weimarer Republik und künftigen Botschafter in Moskau:

»*Polens Existenz ist unerträglich, unvereinbar mit den Lebensbedingungen Deutschlands. Es muß verschwinden und wird verschwinden durch eigene Schwäche und durch Rußland, mit deutscher Hilfe.*«[15]

Der Vertrag von Rapallo verringerte naturgemäß den Wert und die Wirkung der französisch-polnischen Allianz Frankreich sah hierin eine neue Quelle der Gefahr nicht nur für Polen, sondern indirekt auch für seine eigene Sicherheit. Unter diesen Umständen gewannen die schon 1921 aufgenommenen französischen Bemühungen, England zu einer Garantie sowohl der deutsch-

15 Enthalten in Seeckt-Nachlaß; Mikrofilm Inst. f. Zeitgesch. MA-1, Rolle 24, Stück 213.

französischen wie der deutsch- polnischen Grenze zu bewegen, besondere Bedeutung. Schon Ende 1922 scheiterten diese Versuche jedoch an der ablehnenden Haltung Lloyd Georges, der nicht gewillt war, Verpflichtungen zu übernehmen, durch die Großbritannien möglicherweise in einen osteuropäischen Krieg verwickelt werden konnte. Es bekundete sich hierin die für die ganze folgende außenpolitische Entwicklung außerordentlich wichtige Tatsache, daß nach den USA auch Großbritannien sich von Kontinental-Europa mehr oder weniger zurückzog und jedenfalls für die in Versailles geschaffene Ordnung keine Garantie zu übernehmen gewillt war. Hierin lag sowohl der primäre Grund für die Nervosität und Intransigenz mancher französischer »Sicherheits«-Maßnahmen, insbesondere der Ruhrbesetzung 1923, andererseits aber auch der Anknüpfungspunkt für deutsche Erwartungen, daß sich zumindest im Osten eine Revision der Grenze werde ermöglichen lassen.

Das Scheitern des französisch-britischen Garantievertrages öffnete für Stresemann den Weg zu den Locarno-Verträgen vom Herbst 1925, durch die Deutschland das französische Sicherheitsinteresse insofern befriedigte, als es die durch Versailles geschaffene Westgrenze ausdrücklich anerkannte und damit im Westen alle Revisionsansprüche aufgab, gleichzeitig aber ein »Ostlocarno«, d. h. eine förmliche Garantie auch der deutsch-polnischen Grenze ablehnte. Nachdem der britische Premierminister Austen Chamberlain im Frühjahr 1925 noch einmal klar zu erkennen gegeben hatte, daß keine britische Regierung bereit sei, das Leben englischer Soldaten für den polnischen Korridor zu opfern[16], willigte Frankreich trotz heftiger polnischer Gegenvorstellungen ein, den »Rheinpakt« mit Deutschland auch ohne gleichzeitige deutsche Grenzgarantie gegenüber Polen und der Tschechoslowakei abzuschließen.

Während der Verhandlungen über den Sicherheitspakt kennzeichnete Stresemann in einem Zeitungsartikel vom April 1925

16 A. J. P. Taylor: The Origins of the Second World War. – London 1961, S. 54.

die damit verfolgten deutschen Ziele: Die Regierung wolle den Alliierten den Vorwand für eine weitere Besetzung des Rheinlandes nehmen, »die internationale Atmosphäre entspannen, sich dabei im übrigen freie Hand für eine friedliche Änderung der Grenzen im Osten sichern und den Weg der Konsolidierung und Wiederaufrichtung Deutschlands in der Konzentrierung auf das Bestreben der späteren Angliederung deutscher Gebiete im Osten gehen«.[17] Ausdrücklich ließ die Reichsregierung zur gleichen Zeit (7. April 1925) durch Brockdorff-Rantzau in Moskau erklären, daß der Frankreich angebotene Sicherheitspakt »keinen Verzicht auf die politischen Ziele« bedeutet, »die Deutschland hinsichtlich seiner Ostgrenzen verfolgen muß«.[18]

Um das durch Locarno erweckte sowjetische Mißtrauen hinsichtlich einer einseitigen »Westorientierung« Deutschlands aus der Welt zu schaffen, garantierte die Reichsregierung durch den sogenannten Berliner Vertrag (24. April 1926) auch förmlich die Fortsetzung der wirtschaftlichen und militärischen Kooperation mit der UdSSR.

Mit dem Locarno-Vertrag und der ein Jahr später erfolgten Aufnahme Deutschlands in den Völkerbund (Herbst 1926) hatte sich die Reichspolitik aber auch in der Ostfrage doch in einer Hinsicht auf einen neuen Weg festgelegt: in durchaus richtiger Einschätzung der realen deutschen Machtverhältnisse gab Stresemann die mehr oder weniger illusorischen Erwägungen einer militärischen Aktion gegen Polen, wie Seeckt sie zeitweilig hegte, auf und verwies die deutschen Revisionsbestrebungen auf das diplomatische und propagandistische Instrumentarium, das Deutschland inner- und außerhalb des Völkerbundes um so mehr zur Verfügung stand, wenn es seine friedli-

17 Artikel Stresemanns in *Hamburger Fremdenblatt* v. 10. 4. 1925; in: G. Stresemann: Vermächtnis. Der Nachlaß in drei Bänden. – Berlin 1922/23, Bd. II, S. 88 ff.
18 Siehe dazu die bei Höltje (S. 209, Anm. 10) in Anlage 2/1 abgedruckte »Zusammenfassung der im Namen der Reichsregierung dem Herrn Volkskommissar Litwinow gemachten Mitteilungen«.

chen Absichten beteuerte und durch ein gutes Verhältnis zu den Westmächten Polen in die Defensive drängte. Gegen den Chor deutsch-nationaler, völkischer und sonstiger Kritiker, die in solchem Gewaltverzicht fälschlich eine verschleierte Anerkennung der Ostgrenze erblickten, hat Stresemann immer wieder diesen Standpunkt auseinandergesetzt. Im Reichstag betonte er schon am 18. 5. 1925, Deutschland habe »nicht die Macht und den Willen«, eine »gewaltsame Änderung seiner Ostgrenzen herbeizuführen«; die Regierung habe aber weder in der Öffentlichkeit noch in den diplomatischen Verhandlungen je einen Hehl daraus gemacht, daß niemand in Deutschland die »im flagranten Widerspruch zu dem Selbstbestimmungsrecht der Völker gezogene Grenze im Osten« als eine unabänderliche Tatsache hinnehme. Dem Senatspräsidenten von Danzig erklärte Stresemann im Herbst 1926 anläßlich der Aufnahme in den Völkerbund: ihm (Stresemann) komme es in erster Linie darauf an, »durch freundschaftliche Vereinbarungen mit Frankreich die Westfragen zu bereinigen und die Souveränität im Westen des Reiches wiederherzustellen. Sobald dies geschehen sei, könne Deutschland an das Ostproblem, d. h. die Beseitigung des Korridors und die Wiedervereinigung Danzigs mit dem Reich gehen«.[19] Für eine solche »Reihenfolge« der Schritte hatte Stresemann sich schon im sogen. »Kronprinzenbrief« vom 7. September 1925 ausgesprochen und dabei die Lösung der Reparationsfrage und die Sicherung des Friedens im Westen als »Voraussetzung für eine Wiedererstarkung Deutschlands« bezeichnet, der dann die »große Aufgabe« der »Korrektur der Ostgrenzen« zu folgen habe.[20] Durch eine große Zahl öffentlicher und vor allem vertraulicher Erklärungen dieser Art hat sich Stresemann – und hier beginnt durchaus die problematische Seite seiner Wirksamkeit – selbst als stärkster Propagandist dieser These eingesetzt und dazu beigetragen, daß in Deutschland die ungeduldige Erwartung entstand, über die Locarno-

19 Zit. bei Höltje, ebenda, S. 98.
20 Stresemann: Vermächtnis (S. 220, Anm. 17) II, S. 553.

und Völkerbundspolitik ließe sich in der Tat das »Ostproblem« in Kürze aufrollen. In bezeichnender Anpassung an die herrschende deutschnationale Stimmung hat Stresemann die negative polnische Reaktion auf Locarno, die Tatsache etwa, daß man in Warschau von einem »französischen Verrat« oder gar von der Gefahr einer Teilung Polens sprach, immer wieder gerade als Beweis für die Richtigkeit seiner Politik verbucht.

Der Reichsregierung konnte dabei keineswegs verborgen bleiben, daß die Regierung in Warschau kaum eine Gelegenheit versäumte, um zu erklären, daß sie niemals bereit sein würde, auch nur in eine Diskussion über die Korrektur der deutschpolnischen Grenze einzutreten. Stresemann selbst sprach verschiedentlich klar aus, daß durch Verhandlungen mit einer polnischen Regierung die angestrebte Revision (jedenfalls in dem von deutscher Seite gewünschten Umfang) ganz sicher nicht zu erreichen sei. Er hat sich auch gegenüber den Andeutungen, die Ende 1927 über eine etwaige Bereitschaft Pilsudskis zum Austausch Danzigs gegen Memel umgingen, ablehnend und reserviert verhalten, weil er ganz offensichtlich nicht gewillt war, eine problematische »kleine Korrektur« mit einer definitiven Anerkennung der deutschen Ostgrenze zu erkaufen.

Um so problematischer und zwielichtiger bleibt, wie er sich die Erreichung eines Zieles dachte, das nicht militärisch erzwungen werden sollte, aber auch keine Aussichten hatte, in direkten Verhandlungen durchgesetzt zu werden. Fraglos begann sich hier die »Konzeption« Stresemanns, der nicht nur Realpolitiker, sondern auch »nationaler Romantiker« sein konnte, selbst im Wunschdenken und in vager Zukunftsferne zu verlieren. Es finden sich hier Äußerungen Stresemanns, meist von der Art: daß die »Dinge im Osten« noch »nicht abgeschlossen« seien, daß in dem »Augenblick«, in dem Rußland »die polnische Frage aufrollt«, ein neuer Abschnitt der europäischen Geschichte beginnen würde, daß »einmal die Zeit kommt, in der die Ostfragen in irgendeiner Form zur Debatte stehen«, u. ä.[21]

21 Dazu Höltje (S. 209, Anm. 10), insbes. S. 115.

Vor der Arbeitsgemeinschaft deutscher Landsmannschaften führte Stresemann am 14. Dezember 1925 aus:

»Ich denke auch in Bezug auf die Ostfragen . . . nicht an kriegerische Auseinandersetzungen. Was ich mir aber vorstelle, ist, daß einmal Verhältnisse entstehen, die den europäischen Frieden oder die wirtschaftliche Konsolidierung Europas durch die Entwicklung im Osten bedroht erscheinen lassen und daß man zur Erwägung kommt, ob diese ganze Nichtkonsolidierung Europas nicht ihren Grund in unmöglichen Grenzziehungen im Osten hat und daß dann Deutschland auch die Möglichkeit hat, mit seinen Forderungen Erfolg zu erzielen.«[22]

Stresemann überschätzte ganz sicher die in den 20er Jahren auch außerhalb Deutschlands, vor allem in England vorhandene Kritik gegenüber der deutsch-polnischen Grenzziehung, wenn er glaubte, daraus eine reale Möglichkeit der Grenzrevision im Rahmen einer internationalen Konferenz ableiten zu können.

Kennzeichnend für das Maß an Wunschvorstellungen, die man in Berlin den Entscheidungen in Fragen der Polenpolitik zugrunde legte, sind insbesondere auch die Erwartungen, die Stresemann und namhafte deutsche Ostexperten in den Jahren 1925/26 an einen wirtschaftlichen Zusammenbruch Polens knüpften. Derartige Überlegungen waren es vor allem, die die Reichsregierung dazu bewogen, im Juni 1925 die Wirtschaftsverhandlungen mit Polen abzubrechen und durch Eröffnung des Zollkrieges (vor allem in Gestalt hoher Einfuhrzölle für polnische Kohlen) der stark auf Export nach Deutschland angewiesenen polnischen Wirtschaft beträchtliche Schwierigkeiten zu bereiten. Als es daraufhin in den folgenden Monaten in Polen zu einem neuen Kurssturz des Zloty, zu Streiks und scharfen Auseinandersetzungen zwischen den polnischen Sozialisten und der nationaldemokratischen Rechten kam, erklärte Stresemann im November 1925 in einer Geheimbesprechung der Staats- und Ministerpräsidenten: Die Dinge in Polen schienen ihm »immer mehr zum Bürgerkrieg zu drängen«,

22 Stresemann: Vermächtnis (S. 220, Anm. 17), II, S. 231 ff.

Deutschland müsse nunmehr »auf dem Sprung stehen«, um »in einer europäischen Konferenz« seine Ansprüche geltend zu machen. Es werde ja heute schon »vom Polnischen Korridor in aller Welt als einer unhaltbaren Einrichtung gesprochen, so daß man diese Frage wohl als die nächste europäische Frage bezeichnen könnte«. Stresemann sah sich hierin bestätigt durch gleichzeitige Äußerungen des Danziger Senatspräsidenten Sahm, der ebenfalls einen »inneren Verfall Polens« als »in naher Zukunft« möglich ansah, und auf Grund dessen die illusionäre Vorstellung nährte, daß Deutschland durch Mitwirkung bei einer »Sanierung« Polens evtl. »den Korridor zurückkaufen« könne, oder aber durch revolutionäre Entwicklungen in Polen ein »Eingreifen Deutschlands erforderlich« werden könne.[23]

Besonders in den Monaten nach Locarno ließ sich auch der »realistische« Stresemann erstaunlich weit auf solche Gedanken-Projekte ein. Als ihm im April 1926 berichtet wurde, daß der Präsident der Bank von England angefragt habe, ob Deutschland eventuell bereit sei, an einer internationalen Aktion zur Stützung des Zloty mitzuwirken, riet Stresemann in einem Schreiben an den deutschen Botschafter in London vom 19. 4. 1926 zu »äußerster Vorsicht«. Es sei vielmehr anzustreben, »eine endgültige und dauerhafte Sanierung Polens so lange hinauszuschieben, bis das Land für eine unseren Wünschen entsprechende Regelung der Grenzfrage reif und bis unsere politische Machtstellung genügend gekräftigt ist«. Eine Lösung der Grenzfrage sei nicht zu erreichen, »ohne daß die wirtschaftliche und finanzielle Notlage Polens den äußersten Grad erreicht und den gesamten polnischen Staatskörper in einen Zustand der Ohnmacht gebracht hat«. Auch sei gegenwärtig Deutschlands Stellung gegenüber den Westmächten noch zu schwach, so daß das Ergebnis einer etwaigen internationalen Aufrollung der Grenzfrage für Deutschland unzulänglich bleiben müßte. Als unzulängliche »Zwischenlösungen« müßten

23 Näheres bei Höltje (S. 209, Anm. 10), S. 181 und bei Helmut Lippelt (Anhang, S. 330).

aber »alle diejenigen angesehen werden, die unserem bekannten Standpunkt ... hinsichtlich des Korridors, Danzigs, Oberschlesiens und gewisser Teile von Mittelschlesien nicht gerecht werden«. Nur ein »uneingeschränkter Wiedergewinn der Souveränität über die in Rede stehenden Gebiete kann uns befriedigen«.[24]

Diese »Rechnung« Stresemanns kann man gleichsam als Modell der Subjektivität betrachten, in die das nationale deutsche Revisionsverlangen der Weimarer Zeit je länger desto mehr hineingeriet. Während die Suche nach realen Ansätzen zu seiner Verwirklichung sich in konditionalen Spekulationen verirrte, blieb das einzig Stabile die Nichtanerkennung des bestehenden Status, die Nichtaufgabe des ungeteilten »Ideals«. Die Aufrechterhaltung des vollen Anspruchs wurde sogar wichtiger als die Realisierung bescheidener Ziele. Die Theorie der Revision entwickelte sich zum Tabu, zur »grundlosen« Hoffnung. Der englische Diplomat Bruce Lockhart bemerkte treffend: »Die deutsche Republik krankte im Hinhalten von Hoffnungen.«[25] Ohnmächtig, die aufgestellte Formel in die Tat umzusetzen, vermochte man einen Schein der durch sie prätendierten Wirklichkeit nur dadurch aufrechtzuerhalten, daß man hartnäckig abwehrte und unterließ, was mit ihr nicht vereinbar schien.

Die Hoffnung auf den innenpolitischen und wirtschaftlichen Zusammenbruch Polens wurde schon im Mai 1926 zunichte, als Pilsudski nach Jahren selbstgewählter Zurückgezogenheit (seit Ende 1922) erneut die Macht ergriff und anstelle der bisher extrem parlamentarischen polnischen Regierungsweise seine autoritäre »Schutzdiktatur« errichtete und in den folgenden Jahren eine weitgehende wirtschaftliche Stabilisierung zuwege brachte. Da Pilsudski und sein neuer Außenminister Zaleski nach den für Polen deprimierenden Erfahrungen von Locarno auch außenpolitisch statt der einseitigen Bindung an Frank-

24 Höltje (S. 209, Anm. 10), Anlage 5.
25 Zit. ebenda, S. 163 nach Bruce Lockhart: Als Diplomat, Bankmann und Journalist im Nachkriegseuropa. – Berlin/Stuttgart 1935, S. 373.

reich einen selbständigeren Kurs erstrebten, ergaben sich seit 1926/27 relativ günstige Voraussetzungen für eine Normalisierung des deutsch-polnischen Verhältnisses. Pilsudski und Zaleski legten hierauf namentlich aus wirtschaftlichen Gründen besonderen Wert. Am Widerstand insbesondere der deutschnationalen Partei scheiterten aber die Ende 1927 wiederaufgenommenen deutsch-polnischen Wirtschaftsverhandlungen. Auch das zur Abwicklung vor allem deutscher privater Ansprüche in Polen entworfene Liquidationsabkommen konnte jahrelang nicht in Kraft treten, weil selbst hierin ein »Ostlocarno« gesehen wurde.

Bereits Ende 1928 waren die deutsch-polnischen Beziehungen erneut aufs äußerste gespannt. Seit Deutschlands Aufnahme in den Völkerbund (Herbst 1926) waren es vor allem die Minderheitenfragen, die zu periodisch wiederkehrenden deutsch-polnischen Auseinandersetzungen führten.

Minderheitenpolitik und Revisionspropaganda

Zum wesentlichsten Streitpunkt in den deutsch-polnischen Beziehungen entwickelte sich die Lage der deutschen Minderheit in Polen. Das Arsenal der großen und kleinen Mittel zur Niederhaltung und Verdrängung einer mißliebigen fremdnationalen Bevölkerungsgruppe, das vor 1914 gegen die Polen im preußischen Osten in Gang gesetzt worden war, kam seit 1920 gegen die im Lande verbliebene deutsche Bevölkerung zur Anwendung. Der Minderheitenschutzvertrag, den Polen hatte unterzeichnen müssen, erlaubte zwar nicht eine rücksichtslose Politik der Polonisierung, aber er ließ – zumal bei der mangelnden Effektivität des Beschwerdeverfahrens vor dem Völkerbund – der Regierung und Verwaltung genügend Möglichkeiten, um die Zahl der staatlichen und privaten Schulen mit deutscher Unterrichtssprache herabzudrücken, um auf dem Wege der Beschlagnahme oder des Verbots gegen deutsche Zeitungen und Vereine vorzugehen, wenn vermeintlich durch sie die Staatssicherheit bedroht wurde. Das polnische Agrarreformgesetz vom 28. Dezember 1925, das die staatliche Parzellierung von Großgrundbesitz über 150 Hektar ermöglichte, bot schließlich auch die Handhabe, den deutschen Grundbesitz insbesondere in Pommerellen stark zu reduzieren. Vor allem aber erwies sich der gesellschaftliche und wirtschaftliche Boykott als eine wirksame Waffe, um deutsche Kaufleute und Unternehmer aus dem Lande zu drängen bzw. zur Distanzierung von den kulturellen und politischen Organisationen des Deutschtums zu veranlassen. Bei alledem ging es auf polnischer Seite weniger um das ohnehin nicht sehr aussichtsreiche Ziel, die Deutschen in Pommerellen, Posen und Oberschlesien zu assimilieren, als vielmehr darum, durch Herabdrückung der Zahl der deutschen Einwohner und Verminderung des deutschen Besitzes und Einflusses jedem deutschen Revisionsanspruch vorzubeugen. Hinter der Minderheitenpolitik stand die Grenzfrage und erst dadurch erhielt auch erstere ihren politischen Sprengstoff.

Das galt umgekehrt auch von den deutschen Gegenmaßnahmen zur Stützung und Erhaltung des Deutschtums in den Abtretungsgebieten, die schon z. T. in den Übergangsjahren 1919-20 im Zusammenhang mit den Abstimmungskämpfen organisatorisch entwickelt wurden und besondere Bedeutung erlangten, als mit der starken Abwanderung die Gefahr völliger Entdeutschung eintrat. Zur Abwehr einer solchen Entwicklung entfalteten seit 1920 die Ressorts der preußischen und Reichsregierung über die deutschen Konsulate und die Deutschtumsorganisation in Posen/Pommerellen und Ostoberschlesien eine zielstrebige Aktivität. Es entstand jetzt aufs neue die Ermahnung zum Aushalten im Osten. Die Devise lautete nunmehr, daß das Reich von den Deutschen der Abtretungsgebiete erwarte, daß sie wenn irgend möglich im Lande blieben, von dem Recht der Option für Deutschland nicht Gebrauch machten, sondern polnische Staatsbürgerschaft annähmen. Um die daraus für Lehrer, Beamte, Pensionäre etc. entstehende wirtschaftliche Benachteiligung auszugleichen, wurde gleichzeitig über die hierfür errichtete Tarnorganisation der Deutschen Stiftung ein System finanzieller Unterstützung aus Reichs- und preußischen Staatsmitteln entwickelt, das sich auch auf das deutsche Schul- und Vereinswesen erstreckte. In ähnliche Richtung zielte die Aktivität der gleichfalls mit deutschen bzw. preußischen Staatsmitteln arbeitenden und in die Form privater Gesellschaften gekleideten Finanzkontore des als Reichstreuhänder fungierenden ehemaligen Graudenzer Bürgermeisters und Abgeordneten Max Winkler. Ihm gelang insbesondere eine weitgehende Subventionierung der deutschen Presse in Polen, die auf diese Weise wirtschaftlich gegen polnische Eingriffe gesichert, damit aber auch indirekt mehr oder weniger an die Leine deutscher Außenpolitik gebunden wurde. Hier wie auf anderen Gebieten verband sich das Bestreben kultureller und wirtschaftlicher Förderung der deutschen Minderheit in Polen mit dem Ziel, den deutschen Anspruch auf Grenzrevision »volkstumspolitisch« zu unterbauen. »Die Reichsregierung hat es stets als eine wesentliche Aufgabe unserer Außenpolitik betrachtet«, so formulierte eine Aufzeichnung des Auswärtigen Amtes vom 14. 7. 1928, »mit allen Mitteln das heute noch in den abgetretenen Gebieten ansässige Deutschtum zu erhalten, da dies die Voraussetzung für eine günstige Lösung der Korridor- und der oberschlesischen Frage ist.«[26] Der enge Kontakt zwischen den amtlichen Stellen des Reiches, insbesondere dem Auswärtigen Amt mit den führenden Vertretern der deutschen Minderheit in Polen, die u. a. auch die Beratung und Absprache über das Vorgehen bei Petitionen an den Völkerbund einschloß, war naturgemäß wenig geeignet, die polnische Politik gegenüber den deutschen Minderheiten zu entschärfen, da deren Organisationen, vor allem die »Deutsche Vereinigung« in Posen/Pommerellen und der »Deutsche Volksbund« in Ostoberschlesien, ihr nicht ganz zu Unrecht als Arm reichsdeutscher Politik erschienen.

26 Aufzeichnung des Auswärtigen Amtes, von Staatssekretär Schubert am 14. 7. 1928 der Reichskanzlei übersandt; Bundesarchiv Koblenz: R 43 I/547.

Infolge der Verquickung von Volkstums- und Minderheitenfragen mit dem Ziel der Grenzrevision erhielt manche lautstarke deutsche Empörung über die Lage des Deutschtums in Polen einen falschen Klang. Hier lag auch der problematische Punkt der von Stresemann zielstrebig begonnenen Bemühungen, den Völkerbund in stärkerem Maße für das Schicksal der Minderheiten überhaupt und der deutschen Minderheit in Polen insbesondere zu interessieren.

Die deutsche Regierung befand sich hier an sich in einer moralisch und politisch günstigen Position, da sie die allgemeine Weiterentwicklung des Minderheitenrechts und die Verbesserung des Völkerbundverfahrens zum Schutz der Minderheiten, das im Interesse nicht nur der deutschen Minderheiten lag, mit dem speziellen Ziel verbinden konnte, das Augenmerk auf die »unhaltbare Lage« der deutschen Minderheit in Polen zu lenken. Seit Deutschland einen ständigen Sitz und Stimme im Völkerbundsrat besaß, nahm die Zahl der deutschen Minderheiten-Petitionen aus Polen erheblich zu. Allein der sogen. oberschlesische Schulstreit befaßte das Minderheitenkomitee des Völkerbundes und den internationalen Schiedsgerichtshof im Haag seit 1927 einige Jahre lang mehrere Male. Anläßlich der Ratssitzung in Lugano im Dezember 1928 kam es dabei zu einer heftigen Auseinandersetzung zwischen Stresemann und dem polnischen Außenminister Zaleski. Die Kontroverse führte insofern zu einem Erfolg der deutschen Politik, als Stresemann bei der folgenden Tagung des Völkerbundsrates im März 1929 die deutsche Definition des Minderheitenrechts weitgehend durchsetzen konnte. Es ging dabei insbesondere um die Frage, ob die Minderheitengarantien des Völkerbundes gleichsam nur als vorübergehende Schutzbestimmungen anzusehen seien, um eine zwanglose Integration der Minderheiten in ihren jeweiligen Staat zu gewährleisten, oder ob sie, deutscher Auslegung gemäß, in Richtung auf eine dauerhafte nationalkulturelle Autonomie auszubauen seien. Hier wie bei anderen Gelegenheiten war die deutsche Politik auf dem besten Wege, ihrem Standpunkt im Völkerbund mehr und mehr Nachdruck zu verschaffen. Wenn Stresemann allerdings gehofft hatte, durch die Minderheitendebatten im Völkerbund in absehbarer Zeit das Klima für eine Revision der Ostgrenze zu schaffen, so war dies eine allzu überschwengliche Erwartung gewesen. Sie schmolz um so mehr, je durchsichtiger nach Stresemanns Tod die deutsche Delegation in dieser Hinsicht im Völkerbundsrat operierte. Seit 1930 mehrten sich die Stimmen, die der deutschen Regierung vorwarfen, daß sie die Minderheitenfrage absichtlich und agitatorisch nach vorn spiele. Während der Minderheitendebatte vom 6. Oktober 1932 bemerkte der französische Delegierte Bérenger lakonisch: Unter dem Vorwand des Schutzes der Minderheiten sei einst auch Katharina II. nach Polen einmarschiert, die Folge davon sei die Teilung Polens gewesen. Das pragmatische Ziel der Revisionspolitik nahm manchen wertvollen Impulsen, die während der Weimarer Zeit auf dem Gebiet des Nationalitätenrechts von deutscher Seite ausgingen, ihre Glaubwürdigkeit und Wirksamkeit. Der Berliner Minderheitenrechtler Carl Georg Bruns warnte schon 1926 davor, die Fragen des Minderheitenrechts »zum Gegenstand des politischen Geschäfts« oder zum Vorspann bloßer Grenzrevisionspolitik zu machen: »Jede Veränderung der Grenzen hat nur den Erfolg, daß aus herrschenden Völkern beherrschte werden und umgekehrt.«[27] Es gelte statt dessen die Minderheitenfrage aus dem Bannkreis nationalen Machtwillens herauszulösen und das Problem des Minderheitenrechts unter dem Gesichtspunkt der allgemeinen Rechts- und Freiheitsidee zu verstehen.

Von solcher Generalisierung und Objektivierung der Betrachtung war im Zeichen des Grenz- und Volkstumskampfes aber eine beträchtliche Zahl selbst namhafter Wissenschaftler auf deutscher wie auf polnischer Seite weit entfernt. Rechts- und Geschichtswissenschaft, Volkskunde und Geographie ließen sich allzu oft in den Dienst politisch-nationaler Propaganda stellen. Die Forschung in deutschen Ostinstituten und polni-

27 Carl Georg Bruns: Denkschrift vom März 1926 (unveröffentlicht); Akten der Reichskanzlei, Bundesarchiv Koblenz: R 41 I/560.

schen Westinstituten war in zahlreichen Fällen weniger der Realitätserkenntnis als dem handfesten nationalpolitischen Zweck verpflichtet, wobei staatliche Subvention korrumpierend mitwirkte.

In der Deutschtumsabteilung des Reichsinnenministeriums, die sich in besonderem Maße der Förderung von ostkundlichen Publikationen annahm, sprach man gelegentlich im Jargon der Verwaltung unumwunden von der »wissenschaftlichen Vorbereitung der Revision des Versailler Vertrages«. Als im Sommer 1927 zwischen dem Ministerium und der Leipziger »Stiftung für Volks- und Kulturbodenforschung« Ziel und Zweck einer beabsichtigten »Erforschung der Grenzziehungsschäden« besprochen wurden, ergab sich folgendes, protokollarisch festgehaltene Gespräch: Der Leiter der wissenschaftlichen Stiftung erklärte vorweg: die geplante Untersuchung »dürfte zu dem Ergebnis kommen«, daß die Grenzziehung im Osten »zweckbedingte Schikane« gewesen sei. Er bitte jedoch um Entscheidung, »ob die Form der Darstellung eine rein wissenschaftliche oder eine mehr propagandistische sein solle«. Daraufhin replizierte der geldgebende Vertreter des Ministeriums salomonisch: »es solle auf wissenschaftlicher Grundlage möglichst rasch und drastisch die blutende Ostgrenze dargestellt werden«.[28]

Subventionierte Wissenschaft und Publizistik trugen in den 20er Jahren erheblich dazu bei, die antipolnische Stimmung in Deutschland anzufachen und die These der notwendigen Grenzrevision weiter zu verfestigen. Je länger man aber daran festhielt, die Revision der Ostgrenzen zu proklamieren, ohne daß konkrete Ansatzpunkte für eine Realisierung dieses Ziels bestanden, um so sicherer mußten die erweckten falschen Hoffnungen über kurz oder lang in der Form nationaler Opposition sich gegen die Regierungen der Weimarer Republik selbst wenden. Das galt u. a. auch für das Verhältnis zur deutschen

28 Aufzeichnung Dr. Goekens (Ausw. Amt) v. 18. 7. 1927 über Besprechung im RMdI am 15. 7. 1927; Akten des Ausw. Amtes; Polit. Arch. d. AA Bonn; Kult pol VIa; Allg. Förderung des Auslandsdeutschtums, Bd. 9 (1927).

Minderheit in Polen, die durch die amtlich gesteuerte Volkstumspolitik und Revisionspropaganda in eine Vorpostenpsychologie hineinmanövriert worden war, die nicht nur ihr Verhältnis zum polnischen Staat belastete, sondern auch unbegründete Erwartungen auf baldige Heimholung in das Reich nähren mußte. Anläßlich einer Unterredung, die Reichskanzler Brüning am 20. Dezember 1930 mit führenden Vertretern des Deutschtums in Pommerellen führte, trat deutlich das Gefühl wachsender Ungeduld auf seiten der Minderheitenvertreter hervor. Brüning beteuerte bei dieser Gelegenheit, daß »der Opfermut der Deutschen in Pommerellen, die in Vorpostenkämpfen um die Revisionspolitik ständen, im Reiche bewundert« werde. Die Herren »könnten versichert sein, daß diese Revisionspolitik von der Reichsregierung nicht aufgegeben würde« und »deutsche Konzessionen in der Ostfrage gänzlich ausgeschlossen seien«. Solche Durchhalteparolen, die man nur ungenügend zu honorieren vermochte, hatten jedoch zur Folge, daß die Vertreter der deutschen Minderheit ihrerseits auf eine noch entschiedenere Revisionspolitik drängten. Es entstand hier gleichsam ein Lobbyismus, der zum Scharfmachertum drängte. Bezeichnend hierfür ist die »Gedankenskizze«, die die Besucher aus Pommerellen in der Reichskanzlei hinterließen. Es hieß dort stichwortartig u. a.:

»Planmäßige Förderung des Revisionswillen in allen Volksschichten in Deutschland. Weltmeinung vorbereiten und stärken, daß Ostlage für Deutschland völlig untragbar; Polen unfähig, die Minderheitenfrage zu lösen... Deutschland muß sich möglichst mit anderen Staaten, z. B. Litauen, Tschechoslowakei, in Minderheitenfragen einigen, nur nicht mit Polen.«[29]

Die seit 1930 unter dem Einfluß der wachsenden nationalistischen Stimmung erheblich verstärkte Revisionspropaganda in Deutschland beunruhigte in Polen stark. Öffentliche Reden, wie die Reichsminister Treviranus' vom 10. August 1930, in der es nicht an Drohungen gegenüber Polen fehlte und gleichzeitig

29 Akten Reichskanzlei; Bundesarchiv Koblenz: R 43 I/550.

der Tag der Befreiung des Ostens angekündigt wurde, wirkten in Polen beinahe wie Kriegsankündigung. Auch Pilsudski fürchtete angesichts der seit 1930 mächtig angeschwollenen nationalistischen Bewegung in Deutschland offenbar eine irredentistische Entladung und suchte ihr auf seine Weise durch militärische Drohungen zu begegnen.

Seit 1928 hatte er sich um eine Normalisierung der Beziehungen zur Sowjetunion bemüht. Anfang 1932 kam es zum Abschluß eines polnisch-russischen Nichtangriffspaktes. Nachdem Polen dadurch im Rücken gesichert war, versuchte Pilsudski angesichts der ständig wachsenden nationalistischen Welle in Deutschland, durch aggressive Militärpolitik eine Einschüchterung des Reiches zu erzwingen. Polnische Kriegsschiffe demonstrierten im Danziger Hafen, ein großer Teil der polnischen Armee stand hinter der deutsch-polnischen Grenze. In Ostpreußen erwartete man im Frühjahr 1932 jeden Tag einen polnischen Handstreich. Ebenso wie die deutsche Revisionspropaganda erzielte aber auch diese polnische Politik der Drohungen letzten Endes das Gegenteil des Gewünschten, rief auf der anderen Seite nur neue Radikalität hervor. Dafür bot gerade Ostpreußen, das sich besonders exponiert fühlte, ein bemerkenswertes Indiz. Als Brüning im Frühjahr 1932 Hitlers SA verbot, opponierte dagegen vor allem die ostpreußische Reichswehrführung unter General Blomberg und Oberst Reichenau, weil sie in der SA eine notwendige Kampftruppe für den Schutz der Grenzen sah. Die von Hitler zu dieser Zeit angebahnte Verbindung mit diesen beiden Reichswehroffizieren, die ihm später außerordentlich zugute kam, ist ganz offensichtlich begünstigt worden durch die gleichzeitigen polnischen Drohungen.

Pilsudski rechnete schon 1932 damit, daß Hitlers Machtantritt in Deutschland vor der Tür stehe. Seine eigene Abneigung gegen das demokratisch-parlamentarische System, auch Hitlers antisowjetische Einstellung täuschten ihn aber über die Gefahr hinweg, die damit auf lange Sicht auch für Polen heraufziehen sollte.

Das Dritte Reich und Polen 1933-1939

Der Pakt mit Warschau

Durch die nationalsozialistische Machtübernahme kam in die während der Weimarer Zeit verfestigte revisionistische Politik gegenüber Polen ein neues Element. Hitlers außenpolitisches Programm wies über nationale Grenzfragen weit hinaus. Er hatte schon in den 20er Jahren den Politikern von Weimar vorgeworfen, daß sie »hypnotisiert« immer nur auf kleine Grenzprobleme starrten und keinerlei großräumiges Zukunftsprojekt verfolgten. Deutschland dürfe, so schrieb er 1928, seine außenpolitische Aufgabe »unter keinen Umständen in einer formalen Grenzpolitik« sehen. Die Parole der Wiederherstellung der deutschen Grenzen sei »doppelt dumm«, weil sie gar kein auf lange Sicht wirklich nützliches und erstrebenswertes Ziel zum Inhalt habe. Demgegenüber werde die Außenpolitik der nationalsozialistischen Bewegung »immer eine Raumpolitik« sein und alle Kräfte darauf konzentrieren, »um unserem Volk durch die Zuweisung eines genügenden Lebensraumes für die nächsten 100 Jahre einen Lebensweg vorzuzeichnen«.[1]
Bei der Besitzergreifung eines großen kolonialen Raumes im Osten dachte Hitler in erster Linie an Rußland. Der Osten, das war für ihn vor allem die Sowjetunion. Im übrigen sprach er meist nur summarisch von »den Randstaaten«. Moskau, in Hitlers Vorstellung die Zentrale jüdisch-bolschewistischer Weltzersetzung, galt ihm sowohl weltanschaulich als auch im Hinblick auf eine künftige deutsche Raumpolitik im Osten als »Feind Nr. 1«. Daran mag es liegen, daß Hitler sich vor 1933 zur polnischen Frage und einer künftigen nationalsozialistischen Politik gegenüber Polen auffällig wenig geäußert hat. Innerhalb der NSDAP gab es vor Hitlers Machtantritt kein

1 Hitlers Zweites Buch. Ein Dokument aus dem Jahre 1928; hrsg. v. G. L. Weinberg. – Stuttgart 1961, insbes. S. 114 und 163.

fixiertes Programm der künftigen Polenpolitik. Lediglich Alfred Rosenberg, damals noch außenpolitischer Experte der NSDAP, hatte die Frage publizistisch und auch im Reichstag verschiedentlich berührt. Seine Vorstellungen kreisten dabei um das aus dem Weltkrieg und der unmittelbaren Nachkriegszeit bekannte Ziel einer aktiven, sowohl gegen das bolschewistische Rußland wie gegen Polen gerichteten deutschen Randstaatenpolitik. Er verschrieb sich insbesondere dem Gedanken, daß Deutschland durch ein Bündnis mit der national-ukrainischen Bewegung und die Errichtung eines von Deutschland protegierten ukrainischen Staates mit der Hauptstadt Kiew sowohl die Umklammerung und Beseitigung Polens als auch die Zurückdrängung Moskaus erstreben müsse. In seiner Schrift »Der Zukunftsweg der nationalsozialistischen Außenpolitik« von 1927 bezeichnete er das »Bündnis zwischen Kiew und Berlin« und die »Schaffung einer gemeinsamen Grenze« zwischen Deutschland und der Ukraine als »völkische und staatliche Notwendigkeit für eine deutsche Politik«, durch die auch die »Wegräumung des polnischen Staates« erreicht werden würde.

Hitler selbst hatte an dieser Idee, welche die staatlich-politische Kraft des ukrainischen Nationalismus und die Bedeutung der ukrainischen Exilpolitiker in Deutschland erheblich überschätzte, kaum Anteil und scheint dieser Lieblingsvorstellung Rosenbergs von Anfang an kritisch gegenübergestanden zu haben. Ungeachtet seiner weltanschaulichen Grundvorstellung von der rassischen Minderwertigkeit der östlichen Völker, empfand Hitler den Polen gegenüber kaum angestammte Ressentiments und Haßgefühle, wie er sie etwa den Tschechen gegenüber bekundete. Marschall Pilsudski und seine Berater bemerkten etwas Richtiges, als sie 1933 zu dem Schluß kamen, daß Hitler, weil er Österreicher und kein Preuße sei, die traditionelle »antipolnische Wut« seiner Vorgänger fernliege.[2]

In den Wochen nach Hitlers Machtübernahme sah es freilich

2 Vgl. Hans Roos: Polen und Europa. Studien zur polnischen Außenpolitik 1931-1939. – Tübingen 1957, S. 101.

eher nach einer Verschärfung der deutsch-polnischen Kriegsstimmung als nach Entspannung aus. Die Berufung eines Koalitionskabinetts von Deutschnationalen und Nationalsozialisten wurde ganz allgemein als Triumph des deutschen nationalen Radikalismus aufgefaßt. Bezeichnend für die Erwartung, die sich daran knüpfte, war eine Eingabe des in Fragen der Polenpolitik besonders extremen Deutschen Ostbundes an Hitler vom 2. März 1933:

> *»Wir erwarten von der Reichsregierung ... die tatkräftige Vertretung der Forderung auf Abänderung der Ostgrenze und Rückgabe des uns geraubten Gebiets ... Wir haben zu Ihnen, hochverehrter Herr Reichskanzler, und zu den Kräften und Kreisen, die sich mit Ihnen und Ihren Anhängern zu einer Regierung der nationalen Konzentration zusammengeschlossen haben, das Vertrauen, daß Sie diese unsere Anliegen nicht nur als berechtigt anerkennen, sondern mit aller Tatkraft und Energie vertreten und fördern werden.«*[3]

Das geräuschvolle, terroristische Auftreten der SA in Ostpreußen, Schlesien und Danzig und der losgelassene Taumel nationaler Gefühle und Ressentiments während der Februarwochen des Jahres 1933, der sich entlang der Ostgrenze auch in antipolnischen Demonstrationen Luft machte, verbreitete auch den Polen gegenüber den Eindruck einer revolutionären Radikalisierung der deutschen Revisionspolitik unter nationalsozialistischer Regie. In Polen entstand der Alptraum: Hitler bedeutet die gewaltsame Revision. Anlaß dazu gab auch das Übergreifen der nationalsozialistischen Bewegung auf die Deutschen in Polen, das von der Hitlerjugend, der Auslandsorganisation der NSDAP und vom Reichspropagandaministerium gefördert wurde. Dies und die Nachrichten aus Deutschland, vor allem über die gewalttätige Verfolgung von politischen Gegnern und Juden nach dem Reichstagsbrand, riefen in Polen eine Hochflut antideutscher Stimmung hervor, die nicht selten auch in allge-

3 Akten Reichskanzlei; Bundesarchiv Koblenz: R 43 I/1815, S. 157 ff.

meine Aggressivität gegen die deutsche Bevölkerung Polens umschlug.

Die polnische Regierung förderte dabei im Februar und März 1933 auch bewußt die öffentliche Kampagne gegen Deutschland. Marschall Pilsudski und sein neuer Außenminister Oberst Beck glaubten zwar nicht, daß von Hitler schon jetzt unmittelbare Gefahr drohe, doch sie fürchteten für die Zukunft. In dem allgemeinen außenpolitischen Vertrauensschwund, den Hitler durch seine Gewaltmethoden binnen weniger Wochen herbeigeführt hatte, sah Pilsudski eine vielleicht letzte Chance, Frankreich und evtl. gar England zu einer Interventionspolitik gegen Deutschland zu mobilisieren. Wie schon 1932 kam er zu der Überzeugung, daß sich am sichersten durch politische und militärische Präventivmaßnahmen ein Wiederaufstieg der deutschen Macht verhindern lasse, die sich, seiner Meinung nach, unweigerlich eines Tages gegen Polen richten müsse. Auch im polnischen Generalstab sah man den Krieg zwischen Deutschland und Polen als beinahe unvermeidlich an und vertrat den Standpunkt, daß Polen die gegenwärtige Lage ausnützen müsse, wo Deutschland militärisch noch nicht vorbereitet und durch innere Wirren hin- und hergerissen sei.

Gestützt auf momentan günstige polnische Beziehungen zu Moskau, zu denen Hitler durch die Kommunistenverfolgungen im Reich selber beigetragen hatte, ließ Pilsudski in der Nacht zum 6. März 1933, als man in Berlin damit beschäftigt war, die Ergebnisse der Reichstagswahl auszuwerten, einen polnischen Truppentransporter im Danziger Hafen einlaufen und unter Verletzung des Völkerbundstatuts polnische Truppenverstärkungen auf der Westerplatte an Land setzen. Gleichzeitig sondierte er in Paris, ob Frankreich bereit sei, sich an einem Präventivkrieg gegen Hitler-Deutschland zu beteiligen. Da die polnische Armee damals zahlenmäßig mindestens die doppelte Stärke der Reichswehr besaß, stand Deutschland einer solchen Eventualität ziemlich machtlos gegenüber. Der damalige Chef des Truppenamtes der Reichswehr Generalleutnant Adam erklärte angesichts der drohenden Situation im März 1933 kategorisch, Deutschland könne »zur Zeit keinen Krieg führen«. Er müsse »alles tun, ihn zu vermeiden, selbst um den Preis diplomatischer Niederlagen«.[4]

Hitler blieb jedoch vor einer militärischen polnischen Aktion bewahrt. Der Völkerbund verurteilte auf britischen Antrag die polnische Provokation in Danzig, und Polen sah sich veranlaßt, seine Truppen von der Westerplatte zurückzuziehen. Dieselbe Völkerbundssitzung im März 1933 ließ aber nichtsdestoweniger die außenpolitische Isolierung Deutschlands deutlich erkennen. Auch die Präventivkriegsgefahr war noch nicht endgültig abgewendet. Hitler, der sich über die prekäre außenpolitische Lage nicht hinwegtäuschte, ließ sich, zur Dämpfung der Weltmeinung, in seiner Rede zur Begründung des Ermächtigungsgesetzes am 23. März 1933 höchst friedfertig vernehmen: »Ich bin bereit, jedem Volk die Hand zu aufrichtiger Verständigung zu reichen, das gewillt ist, die traurige Vergangenheit einmal grundsätzlich abzuschließen.«

Polen war hierbei allerdings nicht namentlich genannt. Tatsächlich regierte zu dieser Zeit im Auswärtigen Amt noch die aus der Weimarer Zeit überkommene Tradition der antipolnischen Grundeinstellung. In der Sitzung des Reichskabinetts vom 7. April 1933 trug Hitlers deutschnationaler Außenminister Freiherr v. Neurath einen eher verschärften Kurs der alten Revisionspolitik vor:

»*Unser Hauptziel bleibt die Revision der Ostgrenze. Nur eine totale Lösung kommt in Frage. Zwischen- und Teillösungen sind abzulehnen... Eine Verständigung mit Polen ist weder möglich noch erwünscht. Die Spannung mit Polen muß aufrechterhalten werden, und sei es nur, um zu verhindern, daß das Interesse der Welt an einer Revision der deutsch-polnischen Grenze abstirbt.*«[5]

Erst vier Wochen später setzte Hitler, der Polen gegenüber selbst zunächst geschwankt hatte, eine andere Auffassung durch, wozu sicher auch die Meldungen über Pilsudskis Prä-

---

4 H. Roos (S. 235, Anm. 2), S. 68.
5 Rückübersetzung aus dem Englischen; vgl. Documents on German Foreign Policy, 1918-45, Serie C, Vol. I, S. 257 ff.

ventivkriegsabsichten, die während des Monats April anhielten, beitrugen. Die Provokationspolitik Pilsudskis scheint Hitler – was sehr bezeichnend für seine Mentalität ist – ebensosehr imponiert zu haben wie sie ihn bedrohte. In der militärischen, autoritären Vorstellungswelt des polnischen Marschalls spürte Hitler instinktiv etwas Verwandtes. »Polen kann sich glücklich schätzen«, so versicherte er Monate später dem polnischen Vertreter in Berlin, »von einer so großen Persönlichkeit wie Marschall Pilsudski regiert zu werden.«[6]

Die außenpolitischen Voraussetzungen für eine Annäherung an Warschau waren günstig geworden. Ende April 1933 hatte Pilsudski einsehen müssen, daß Paris für einen Präventivkrieg gegen Hitler nicht zu gewinnen war, und einen Alleingang Polens konnte er schwerlich riskieren. Verstimmt über die mangelnde Berücksichtigung polnischer Interessen durch die Westmächte, war Pilsudski jetzt geneigt, durch Entspannung des Verhältnisses zu Berlin eine – wenn auch vorübergehende – Sicherheitsgarantie einzutauschen. Den sichtbaren Beginn einer Klima-Veränderung in den deutsch-polnischen Beziehungen brachte die Unterredung zwischen Hitler und dem polnischen Gesandten Wysocki am 2. Mai 1933. Hitler kam dabei seinem polnischen Gesprächspartner weit entgegen: die unsinnige Grenzziehung zwischen Deutschland und Polen sei in Versailles offenbar vorsätzlich als Zankapfel zwischen Polen und Deutschland geworfen worden, er (Hitler) respektiere Polen aber als eine Realität und glaube, daß die strittigen Fragen zwischen Berlin und Warschau nüchtern behandelt und Wege aus der gegenwärtigen gespannten Situation gefunden werden könnten. Auf Wunsch Wysockis stimmte Hitler auch der Veröffentlichung eines amtlichen Kommuniqués über die Besprechung zu, das am 3. Mai 1933 ausgegeben wurde und besagte, der Reichskanzler habe die feste Absicht der deutschen Regie-

6 Die polnisch-deutschen und die polnisch-sowjetrussischen Beziehungen 1933-1939. Dokumente und Urkunden zum Kriegsausbruch; hrsg. vom polnischen Außenministerium (sogenanntes Polnisches Weißbuch). – Basel 1940, S. 22.

rung betont, »ihre Einstellung und ihr Vorgehen strengstens im Rahmen der bestehenden Verträge zu halten« und den Wunsch ausgesprochen, daß Deutschland und Polen »ihre gemeinsamen Interessen beiderseits leidenschaftslos überprüfen und behandeln möchten«.[7]

Nicht zuletzt an die polnische Adresse war auch Hitlers konziliante Reichstagsrede vom 17. Mai 1933 gerichtet, in der er erklärte, die »grenzenlose Liebe und Treue« zum »eigenen Volkstum« sei die Grundlage des nationalsozialistischen Respekts vor den »nationalen Rechten auch der anderen Völker«, mit denen Deutschland »aus tiefinnerstem Herzen« in Frieden und Freundschaft leben wolle. – Der polnischen Regierung fehlte es zwar nicht an gesundem Mißtrauen, sie blieb aber nicht unbeeindruckt von Hitlers Beteuerungen, die so viel entgegenkommender klangen als zahlreiche Äußerungen Weimarer Politiker. Eine gewisse beruhigende Wirkung hatte es auch für Polen, daß sich im Sommer 1933 die Beziehungen zwischen Berlin und Moskau sichtlich verschlechterten, die bisherige militärische Zusammenarbeit zwischen Reichswehr und Roter Armee gelöst und auch die deutsch-sowjetischen Wirtschaftsbeziehungen gedrosselt wurden. Gleichzeitig kamen erste praktische Schritte zur Normalisierung des deutsch-polnischen Verhältnisses in Gang. Die seit Juni 1933 amtierende nationalsozialistische Danziger Senatsregierung unter Hermann Rauschning machte, auf Hitlers Weisung, den Polen Konzessionen in der Frage des Danziger Hafens. In Genf konferierte Reichspropagandaminister Goebbels im September 1933 mit Oberst Beck über die Beendigung des deutsch-polnischen Zeitungskrieges, und zur gleichen Zeit begannen Verhandlungen zur Wiederaufnahme normaler Wirtschaftsbeziehungen.

Die Ergebnisse der bisherigen Beschwichtigung drohten jedoch plötzlich hinfällig zu werden, als Hitler die für Deutschland ungünstige Wendung der Abrüstungsverhandlungen in Genf

7 Ebenda, S. 15 f. sowie auch Documents on German Foreign Policy, Serie C, I, S. 375.

am 19. Oktober 1933 zum demonstrativen Austritt Deutschlands aus dem Völkerbund benutzte. Der berechtigte Argwohn, daß der wahre Grund Hitlers für den abrupten Schritt nur seine Absicht der unkontrollierten deutschen Aufrüstung sein könne, rief in Warschau alle alten Befürchtungen wieder wach und mobilisierte erneut polnische Interventions- und Präventivkriegsbestrebungen. Doch ebenso unvermittelt wie Hitler über Nacht die schwere außenpolitische Krise riskiert hatte, schaltete er jetzt wiederum auf Friedfertigkeit um und vermochte damit weite Kreise des Auslandes zu täuschen. Dem Danziger Senatspräsidenten Hermann Rauschning und anderen versammelten Prominenten der NSDAP erläuterte Hitler Ende Oktober 1933 in einer vertraulichen Sitzung seine Grundeinstellung zu dieser Diplomatie: Er sei bereit, alle Grenzen zu garantieren und Nichtangriffspakte mit wem auch immer zu schließen; denn es sei einfältig, sich solcher Mittel nicht zu bedienen, nur weil man später eventuell einmal in die Lage komme, feierliche Abmachungen zu brechen.[8]

Am 15. November 1933 übermittelte der neue polnische Gesandte Josef Lipski Hitler die klare Frage Marschall Pilsudskis, ob die Reichsregierung bereit sei, das durch Deutschlands Austritt aus dem Völkerbund für Polen entstandene Unsicherheitsgefühl durch eine ausdrückliche Garantie auszugleichen. Nach dem Gespräch mit Hitler konnte Lipski eine sehr beruhigende Botschaft nach Warschau übermitteln:

»*Der Reichskanzler erklärt, daß aller Angriff seiner Politik widerspreche und daß ein Krieg eine Katastrophe für alle wäre. Jeder Krieg könne nur den Kommunismus nach Europa bringen, der eine furchtbare Gefahr darstelle. Polen aber sei ein Vorposten gegen Asien. Der Reichskanzler greift den Gedanken auf, daß jede Kriegsmöglichkeit aus den polnisch-deutschen Beziehungen ausgeschlossen bleiben muß, wobei er bemerkt, daß diesem Gedanken in der Form eines Vertrages Ausdruck gegeben werden könnte.*«[9]

8 H. Roos (S. 235, Anm. 2), S. 108.
9 Polnisches Weißbuch (S. 239, Anm. 6), S. 20 ff. Ergänzend jetzt: Lipski (Anhang, S. 330), S. 99 ff.

Als konkretes Ergebnis der Unterredung kam zweieinhalb Monate später, am 26. Januar 1934, der deutsch-polnische Nichtangriffsvertrag zustande. Beide Regierungen erklärten, sie hielten die Zeit für gekommen, »um durch eine unmittelbare Verständigung von Staat zu Staat eine neue Phase in den politischen Beziehungen zwischen Deutschland und Polen einzuleiten«, und versicherten sich, daß dabei die Grundsätze des Kellogg-Paktes von 1928, d. h. der Verzicht auf jeden Angriffskrieg, für beide Teile verbindlich sein solle. Der auf eine Dauer von zehn Jahren befristete deutsch-polnische Nichtangriffspakt schien alle Prophezeiungen über Hitlers Kriegsabsichten zu entkräften und eine neue Phase des deutsch-polnischen Verhältnisses zu begründen.

Seine unmittelbarste Wirkung lag darin, daß die außenpolitische Isolierung des Dritten Reiches an einer wesentlichen Stelle durchbrochen wurde. Die französische Regierung war durch den Pakt sichtlich schockiert, man sprach in Paris gar von einem Verrat Pilsudskis. Nachdem schon Locarno zu einer gewissen Abkühlung des polnisch-französischen Verhältnisses geführt hatte, distanzierten sich Paris und Warschau nach 1934 weiterhin. Der französisch-polnische Vertrag von 1921, auch die militärische Kooperation zwischen beiden Ländern blieben bis 1939 zwar in Kraft, aber Polen löste sich doch sichtlich aus der außenpolitischen Klientel Frankreichs.

Von Polen her gesehen, war der Pakt mit Deutschland auch ein Ausdruck des in den folgenden Jahren unter der außenpolitischen Regie von Beck verstärkten Bemühens um einen eigenen polnischen Weg in der Außenpolitik. Leitbild war dabei die Bildung einer dritten, ostmitteleuropäischen Kraft zwischen Rußland und Deutschland. Es sollte sich aber zeigen, daß die anscheinend so realistische Rückwendung auf eine Politik bloß polnischer Interessen – im Innern Polens begleitet von einer zunehmenden Verhärtung des autoritären Regierungssystems – recht problematisch war, da Polen dabei seine eigenen Kräfte und außenpolitischen Möglichkeiten doch letzten Endes überschätzte.

In einem Punkt mußte das Abkommen von 1934 aber von vornherein Bedenken erregen. Insofern nämlich, als hierbei ausdrücklich das noch für Locarno verbindliche Prinzip kollektiver
internationaler Regelungen zugunsten bilateraler Abmachungen aufgegeben war. Deutsches und polnisches Mißvergnügen
an einer Ordnung kollektiver Sicherheit, wie sie der Völkerbund repräsentierte, hatten sich gegenseitig gestützt. Hitlers
grundsätzliches Ziel, das System verbindlicher übernationaler
Rechtsordnungen durch temporäre zweiseitige Interessenver-
hältnisse aufzusplittern, das er später mit Erfolg auch gegenüber
den baltischen und südosteuropäischen Staaten anstrebte, hatte
einen schnellen ersten Erfolg erzielt. Der damit verbundene
Abbau des Völkerrechts in den internationalen Beziehungen
ließ im Falle des deutsch-polnischen Paktes nicht lange auf sich
warten. Am 13. September 1934 kündigte Polens Außenminister
Beck in der Vollversammlung des Völkerbundes in Genf die
praktische Mitwirkung Polens an der Durchführung der Minderheitenschutzverträge auf. Der vorangegangene Austritt
Deutschlands aus dem Völkerbund, ohne den dieser Schritt
unmöglich gewesen wäre, hat hier ganz offensichtlich Warschau
ermuntert, sich völkerrechtlicher Verpflichtungen zu entledigen,
die gerade den Deutschen in Polen zugute gekommen waren.
Die Lage der deutschen Minderheit in Polen hörte damit praktisch auf, eine Völkerrechtsfrage zu sein und wurde statt dessen
der jeweiligen Macht- und Interessenkonstellation zwischen
Berlin und Warschau untergeordnet. Auch die spätere gemeinsame deutsch-polnische Erklärung über den Schutz der beiderseitigen Minderheiten vom 5. November 1937 hat daran prinzipiell nichts geändert.
Auf derselben Linie lag es, wenn sich zwischen der nationalsozialistischen Führung in Deutschland und der autoritären polnischen Regierung zeitweilig auch gegenüber der Institution des
Völkerbundskommissars in Danzig eine Art Komplizenschaft
entwickelte. Bis Anfang 1937 amtierte als Hoher Kommissar des
Völkerbundes in Danzig der Ire Sean Lester, redlich bemüht,
die internationalen Rechtsgarantien der Freien Stadt zu bewah-

ren, vor allem auch die demokratischen deutschen Parteien vor dem gewaltsamen Zugriff der Danziger NSDAP zu schützen. Lester zog sich dabei nicht nur die Gegnerschaft der reichsdeutschen und Danziger Nationalsozialisten zu, auch Polens Außenminister Beck leistete manche Schützenhilfe, um die Arbeit des Völkerbundsvertreters zu sabotieren. Anfang 1938 war die Völkerbundsaufsicht in Danzig bereits so belanglos geworden, daß sich Reichsaußenminister v. Neurath und sein polnischer Kollege darüber unterhalten konnten, ob es »bei weiterer Ausgestaltung der deutsch-polnischen Beziehungen nützlich sein könnte, die Einwirkungsmöglichkeit des Völkerbundskommissars in Danzig zu beseitigen«.[10]

wenn dennoch in der Weltmeinung bis 1938 – vor allem auch in England – der deutsch-polnische Pakt im ganzen ein recht gutes Echo fand, so war das nicht rundweg falsch. Nach 15 Jahren hartnäckiger außenpolitischer deutsch-polnischer Feindschaft und einer weitgehenden emotionalen Vergiftung der Beziehungen, die auch weit in die Bereiche der öffentlichen Meinungsbildung, ja selbst in Wissenschaft und Literatur hineingewirkt und das Bild von Polen und Deutschen verzerrt hatten, konnte in der Tatsache der Entspannung an sich schon ein unschätzbarer Gewinn liegen. Unabhängig von den Motiven, die hinter dem Polenpakt standen, bewirkte er ganz unbestreitbar eine Besserung der Atmosphäre. Größere Objektivität in der Berichterstattung und die Pflege eines gutnachbarlichen Tons konnten von heilsamer Wirkung sein, auch wo sie anbefohlen und nicht spontan waren. Das Abkommen mit dem verfeindeten Nachbarn hatte die Chance, eine befreiende Tat zu werden, eine staatsmännische Leistung gerade auch insofern, als sie sich über populäre Vorurteile und starre Denkkategorien hinwegsetzte. Die Tatsache allerdings, daß Hitler es war, der das Abkommen mit Polen schloß, machte die Versöhnung von Anfang an nicht

10 Aufzeichnung v. Neuraths vom 13. 1. 1938; Akten zur Deutschen Auswärtigen Politik 1918-1945 (ADAP), Serie D, Bd. V. – Baden-Baden 1953, S. 31.

recht vertrauenerweckend, zumal die herkömmlichen Gefühle auf beiden Seiten ohnehin gegen den Pakt sprachen.

In Partei- und Regierungsstellen des Dritten Reiches empfand man die offizielle Freundschaft mit Polen gleichsam nur als »Sprachregelung« auf Zeit und für bestimmte, nicht recht durchschaubare Zwecke. Vielfach glaubte man die Taktik des Führers richtig zu verstehen, wenn man, unter der Decke offiziöser Bundesgenossenschaft, doch die Eisen im Feuer hielt, um jederzeit zur alten Linie antipolnischer Politik zurückkehren zu können. Das galt u. a. auch für diejenigen publizistischen und wissenschaftlichen Institutionen, die vor 1933 in besonderem Maße auf die Revisionspropaganda eingestellt gewesen waren. Interessanten Einblick in die dort angestellten Überlegungen gibt ein »vertraulicher Bericht« über die Tagung der Nordostdeutschen Forschungsgemeinschaft, die am 6.-10. August 1934 im Ostseebad Kahlberg unter Beteiligung nahezu aller namhafter deutscher Ostforscher stattfand und bei der ausgiebig auch die Frage erörtert wurde, welche Konsequenzen die Wissenschaft aus dem Zehnjahrespakt mit Polen zu ziehen habe. Man räumte ein, daß die wissenschaftliche »Grenzlandarbeit« jetzt »einer neuen Form« bedürfe. »Polemiken und Revisionsforderungen müssen wegfallen.« Im ganzen aber überwog die Meinung, keine voreiligen Konsequenzen zu ziehen. Verträge im Osten seien »nur bedingt heilig«. »Wir dürfen unser Geschichtsbild nicht zertrümmern aus irgendwelchen politischen Rücksichten«, die Gegnerschaft Polens sei im Grunde »unverändert«, auch die polnischen Westinstitute arbeiteten wie bisher weiter. Wenn zehn Jahre lang »das Wort Korridor nicht mehr gebraucht würde, sei es schwer, nachher wieder mit der Propaganda zu beginnen... Wir müßten so arbeiten, daß wir nach 10 Jahren alles das bereit hätten, was wir im gegebenen Falle brauchen können«.[11]

In Polen, wo die Organe der Öffentlichkeit trotz der autoritären Regierungsverfassung weniger reglementiert wurden als Rund-

11 Hauptarchiv Berlin-Dahlem, Rep. 90/1787.

funk und Presse im Reich, kam die Kritik an dem Pakt mit Berlin auch öffentlich wesentlich stärker zum Ausdruck. Hinter dem Abkommen standen eigentlich nur die polnischen Regierungsblätter. Die große Zahl oppositioneller Zeitungen und Gesinnungsgruppen stand ihm – wenn auch aus unterschiedlichen Motiven – ablehnend oder kritisch gegenüber. Die polnische sozialistische Partei, die vor 1933 von allen polnischen Parteien noch am ehesten zu einem Ausgleich mit Deutschland bereit gewesen war, lehnte primär aus weltanschaulichen Grundsätzen das Paktieren mit Hitler ab und sah darin außerdem eine indirekte Unterstützung der autoritären Diktatur in Polen. Anders die polnische national-demokratische Partei, in der sich seit 1933 selbst halbfaschistische Kräfte bemerkbar machten. Das 1934 aus der Nationaldemokratie hervorgegangene sogenannte Radikal-Nationale Lager z. B. offenbarte in Symbolen und Ideologie manche Verwandtschaft zum Nationalsozialismus, hegte aber aus traditioneller antideutscher Einstellung starkes Mißtrauen gegen das Dritte Reich. Der Posener nationaldemokratische »Kurjer Poznanski« kommentierte den Pakt von 1934 sofort äußerst skeptisch:

»Wir sind durchaus keine Gegner des Nichtangriffspaktes mit Deutschland, aber wir halten es für unsere Pflicht, im Volke die Überzeugung aufrechtzuerhalten, daß Deutschland die Bestimmungen dieses Paktes nur so lange achten wird, solange sie ihm nützlich sein werden ... In dem Augenblick aber, in dem Deutschland der innere Zustand und die außenpolitische Situation reif erscheinen für ein entschiedenes Auftreten im Osten, wird es sich durch keine Rücksichten mehr gebunden betrachten.«[12]

Für Hitler war der Pakt mit Polen ursprünglich vor allem ein Weg aus der Isolierung Deutschlands gewesen. Er hatte dabei aber von Anfang an weitergedacht und in Polen einen möglichen Bundesgenossen für eine künftige Auseinandersetzung mit der Sowjetunion gesehen. Andeutungen in dieser Richtung, Warnungen vor der bolschewistischen Gefahr, versteckte oder

12 Zit. nach der Zschr. »Ostland« v. 9. 2. 1934, S. 62.

unverhüllte Offerten zur Bildung einer antisowjetischen Allianz bildeten ein Leitmotiv der von Hitler, Neurath oder Göring mit ihren polnischen Partnern seit 1933/34 geführten Gespräche. Schon am 24. Januar 1935 berichtete Botschafter Lipski, Hitler sei auf »die russische Frage und die vom Osten her drohende Gefahr« zu sprechen gekommen und habe angedeutet, daß der Augenblick kommen könne, »wo unsere beiden Staaten sich gegen eine vom Osten kommende Invasion zur Wehr setzen müßten«. Hitler habe klar geäußert, daß er die bisher von der Reichsregierung und der Reichswehr betriebene Politik eines »Zusammengehens mit Rußland gegen Polen« für die »größte politische Absurdität« halte.[13]

Sehr viel deutlicher wurde einige Wochen später Hermann Göring während einer längeren Besuchsreise in Polen. Der Staatssekretär im polnischen Außenministerium, Graf Szembek, schrieb darüber am 10. Februar 1935:

»Ich habe heute mit Herrn Lipski über den Besuch des Herrn Göring gesprochen. Der Botschafter stellte fest, daß sich Herr Göring sehr gesprächig gezeigt habe. Besonders in seinen Gesprächen mit den Generalen ging er sehr weit, indem er beinahe eine antirussische Allianz und einen gemeinsamen Marsch gegen Rußland vorschlug. Bei dieser Gelegenheit ließ er durchblicken, daß die Ukraine zur polnischen Einflußzone würde, während Nordwestrußland unter deutschen Einfluß kommen solle ... Auch in seiner Besprechung mit dem Marschall spielte Herr Göring auf einen gemeinsamen polnisch-deutschen Marsch gegen Rußland an und wies auf die Vorteile hin, die Polen in der Ukraine aus einer solchen Aktion ziehen könnte. Als Antwort auf diese Anregung hat der Marschall – wie Herr Göring später selber sagte – ›gestutzt‹ und zu verstehen gegeben, daß er doch wirklich nicht für alle Zeiten mit aufgepflanztem Bajonett eine so lange Grenze hüten könnte wie die, welche Polen von der UdSSR trenne.«[14]

Die Versuche, Polen für eine aktive antisowjetische Politik zu gewinnen, hielten auch nach dem Tod Pilsudskis (12. Mai

13 Polnisches Weißbuch (S. 239, Anm. 6), S. 30.
14 Ebenda, S. 33.

1935) an. In persönlichen Gesprächen mit Außenminister Beck fühlten Hitler und Freiherr v. Neurath noch im Jahre 1938 vor, ob Polen nicht bereit sei, wenigstens dem im November 1936 mit Japan abgeschlossenen Antikominternpakt beizutreten. Staatschef Marschall Rydz-Smigly verhielt sich diesen Angeboten gegenüber jedoch ebenso zurückhaltend und ausweichend wie 1935 Pilsudski. So wenig sowjetfreundlich Pilsudski und seine Epigonen gesinnt waren, so blieben sie doch stets besorgt, sich nicht einseitig an eine der beiden Flügelmächte, Deutschland oder Rußland, zu binden. Hitler mußte schon 1935/36 bemerken, daß die weitgehenden Spekulationen, die er auf den polnischen Pakt gesetzt hatte, in Warschau auf wenig Gegenliebe stießen. Dabei spielte auch mit, daß sich nach dem Tode Pilsudskis infolge der wachsenden Macht Deutschlands vermehrtes polnisches Mißtrauen gegen die Absichten Berlins herausbildete, außerdem bestimmte einzelne Fragen, die sich auf Danzig oder die Lage der Minderheiten bezogen, zu Mißstimmungen führten. Auf beiden Seiten wurde dabei nicht selten xit verteilten Rollen gespielt. Entgegen der regierungsamtlichen Versöhnungspolitik scheute z. B. der oberschlesische Woiwode Grazynski nicht vor offenkundigen Schikanen gegenüber der deutschen Minderheit zurück. Und umgekehrt ging die Danziger NSDAP unter Gauleiter Forster immer unbekümmerter vor, um Danzig von innen her mit dem Reich »gleichzuschalten«.

Allem Anschein nach legte es Hitler bis zu einem gewissen Grade darauf an, seine Politik Polen gegenüber bewußt undurchsichtig zu halten. So wechselten beispielsweise im Herbst 1937 Erklärungen Außenminister Neuraths, daß über kurz oder lang eine Lösung der Danziger Frage gefunden werden müsse, mit beruhigenden Versicherungen Hitlers ab, daß er nicht daran denke, das Danziger Statut zu ändern. Auch solche Beunruhigung konnte ein Mittel sein, Polen zum Stillhalten zu veranlassen. Das Protokoll des Adjutanten Oberst Hoßbach über die Geheimsitzung vom 5. November 1937, in der Hitler den Chefs der drei Wehrmachtteile die Ziele seiner künftigen Politik auseinandersetzte, zeigt, daß Hitler in dieser Zeit die außenpolitische Rückendeckung Polens noch dringend brauchte. Die Überlegung, wie Polen sich im Falle expansiver deutscher Außenpolitik verhalten würde, bestimmte dabei nicht unwesentlich seine Absicht, zuerst gegenüber Österreich und der Tschechoslowakei aktiv zu werden. Sei »die Tschechei niedergeworfen« und »eine gemeinsame Grenze Deutschland-Ungarn gewonnen«, erklärte Hitler, dann könne auch »eher mit einem neutralen Verhalten Polens in einem deutsch-französischen Konflikt gerechnet werden«. Vor allem aber sei die »Überraschung und die Schnelligkeit« unseres Handelns »für die Stellungnahme Polens entscheidend«; denn gegen ein siegreiches Deutschland wird Polen – mit Rußland im Rücken – wenig Neigung haben, in den Krieg einzutreten«.[15]

Bis zur tschechischen Krise vom September 1938 hatte diese Politik vollen Erfolg. Im März 1938 drohte infolge eines Grenzzwischenfalls ein offener Konflikt zwischen Polen und Litauen, die seit über 15 Jahren wegen des Streites um Wilna verfeindet waren. Warschau nutzte den Vorfall geschickt aus, um Litauen durch ein Ultimatum zur Aufnahme diplomatischer Beziehungen und damit indirekt zur Anerkennung des polnischen Besitzes von Wilna zu veranlassen und erhielt dabei wertvolle diplomatische Unterstützung von Berlin. Die polnische Regierung honorierte dies ihrerseits, indem sie während der gleichen Zeit beim Anschluß Österreichs an das Reich wohlwollende Neutralität wahrte. Die öffentliche Meinung Polens begann aber hier bereits anders zu reagieren. Der Anschluß Österreichs und die Proklamation »Großdeutschlands« erweckten aufs neue das eingewurzelte polnische Mißtrauen gegenüber dem deutschen Nachbarn und das Gefühl der Gefährdung, das sich jetzt auch in zunehmender Kritik am außenpolitischen Kurs der eigenen Regierung äußerte. Der deutsche Botschafter in Warschau berichtete am 2. September 1938 über das Anwachsen der antideutschen Stimmung in Polen:

15 Nürnbg. Dok. PS-386; IMG XXV, S. 403 ff.

»Die Haltung der polnischen Presse Deutschland gegenüber ist in der letzten Zeit unverkennbar schlechter geworden. Der Machtzuwachs, den der Anschluß Österreichs für Deutschland bedeutete, sowie die verblüffende Schnelligkeit, mit der die Aktion durchgeführt wurde, hat die Vorstellung von der »deutschen Gefahr« gesteigert. Es muß zugegeben werden, daß auch von deutschen Minderheitenangehörigen bisweilen Unvorsichtigkeiten begangen werden, die dem polnischen Mißtrauen neue Nahrung geben. Äußerungen, daß früher oder später auch Polen »an die Reihe kommen« werde, daß der Führer hier nächstens werde »Ordnung schaffen müssen«, haben bereits zahlreiche gerichtliche Verurteilungen zur Folge gehabt. Es ist offensichtlich, daß die Becksche Politik heute noch weniger populär ist als früher und daß der Außenminister selbst sich Zurückhaltung auferlegen muß ... Ob es stimmt, daß der Inspekteur der polnischen Armee, General Sosnowski, unlängst im Namen der Armee die Forderung erhoben hat, die Becksche Politik gegenüber Deutschland einer Revision zu unterziehen, mag dahingestellt bleiben. Jedenfalls ist aber mit Wahrscheinlichkeit anzunehmen, daß sowohl der Kriegsminister wie Marschall Rydz-Smigly die Becksche Politik nicht mit ganzem Herzen mitmachen.« [16]

Im selben September 1938 jedoch schwamm die polnische Außenpolitik noch einmal, und sichtbarer als je, im Kielwasser Berlins. Hitlers Forcierung der sudetendeutschen Frage und der seit 1919 zwischen Warschau und Prag bestehende Streit um das z. T. von polnischer Bevölkerung bewohnte Teschener Gebiet an der Südgrenze Ostoberschlesiens unterstützten einander vortrefflich. Als in der zweiten Septemberhälfte die Tschechenkrise mit den Konferenzen von Berchtesgaden, Godesberg und München in ihr entscheidendes Stadium eintrat, leistete Warschau, indem es gleichzeitig Prag unter Druck setzte und die Hergabe des Teschener Gebietes forderte, der erpresserischen Diplomatie Hitlers Sekundantendienste. Für den Fall des von Hitler gewünschten militärischen Handstreiches war bereits eine Demarkationslinie zwischen den Operationen deutscher und polnischer Truppen auf tschechischem Gebiet festgelegt. Am 1. Oktober 1938, dem Tag des deutschen Einmarsches in die Sudetengebiete, sah sich die tschechische Regierung

16 ADAP (S. 244, Anm. 10), Serie D, V, S. 63.

gezwungen, auch die polnischen Forderungen zu erfüllen. Der deutsche Vertreter in Warschau berichtete am selben Tage von der großen Zufriedenheit Oberst Becks mit der Reichsregierung: »Herr Beck äußerte volle Dankbarkeit über die loyale Behandlung der polnischen Interessen auf der Münchner Konferenz sowie über die Aufrichtigkeit der Beziehungen während des tschechischen Konflikts.«[17]

Die Befriedigung der polnischen Regierung über das im Schatten Hitlers und auf Kosten Prags gewonnene Territorium sollte sich freilich als sehr kurzsichtig erweisen. Vor der Weltöffentlichkeit und gegenüber den Westmächten hatte sich Warschau in bedenklicher Weise kompromittiert, auch das polnische Vorgehen im besetzten Teschener Gebiet trug dazu bei. Der Sprecher der englischen Opposition, Winston Churchill, beklagte am 5. Oktober 1938 im Unterhaus die unerfreuliche Haltung Polens:

»Und was ereignet sich in Warschau? Der englische und der französische Botschafter besuchten den Außenminister Oberst Beck, oder besser gesagt, sie versuchten, ihn zu sprechen, um ihn um einige Milderungen der scharfen Maßnahmen in der Teschener Angelegenheit zu ersuchen. Man warf ihnen die Türe vor der Nase zu. Dem französischen Botschafter wurde nicht einmal eine Audienz gewährt und der englische Botschafter erhielt eine äußerst kurze Antwort von einem Abteilungsvorstand des Außenamtes ... Ich glaube, daß dies in der Tat eine bedauerliche Episode in der Geschichte jenes Landes ist, für dessen Freiheit und Rechte so viele unter uns herzliche und dauerhafte Sympathie gehegt haben.«[18]

In derselben Rede erklärte Churchill: nach dem neuen Triumph Hitlers müsse man darauf gefaßt sein, daß Polen und die anderen Staaten Ostmitteleuropas nunmehr versuchen würden, unter den bestmöglichen Bedingungen zu einem Einverständnis mit der »Nazimacht« zu kommen. Churchill erfaßte damit durchaus treffend die Konsequenzen, die auch Hitler selbst aus dem Erfolg von München ableitete. In seinen Augen war jetzt,

17 Ebenda, S. 67.
18 Winston S. Churchill: Reden 1938-1940. – Zürich 1946, S. 82.

nachdem das polnische Verhalten gegenüber Prag nicht nur Warschaus Beziehungen zum Westen, sondern auch Moskau gegenüber erheblich geschadet hatte, die Zeit vorbei, in der die polnische Regierung, bei aller Höflichkeit gegenüber Berlin, doch ihre Unabhängigkeit zwischen den außenpolitischen Lagern zu bewahren suchen konnte. Auch entfiel nach der »Erledigung« des österreichischen und sudetendeutschen Problems die Notwendigkeit, Polen rücksichtsvoll von wichtigen deutschen Ansprüchen zu verschonen. Vielmehr schien es Hitler angebracht, wenigstens einige deutsche Mindestforderungen gegenüber Polen zur Sprache zu bringen. Daran würde sich zugleich zeigen, ob mit der polnischen Bundesgenossenschaft weiterhin zu rechnen sei oder nicht. Reichlich drei Wochen nach dem gemeinsamen Vorgehen gegen die Tschechoslowakei empfing der seit Februar 1938 amtierende neue Reichsaußenminister Joachim v. Ribbentrop am 24. Oktober 1938 den polnischen Botschafter Lipski, um dieses Problem anzuschneiden:

> *Der Reichsaußenminister führte nun aus, daß er glaube, es sei an der Zeit, zwischen Deutschland und Polen zu einer Generalbereinigung aller bestehenden Reibungsmöglichkeiten zu kommen . . . Mit Polen sei hier zunächst über Danzig zu sprechen als Teillösung einer großen Regelung zwischen beiden Nationen . . . Er, der Reichsaußenminister, dächte sich eine Lösung im großen, wie folgt: Die Freistadt Danzig kehrt zum Deutschen Reich zurück. Durch den Korridor würde eine exterritoriale, Deutschland gehörige Reichsautobahn und eine ebenso exterritoriale mehrgleisige Eisenbahn gelegt. Polen erhält im Danziger Gebiet ebenfalls eine exterritoriale Straße oder Autobahn und Eisenbahn und einen Freihafen. Polen erhält eine Absatzgarantie für seine Waren im Danziger Gebiet. Die beiden Nationen anerkennen ihre gemeinsamen Grenzen (Garantie) oder ihre beiderseitigen Territorien. Der deutsch-polnische Vertrag wird auf zehn bis fünfundzwanzig Jahre verlängert. Polen tritt dem Antikominternvertrag bei.*«[19]

Mit dieser Anmeldung deutscher Forderungen gegenüber Polen, hinter denen nun das Gewicht der stärksten europäischen Kontinentalmacht stand, erhielt Warschau die Quittung

---

19 ADAP, Serie D, V, S. 88.

für seine vorangegangenen Hilfsdienste. Dabei täuschte sich Hitler allerdings über die polnische Reaktion und verkannte den sprichwörtlichen polnischen nationalen Selbstbehauptungswillen.

Das Jahr 1939: Krieg und vierte Teilung Polens

Mit dem Beginn des Jahres 1939 weiteten sich die deutschpolnischen Beziehungen aus zu dem umfassenderen Thema der Vorgeschichte des Zweiten Weltkrieges. Der englische Historiker Taylor hat in seinem vielumstrittenen Buch über »Die Ursachen des Zweiten Weltkrieges« dagegen polemisiert, daß deutsche wie angelsächsische Historiker es sich bei der Betrachtung der Kriegsursachen allzu leichtmachten: »Eine Erklärung existiert, die jedermann befriedigt und alle Diskussion überflüssig macht. Diese Erklärung heißt: Hitler. Er plante den Zweiten Weltkrieg. Sein Wille allein verursachte ihn. Angesichts des toten alleinschuldigen Hitler konnten alle anderen sich unschuldig fühlen.«[20]

Was Taylor zugespitzt formuliert, enthält einen richtigen Kern: Hitlers Stärke und ein beträchtlicher Teil seiner außenpolitischen Erfolge beruhten darauf, daß er Situationen auszunutzen wußte, daß er die Fehler der anderen, ihre Unentschlossenheit, ihre Illusionen und Ängste als Kapital für sich arbeiten ließ und in seine Rechnung einsetzte. Hitler war, jedenfalls in seiner praktischen Außenpolitik bis 1939, nicht immer nur der Antreiber und Aktive, der forderte, drohte und Krisen schürte. Er war ebenso oft der Improvisierende, der abwartend von Fall zu Fall auf die Schwächen seiner Umwelt spekulierte und von diesen mehr als von eigenen Konzeptionen lebte. Insofern ist auch die Vorgeschichte des Zweiten Weltkrieges nicht geradlinig allein vom Willen Hitlers bestimmt, sondern sie ist die Geschichte

20 A. J. P. Taylor: The Origins of the Second World War. – London 1961, S. 11.

wechselnder Situationen, zu denen auch das Scheitern der Gegenkräfte gehört.

In den ersten Januartagen 1939 empfing Hitler auf seinem Berghof bei Berchtesgaden den polnischen Außenminister Josef Beck, um ihm persönlich den bereits im Oktober 1938 vorgebrachten, dann im November und Dezember wiederholten Vorschlag einer sogenannten »endgültigen Bereinigung« der deutsch-polnischen Beziehungen vorzutragen, der Warschau sehr beunruhigt hatte. Hitler betonte in der Unterredung, daß er die mit der Nichtangriffserklärung von 1934 begonnene Politik aufrechterhalten wolle, daß es zur dauerhaften Beilegung der zwischen beiden Ländern noch schwebenden Fragen aber nötig sei, das »schwierige Problem des Korridors und Danzigs zu lösen«:

»Man könne sich im Falle Danzig eine Regelung denken, nach der diese Stadt politisch wieder der deutschen Gemeinschaft zugeführt wird, die polnischen Interessen auf wirtschaftlichem Gebiet aber voll und ganz gewahrt werden. Bezüglich des Korridors, der für Deutschland ein schweres psychologisches Problem sei, wies der Führer darauf hin, daß es selbstverständlich unsinnig sei, Polen den Zugang zum Meer fortnehmen zu wollen. Ebenso bestehe aber auch für Deutschland eine Notwendigkeit der Verbindung mit Ostpreußen und auch hier könne man vielleicht beiden Interessen durch Verwendung völlig neuer Methoden gerecht werden. Wenn es gelänge, auf dieser vernünftigen Grundlage eine endgültige Bereinigung der Einzelfragen herbeizuführen, dann wäre der Zeitpunkt gekommen, daß von deutscher Seite eine klare Grenzgarantie an Polen gegeben würde.«[21]

Der polnische Außenminister nahm die Darlegungen Hitlers ziemlich wortlos zur Kenntnis und erwiderte nur, daß ihm die Danziger Frage »außerordentlich schwierig« erscheine, da er – ganz abgesehen von der »Kaffeehaus-Opposition« in Polen – auf die wirkliche Meinung des Volkes Rücksicht nehmen müsse. Er wolle das Problem jedoch in Ruhe überlegen. Ähnlich einsilbig blieb Beck auch drei Wochen später, als Ribbentrop anläßlich des fünften Jahrestages des deutsch-polnischen Pak-

21 ADAP, Serie D, V, S. 127 ff.

tes nach Warschau kam, dabei erneut die Sprache auf Danzig brachte und gleichzeitig auf eine stärkere antisowjetische Aktivität Warschaus drängte. Das war der Stand der Dinge auch während der folgenden sechs Wochen. Währenddessen nahm die deutschfeindliche Stimmung in Polen merklich zu, da, wie Beck am 9. März dem deutschen Botschafter v. Moltke erklärte: »durch alle möglichen Kanäle« der Gedanke in die polnische Bevölkerung getragen werde, daß »nunmehr Polen an die Reihe käme«.[22]

Das an sich maßvolle Verlangen der Rückgabe Danzigs und der Einräumung eines exterritorialen Durchgangsweges durch den Polnischen Korridor nach Ostpreußen war nicht von vornherein eine Scheinforderung Hitlers, der nach vorausberechneter Ablehnung die Gewalt folgen sollte. Hitler wünschte offenbar ernstlich eine solche Regelung, freilich nicht ohne den Hintergedanken, dadurch Warschau eng an sich zu binden, d. h. gleichsam die Probe auf das Exempel der bisherigen deutsch-polnischen Beziehungen zu machen, sie zur Hegemonialstellung des Großdeutschen Reiches in Ostmitteleuropa auszubauen und auf diese Weise, weitgehend unabhängig von den Westmächten, als Führungsmacht der kleinen und mittleren Staaten im Osten freie Hand zu gewinnen. Ein solches Projekt war keineswegs ganz illusionär. Es war sehr unwahrscheinlich, daß Paris und London sich ernsthaft für die Erhaltung des ohnehin schon vielfach durchlöcherten Danziger Statuts einsetzen würden, zumal die Warschauer Regierung seit der tschechischen Krise bei den Westmächten wenig Sympathie genoß. Auch Beck wußte das, und eben deshalb war ihm die gemäßigte Forderung Hitlers überaus unangenehm. Sachlich ließ sich dagegen wenig einwenden, auf der anderen Seite war die polnische Furcht berechtigt, daß eine Annahme des deutschen Vorschlages vermehrte Abhängigkeit von Hitler nach sich ziehen würde. Aus diesem Dilemma öffnete sich der polnischen Regierung jedoch plötzlich Mitte März ein Weg.

22 Ebenda, S. 149 f.

Hitler hatte entgegen den Münchner Abmachungen die Rest-Tschechoslowakei besetzen lassen und gleichzeitig nach einem vorbereiteten Hilferuf aus Preßburg einen militärisch und außenpolitisch an Deutschland gebundenen slowakischen Staat ins Leben gerufen. Es folgte eine Woche später nach längerem diplomatischem Vorspiel und Druck die Angliederung des Memelgebietes am 22. März, schließlich am 23. März das ebenfalls nicht ohne Pression zum Abschluß gebrachte Abkommen mit Rumänien, das Deutschland starken Einfluß auf die rumänische Wirtschaft einräumte. Diese mehr oder weniger zufällig zusammentreffenden Anzeichen hegemonialer deutscher Machtausweitung bewirkten in ganz Europa einen empfindlichen Schock. Hitlers Handstreich auf Prag und die dadurch ausgelöste Reaktion der britischen Öffentlichkeit zwangen den britischen Premierminister, die bisherige Appeasement-Politik gegenüber Hitler aufzugeben. Chamberlains Rede in Birmingham vom 17. März kennzeichnete die Wandlung:

»Die Politik der Befriedung kann nur Erfolg haben, wenn keine Nation Europa zu beherrschen trachtet. Nach der Konferenz von München teilten die meisten Menschen meine Hoffnung auf Befriedung. Heute teile ich ihre Enttäuschung und ihre Empörung. Wenn Hitler glaubte, daß die Vereinbarungen von München umgestoßen werden müßten, so hatte ich das Recht, konsultiert zu werden. Statt dessen hat er sich angemaßt, selbst Recht zu schaffen.
Was wurde aus der Zusicherung, daß man keine territorialen Ansprüche mehr habe? Was aus der Behauptung, ›daß wir keine Tschechen im Reich wollen‹? Wenn es Unruhen in der Tschechoslowakei gab, wurden sie nicht von außen angestiftet? Wenn man so leicht gute Gründe findet, um diese oft und so ausdrücklich gegebenen Zusicherungen zu vergessen, wann dürfen wir dann Zusicherungen glauben, die von der gleichen Seite erfolgen? Die Ereignisse dieser Woche drängen uns allen die Frage auf: Ist das jetzt das Ende des alten Abenteuers oder der Beginn eines neuen? Handelt es sich wirklich um einen Schritt im Sinne von Bestrebungen, die Welt durch Gewalt zu beherrschen?
Es gibt fast nichts, das ich nicht opfern würde, um den Frieden zu erhalten. Aber etwas gibt es, was ich davon ausschließen möchte,

nämlich die Freiheit, die wir während Jahrhunderten genossen und auf
die wir niemals verzichten werden . . . Jeder dieser Übergriffe schafft
für Deutschland nur neue Gefahren für die Zukunft, und ich wage
vorauszusagen, daß Deutschland schließlich bitter bereuen wird, was
seine Regierung jetzt getan hat.«[23]

Noch deutlicher reagierte in Paris Ministerpräsident Daladier durch die vor dem Parlament abgegebene Erklärung, daß Frankreich und seine Verbündeten alle Kraft darauf verwenden würden, ihre militärische Rüstung der deutschen anzugleichen und auf einen raschen außenpolitischen Zusammenschluß aller Nationen hinzuarbeiten, die sich von Deutschland bedroht fühlten.

Schon bei der ersten, noch im März eingeleiteten englisch-französischen Fühlungnahme zur Bildung einer Abwehrfront gegen Hitler ergab sich das Problem, inwieweit dabei die Sowjetunion einbezogen werden sollte. Auch die sowjetische Regierung sah sich durch Hitlers Vordringen nach Prag, Preßburg und Memel und die allerdings unbegründeten Gerüchte über eine bevorstehende deutsche Aktion gegen Rumänien stärkstens alarmiert. Sie reagierte darauf mit dem Vorschlag einer Sechsmächtekonferenz, an der außer der Sowjetunion, Großbritannien und Frankreich auch Polen, Rumänien und die Türkei beteiligt sein sollten. Dabei stand zunächst durchaus das sowjetische Sicherheitsbedürfnis im Vordergrund, vor allem auch der Wunsch, aus der bisherigen Isolierung herauszukommen und nicht wieder, wie im Herbst 1938 in München, stillschweigend übergangen zu werden. Die Furcht vor einer kapitalistisch-faschistischen Verschwörung, die durch die westliche Appeasement-Politik gegenüber Hitler genährt worden war, ging auch jetzt im Frühjahr 1939 wieder in Moskau um. Der Gedanke einer Sechsmächtekonferenz erwies sich aber schon im März als undurchführbar vor allem mit Rücksicht auf die polnische Regierung, die jede engere Bindung an Moskau unbedingt vermeiden wollte, zumal eine unmittelbare Gefahr von deutscher Seite noch nicht bestand.

23 Zit. nach Neue Zürcher Zeitung v. 19. 3. 1939.

Warschau sah sich allerdings von Hitlers Vorgehen gegen die Rest-Tschechoslowakei indirekt bedroht. Insbesondere die Errichtung einer deutschen militärischen Schutzmacht in der Slowakei erschien als eine gegen Polen gerichtete Maßnahme. Als Botschafter Lipski deswegen am 21. März in Berlin vorstellig wurde, benutzte Reichsaußenminister v. Ribbentrop die Gelegenheit, um seinerseits erneut den deutschen Anspruch auf Danzig zu wiederholen. Seine eigene Aufzeichnung über das Gespräch zeigt, daß dabei der Ton um einige Nuancen dringlicher war als bisher:

Ich wiederholte noch einmal, wie nützlich mir ein endgültiger Ausgleich zwischen Deutschland und Polen gerade im jetzigen Stadium erschiene. Dies sei auch wichtig, weil der Führer bisher über die merkwürdige Haltung Polens in einer Reihe von Fragen nur verwundert sei. Es käme darauf an, daß er nicht den Eindruck erhalte, daß Polen einfach nicht wolle.[24]

Eine »Führer-Weisung«, die vier Tage später dem Oberbefehlshaber des Heeres erteilt wurde, läßt erkennen, daß Hitler zu dieser Zeit, auch für den Fall einer abermaligen polnischen Ablehnung, eine gewaltsame Angliederung Danzigs noch nicht beabsichtigte. Es heißt dort: »Lipski kommt am 26. 3. aus Warschau zurück, hatte Auftrag dort anzufragen, ob Polen zu einem Arrangement bezüglich Danzig bereit sei. Führer will die Danziger Frage jedoch nicht gewaltsam lösen. Möchte Polen nicht dadurch in die Arme Englands treiben.«[25]

Hitler begriff nicht, daß er die Voraussetzung für eine Anlehnung Polens an England selbst durch sein Vorgehen gegen Prag geschaffen hatte, denn der polnischen Regierung kam die dadurch bewirkte Mobilisierung der westlichen Diplomatie gegen Hitler wegen der Danziger Frage sehr gelegen. Außenminister Beck, der bisher auf die deutschen Forderungen verlegen geschwiegen hatte, lehnte am 26. März den erneuten Vorstoß Ribbentrops betreffend Danzigs definitiv ab. Erst jetzt

24 ADAP, Serie D, VI, S. 60.
25 Ebenda, S. 98.

wurde der deutsch-polnische Gegensatz in dieser Frage publik, gleichzeitig entstanden Gerüchte über deutsche Truppenbewegungen an der polnischen Grenze. Auch dies paßte durchaus in das Warschauer Konzept. Die Wirkung war für die polnische Regierung günstiger, als sie erwarten konnte: Unter dem Eindruck alarmierender Meldungen über deutsch-polnische Spannungen entschloß sich Premierminister Chamberlain zu einem schnellen und ungewöhnlichen Schritt, der sogenannten Garantieerklärung für Polen vom 31. März 1939, in der London festhielt:

»Im Falle irgendeiner Handlung, welche die Unabhängigkeit Polens klar bedroht und gegen welche die polnische Regierung es dementsprechend für notwendig erachtet, mit ihren nationalen Kräften Widerstand zu leisten, würde sich die Regierung Seiner Majestät sofort verpflichtet fühlen, der polnischen Regierung alle in ihren Kräften stehende Hilfe zu leisten.«[26]

Der Gedanke, durch ein klares Hilfsversprechen etwa bedrohte kleinere Nationen zu schützen und Hitler von weiteren expansiven Absichten fernzuhalten, war an sich richtig und – nach Prag – in dieser oder jener Form für die britische Politik notwendig. Es läßt sich allerdings fragen, ob die britische Garantie für Polen, der sich auch Frankreich anschloß, nicht ein zu übereilter und einseitiger Schritt war, der Warschau weitgehend der Sorge enthob, tatsächlich bestehende deutsch-polnische Probleme zu überprüfen. Die Garantie mochte auch insofern propagandistisch ungünstig sein, als der Anschein entstehen konnte, London decke den Status quo in Danzig, während es ein halbes Jahr vorher Hitlers viel weitgehenderen Forderungen gegenüber Benesch Tor und Tür geöffnet hatte. Mit der Annahme des britischen Hilfsversprechens durch Polen war der außenpolitische Frontwechsel Polens eingetreten, den Hitler durch die bisherige vorsichtige Politik gegenüber Warschau zu verhindern getrachtet hatte. Das veränderte auch Hit-

26. Documents on British Foreign Policy 1919-1939. Third Series, Bd. IV. – London 1951, S. 553.

lers Haltung grundlegend. Die deutschen Diplomaten erhielten Anweisung, sich in keinerlei materielle Gespräche über deutsch-polnische Fragen mehr einzulassen. Am 28. April schließlich nahm Hitler öffentlich im Reichstag Stellung, bezichtigte die englische Regierung der unprovozierten Einkreisungspolitik und warf der polnischen Regierung vor, den deutsch-polnischen Pakt von 1934 einseitig gebrochen zu haben. Er unterbreitete dabei zum ersten Male der Öffentlichkeit die seit Oktober 1938 der polnischen Regierung gemachten Vorschläge im Hinblick auf Danzig und den Korridor. Die Rede war ein geschicktes Verwirrungsmanöver. Hitler gab einerseits bekannt, daß er den Pakt mit Polen als nicht mehr bestehend ansehe, betonte aber andererseits, daß die deutsche Bereitschaft zur Lösung sachlicher Probleme weiterhin vorhanden sei, eine Initiative dazu aber von Warschau ausgehen müsse.

Tatsächlich kamen unmittelbare Verhandlungen mit Polen bis Kriegsausbruch nicht mehr zustande. Der deutsche Botschafter in Warschau wurde nach Hitlers Rede vom 28. April demonstrativ mehrere Wochen lang nach Berlin zurückgerufen. Hitler verlegte sich jetzt auf den Nervenkrieg und bezog Abwartestellung. Wie der damalige Staatssekretär im Auswärtigen Amt, Ernst v. Weizsäcker, berichtete, erklärte Hitler »im engeren Kreis« wiederholt, »die polnische Frage reife für uns automatisch; wir hätten Zeit und würden geduldig warten«.[27]

Vom Mai bis zum August 1939 brachte Hitler die meiste Zeit nicht in Berlin, sondern auf dem Obersalzberg zu. Die Taktik war diesmal eine andere als vor München. Propagandistische Drohungen und eine absichtliche Schürung des deutsch-polnischen Zerwürfnisses durch Aufbauschung von kleinen Zwischenfällen hätten jetzt nur die Einigung der Gegenkräfte und die britisch-französischen Bestrebungen zur Bildung einer europäischen Front gegen Berlin gefördert. Hitler suchte statt

27 Ernst v. Weizsäcker: Erinnerungen. – München/Leipzig/Freiburg 1950, S. 224.

dessen Beunruhigung, Unsicherheit, Zweifel und Uneinigkeit auf der Gegenseite dadurch zu fördern, daß er mit den eigenen Entschlüssen bewußt hinter dem Berge hielt, die deutsche Politik so undurchsichtig wie möglich machte und sich im übrigen betont gelassen und zurückhaltend gab. Bezeichnend sind in dieser Hinsicht die geheimen Anweisungen, die der deutschen Presse während des Frühjahrs und Sommers 1939 bei den täglichen Presse-Instruktionen des Reichspressechefs erteilt wurden. Einige Beispiele mögen das veranschaulichen:

8. Mai: »Es darf nicht der Eindruck entstehen, als stünden wir schon kurz vor entscheidenden Ereignissen. Daher Anweisung: Meldung über Zwischenfälle in Polen bis auf weiteres nur aus DNB, Veröffentlichung nur auf der zweiten Seite, ohne sensationelle Aufmachung . . .«

26. Mai: »Die Haltung Deutschlands zur Sowjetunion stand in letzter Zeit im Mittelpunkt des Interesses, vor allem des Auslandes. Bei uns bestand und besteht kein Interesse daran, diese Unruhe im Westen durch übertriebene Wahrheitsliebe zu zerstreuen. Jede Unruhe, die draußen herrscht, kann uns Vorteile bringen . . .«

1. Juli: »Im Ausland herrscht große Beunruhigung über Danzig. Englische und französische Zeitungen berichten über Besuch deutscher Persönlichkeiten, über Verstärkung der Polizei usw. Es besteht kein Interesse daran, diese Unruhe zu beseitigen . . . ›Le Jour‹ und ›Daily Mail‹ werfen die Frage einer gütlichen Verständigung über Danzig auf. Die Artikel verlocken sehr zur Stellungnahme, sie sind dennoch nicht zu bringen. Nur durch Schweigen können wir die Unruhe der anderen vergrößern . . .«[28]

Hitler hatte zu dieser Zeit über das weitere Vorgehen noch nicht entschieden, aber das Ziel einer gewaltsamen Ausschaltung Polens begann jetzt in den Mittelpunkt seiner Überlegungen zu rücken. Die Wehrmacht erhielt Anweisungen, den »Fall Weiß« vorzubereiten, dabei war der 1. September als spätestmöglicher Angriffstermin vorgesehen. Angesichts der englisch-französischen Anstrengungen zur Bildung einer kollektiven europäischen Abwehrfront verstärkte sich offenbar im Mai

---

28 Walter Hagemann: Publizistik im Dritten Reich. – Hamburg 1948, S. 394 f.

1939 bei Hitler der Eindruck, daß weiterer Machtgewinn ohne Krieg nicht mehr zu erzielen sei. Sein Zukunftsziel eines deutschen Großraumes im Osten, das er vordem geglaubt hatte, mit Unterstützung Polens erreichen zu können, sah er durch Polens Widerstand versperrt. Es verhärtete sich bei ihm die Vorstellung, der Zugang zum Osten müsse nunmehr erzwungen werden, wenn Deutschland das »Gesetz des Handelns« nicht verlieren wolle. Der protokollarische Bericht über Hitlers vertrauliche Darlegungen gegenüber den obersten Befehlshabern der Wehrmacht am 23. Mai 1939 spiegelt diese Vorstellungen Hitlers wider.

»*Nach sechs Jahren ist die heutige Lage folgende: Nationalpolitische Einigung der Deutschen ist erfolgt außer kleinen Ausnahmen. Weitere Erfolge können ohne Blutvergießen nicht mehr erzwungen werden ... Danzig ist nicht das Objekt, um das es geht. Es handelt sich für uns um die Erweiterung des Lebensraumes im Osten ... Das Problem Polen ist von der Auseinandersetzung mit dem Westen nicht zu trennen ... Es entfällt also die Frage, Polen zu schonen, und bleibt der Entschluß, bei erster passender Gelegenheit Polen anzugreifen. An eine Wiederholung der Tschechei ist nicht zu glauben. Es wird zum Kampf kommen. Aufgabe ist es, Polen zu isolieren. Das Gelingen der Isolierung ist entscheidend.*«[29]

Ob eine Isolierung Polens erreicht werden konnte, hing in Hitlers Augen wesentlich davon ab, ob es Frankreich oder England gelingen würde, die Garantie für Polen durch einen militärischen Beistandspakt mit der Sowjetunion zu ergänzen. Gerade aber zu dieser Zeit waren die seit März 1939 geführten Verhandlungen zwischen den Westmächten und der Sowjetunion bereits in eine erste Sackgasse geraten. Die sowjetische Regierung, die ein Einlenken der Westmächte gegenüber Berlin ebenso argwöhnte, wie Hitler es wünschte, legte vor allem aus diesem Mißtrauen heraus von vornherein allen Wert auf einen engen gegenseitigen Beistandspakt mit weitgehenden Zusagen und Verbindlichkeiten für alle Eventualitäten und notfalls auch über den Kopf der kleineren Staaten hinweg. Der Vorschlag der

29 Nürnbg. Dok. L-79, IMG XXVIII.

britischen Regierung, die Sowjetunion möge sich auf ein einseitiges Hilfsversprechen beschränken, das erst wirksam würde, wenn auch London und Paris mobilisierten und der betreffende angegriffene Staat ausdrücklich sowjetische Hilfe verlange, war von dem neuernannten sowjetischen Außenkommissar Molotow am 15. Mai 1939 definitiv abgelehnt worden. Die englische Regierung sah sich jetzt der Alternative gegenüber: entweder zusammen mit Frankreich einem engen, auf längere Zeit befristeten Dreierpakt zuzustimmen, wie ihn die sowjetische Regierung vorgeschlagen hatte, oder einen Abbruch der Verhandlungen zu riskieren.

Eine ausführliche Denkschrift des Foreign Office vom 22. Mai, die die Vor- und Nachteile beider Alternativen abwog, gibt interessanten Einblick in die damaligen britischen Überlegungen und zeigt insbesondere die erheblichen Bedenken gegen einen engen Pakt mit der Sowjetunion. Das Foreign Office fürchtete, ein solcher Schritt könne mißverstanden werden und England – gegen seinen Willen – dadurch eventuell gar in einen Krieg zur Unterstützung der Sowjetunion gegen Deutschland gezogen werden. Auch schätzte man in London die materielle Unterstützung, die von der Sowjetunion zu erwarten war, sowie die militärische Bedeutung der Roten Armee sehr gering ein. Trotz dieser Einwände, welche die Vorbehalte erkennen lassen, mit denen England an die Verhandlungen mit Rußland heranging, empfahl die Denkschrift schließlich, den Pakt mit Moskau anzustreben, weil dies wahrscheinlich »das einzige Mittel« sei, »um den Krieg abzuwenden«. Deutschland lasse sich nur durch Zeichen der Stärke beeindrucken und müsse durch die Gefahr eines Zweifrontenkrieges abgeschreckt werden. Verhandle man nicht mit Moskau, so drohe außerdem »als schlimmste Möglichkeit« eine deutsch-sowjetische Annäherung, deren Wahrscheinlichkeit allerdings »schwer zu bestimmen« sei.[30]

Ende Mai 1939 begannen die langwierigen Verhandlungen mit

30 Documents on British Foreign Policy (S. 259, Anm. 26), Bd. V, Nr. 589, S. 639 ff.

Moskau über den Dreierpakt. Die Sowjetunion hatte dabei vor allem *ihre* Sicherheit und *ihre* Interessen im Auge. Sie suchte durch den Beistandspakt sehr weitgehende Eingriffsmöglichkeiten schon im Vorfeld der kleineren Staaten von Finnland bis Rumänien zu erhalten. Dagegen ging es den Westmächten in erster Linie um die Erhaltung der Selbständigkeit dieser Staaten, deren mögliche deutsche Bedrohung sie nicht gegen eine sowjetische Hegemonie eintauschen mochten. Die wesentlichen Differenzen entzündeten sich an einer Reihe konkreter Probleme: Kann eine militärische Hilfeleistung Rußlands gegenüber Finnland, den baltischen Staaten, Polen und Rumänien auch ohne ausdrückliches Ersuchen dieser Staaten gegeben werden? Wird die Beistandspflicht nur bei offener Angriffshandlung oder auch im Falle »indirekter Aggression« ausgelöst? Und schließlich: Wer hat zu entscheiden, ob eine Aggression vorliegt? Analysiert man rückblickend den Gang der Verhandlungen, so ist den westlichen Vertretern allenfalls vorzuwerfen, daß sie zwar, um ein Scheitern der Verhandlungen zu vermeiden, unter vielen Skrupeln in den meisten Punkten den hartnäckigen Forderungen Molotows schließlich nachgaben, daß sie dies aber zu langsam und zögernd taten, und so aus eigenem Mißtrauen sich dem Verdacht aussetzten, die Sowjetunion nur hinhalten zu wollen. Molotow trug allerdings selbst am wenigsten dazu bei, das Verhandlungsklima zu bessern. Der englische Außenminister Lord Halifax erklärte im Laufe der Verhandlungen am 23. Juni 1939 dem sowjetischen Botschafter Maisky in London unumwunden, daß Molotows Behandlung internationaler Fragen eine auffallende Ähnlichkeit mit Nazi-Methoden zeige.

Anfang August 1939 war noch immer ein wesentlicher Punkt strittig. Die Westmächte weigerten sich, die sowjetische Formel der »indirekten Aggression« zu akzeptieren. Nach reichlicher Verstimmung auf beiden Seiten war ein toter Punkt erreicht. Da trat jene Wendung ein, deren Möglichkeit London und Paris zweifellos unterschätzt hatten: Hitler unterbreitete seinerseits der Sowjetunion ein überraschendes Angebot.

Bis zum Sommer 1939 hatte Hitler keinen ernsthaften Versuch der Annäherung an Moskau gemacht, obwohl es an Anzeichen einer sowjetischen Empfänglichkeit hierfür seit dem Frühjahr nicht fehlte. Hitler wollte offenbar nicht vorprellen, um nicht als der betrogene Betrüger dazustehen. Um so aktiver wurde er Mitte August. Auf Grund verschiedener halboffiziell fortgesponnener Kontakte mit London meinte Hitler wachsende Anzeichen englischer Bereitschaft zum Einlenken wahrgenommen zu haben, ihm war außerdem die gleichzeitige Verstimmung zwischen dem Westen und der Sowjetunion nicht entgangen. Am 14. August äußerte er gegenüber Generaloberst Brauchitsch und Generalstabschef Halder:

»Die Köpfe von München werden das Risiko nicht auf sich nehmen ... (Das) Hilfsversprechen (ist) innerlich nicht ehrlich gemeint. Wenn Zusagen Englands gegeben würden, wäre Polen viel frecher ... In (den) letzten Wochen (hat sich) Überzeugung von der Isolierung (Polens) von Tag zu Tag verstärkt ... Rußland denkt nicht an (eine) Verpflichtung gegenüber dem Westen.«[31]

Am gleichen Tage (14. 8. 1939) übermittelte Berlin zum ersten Mal ein umfassendes politisches Angebot an Moskau. Reichsaußenminister von Ribbentrop ersuchte den deutschen Botschafter Graf Schulenburg, bei Molotow vorstellig zu werden und ihm folgende Konzeption vorzutragen:

»Die Entwicklung der neueren Zeit scheint zu zeigen, daß die verschiedenen Weltauffassungen ein vernünftiges Verhältnis zwischen den beiden Staaten und die Wiederherstellung neuer guter Zusammenarbeit nicht ausschließen ... Die Reichsregierung ist der Auffassung, daß es zwischen Ostsee und Schwarzem Meer keine Frage gibt, die nicht zu voller Zufriedenheit beider Länder geregelt werden könnte ... Die Reichsregierung und die Sowjetregierung müssen nach allen Erfahrungen damit rechnen, daß die kapitalistischen westlichen Demokratien unversöhnliche Feinde sowohl des nationalsozialistischen Deutschlands wie auch Sowjetrußlands sind. Sie versuchen heute erneut, Rußland gegen Deutschland in den Krieg zu hetzen ... Die durch die englische Politik hervorgerufene Zuspitzung der

31 Halder-Tagebuch, Teilabdruck in ADAP, Bd. VII, S. 463.

deutsch-polnischen Beziehungen sowie die englische Kriegstreiberei und die damit verbundenen Bündnisbestrebungen machen eine baldige Klärung des deutsch-russischen Verhältnisses erforderlich. Die Dinge könnten sonst ohne deutsches Zutun einen Verlauf nehmen, der beiden Regierungen die Möglichkeit abschneidet, die deutsch-russische Freundschaft wiederherzustellen und gegebenenfalls auch territoriale Fragen Osteuropas gemeinsam zu klären ... Bei der Sowjetregierung besteht, wie uns mitgeteilt wurde, ebenfalls der Wunsch nach einer Klärung des deutsch-russischen Verhältnisses. Da diese Klärung durch den üblichen diplomatischen Kanal nur langsam herbeigeführt werden kann, bin ich bereit, zu einem kurzen Besuch nach Moskau zu kommen, um namens des Führers Herrn Stalin die Auffassung des Führers auseinanderzusetzen.«[32]

Die Heftigkeit dieses Annäherungsversuches hatte Moskau nicht erwartet. Die Rollen verteilten sich in den folgenden Tagen so, daß Berlin fast eilfertiger im Anbieten war als Moskau im Nehmen. Stalin und Molotow machten den Gegenvorschlag, zunächst den bereits vorbereiteten Wirtschaftsvertrag fertigzustellen und dann einen Nichtangriffspakt abzuschließen. Die durchsichtige Offerte einer territorialen Regelung in Osteuropa hatte Stalin allerdings sofort begriffen, wenngleich Molotow sie bei seiner Antwort in die zurückhaltendere Formulierung kleidete, daß zusammen mit dem Nichtangriffspakt ein »spezielles Protokoll« vereinbart werden solle, »das die Interessen der vertragschließenden Teile an diesen oder jenen Fragen der auswärtigen Politik regelt«. Berlin akzeptierte sofort, drängte aber mehrmals auf Beschleunigung, vor allem auf baldigen Empfang Ribbentrops durch Stalin. Als dieser endlich für den 26. August zugesagt wurde, war das Hitler noch immer nicht früh genug. Am Abend des 20. August wandte er sich mit einem persönlichen Telegramm an Stalin:

».. *.Ich akzeptiere den von Ihrem Außenminister Herrn Molotow übergebenen Entwurf des Nichtangriffspaktes, halte es aber für dringend notwendig, die mit ihm noch zusammenhängenden Fragen auf schnellstem Wege zu klären. Das von der Regierung der Sowjetunion*

32 ADAP, Bd. VII, S. 51 f.

gewünschte Zusatzprotokoll kann nach meiner Überzeugung in kürze-
ster Frist substantiell geklärt werden, wenn ein verantwortlicher deut-
scher Staatsmann in Moskau hierüber selbst verhandeln kann ... Die
Spannung zwischen Deutschland und Polen ist unerträglich geworden
... Deutschland ist jedenfalls entschlossen, diesen Zumutungen
gegenüber von jetzt an die Interessen des Reiches mit allen Mitteln
wahrzunehmen. Es ist ... zweckmäßig, keine Zeit zu verlieren. Ich
schlage Ihnen daher vor, meinen Außenminister am Dienstag, den 22.
August, spätestens aber am Mittwoch, den 23. August, zu empfangen.
Der Reichsaußenminister hat umfassende Generalvollmacht zur
Abfassung und Unterzeichnung des Nichtangriffspaktes sowie des
Protokolls«.[33]

Stalin hatte verstanden, daß es um Hitlers militärischen Termin-
kalender ging und antwortete unverzüglich, er sei mit dem
Eintreffen Ribbentrops am 23. August einverstanden. Während
Ribbentrop sich zum Flug nach Moskau rüstete, triumphierte
Hitler am 22. August vor seinen Generalen:

»Rußland wird nie so wahnsinnig sein, für Frankreich und England zu
kämpfen ... Die Russen haben mitgeteilt, daß sie bereit sind, (den)
Pakt abzuschließen. Damit habe ich den Herrschaften ihre Waffen aus
der Hand geschlagen. Polen ist in die Lage hineinmanövriert worden,
die wir zum militärischen Erfolg brauchen.«[34]

Mit seinem offensichtlich dringenden Interesse am schnellen
Abschluß eines Paktes mit Rußland machte Hitler es Stalin
kaum noch möglich, »Nein« zu sagen, sondern trieb dessen
Forderungen in die Höhe. Der Unterschied zwischen den müh-
samen, skrupelhaften Verhandlungen der Westmächte mit Moskau und der meistbietenden Eilfertigkeit, mit der Hitler und
Ribbentrop den Pakt mit Moskau aushandelten, konnte kaum
krasser sein. Als Grenze zwischen deutscher und sowjetischer
Interessenzone im Baltikum war in Berlin zunächst die Düna
vorgesehen. Am 23. August telegraphierte Ribbentrop aus
Moskau nach Berlin, die Russen forderten auch die Einbezie-

33 Ebenda, S. 131.
34 Halder-Tagebuch (S. 265, Anm. 31), S. 467 ff.

hung der Häfen Libau und Windau, also ganz Kurlands, in ihre Interessenzone. Hitler ließ sofort zurücktelegraphieren: »Ja, einverstanden!« Noch am gleichen Tag wurde das berüchtigte geheime Zusatzprotokoll zum deutsch-sowjetischen Nichtangriffspakt unterzeichnet:

»Aus Anlaß der Unterzeichnung des Nichtangriffsvertrages zwischen dem Deutschen Reich und der Union der Sozialistischen Sowjetrepubliken haben die unterzeichneten Bevollmächtigten der beiden Teile in streng vertraulicher Aussprache die Frage der Abgrenzung der beiderseitigen Interessensphären in Osteuropa erörtert. Diese Aussprache hat zu folgendem Ergebnis geführt: 1. Für den Fall einer territorial-politischen Umgestaltung in den zu den baltischen Staaten (Finnland, Estland, Lettland, Litauen) gehörenden Gebieten bildet die nördliche Grenze Litauens zugleich die Grenze der Interessensphären Deutschlands und der UdSSR ... 2. Für den Fall einer territorial-politischen Umgestaltung der zum polnischen Staate gehörenden Gebiete werden die Interessensphären Deutschlands und der UdSSR ungefähr durch die Linie der Flüsse Narew, Weichsel und San abgegrenzt. Die Frage, ob die beiderseitigen Interessen die Erhaltung eines unabhängigen polnischen Staates erwünscht erscheinen lassen und wie dieser Staat abzugrenzen wäre, kann endgültig erst im Laufe der weiteren politischen Entwicklung geklärt werden ...«[35]

Das war nichts Geringeres als die Absprache einer neuen Teilung Polens. Der Pakt mit Rußland gab Hitler die entscheidende, freilich trügerische Selbstsicherheit, daß Polen isoliert bleiben würde und ohne Risiko eines großen europäischen Krieges geschlagen werden könne. In der Euphorie über den gelungenen Schachzug übersah Hitler, daß die Westmächte dadurch zwar äußerst alarmiert, aber in ihrer Entschlossenheit eher gestärkt als geschwächt worden waren, weil jeder weitere Prestigeverlust für sie eine Katastrophe bedeuten mußte.

Am 25. August wurde bekannt, daß London die Garantie für Polen zum förmlichen Beistandspakt umgewandelt hatte. Hitler erfuhr außerdem, daß Mussolini nicht kriegsbereit sei, und am selben Tage gab auch der französische Botschafter Coulondre

35 ADAP, Bd. VII, S. 206.

die unmißverständliche Versicherung seiner Regierung ab, daß Frankreich zwar bis zum letzten Augenblick bereit sei, alles zur Erhaltung des Friedens zu tun und auch mäßigend auf Polen einzuwirken, daß es aber das allergefährlichste sei, wenn Hitler diese Friedensbereitschaft mißverstehen würde. Er (Coulondre) gebe sein Ehrenwort als französischer Offizier, »daß die französische Armee kämpfen wird, wenn Polen von Deutschland angegriffen werden sollte«.[36]

Die Nachrichten vom 25. August 1939 machten Hitler schwankend, er widerrief in letzter Stunde den schon für den nächsten Tag gegebenen Angriffsbefehl und kehrte noch einmal zur Verwirrungsdiplomatie zurück. Am 29. August ließ er dem britischen Botschafter Henderson einen eilig ausgearbeiteten letzten Vorschlag für Polen übermitteln, der die Abtretung Danzigs und eine Volksabstimmung im nördlichen Gebiet des Korridors vorsah. Dieses sogenannte 16-Punkte-Angebot war an die ultimative Forderung gebunden, ein polnischer Bevollmächtigter müsse bis zum nächsten Mittag zur Unterzeichnung in Berlin sein. Warschau war nach Lage der Dinge nicht gesonnen, unter solchem Druck zu verhandeln. Der Termin verstrich, und in der Nacht zum 31. August erklärte Ribbentrop dem englischen Botschafter, die deutsche Regierung betrachte ihr Angebot als erledigt und werde sich nun selbst ihr Recht holen. Am Nachmittag des 31. August gab Hitler den endgültigen Befehl zum Angriff auf Polen.

Als Gefangener seiner militärischen Termine sowie der inzwischen entfesselten Propaganda gegen Polen hatte Hitler die Flucht nach vorn in die Gewalt angetreten. Der Historiker, der die Ursachen dieses verhängnisvollen Entschlusses erfassen will, stößt bei seinen Erklärungsversuchen letzten Endes auf die nur schwer deutbare Psyche Hitlers, seine grenzenlose Subjektivität, die in Haß- und Vernichtungswillen umschlug, nachdem sie ihm vorher das Bild der Wirklichkeit verzerrt hatte.

Solange Hitler noch hoffte, England und Frankreich würden

36 Erich Kordt: Wahn und Wirklichkeit. – Stuttgart 1948, S. 197.

sich aus dem Krieg heraushalten, war noch nicht endgültig entschieden, ob die projektierte Teilung Polens Wirklichkeit werden würde. Ein Einlenken der Westmächte hätte für Hitler die Absprache mit Moskau weitgehend entbehrlich gemacht. Er hätte unter Umständen bald wieder zu dem alten antisowjetischen Kurs zurückkehren können. Als England und Frankreich am dritten Tag des Polenfeldzuges jedoch ihre Ankündigung wahr machten und in den Krieg eintraten, war es für Berlin um so notwendiger, Moskau bei der Stange zu halten. Schon am 3. September ließ Ribbentrop die sowjetische Regierung zum militärischen Einmarsch in Polen förmlich einladen. Stalin und Molotow reagierten aber zunächst vorsichtig und zögernd. Offensichtlich bemüht, kein Risiko einzugehen und das Odium des Aggressors nicht mit Hitler zu teilen, warteten sie ab, bis die Niederwerfung Polens praktisch beendet war. Erst am 17. September gab Stalin der Roten Armee den Befehl zum Einmarsch in Ostpolen. In einem gleichzeitigen Kommuniqué begründete Moskau diesen Schritt mit der Notwendigkeit des Schutzes der ukrainischen und weißruthenischen Bevölkerung in Ostpolen. Bereits einen Tag später meldete der »Völkische Beobachter«: »Deutsche und russische Truppen sind erstmalig bei Brest miteinander in Fühlung getreten«.

Der deutsch-sowjetische Vertrag hatte an sich die Möglichkeit offengelassen, daß ein begrenzter polnischer Staat weiterhin bestehen könne. Die gemäßigten Diplomaten alter Schule im Berliner Auswärtigen Amt erblickten eine gewisse Chance darin, durch eine maßvolle Politik beschränkter Gebietserwerbungen die Westmächte vielleicht veranlassen zu können, doch noch nachträglich die geschehenen Tatsachen anzuerkennen. Staatssekretär v. Weizsäcker bat den ehemaligen deutschen Botschafter in Warschau Adolf v. Moltke um Auskunft, ob er die Bildung eines polnischen Reststaates für möglich halte. Moltke antwortete am 25. September, daß dies vor allem vom Umfang des Gebietes abhänge, das man den Polen belasse, sei dies zu gering, »wird die Bildung einer verhandlungsfähigen Regierung nicht möglich sein. Gegenüber einer so weitgehenden Zerstückelung des Landes würden die Polen es vorziehen, es darauf ankommen zu lassen, ob der Endsieg nicht doch den Westmächten zufällt«.[37] Von polnischer Staatlichkeit sollte nur noch kurze Zeit überhaupt die Rede sein. Stalin hatte schon am 20. September zu erkennen gegeben, daß er von einem Restpolen nichts halte und eine baldige definitive Grenzziehung wünsche. Er war bereit, die in die russische Interessenzone fallenden zentralpolnischen Gebiete mit fast rein polnischer Bevölkerung an Deutschland abzugeben, wenn Berlin dafür anerkannte, daß auch Litauen zum sowjetischen Interessenbereich gehöre. Auf der Grundlage dieses Stalin-Vorschlages wurde am 28. September in Moskau der deutsch-sowjetische Grenz- und Freundschaftsvertrag abgeschlossen. Die Festsetzung des genauen Grenzverlaufs im besetzten Polen an den Flüssen Pissa - Narew - Bug geschah durch ein Zusatzprotokoll vom 4. Oktober 1939.

Die neue Teilung war damit perfekt. Sie entsprach im großen etwa der dritten polnischen Teilung des Jahres 1795. Das war mehr als eine zufällige Ähnlichkeit. Hitlers und Stalins angemaßte Verfügungsgewalt über weite Räume war ein Rückfall in die Zeiten unbedenklichen Länderschachers, in ihren Auswirkungen aber weit schlimmer als dynastische Territorialstaatspolitik: nicht gemildert durch den »Laissez faire«-Stil des 18. Jahrhunderts, sondern verschärft durch die technische Perfektion totalitärer Herrschaft.

37 ADAP, Bd. VIII, S. 108.

Nationalsozialistische Herrschaft im besetzten Polen

Fremdvolk-Doktrin und Terror

Auf Grund des deutsch-sowjetischen Grenz- und Freundschaftsvertrages vom 28. September 1939 war Deutschland Herr über nahezu das gesamte polnische Kernland mit Posen, Krakau, Radom, Lublin, Warschau geworden. Das nach der Festlegung der Demarkationslinie (Zusatzprotokoll vom 4. Oktober 1939) von deutschen Truppen besetzte Gebiet zählte rund 20 Millionen Einwohner, darunter 85 Prozent Polen. Hitler hatte die Erwerbung dieses dicht besiedelten Landes nicht von langer Hand her geplant, sie war ihm als Ergebnis hastig improvisierter Politik und schnellen Kriegsentschlusses zugefallen, fast gegen sein ideologisches Konzept; denn in »Mein Kampf« und wo immer Hitler in früheren Zeiten vom Zukunftsland deutscher Ostkolonisation geschrieben und geredet hatte, war vor allem von der fruchtbaren Ukraine, auch vom Baltikum die Rede gewesen. Den Weg dorthin aber hatte sich Hitler durch den Pakt mit Moskau, welcher Polen einbrachte, selbst versperrt. Er zögerte jedoch nicht, durch eine abermalige Improvisation sich gleichsam selbst beim Wort zu nehmen und die fixierte Vorstellung großräumiger deutscher Machtausweitung und Ostsiedlung nunmehr auf das eroberte polnische Gebiet zu projezieren.

Schon während des Ersten Weltkrieges hatten Ludendorff, eine Reihe von Ostmarkenpolitikern und alldeutschen Extremisten weitgehende Pläne zur strategischen Vorverlagerung der deutschen Ostgrenze und zum Gewinn eines Siedlungslandes »frei von Menschen« entwickelt. Während dies alles aber über das Stadium theoretischer Kriegszielerörterungen nicht hinausgekommen war, machte Hitler mit solchen Vorstellungen von Anfang an Ernst und begann sie nach der Interessenabgrenzung mit Moskau in noch vergrößertem Maßstab sogleich in die Tat umzusetzen. Bereits in den letzten September- und ersten

Oktobertagen 1939 ordnete Hitler an, einen ausgedehnten Teil Westpolens unverzüglich dem Reich einzugliedern, auch im übrigbleibenden Restgebiet (Generalgouvernement) die Militärverwaltung durch eine von zuverlässigen »Hoheitsträgern« der NSDAP geleitete Zivilverwaltung zu ersetzen und das Gesamt-Territorium zum Gegenstand einer umfangreichen völkisch-nationalen »Flurbereinigung« zu machen. Letztere sollte vor allem in der Abschiebung von »Juden und anderem Gesindel« aus dem Reich nach dem Generalgouvernement, der Umsiedlung von Polen aus den neu zu besiedelnden östlichen »Reichsgauen« und der Ansiedlung von Volksdeutschen bestehen, die aus dem Baltikum, aus Wolhynien und anderswo herzuholen waren. Damit war aber zugleich vorentschieden, daß eine Wiederherstellung oder Zulassung staatlichen polnischen Lebens innerhalb des deutschen Machtbereiches nicht geduldet werden würde.

Am 17. September 1939, als die Masse der polnischen Truppen bereits von der deutschen Wehrmacht eingeschlossen war und die Rote Armee von Osten her nach Polen einzurücken begann, hatte Präsident Moscicki, das Staatsoberhaupt der Polnischen Republik, die noch passierbare Grenze im Süden des Landes, bei der Stadt Kuty, überschritten und sich nach Rumänien begeben. Unter dem Druck deutscher diplomatischer Intervention versagte die rumänische Regierung dem polnischen Staatspräsidenten und den nach Rumänien geflohenen Warschauer Regierungsmitgliedern politisches Asyl und ordnete ihre Internierung an. Moscicki trat daraufhin am 30. September 1939 zurück, designierte gleichzeitig aber in verfassungsmäßiger Form den in Paris weilenden Senatspräsidenten Raczkiewicz zu seinem Nachfolger. Dieser berief in Paris eine polnische Exilregierung aus Mitgliedern der bisherigen polnischen Oppositionsparteien. Ihr erster Ministerpräsident wurde General Sikorski, der schon zusammen mit Pilsudski im Ersten Weltkrieg für die Unabhängigkeit Polens gekämpft hatte. Die neue Regierung wurde von England, Frankreich und den USA rasch anerkannt. Sie unterhielt diplomatische Missionen in den westlichen

Hauptstädten, bildete ein polnisches Exilparlament und stellte aus polnischen Flüchtlingen erste bewaffnete polnische Einheiten im Einvernehmen mit ihren westlichen Alliierten auf. Trotz der Aufteilung Polens war durch diese raschen Schritte die Kontinuität der polnischen Staatlichkeit deutlich manifestiert worden, und – was noch wichtiger war – eine polnische Autorität geschaffen, auf welche sich die Hoffnungen der Polen in dem von deutschen und sowjetischen Truppen besetzten Lande konzentrieren konnten.

Die deutsche Führung förderte diese Entwicklung nachdrücklich dadurch, daß sie selbst nach der Besetzung des Landes keinerlei Versuch machte, einer deutschfreundlichen Repräsentanz des Polentums in den Sattel zu helfen, sondern die in dieser Hinsicht sich bietenden Möglichkeiten kategorisch zurückwies. Am 17. Oktober 1939 berichtete die deutsche Gesandtschaft in Genf dem Auswärtigen Amt, es gebe in der Schweiz »ernstzunehmende polnische Kreise«, die »im Gegensatz zu der Sikorski-Gruppe in Frankreich« für eine Verständigung mit Deutschland einträten und unter Beteiligung des polnischen Kardinal-Erzbischofs Hlond ein Komitee zu bilden gedächten, um Verhandlungen mit der deutschen Regierung über den »Aufbau des neuen polnischen Staates« zu führen. Reichsaußenminister v. Ribbentrop entschied jedoch kurz angebunden am 20. Oktober, »die Verbindung zu den genannten polnischen Kreisen« solle »nicht aufrechterhalten« werden, »da auf diese Leute deutscherseits kein Wert gelegt werde«.[1]

Eine ähnliche Abfuhr erhielt jetzt Wladislaw Studnicki, seit dem Ersten Weltkrieg prominenter Verfechter einer gemeinsamen Mitteleuropapolitik, der während der Jahre des deutschpolnischen Nichtangriffspaktes wie kaum ein anderer polnischer Politiker in Deutschland hofiert, 1936 sogar als Ehrengast zum Nürnberger Parteitag der NSDAP geladen worden

---

1 Unveröffentl. Akten des Ausw. Amtes; Polit. Arch. d. AA/Bonn: Pol V, Nr. 210 (polit. Beziehungen Polens zu Deutschland), S. 114 u. 116.

war. Studnicki hatte im Frühjahr und Sommer 1939 Becks Außenpolitik entschieden kritisiert und in ihr eine Provokation des Dritten Reiches gesehen. Er gab auch nach der Eroberung des Landes die Hoffnung auf eine deutsch-polnische Kooperation nicht auf, zumal er von vornherein mit dem Bruch des Hitler-Stalin-Paktes rechnete. Seit dem Herbst 1939 entfaltete er eine rührige Aktivität, organisierte ein sogenanntes polnisches Zentrales Nationalkomitee und suchte im Winter 1939/40 über Verbindungsleute und durch eingesandte Denkschriften auf deutsche Regierungsstellen einzuwirken. Schließlich gelang es ihm, selbst nach Berlin zu kommen. In einem Schreiben an die Reichskanzlei vom 6. Februar 1940 bat er eindringlich um eine Änderung der »gegenwärtigen Okkupationspolitik« in Polen und ersuchte darum, seine Vorstellungen Hitler persönlich vortragen zu dürfen. Er beklagte sich dabei bitter über die deutschen Maßnahmen in Polen, die darauf hinausliefen, »das polnische Volk physisch zu vernichten und sein zivilisatorisches Niveau herabzusetzen«. Die inzwischen vorgenommene Einverleibung polnischer Territorien gehe weit über das hinaus, was Deutschland vor 1914 beansprucht habe, und die »Vertreibung der einheimischen Bevölkerung« erwecke »berechtigte Furcht« vor ähnlichen Maßnahmen auch bei anderen mitteleuropäischen Staaten. – Die Resonanz auf Studnickis Denkschrift und auf seine unerlaubte Anwesenheit in Berlin bestand zunächst nur darin, daß der unbequeme Freund Deutschlands wenige Tage später in »politische Ehrenhaft« genommen und in einem Berliner Sanatorium von der Außenwelt abgeschlossen wurde. Eine 7-zeilige formelle Antwort der Reichskanzlei vom 6. März 1940 teilte dem Schutzgefangenen mit, daß »der Führer sich nicht in der Lage sieht«, die erbetene Audienz zu gewähren.[2] Studnicki plädierte auch später noch, insbesondere nach Beginn des deutsch-sowjetischen Krieges, für den Gedanken

2 Akten der Reichskanzlei; Bundesarchiv Koblenz: R 43 II/1484; zur Aktivität Studnickis im übrigen: Czeslaw Madajczyk: Przywodcy Hitlerowsky wobec sprawy Polskiej w okresie od pazdziernika 1939 do wrzesnia 1940 r.; in: Przeglad Zachodni, 1/1958.

einer deutsch-polnischen Zusammenarbeit. Hitler bekam seine Denkschriften überhaupt nicht zu sehen, man legte sie in der Reichskanzlei zu den Akten.

Der Fall Studnicki war ein deutliches Symbol dafür, daß die nationalsozialistische Führung polnische politische Parteigängerschaft gar nicht mehr wünschte. Polen hatte für Hitler längst aufgehört, Verhandlungspartner in irgendeiner Form zu sein. Seit dem Entschluß zum Polenkrieg betrachtete er die Nation, deren Repräsentanten er in den Jahren vorher durchaus mit diplomatischem Geschick zu behandeln gewußt hatte, nur noch als Objekt seiner Entschlüsse. Die lange Jahre hindurch geübte Zurückhaltung gegenüber dem Nachbarn im Osten schlug jetzt um in das extreme Gegenteil. Nach der Eroberung Polens schien Hitler geradezu besessen, sie noch rückwirkend ungeschehen zu machen, indem er sich mit einem ungehemmten Strom der Verunglimpfung und Gewalt über das Land und den Gegner hermachte. Dabei wirkte wohl mit, daß Hitler geglaubt hatte, Warschau ungehindert seinem Willen unterwerfen zu können, dabei aber gegen seine Berechnung doch in den »großen Krieg« hineingeraten war. Da die Welt anders reagiert hatte, als er dachte, mußte er jetzt auf andere Weise recht behalten. Der Polenkrieg mußte sich gelohnt haben. Dies alles mag als psychologische Motivierung im Hintergrund gestanden haben, als Hitler Ende September 1939 in überstürzter Eile jene völkische Ostmarkenkonzeption wörtlich und wirklich zu inszenieren begann, die bisher nur theatralisches Zukunftsprogramm gewesen war. Mehr als in einer anderen außenpolitischen Frage konnte er sich dabei auf alte Ambitionen und Wunschvorstellungen deutscher Ostpolitik stützen; sie und neue, durch die Kriegsereignisse sowie »polnische Greuel« erweckte antipolnische Emotionen dienten jetzt als Vehikel nationalsozialistischer Weltanschauungspolitik. Sie konnten sich um so mehr ausbreiten, als die Führung des Regimes den Haß als »gesundes Volksempfinden« aufwertete und vorsätzlich schürte.

Hitler gab selbst öffentlich den Ton an. In seinen Reden in Danzig am 19. September, dann im Reichstag am 6. Oktober

1939 glossierte er überheblich den militärischen Sieg über den »künstlich konstruierten« ganz »lebensunfähigen«, »lächerlichen polnischen Staat«, der nur »Schoßkind der westlichen Demokratien« gewesen sei, »überhaupt nicht zu den kulturellen Nationen« zähle und verdientermaßen »von der Erde hinweggefegt« worden sei. Das waren die alten Vorurteile und Feindbilder, nur vergröbert und bald auch übersetzt in die Nomenklatur der Rassentheorie. Abgesehen von »einer dünnen germanischen Schicht«, so setzte Hitler am 28. September 1939 dem ideologischen Fachmann Alfred Rosenberg auseinander, bestehe das polnische Volk aus einem »furchtbaren Material«, die polnischen Juden seien »das grauenhafteste, was man sich überhaupt vorstellen kann«.[3]

Bereits einige Tage zuvor hatte Heinrich Himmler, der Reichsführer der SS und Chef der Polizei, als künftiger »Reichskommissar für die Festigung deutschen Volkstums« im Führerhauptquartier den grundsätzlichen Auftrag erhalten, für die »Ausschaltung des schädigenden Einflusses von solchen volksfremden Bevölkerungsteilen« zu sorgen, die »eine Gefahr für das Reich und die deutsche Volksgemeinschaft bedeuten«.[4] Hierauf nahm Hitler Bezug, als er in der erwähnten Reichstagsrede am 6. Oktober von der im Osten zu leistenden »Sanierungsarbeit« sprach, die unter Berücksichtigung des »Rassegedankens« mit Hilfe von Umsiedlungen »eine neue Ordnung der ethnographischen Verhältnisse« herbeiführen sollte.

Der gezielte Terror, der in den Wochen nach dem Ende des Polenfeldzuges vor allem gegen die polnische Führungsschicht in Gang gesetzt wurde, und die gleichzeitige rassentheoretische Dogmatisierung der polnischen »Schädlichkeit« und »Minderwertigkeit« entsprachen einander. Am 25. November 1939 legte

---

3 Das politische Tagebuch Alfred Rosenbergs; hrsg. v. H. G. Seraphim. – Göttingen/Frankfurt/Berlin 1956, S. 81.
4 Vgl. den später, am 7. Oktober 1939, vom Hitler unterzeichneten Geheimerlaß über Himmlers Ernennung zum Reichskommissar für die Festigung deutschen Volkstums. Abschrift im Bundesarchiv Koblenz: R 49/1; auch z. B. als Nürnbg. Dok. NG-962.

das Rassepolitische Amt der NSDAP eine umfangreiche Denkschrift über die Behandlung der Bevölkerung der besetzten polnischen Gebiete nach »rassepolitischen Gesichtspunkten« vor.
Bei dem Ziel einer dauerhaften Eindeutschung, so hieß es dort,
habe man davon auszugehen, daß die polnische Bevölkerung
sich rassisch vom deutschen Volk erheblich unterscheide, da sie
nur wenig »nordisches Blut« enthalte. Zu einer Assimilierung
und kulturellen Eindeutschung dürften nur diejenigen Polen
und deutschpolnischen Zwischenschichten veranlaßt werden,
die nach rassischer Überprüfung als unerwünschter Zuwachs
anzusehen seien. Die Masse des Polentums müsse rechtlich, kulturell und sozial vom Deutschtum streng isoliert gehalten, am
besten entfernt werden. Das gelte insbesondere von der polnischen Intelligenz, die zwar vielfach nordischen Blutes sei, aber
als Träger des polnischen Nationalismus eine besondere Gefahr
darstelle.[5] Später, im Dezember 1941, dekretierte Himmler die
Sprachregelung, daß künftig das polnische Volk nicht mehr als
»artverwandt«, sondern nur noch als »nicht-germanisch« und
»fremdvölkisch« zu bezeichnen sei[6], was beinahe soviel hieß
wie »nicht-arisch«. Eine vertrauliche Broschüre des Rassepolitischen Amtes der NSDAP aus dem Jahre 1942 formulierte:
»Das Fernziel rassepolitisch ausgerichteter Fremdvolkpolitik
kann nur die restlose Entfernung des größten Teils der Polen
aus dem Reiche sein.«[7]
Es gehört zum Wesen hypertrophierter nationalistischer Subjektivität, wie sie im Nationalsozialismus Wirklichkeit wurde,
daß sie ihre Ideologien nach den erstrebten Zwecken modelt,
gleichwohl aber die so gewonnene Theorie als Realitätserkenntnis ausgibt und versteht. Die Rassentheorie wurde so im
Falle des Polentums zum Vehikel, um das Gewünschte als wirklich darzustellen. Die Konzeption deutscher Ostraumsiedlung

5 Nürnbg. Dok. NO-3732.
6 Himmler-files, Mikrofilm Inst. f. Zeitgesch. Rep. 1, Nr. 17.
7 Nationalsozialistische Fremdvolkpolitik; hrsg. v. Rassepolit. Amt d.
NSDAP. – Berlin 1942.

278

war schon vor 1914 auf eine gegenteilige Realität gestoßen; denn dieser Osten hatte sich nicht als offenstehender leerer Raum, sondern als Zentrum sehr vitaler polnischer Aktivität erwiesen. Folgte man jedoch der Rassenideologie, die das polnische Volk zur Minderwertigkeit degradierte, dann war naturgesetzlich erwiesen, daß hier das Vakuum für das »höherwertige« deutsche Volk lag, dann war auch der erdachte deutsche Lebensraum im Osten ein realistisches und notwendiges Ziel. Es galt nur konsequent und unsentimental diese Erkenntnis auch zu praktizieren.

Bei Hitler selbst fehlte es nicht an der Bereitschaft auch zur äußersten Gewalt, um das ideologisch vorgezeichnete Herrenrasseidol zu verwirklichen. Er gedachte keineswegs, bei den wilhelminischen Methoden der Entpolonisierung stehen zu bleiben, wie dies – traditionsgemäß – die zuständigen Referenten des Reichsinnenministeriums in einer Denkschrift vom 2. Oktober 1939 empfahlen. Schon in den 20er Jahren hatte Hitler der preußischen Politik zum Vorwurf gemacht, daß sie versucht habe, das Polentum zu assimilieren: Ein völkischer Staat dürfe »unter keinen Umständen Polen mit der Absicht annektieren, aus ihnen eines Tages Deutsche machen zu wollen«, er müsse vielmehr »diese rassisch fremden Elemente abkapseln, um nicht das Blut des eigenen Volkes immer wieder zersetzen zu lassen« oder »sie überhaupt kurzerhand entfernen und den dadurch frei gewordenen Grund und Boden den eigenen Volksgenossen überweisen«.[8] Nach dem Polenfeldzug informierte Hitler im Oktober 1939 sowohl das Oberkommando der Wehrmacht wie die obersten Vertreter der Reichsministerien in vertraulicher Form, daß in Polen ein »harter Volkstumskampf« geführt werden müsse, der »keine gesetzlichen Bindungen gestattet«, es gelte vor allem die nationalpolitischen Regungen des Polentums zu unterdrücken und seine Führungsschicht auszuschalten.[9] Im

8 Hitlers Zweites Buch (S. 234, Anm. 1), S. 81.
9 Martin Broszat: Nationalsozialistische Polenpolitik. – Stuttgart 1961, S. 22 f.

Kreise seiner engeren Vertrauten, wozu vor allem Himmler und die im Osten eingesetzten Gauleiter gehörten, sprach Hitler unumwunden aus, daß er darunter auch die physische Liquidierung der polnischen Intelligenz verstehe. Martin Bormann hielt eine dieser Weisungen fest, die Hitler am 2. Oktober 1940 dem Generalgouverneur Hans Frank einschärfte: »Unbedingt sei zu beachten, daß es keine polnischen Herren geben dürfe«, wo diese vorhanden seien, »sollten sie, so hart das klingen möge, umgebracht werden«.[10]

Geheimbefehle zur Liquidierung bestimmter Kreise der polnischen Oberschicht ergingen schon unmittelbar nach Beginn des Polenfeldzuges an die mobilen Einsatzkommandos der Sicherheitspolizei, die den kämpfenden Truppen folgten. Dergleichen Kommandos waren schon 1938 beim Einmarsch nach Österreich und in das Sudetenland zur Aufspürung und Festnahme politischer Gegner eingesetzt worden. In Polen aber wurde ihr Auftrag ganz erheblich erweitert. In einem späteren Schreiben vom 2. Juli 1940 bestätigte der Chef der Sicherheitspolizei Reinhard Heydrich selbst, daß die den Einsatzkommandos erteilten Weisungen beim »polnischen Einsatz« nicht nur auf die Bekämpfung von Staatsfeinden, Juden etc. beschränkt, sondern »außerordentlich radikal« gewesen seien und den »Liquidierungsbefehl für zahlreiche polnische Führungskreise« eingeschlossen hätten, »der in die Tausende ging«.[11] Die befohlenen Aktionen zur »Unschädlichmachung« der polnischen Intelligenz konzentrierten sich vor allem auf die westlichen Gebiete Polens, die ehemaligen Provinzen Westpreußen und Posen, die schon seit Jahrzehnten Schauplatz erhitzten Volkstumskampfes gewesen waren. Sie wurden außerdem ergänzt durch zahlreiche Willkürakte eingesetzter Parteifunktionäre und örtlicher Spezialeinheiten, namentlich des unter SS-Führung gebildeten Volksdeutschen Selbstschutzes. Es zeigte sich bald, daß Haß

10 Aktenvermerk Bormanns v. 2. 10. 1940; Nürnbg. Dok. USSR-172.
11 Schreiben Heydrichs an den Chef der Ordnungspolizei SS-Obergruppenführer Daluege v. 2. 7. 1940; Fotokopie in Inst. f. Zeitgesch.

und Terror sich verselbständigten, sobald »energisches Durchgreifen« gegen die Polen »von oben« honoriert wurde und Anreiz für Subalterne bildete, die beflissen durch Forschheit Karriere zu machen suchten. Die erhalten gebliebenen Dokumente lassen erkennen, daß für zahlreiche Exekutionen im Rahmen des sogenannten Standgerichtsverfahrens, das in den Städten und Dörfern der westpolnischen Gebiete im Herbst 1939 um sich griff, oft ganz unqualifizierte Beschuldigungen genügten, etwa das Zeugnis von Volksdeutschen, die formlos bescheinigten, daß der oder jener Pole »deutschfeindlich eingestellt« sei u. ä. Die zahlreichen Zeugnisse, die über die damaligen Ereignisse in Polen vorliegen, sprechen eine eindeutige Sprache.

Der Wehrkreisbefehlshaber von Posen berichtete am 31. November 1939, fast in allen größeren Orten fänden öffentliche Erschießungen statt, dabei sei die Auswahl durch die SS und Polizei »oft unverständlich« und die Art der Exekution »vielfach unwürdig«. Eine deutsche Gutsbesitzersfrau aus dem Kreis Hohensalza protestierte in einem Schreiben an Göring am 6. Dezember 1939 gegen die Ermordung Tausender »unschuldiger« Angehöriger der »intellektuellen Führungsschicht des Polentums«.[12] Heydrich selbst bemerkte nachträglich, daß »unmögliche unkontrollierte Racheakte« durch den Selbstschutz, vor allem in Westpreußen, ausgeführt worden seien.[13] Heydrich gab bei der Gelegenheit auch zu erkennen, daß die Gewaltaktionen gegen die Polen keineswegs in erster Linie von den vorangegangenen polnischen »Septembermorden« motiviert waren, wie es öffentliche Propaganda damals glauben machen wollte. Diese »Septembermorde« waren gewiß nicht erfunden. Die Panik und Erbitterung der polnischen Bevölkerung hatte sich nach Hitlers Überfall auf das Land in den ersten Septembertagen in verschiedenen Orten gegen die vermeintliche »Fünfte Kolonne« der deutschen Volksgruppe gewandt, von

12 Einzelheiten in »Nationalsozialistische Polenpolitik« (S. 279, Anm. 9), S. 38 ff.
13 Vgl. S. 280, Anm. 11.

der man glaubte, sie stehe mit dem Feind in Verbindung. Besonders in Bromberg hatte ein – bis heute unaufgeklärtes – Gerücht über die Beschießung polnischer Soldaten durch volksdeutsche »Heckenschützen« zu einer blutigen pauschalen Razzia unter den Deutschen geführt. Hier und anderswo waren Tausende von verdächtigen Deutschen verhaftet und interniert worden. Bei den befohlenen Fußmärschen ins Innere Polens gerieten sie in das Chaos des polnischen Rückzuges hinein, nicht wenige von ihnen kamen auf den Landstraßen um oder wurden erschossen. Später ermittelte man eine Gesamtzahl von rund 6000 vermißten und ermordeten Volksdeutschen. Für die nationalsozialistische Propaganda aber wurden die vermeintlichen oder wirklichen »Polengreuel« ein wohlfeiles Alibi für die beabsichtigte Dezimierung des Polentums. Um es überzeugender zu machen, griff man außerdem zu einer ungewöhnlichen Fälschung. Anscheinend auf Hitlers persönliche Weisung wurde die Zahl der tatsächlich Vermißten oder Getöteten kurzerhand verzehnfacht. Ein Weißbuch des Auswärtigen Amtes vom November 1939, in dem noch von 5400 Fällen die Rede gewesen war, mußte korrigiert werden. Ab Februar 1940 galt auf Grund interner Sprachregelung nur noch die Zahl von »58 000 Ermordeten und Vermißten«.

Wenn Hitler und Himmler geglaubt hatten, der entfesselte Terror sei ein wirkungsvolles Mittel, um die polnische Nation niederzuwerfen und die völkische »Flurbereinigung« im Osten voranzutreiben, so befanden sie sich in einem weit katastrophaleren Irrtum als alle früheren Verfechter eines »harten Kurses« gegenüber Polen. Das Unheil, das hierdurch, weit über das Dritte Reich hinaus, für Deutschland erwachsen sollte, ahnten schon damals nicht wenige Beobachter. »Es steht uns nicht zu, über die Folgen nachzudenken, wenn diese Dinge im Ausland bekannt würden«, schrieb verschüchtert ein Parteigenosse und Justizbeamter aus Petrikau.[14] Ein Offizier der Wehrmacht

14 Landgerichtsrat Dr. Reimann v. 22. 12. 1939; Akten Reichskanzlei; Bundesarchiv Koblenz: R 43 II/1411a.

bekannte in einem Brief aus Warschau am 21. November 1939, er schäme sich, ein Deutscher zu sein, der organisierte Mord, der in Warschau geschehe, erlaube es nicht länger, »von berechtigter Empörung über an Volksdeutschen begangene Verbrechen« zu reden. Es handle sich vielmehr um terroristische Aktionen, die mit höchster Duldung und Förderung stattfänden und die einmal »das Unglück des ganzen deutschen Volkes werden« und »die rächende Nemesis wachrufen« würden.[15] Auch einzelne kommandierende Befehlshaber der Wehrmacht, wie General Ulex, hielten nicht mit ihrem Urteil zurück:

»Es besteht kein Zweifel, daß die polnische Bevölkerung, die alle diese Verbrechen wehrlos mit ansehen muß... jede Aufruhr- und Rachebewegung fanatisch unterstützen wird. Weite Kreise, die niemals an einen Aufstand gedacht haben, werden jede Möglichkeit hierzu ausnützen... Die Ansicht, man könne das polnische Volk mit Terror einschüchtern und am Boden halten, wird sich bestimmt als falsch erweisen. Dazu ist die Leidensfähigkeit des Volkes viel zu groß.«[16]

System der Entpolonisierung in den eingegliederten Ostgebieten

Durch Führererlaß vom 8. Oktober 1939 waren Danzig, Westpreußen, Posen und Oberschlesien, aber darüber hinaus ein fast ebenso umfangreiches Gebiet, das vor 1914 nicht zu Preußen gehört hatte, dem Reich eingegliedert worden. Die neue Grenze verband die nach Osten vorspringenden Teile des Reiches, Ostpreußen und Oberschlesien, durch eine quer durch Polen gezogene Linie, die östlich von Lodz und Kutno verlief und im Norden dicht an Warschau heranreichte. Bedenken gegen eine so weit ausgedehnte Arrondierung, wie sie im Reichsinnenministerium und im Auswärtigen Amt geltend gemacht worden

15 Ausgewählte Briefe von Generalmajor Helmuth Stieff; Vjh. f. Zeitgesch. 3/1954, S. 300.
16 Bericht General Ulex' an Oberost v. 2. 2. 1940. In: Nürnbg. Dok. NO-3011.

waren, hatten Hitler nicht beeindrucken können. Das neue Gebiet zählte 10 Millionen Menschen. Der Hauptteil entfiel auf die neuen Reichsgaue Danzig-Westpreußen und Wartheland, zu Oberschlesien wurde ein breiter Streifen galizischen und kongreßpolnischen Gebietes geschlagen, und Ostpreußen erhielt in Anlehnung an die dritte polnische Teilung eine ausgedehnte Erweiterung nach Süden, den sogenannten Bezirk Südostpreußen (Zichenau-Sudauen) mit einer Million fast rein polnischer Bevölkerung.

Trotz der formellen Eingliederung in das deutsche Staats-, Währungs- und Wirtschaftsgebiet blieben die neuen Gebiete bis Kriegsende durch eine Polizeigrenze vom Altreich getrennt, um die geplanten bevölkerungspolitischen Maßnahmen abzuschirmen. Hitler verlieh den mit der »Neuordnung« der polnischen Gebiete beauftragten Oberpräsidenten oder Reichsstatthaltern, die als Gauleiter der NSDAP auch die Parteiorganisation befehligten, weitgehende Vollmachten. Dadurch wurden sie von der allgemeinen Reichsverwaltung in starkem Maße unabhängig. Gauleiter Forster in Danzig, Greiser in Posen, Koch als Herr über das südostpreußische Gebiet und Bracht in Kattowitz konnten in dem östlichen Neuland nahezu als selbständige Landesherren regieren. Statt der Reichsministerien gewannen die Parteikanzlei (M. Bormann) und Himmler als Chef der SS und Polizei auch auf die Verwaltung des Gebietes starken unmittelbaren Einfluß. Das zeigte sich auch auf der mittleren Verwaltungsebene (Regierungspräsidenten, Landräte), wo die Personenauswahl in weit stärkerem Maße als im Altreich von der Partei gelenkt und bestimmt wurde.

Neben der ausgedehnten Kompetenz der Reichsstatthalter bzw. Oberpräsidenten standen die Führer der SS und Polizei mit einer Fülle besonderer Zuständigkeiten, die vielfach den Charakter einer Nebenregierung annahmen. Im Gebiet jedes Gauleiters amtierte ein Höherer SS- und Polizeiführer, er war zugleich örtlicher Vertreter Himmlers in dessen neuer Eigenschaft als Reichskommissar für die Festigung deutschen Volkstums und vereinigte in seiner Hand die Leitung der zahlreichen

Funktionen, welche der SS und Polizei in den neuen Gebieten zufielen: Die Deportationen von Polen und Juden, Ansiedlung von Volksdeutschen, polizeiliche Fahndung nach polnischen politischen Führern und Untergrundorganisationen, Einrichtung von Zwangsarbeitslagern und Ghettos, die Aufstellung volksdeutscher Selbstschutz- und Hilfspolizei-Kommandos und anderes. Aus seiner Generalzuständigkeit für die bevölkerungspolitische Neuordnung und Eindeutschung der annektierten Gebiete leitete Himmler ein beinahe unbegrenztes Mitsprache- und Entscheidungsrecht der SS- und Polizeiorgane ab. Da praktisch fast jede politische Entscheidung (arbeitsrechtliche, kirchenpolitische, schulpolitische Anordnungen, Fragen der Staatsangehörigkeitsregelung ebenso wie der Gesundheitspolitik) unter dem Aspekt der Schwächung des polnischen und der Stärkung des deutschen Volkstums betrachtet werden konnten, fühlten sich Himmler, Heydrich und die Sicherheitspolizei nahezu auf allen Verwaltungsgebieten zuständig.

Die Tatsache, daß Hitler die Militärverwaltung der besetzten polnischen Gebiete schon am 25. Oktober 1939 hatte abbrechen lassen, noch ehe die Gewähr für eine ordentliche Zivilverwaltung gegeben war, hatte im Spätherbst 1939 jenes wohl nicht ganz unbeabsichtigte Verwaltungs-Vakuum entstehen lassen, in dem sich der Terror provisorisch eingesetzter Gewalten fast ungehindert ausbreiten konnte. Die Welle der »wilden« Erschießungen und Verhaftungsaktionen ließ sich naturgemäß nicht unbegrenzt fortsetzen. In der Reichskanzlei, auch im Auswärtigen Amt häuften sich im Dezember 1939 die Beschwerden über unerhörte Vorkommnisse und Mißstände in Polen. Es drohte auch die Gefahr, daß die Befehlshierarchie der SS und Polizei selbst in Unordnung geriet. Die SS- und Parteiführung sah sich gezwungen, selbst gegen eine Fortdauer der gewalttätigen Willkür Front zu machen.

Folgender Vorfall war symptomatisch: Ein Landrat und SA-Führer hatte in betrunkenem Zustand mehrere Polen, die im Gefängnis einsaßen, aus den Zellen geholt und sie eigenhändig nach Gutdünken entweder erschossen oder laufenlassen und wurde deswegen vor ein Parteigericht gestellt. Dessen überaus nachsichtiges Urteil hatte an sich gegen die Erschießung der Polen welig einzuwenden, machte dem »übereifrigen« Landrat aber zum Vorwurf, daß er bei der Erschießung, wie es wörtlich hieß, »nicht nach der Liste« verfahren sei. Was sich Himmler wünschte, war aber eben dies: Vom ungezügelten und unkontrollierten Terror umzuschalten zum Terror »nach der Liste«. Die Unterdrückung, Entrechtung und Verfolgung des Polentums wurde institutionalisiert und in ein bürokratisches System gebracht. Das erschien als eine gewisse Normalisierung, war aber nur die viel wirksamere Versklavung.

Nach vorangegangenen mehr oder weniger improvisierten Abschiebungen von Juden und Polen, bei denen sich erhebliche Mißstände ergeben hatten, fand im Dezember 1939 im Warthegau die erste systematisch organisierte Deportation nach vorbereiteten Plänen statt. Durch sie wurden innerhalb von 17 Tagen aus sämtlichen Kreisen des Gaues rund 90 000 Polen, vor allem der besitzenden Klassen, nach dem Generalgouvernement abtransportiert. Die Deportationen wiederholten sich in gewissen Abständen bis zum Frühjahr 1941. Mit diesen Zwangsaussiedlungen gaben Hitler und Himmler ein Beispiel, das 1945 auf das gesamte Deutschtum im Osten zurückschlagen sollte. Was die Deutschen aus den Oder-Neiße-Gebieten nach Kriegsende erlebten, hatten vier Jahre vorher Hunderttausende von Polen zu spüren bekommen. Die gewaltsame Evakuierung polnischer Bauern wurde aus Zweckmäßigkeitsgründen vielfach unmittelbar mit der Einweisung von volksdeutschen Umsiedlern in die geräumten Gehöfte und Wohnungen verbunden. Ein Fachmann der Volksdeutschen Mittelstelle berichtete über eine solche Zwangsräumung, die im Sommer 1940 im Wartheland stattfand:

»An einem Abend wurde ein polnisches Dorf umstellt von einer Gruppe SA-Männern, welche die Leitung der Aktion inne hatten . . . Das Dorf wurde umzingelt, und kurz vor Mitternacht wurden die Leute aus den Betten herausgejagt. Dann kam der Befehl, binnen einer halben oder dreiviertel Stunde mit einem Gepäck von 30 Kilogramm

reisefertig zu sein. Es wurde dort furchtbar gehaust. Heiligenbilder, Kruzifixe wurden zerbrochen und in den Kehricht geworfen. Die Polen mußten in ihren eigenen Wagen in die Kreisstadt fahren und kamen dort hinter Stacheldraht. In der Kreisstadt warteten bereits Volksdeutsche, die man woanders geholt hatte. Diese Volksdeutschen wurden dann auf dieselben Wagen geladen, in denen die polnischen Familien gekommen waren. Selbstverständlich waren diese Volksdeutschen sehr entsetzt von den fürchterlichen Dingen, die sie dort anfanden.«[17]

Bestrebungen zur Verdrängung des fremden und Vermehrung des eigenen Volkstums durch organisierte Bevölkerungs-, Siedlungs- und Bodenpolitik waren im deutsch-polnischen Grenzraum schon in den vorangegangenen Jahrzehnten durch die preußische Ostmarkenpolitik vor 1914 oder polnische Verdrängungsmaßnahmen nach 1918 wechselseitig vorexerziert worden. Gleichwohl unterschieden sich die in Polen 1939 unter nationalsozialistischer Regie begonnenen Deportationen durch ihre Gewaltsamkeit und Hemmungslosigkeit von allen ihren Vorläufern in dieser Zone. Ging es doch hierbei nicht darum, durch Umsiedlungen nun einmal bestehende Nationalitätengegensätze zu entschärfen, sondern um die »Freimachung« eines Gebietes, das man vorsätzlich schon mit der Absicht annektiert hatte, seine fremde Bevölkerung zu entfernen. Dem Überfall auf fremdes Land folgte der Überfall auf die Menschen. Auch die Umsiedlung von Volksdeutschen, die im Zusammenhang damit stand, war von solcher Rigorosität gekennzeichnet. Volkstumspolitik wurde nicht mehr als Pflege und Förderung nationaler Kultur und Überlieferung verstanden, sondern nach bevölkerungspolitischen Sollzahlen und gleichsam als Transportfrage gehandhabt. Da war die Rede von »Ansatz baltendeutscher Herdstellen«, von »Ab- und Rücksiedlern«, ihrer »Durchschleusung« und »Erfassung«. »Menscheneinsatz« hieß bezeichnenderweise die Planungsabteilung des Reichskommissars für die Festigung deutschen Volkstums. Ihr Leiter, SS-Brigadeführer Dr. Fähndrich, stellte folgende charakteristische Richtlinien auf:

17 Bericht von Karl Schoepke; Nürnbg. Dok. NO-5112.

»Die jenseits der Reichsgrenze lebenden Teile des deutschen Gesamt-volkes werden von ihrer Rolle als Kulturdünger fremder Staaten abge-löst . . . Der vom Führer an verschiedene Volksgruppen ergangene Ruf zur Heimkehr in das Reich stellt eine völlige Revolutionierung der früheren deutschen Volkstumspolitik dar. Die frühere, vielfach romantisch gefärbte Schwärmerei, die sich an der Verstreutheit der Deutschen in aller Welt begeisterte, hat der Forderung Platz gemacht: Hereinholung des wertvollen deutschen Blutes zur Stärkung des Rei-ches selbst. Dies verpflichtet aber den heimgekehrten Deutschen, sich in die Disziplin, die Zucht und die Ordnung des Großdeutschen Reiches organisch einzufügen. Es kann und darf nicht sein, daß z. B. im deutschen Osten eine baltendeutsche Volksgruppe neben einer wolhyniendeutschen und bessarabiendeutschen besteht. Die Begriffe des Baltendeutschen, des Wolhynien- und Bessarabiendeutschen usw. müssen vielmehr in kürzester Frist ausgetilgt sein.«[18]

Es zeigte sich schon bald, daß unter den Bedingungen des Krie-ges, dem Mangel an Transportraum, den Versorgungs- und Unterbringungsschwierigkeiten ein Bevölkerungstransfer von den ursprünglich geplanten Ausmaßen nicht durchführbar war. An eine Deportation auch nur des größeren Teiles der über 8 Millionen Polen in den eingegliederten Ostgebieten war nicht zu denken. Im Frühjahr 1941 mußten die Aussiedlungen weit-gehend gestoppt werden. Die Weiterführung im großen wurde auf die Zeit nach dem Kriege vertagt. Insgesamt waren bis dahin ungefähr eine halbe Million Polen zwangsevakuiert und zum größten Teil in das Generalgouvernement abgeschoben wor-den. Rund 350 000 volksdeutsche Umsiedler aus dem Baltikum, aus Wolhynien, Bessarabien, der Bukowina und anderen Gebieten sind an ihrer Stelle zwischen 1939 und 1943 in die eingegliederten Gebiete, vor allem in den Warthegau, umgesie-delt worden.

Da auf diesem Wege eine rasche Eindeutschung der Ostgebiete, auch mangels deutscher Ansiedler, schwerlich erreichbar war,

18 Der Menscheneinsatz. Grundsätze, Richtlinien, Anordnungen; hrsg. v. Stabshauptamt des Reichskommissars für die Festigung deut-schen Volkstums. – Berlin 1940, Einleitung.

lag es nahe, zur alten Politik der sprachlich-kulturellen Assimilierung und Germanisierung zurückzukehren. In einzelnen Gebieten, so in Westpreußen und Oberschlesien, versuchte man diesen Weg zu gehen. Durch nominelle Eindeutschung, Eintragung in die sogen. Deutsche Volksliste (Gruppe 3) ließ Gauleiter Forster in Danzig-Westpreußen Hunderttausende von Polen und Kaschuben pauschal zu Deutschen »ernennen«, um ein günstiges Eindeutschungsergebnis vorweisen zu können. Es kam dabei zu grotesken Vorfällen. Aus der Fülle der Berichte sei nur einer herausgegriffen:

»Einem Ortsgruppenleiter oder Bürgermeister war aufgetragen, sein Dorf zu 80 Prozent in die Deutsche Volksliste einzureihen, obwohl es mindestens zu 80 Prozent polnisch war. Als der Ortsgruppenleiter sich weigerte, wurde er von seinem Kreisleiter dem Gauleiter gemeldet. Daraufhin kam der Gauleiter selbst in das Dorf und setzte diesen Ortsgruppenleiter in einem Gasthaus vor allen Deutschen und Polen derart herunter, daß dieser Ortsgruppenleiter sich sofort hinsetzte, alle Polen kommen ließ und sie einfach in die deutsche Volksliste eintrug. Eine Nacht später warfen die zwangsweise eingedeutschten Polen Briefe in den Briefkasten des Ortsgruppenleiters, worin sie sich wieder als Polen erklärten.« [19]

Solche nominelle Zwangseindeutschung war in ihren Wirkungen aber noch vergleichsweise human. Die in Gruppe 3 der Deutschen Volksliste eingetragenen Personen wurden zwar nur deutsche Staatsangehörige auf Widerruf, ihr Vermögen unterlag wie das aller Polen der Beschlagnahme, doch im übrigen wurden sie den Deutschen gleichgestellt.
Weitaus schlimmer in ihren Folgen war die strikte Politik nationaler und rechtlicher Trennung zwischen Deutschen und Polen, wie sie Himmler mit seinen Dienststellen propagierte und wie sie vor allem im Warthegau durchgeführt wurde. Nach Himmlers Direktiven ist dort der Kreis der Eindeutschungsfähigen bewußt klein gehalten worden. Die Masse der polnischen Bevölkerung, allein im Warthegau rund dreieinhalb Millionen, erhielt den diskriminierenden Status sogenannter Schutzange-

19 Bericht Schoepke (S. 287, Anm. 17).

höriger. Auf beinahe allen Lebensgebieten herrschte zwischen Deutschen und Polen strikte Trennung und Rechtsungleichheit, neben einer bevorrechteten deutschen »Elite« eine unterdrückte, nur vorbehaltlich im Lande behaltene halbfreie polnische Arbeitsbevölkerung. Dieses System begann bei kleinlichen symbolischen Schikanen wie der Einführung der Grußpflicht für Polen gegenüber deutschen Uniformträgern, Ausschluß der Polen vom Besuch deutscher Gaststätten, der Anordnung von Sperrzeiten, in denen Polen nicht in den Geschäften einkaufen durften u. ä. Weit schwerwiegender war aber die Rechtlosigkeit der polnischen Bevölkerung auf elementaren Lebensgebieten. Es bestand generelles Verbot des öffentlichen Gebrauchs der polnischen Sprache und jeglichen polnischsprachigen Unterrichts. Sämtliche polnischen landwirtschaftlichen und gewerblichen Vermögen unterlagen auf Grund der Polenvermögensordnung vom 17. September 1940 der Beschlagnahme. Auch auf dem Gebiet der Lebensmittelversorgung und Entlohnung waren die Polen benachteiligt.

Besonders sinnfällig wurde das System der völkischen Rechtstrennung durch den Erlaß eines Sonderstrafrechts für Polen (Verordnung vom 4. Dezember 1941). Auf Grund dieser Verordnung war den Polen fast aller Rechtsschutz genommen, den deutsche Angeklagte besaßen. Geringste Vergehen wurden mit drakonischen Strafen bedroht. Auf Freiheits- oder Todesstrafe konnte bereits erkannt werden, wenn »gehässige und hetzerische Betätigung« oder »deutschfeindliche Äußerungen« nachzuweisen waren. Der Bereich strafbarer Handlungen wurde extrem ausgeweitet und gänzlich unbestimmt definiert, so etwa wenn Handlungen als strafbar galten, die, wie es in der Verordnung wörtlich hieß, »der Hoheit des Deutschen Reiches und dem Ansehen des deutschen Volkes abträglich« waren. Auch prozessual näherte sich das Polensonderstrafrecht den Verfahren von Standgerichten. Eine Berufung war ausgeschlossen, das Verfahren war stark verkürzt und vereinfacht. Was hier in der Form einer Rechtsverordnung erlassen wurde, war nicht Rechtssetzung, sondern Rechtsabbau, die Willkür wurde zur

Norm erhoben. Wie die Konsequenzen dieser Strafjustiz aussahen, veranschaulicht folgende statistische Bilanz. Allein im Jahre 1942 wurden auf Grund der Verordnung in den eingegliederten Ostgebieten 63 000 Polen abgeurteilt. 930 von ihnen sind allein in diesem einen Jahr hingerichtet, über 45 000 in Straflager eingewiesen worden. Himmler war damit jedoch keineswegs zufrieden. In einem Brief an den Leiter der Parteikanzlei, Martin Bormann, klagte er am 8. Juli 1943 über die »falsche Grundeinstellung« der im Osten tätigen Richter und Staatsanwälte. Viele von ihnen sähen ihre Aufgabe fälschlich darin, Recht zu sprechen, »statt die Belange des deutschen Volkes in diesem Raum durchzusetzen«. Er halte es für notwendig, »einen klaren Trennungsstrich« zwischen der Strafrechtspflege gegenüber Deutschen und der Strafrechtspflege gegenüber Angehörigen der Ostvölker zu ziehen, so daß die Strafverfolgung von Polen »ausschließlich in den Händen der Polizei liegt«.[20]

Himmler hat dieses Ziel zwar nicht in aller Form erreicht, aber doch die eigenmächtige Strafverfolgung von Polen durch die Polizei in starkem Maße usurpieren können. Wie im Altreich Zehntausende von polnischen Zivilarbeitern, so wurden auch in den eingegliederten Ostgebieten zahllose Polen von der SS und Polizei ohne jegliches Verfahren verhaftet und in Konzentrationslager eingewiesen.

Sah man, wie Himmler und Hitler, in Regungen der polnischen nationalen Besonderheit generell ein zu bekämpfendes Übel, so lief alle Polenpolitik letzten Endes auf Verfolgung hinaus. Das zeigte sich besonders deutlich in der Politik gegenüber der polnischen katholischen Kirche in den eingegliederten Gebieten. Der Reichsgau Wartheland war auch hier das im Sinne des Nationalsozialismus »fortschrittlichste« Gebiet. Die Verhaftung von Geistlichen und die Beschlagnahme von Kirchengebäuden blieb im Warthegau nicht auf die erste Phase terroristischer Gewaltanwendung im Herbst 1939 beschränkt, sondern wurde kontinuierlich und systematisch fortgeführt. Zunächst

20 Nürnbg. Dok. NO-2718.

suchte man den polnischen Klerus durch Deportation loszuwerden. Am 5. und 6. Oktober 1941 fand schließlich eine umfassende Aktion statt, durch welche Hunderte von Priestern in Konzentrationslager verschleppt und die polnischen Kirchen bis auf geringe Ausnahmen geschlossen wurden. Ein vertrauliches Rundschreiben der deutschen Bischöfe vom Oktober 1941 schildert die dadurch in der Diözese Posen-Gnesen eingetretene Lage:

»*Von 681 Geistlichen (1939) haben 22 keine Seelsorgeerlaubnis, 120 im Generalgouvernement (deportiert), 74 erschossen oder im KZ gestorben, 24 außerhalb der Reichsgrenzen, 12 vermißt, 451 in Gefängnissen oder Konzentrationslagern. Von ehem. 431 öffentlichen Kirchen und 74 Kapellen noch 30 Kirchen und 1 Kapelle geöffnet.*«[21]

Die Ausschaltung der polnischen katholischen Kirche diente ganz bewußt dem Zweck, auch die religiösen Ausdrucksformen polnisch-nationalen Lebens zu beseitigen. Es ging dabei aber nicht allein um das Ziel der Entpolonisierung, vielmehr sollte mit der völkischen Neuordnung zugleich der progressiven Verwirklichung des nationalsozialistischen Weltanschauungsstaates vorgearbeitet werden. Auch die deutsche protestantische und katholische Kirche wurde im Warthegau einem Sonderreglement und zahlreichen Beschränkungen unterworfen. Auf Hitlers Weisung wurde dem Reichskirchenministerium in Berlin jegliche Kompetenz für die Kirchen in den eingegliederten Ostgebieten entzogen. Statt dessen erhielt Bormann als Leiter der Parteikanzlei die Ausrichtung der Kirchenpolitik übertragen. Er fand im Warthegau in Gauleiter Greiser einen idealen Gesinnungsgenossen. Auf eine Beschwerde des Superintendenten der deutschen evangelischen Kirche in Posen über die zunehmende Bedrückung des kirchlichen Lebens im Warthegau erklärte Gauleiter Greiser in einem Schreiben vom 6. Mai 1941:

»*Was die Reste der kirchlichen Gebilde anlangt, so hat überhaupt nach nationalsozialistischen Rechtsbegriffen die Kirche aufgehört,*

21 Bernhard Stasiewski: Nationalsozialistische Kirchenpolitik im Warthegau; Vjh. f. Zeitgesch. 1/1959, S. 65.

eine öffentliche rechtliche Säule der deutschen Gemeinschaft zu sein.
Daß sie im Altreich noch, äußerlich betrachtet, diese Rechtsform
besitzt, bedeutet nicht eine neue Anerkennung dieser Rechtsform
durch den Nationalsozialismus. Es sind vielmehr ebendiese Dinge
noch nicht zur Neuordnung gelangt.«[22]

In der kirchenpolitischen Entwicklung im Warthegau wurde der
Zusammenhang zwischen »völkischer Politik« und politischem
Totalitarismus deutlich sichtbar. Die Gewaltpolitik gegenüber
dem Polentum zog eine allgemeine Beschleunigung der totalitär-
polizeistaatlichen Verfassungsentwicklung nach sich. Was im
Warthegau geschah, war sozusagen Vorgeschmack dessen, was
nach einem von Hitler gewonnenen Krieg allgemein in Deutschland zu gewärtigen gewesen wäre.

Niederhaltung und Ausbeutung im Generalgouvernement und polnischer Widerstand

Während die »eingegliederten Ostgebiete« als »Neuland des
Reiches« einem Prozeß systematischer Eindeutschung unterworfen wurden, erhielt das »Restgebiet« Polens den staats- und
völkerrechtlich nicht ganz klar definierten Status eines Reichs-
Nebenlandes unter der Sonderverwaltung des Generalgouverneurs Hans Frank. Es sollte vorerst nicht germanisiert werden,
sondern, wie Hitler ausführte, eine polnische »Reservation«
unter strenger deutscher Aufsicht darstellen, eine Kolonie, aus
der es an agrarischen und industriellen Produkten sowie an
Arbeitskräften möglichst viel herauszuholen galt. Bei mehreren
Gelegenheiten hob Hitler hervor, daß dieses Restgebiet »kein
Musterbezirk« deutscher Verwaltung sein dürfe, sondern nach
Gesichtspunkten optimaler Nutzung und gleichzeitiger Niederhaltung des Polentums regiert werden müsse. Die »Idee« deutscher Herrschaft in Polen, wie später in den eroberten russischen Gebieten, reduzierte sich bei Hitler auf die primitive

22 Akten Reichskanzlei; Bundesarchiv Koblenz: R 43 II/170.

Vorstellung einer mit allen Vorzügen und Machtmitteln ausgestatteten deutschen Oberschicht, der ein kulturell und sozial herabgedrücktes, gleichsam geschichtslos gewordenes Fremdvolk dienstbar zu machen sei. Wie sehr ein solches Bild deutscher Herrschaft noch in seinem Zynismus primitives Klischee war, lassen insbesondere Himmlers Überlegungen erkennen, die er im Mai 1940 in einer pedantischen Denkschrift niederlegte.[23] Beherrschend die Zielvorstellung eines polnischen »führerlosen Arbeitsvolkes«, das auf dem Wege rassischer »Abschöpfung«, sozialer Deklassierung und vorsätzlicher Reprimitivisierung geschaffen werden müsse. Das Illusionäre der Herrenrassen-Theorie enthüllt sich hier schon in den Spitzfindigkeiten. Die exzentrische ideologische »Machart« war neue, nationalsozialistische Erfindung. Die Zielrichtung stand aber in Einklang mit älteren Traditionen. Jener »handfeste« preußisch-deutsche Herrenstandpunkt, wie ihn 1886 der Bromberger Regierungspräsident v. Tiedemann formuliert hatte (indem er unterschied zwischen den polnischen Führungskreisen, denen nur mit Härte zu begegnen sei, und dem niederen polnischen »Volk«, dessen Bedürfnislosigkeit man gern in Anspruch nehme), enthielt unverkennbar schon das Wunsch-Modell, an das die späteren rassetheoretischen Projekte Himmlers anknüpfen konnten.

Anfang November 1939 bezog der »Reichsrechtsführer der NSDAP« Hans Frank die alte Königsburg des Wawel in Krakau als Dienstsitz des Generalgouverneurs, nachdem Hitler ausdrücklich angeordnet hatte, das weitgehend zerstörte Warschau als polnische Hauptstadt nicht wiedererstehen zu lassen. Im Winter 1939-40 wurde das Generalgouvernement in die vier Distrikte Krakau, Radom, Lublin, Warschau aufgeteilt und je einem Distriktgouverneur unterstellt. Nach dem Rußlandfeldzug kam als fünfter Distrikt Ostgalizien mit Lemberg hinzu, während die übrigen ostpolnischen Gebiete den Reichskommissariaten »Ostland« und »Ukraine« zugeschlagen wurden,

---

23 Denkschrift über »Die Behandlung der Fremdvölkischen im Osten«; veröffentlicht in Vjh. f. Zeitgesch. 2/1957, S. 197 ff.

außerdem entstand ein eigener Verwaltungsbezirk Bialystok unter Leitung des ostpreußischen Gauleiters Koch.

Jedem Distriktgouverneur unterstanden im Generalgouvernement 10 Kreishauptmannschaften bzw. Stadtkommissare. Von Anfang an zeigte sich ein krasses Mißverhältnis zwischen der Qualifikation des verfügbaren deutschen Verwaltungspersonals und ihren unerhört weiten Kompetenzen. Neben einer geringen Zahl geschulter Verwaltungsbeamter überwogen Parteifunktionäre in den Stellen der Gouverneure, Kreis- und Stadthauptleute und ihren Stäben, die ihre Positionen nicht selten als Pfründen betrachteten. Polnische Verwaltungsbehörden blieben nur auf der Ebene der Gemeinden bestehen. Ihnen gegenüber besaßen die neueingesetzten deutschen Kreis- und Stadtkommissare absolutes Aufsichtsrecht und unbegrenzte Eingriffsmöglichkeit. Sie konnten jeden Entscheid eines einheimischen Bürgermeisters aufheben und selbst Anordnungen treffen. Der Konstruktion nach lag die gesamte Verwaltungsleitung und -aufsicht bei den deutschen Stellen. Tatsächlich war aber diese deutsche Verwaltung, die in jedem Kreis von höchstens ein- bis zweihundert deutschen Beamten wahrgenommen werden mußte, viel zu weitmaschig, um eine strikte Erfassung und Niederhaltung der polnischen Bevölkerung zu ermöglichen. Wollte man die wirtschaftliche Produktion des Landes und die Arbeitskräfte für das Reich mobilisieren, bedurfte man der fachlichen Hilfe der polnischen Gemeindevorsteher und -angestellten. Deren loyale Mitarbeit aber war nicht zu gewinnen, solange am Konzept der Unterdrückung des Polentums festgehalten wurde. Die Vorstellung Hitlers und Himmlers, daß man mit Erfolg sowohl das Land ausbeuten als auch seine Bevölkerung versklaven könne, erwies sich schon bald als eine peinliche Fehlrechnung. Da dieses ideologisch bestimmte Grundkonzept aber nicht fallengelassen wurde, schwankte die deutsche Herrschaft im Generalgouvernement unablässig zwischen Versuchen organisatorischer Erfassung der polnischen Hilfsquellen und polizeilichen Willkürmaßnahmen hin und her. Dabei kam es zu einem beinahe permanenten Gegeneinanderregieren und -intrigieren von Wehrmacht, Verwaltung und Polizei, das vielfach chaotische Formen annahm.

Hans Frank stellte sich als Generalgouverneur zunächst voll hinter die Intentionen Hitlers. Am 30. Mai 1940 deckte und befürwortete er mit Eloquenz in einer geheimen Polizeisitzung in Krakau den an die Sicherheitspolizei ergangenen Befehl, einige tausend widerstandsverdächtige Polen im Generalgouvernement im Rahmen der sogenannten allgemeinen Befriedungsaktion zu liquidieren:

»SS-Obergruppenführer Krüger und ich haben beschlossen, daß die Befriedungsaktion in beschleunigter Form durchgeführt wird. Der Führer hat mir gesagt: Was wir jetzt an Führerschicht in Polen festgestellt haben, das ist zu liquidieren, was wieder nachwächst, ist von uns sicherzustellen und in einem entsprechenden Zeitraum wieder wegzuschaffen. Wir brauchen diese Elemente nicht erst in die Konzentrationslager des Reiches abzuschleppen, sondern wir liquidieren die Dinge im Lande... Ich gestehe ganz offen, daß es einigen tausend Polen das Leben kosten wird, vor allem aus der geistigen Führerschicht... Meine Herren, wir sind keine Mörder. Für den Polizisten und SS-Mann, der auf Grund dieser Maßnahmen dienstlich verpflichtet ist, die Exekutionen durchzuführen, ist das eine furchtbare Aufgabe. Für uns alle als Nationalsozialisten bringt aber diese Zeit die Verpflichtung mit, dafür zu sorgen, daß aus dem polnischen Volk kein Widerstand mehr emporsteigt.«[24]

Als sich ungefähr um die gleiche Zeit zeigte, daß die Anwerbungen von polnischen Zivilarbeitern für das Reich nicht den erwarteten Erfolg hatten, stimmte Frank zu, nunmehr auch Zwangsmaßnahmen zur Verschickung polnischer Arbeiter ins Reich zu ergreifen und dabei in stärkerem Maße die Polizei heranzuziehen. In einer Sitzung in Krakau am 23. April 1940 führte er in Gegenwart des Vertreters des Reichsarbeitsministers aus, daß »auf dem Wege der Freiwilligkeit« das Ziel der Beschaffung von Landarbeitern für das Reich »nicht mehr zu

24 Diensttagebuch des Generalgouverneurs Hans Frank, Auszug in der Serie der Dokumente des Nürnberger Hauptkriegsverbrecherprozesses. IMG, XXIX, PS-2233, S. 440 ff.

erreichen« sei, es gebe »nur noch den Weg eines Zwanges«. Die Arbeiterbeschaffung müsse unter diesen Umständen den Charakter der »Deportation von zwangsweise zusammengeholten Menschen erhalten«.[25]

Bis 1942 wurde rund eine Million Polen aus dem Generalgouvernement zur Zwangsarbeit in das Reich verschickt. Seit 1943 ließen sich Rekrutierungen von Polen für den Arbeitseinsatz, wenn überhaupt, so meist nur noch mit starken Polizeikräften erzwingen. In vielen Fällen mußte man wegen der prekären Sicherheitslage auf geplante Aushebungen verzichten. Überfälle auf Rekrutierungskommandos und Zivilarbeitertransportzüge häuften sich. Der Leiter der Abteilung Arbeit im Distrikt Radom berichtete, seit April 1943 hätten sich die Verhältnisse »grundlegend geändert«, jede Anwerbung sei »wegen des gesteigerten Banditenunwesens beinahe erfolglos geworden«. Die polnischen Bürgermeister verweigerten aus Furcht vor der organisierten Untergrundorganisation jede Hilfeleistung. Die Polizei habe vollauf mit der Bekämpfung der Banden zu tun und falle weitgehend für die Ausmusterung von Arbeitskräften aus. »Nachtaktionen« würden von ihr abgelehnt, »weil die damit verbundene Lebensgefahr zu groß« sei. Zahlreiche Angehörige der Arbeitseinsatzverwaltung seien bereits »Opfer von Überfällen« geworden:

»*Das Polizeisonderkommando des Arbeitsamtes Kielce wurde vor einiger Zeit am hellen Tage in seinen Kraftwagen von einer ca. 50 Mann starken Bande angehalten. Hierbei wurde ein Werber des Arbeitsamtes erschossen, die Polizisten ihrer Uniformen beraubt und ein paar für die Vermittlung ins Reichsgebiet erfaßte Polen befreit.*«[26]

Ganz ähnliche Eindrücke gewann im Sommer 1943 ein Vertreter des deutschen Kohlenbergbaus, der sich im Generalgouver-

25 Protokoll der Arbeitssitzung der Regierung des Generalgouvernements über Landarbeiterfragen v. 23. 4. 1940, Fotokopie im Inst. f. Zeitgesch.
26 Frank-Tagebuch; zit. in Documenta Occupations, VI. – Posen 1958, S. 335 f.

nement über die Möglichkeiten der Anwerbung polnischer Arbeitskräfte informierte: Eine Arbeiterbeschaffung sei »in der letzten Zeit nur noch durch Einsatz von Polizeikräften möglich«. Auch dabei sei es aber oft »vorgekommen, daß Polizeikommandos nur in den ersten Häusern des Dorfes noch Männer vorfanden, während die Polen aus dem übrigen Teil des Dorfes sofort nach Erscheinen der Polizei flüchteten«.[27]

Generalgouverneur Frank und die Beamten der Zivilverwaltung begannen mehr und mehr zu begreifen, daß die bisherige Polenpolitik verfehlt war. Sie suchten ab 1942/43 die polizeistaatlich-weltanschauliche Devise der Unterdrückungspolitik aufzuweichen, gerieten dadurch aber in zunehmenden Gegensatz zur SS und Polizei. Besonderen Anlaß hierfür gaben 1943 außer der Zwangsrekrutierung polnischer Arbeiter zwei polizeiliche Großaktionen im Generalgouvernement, welche durch rabiate Gewaltanwendung nicht nur ihr Ziel verfehlten, sondern den polnischen Widerstand beträchtlich anwachsen ließen.

Ende November 1942 hatte Himmler mit seinen Dienststellen zum ersten Mal begonnen, die in den eingegliederten Ostgebieten schon vorher durchexerzierte Aussiedlung von Polen und Ansiedlung von Volksdeutschen auch auf das Generalgouvernement auszudehnen. Als erstes deutsches »Siedlungsbollwerk« war von ihm der Kreis Zamosc im Distrikt Lublin ausersehen worden. 27 000 volksdeutsche Umsiedler, die bisher nicht untergebracht werden konnten und noch in Umsiedlungslagern saßen, sollten als erste Quote angesiedelt werden, weitere 70 000 später folgen. Um dafür den nötigen Platz zu schaffen, hatte Himmler, unterstützt von dem auch an der Organisation der Judendeportation und -vernichtung in Polen maßgeblich beteiligten SS- und Polizeiführer Globocnik (Lublin), eine phantastisch anmutende Prozedur ausgeklügelt. Ihr zufolge sollte die Zwangsevakuierung der polnischen Bauern im Kreis

27 Genaueres in: Nationalsozialistische Polenpolitik (S. 279, Anm. 9), S. 102 ff.

Zamosc gekoppelt werden: erstens mit einer rassischen Musterung, um sogenannte eindeutschungsfähige Polen herauszufinden, zweitens mit der Beschaffung von Arbeitskräften für das Altreich, drittens mit einer politischen und sozialen Differenzierung zwischen den leistungsfähigen bzw. »loyalen« und den nichtarbeitsfähigen oder sonst unerwünschten polnischen Bauern, wobei letztere in sogenannte Rentendörfer abgeschoben, erstere aber durch Neuzuweisung vergrößerten Besitzes belohnt werden sollten. Schließlich bezweckte die Aktion auch eine völkische Trennung zwischen den in diesem Gebiet wohnenden Polen und Ukrainern; es war vorgesehen, die ukrainischen Bauern des Kreises Zamosc ebenfalls auszusiedeln, sie aber im Nachbarkreis durch bisher polnischen Besitz, der dafür gleichfalls geräumt werden mußte, großzügig zu entschädigen. Das Ganze war ein bevölkerungspolitisches Planspiel typisch Himmlerscher Erfindung. Da man aber innerhalb des Befehlsbereichs der SS und Polizei darauf gedrillt war, in Angriff zu nehmen, was immer Himmler an phantastischen Einfällen produzierte, suchte man auch in diesem Falle durch brutale Gewaltsamkeit zu erzwingen, was schon in der Konzeption abwegig war.

Die Ende November 1942 im Stil einer überfallartigen Aktion begonnene Zwangsevakuierung Tausender polnischer Bauern im Kreis Zamosc, deren Familien dabei z. T. nach Gesichtspunkten des Arbeitseinsatzes zerrissen wurden, sowie die Ukrainerumsiedlung im Nachbarkreis Hrubieszow zeigten binnen kurzem verheerende Folgen. Der Chef der Umwandererzentralstelle der Sicherheitspolizei, Hermann Krumey, berichtete über einen Abschnitt der Gesamtaktion:

»Von 14 738 Personen, die in 63 Dörfern zu erfassen waren, wurden 5587 Personen erfaßt. Die nicht erfaßten Polen flüchteten z. T. mit ihrem gesamten beweglichen Eigentum in umliegende Dörfer. Von dort statteten sie ihren früheren Heimatdörfern bei Nacht öfter Besuche ab, wobei sie landwirtschaftliche Produkte mitnahmen. Vereinzelt kam es sogar zu regelrechten Überfällen auf umgesiedelte Dörfer. Um dieser Beunruhigung Einhalt zu gebieten, wurden insge-

samt 21 Durchkämmungsaktionen nach geflüchteten Polen durchgeführt und dabei 1064 Polen ergriffen. Auch hierbei wurde ein voller Erfolg nicht erzielt.«[28]

Die Gewaltmaßnahmen, die in der Umgebung von Zamosc bis in den Sommer 1943 hinein fortgesetzt wurden, betrafen rund 40 000 Polen, die schließlich meist in Arbeits- oder Konzentrationslager überführt wurden. Die Entfernung polnischer Bauern von ihren Höfen hatte zur Folge, daß sich damals Panik und Widerstandstätigkeit weit über die unmittelbar betroffenen Kreise hinaus verbreiteten. Der höhere SS- und Polizeiführer im Generalgouvernement, SS-Obergruppenführer Krüger, mußte auf einer Arbeitssitzung im Beisein Franks schon am 25. Januar 1943 einräumen, daß sich diese ganze Aktion »ungünstig ausgewirkt« habe, die Polen glaubten nunmehr, »nachdem der Jude vernichtet worden ist, versuche man mit den gleichen Methoden den Polen aus diesem Raum herauszubringen und ihn ebenso zu liquidieren wie den Juden«.[29]

Ähnlich war die Wirkung einer fast gleichzeitigen umfassenden Verhaftungsaktion vom Januar 1943, die vor allem in Warschau und anderen größeren Städten des Generalgouvernements stattfand und der vorsorglichen Verhaftung von »widerstandsverdächtigen und asozialen« Polen diente. Derartige präventivpolizeiliche Maßnahmen gegen sogen. »potentielle« Gegner waren schon seit 1939/40 von der Sicherheitspolizei oft in einer Weise ausgedehnt worden, die mit echten Sicherheitsbedürfnissen nur noch wenig zu tun hatte. Nachdem die Konzentrationslager ins Riesenhafte angeschwollen waren und von Himmler zunehmend als billige, SS-eigene Arbeitskraft-Reserven betrachtet und benutzt wurden, ging es bei Schutzhaftanordnungen vielfach gar nicht mehr um die tatsächliche oder geglaubte Gefährlichkeit einzelner Polen, sondern primär um »Nachschub« für die

28 Abschlußbericht über die Arbeit der UWZ im Reichsgau Whartheland und im Generalgouvernement für das Jahr 1943; Fotokopie in Inst. f. Zeitgesch. Fa 96.
29 Prot. der Sitzung der Reg. des Gen.-Gouv. über Polizei und Sicherheitsfragen am 25. 1. 1943. In: PS-2233 (S. 296, Anm. 24), S. 642.

Konzentrationslager, nicht zuletzt auch um Ersatz für viele Zehntausende von Häftlingen, die dort während des Krieges an Seuchen, Unterernährung und Entkräftung starben. Das Generalgouvernement aber erschien der Sicherheitspolizei als ein besonders geeignetes Terrain zur Auffüllung und Erweiterung der Konzentrationslager-»Belegschaften«. Hier lag auch das wesentliche Motiv für die zwischen dem 15. und 22. Januar 1943 durchgeführte Großrazzia. Dabei war charakteristisch, daß der Chef der Gestapo, SS-Gruppenführer Müller, vor der Aktion nicht nur ein Zahlensoll von »etwa 35 000« zu verhaftenden Personen festlegte, sondern auch unterstrich, es dürften »nur arbeitsfähige« Personen als Häftlinge den Konzentrationslagern zugeführt werden, »da sonst entgegen dem beabsichtigten Zweck eine Belastung der Konzentrationslager eintritt«.[30] Es ist unschwer vorzustellen, wie die Durchführung solcher »Sammelschutzhaftanordnungen« nach vorher fixierten Sollziffern aussah. Vertreter des Amtes des Generalgouverneurs berichteten davon am 24. Januar 1943: »Um zahlenmäßig mit möglichst hohen Ergebnissen aufwarten zu können«, seien mitunter einfach »Kinos und Kirchen umstellt und dann sämtliche Besucher . . . ohne Auswahl festgenommen und in ein Konzentrationslager geführt worden«. Selbst »Leute, die amtliche Ausweise über ihre Tätigkeit im deutschen Interesse besessen hätten, seien verhaftet worden, nachdem ihre Ausweise einfach zerrissen worden wären«.[31]

Polnischer aktiver und passiver Widerstand drohte seit dem Frühjahr 1943 in zunehmendem Maße die Verwaltung und Nutzung des Generalgouvernements illusorisch zu machen. Neben der provozierenden Wirkung terroristischer polizeilicher Maßnahmen, die auch Teile der bisher unpolitischen agrarischen Bevölkerung den Untergrundorganisationen zutrieb, rief naturgemäß die Fernwirkung der sich für Deutschland zuneh-

30 Nürnbg. Dok. NO-2131.
31 Aktenvermerk Reichskanzlei v. 26. 2. 1943, Nürnbg. Dok. NG-3556.

mend ungünstiger gestaltenden militärischen Ereignisse eine allgemeine Stärkung des Widerstandsgeistes hervor. Nach der Schlacht von Stalingrad und dem beginnenden Rückzug der deutschen Truppen im Osten wurde die polnische Untergrundtätigkeit zusehends lebhafter. Ihr Schwerpunkt hatte von Anfang an im Generalgouvernement gelegen.

In Warschau war schon unmittelbar nach der Kapitulation der Stadt im Oktober 1939 die Geheimorganisation »Verband für den bewaffneten Kampf« aus untergetauchten Offizieren und Soldaten der polnischen Armee gebildet worden. Wenig später wurde sie durch eine politische Rahmenorganisation unter dem Namen »Hauptorganisation Untergrundpolens« ergänzt, welche sich aus Vertretern der großen ehemaligen polnischen Parteien, vor allem den Nationaldemokraten, den polnischen Sozialisten und der Bauernpartei, zusammensetzte. Die militärische und politische Untergrundbewegung unterstellte sich der polnischen Exilregierung in London, stand durch geheime Kuriere, teils auch Geheimsender mit ihr in laufender Verbindung und organisierte sich förmlich als polnischer »Untergrundstaat«. Den Polen kam hierbei alte historische Erfahrung in konspirativer Tätigkeit zugute. Es gelang dem nationalen Untergrund, eine geheime »Heimatarmee« (Armija Krajowa) in Stärke von etwa 200 000 Mann (1944) aufzustellen, für die auch geheime Waffendepots zur Verfügung standen. Es zeigte sich bei alledem, daß die vielfach anarchische deutsche Willkürherrschaft im Generalgouvernement, trotz ihrer Gewaltsamkeit, insgesamt doch »durchlässiger« war als das perfekte »Ordnungs«-System in den eingegliederten Ostgebieten, vor allem im Warthegau, wo die deutsche Herrschaft weitgehend bürokratisiert und unentrinnbar gemacht worden war.

Im Frühjahr 1943 war in weiten Teilen des Generalgouvernements eine Lage eingetreten, in der die spärlichen deutschen Dienststellen und Polizeikommandos zufrieden waren, wenn überhaupt Ruhe herrschte. In dieser Situation entstanden einige wenige Bemühungen der deutschen Verwaltung, die bisherige Polenpolitik zu revidieren. Nach allem, was vorangegangen war, konnten sie schwerlich glaubwürdig sein, auch wenn sie ernstlich verwirklicht worden wären. Die politische Konstellation für solche Versuche schien allerdings im Frühjahr 1943 nicht ganz ungünstig. Vor allem deshalb, weil zu dieser Zeit das von Anfang an problematische Verhältnis der polnischen Exilregierung zur Sowjetunion in ein sehr kritisches Stadium getreten war. Die polnische Exilregierung hatte 1941 unter dem Druck der Westmächte Beziehungen zu Moskau aufgenommen, obwohl Stalin sich weigerte, eine verbindliche Zusage über die Rückgabe der durch den Pakt mit Hitler gewonnenen ostpolnischen Gebiete zu machen. Nach den militärischen Erfolgen vom Winter 1942/43 ließ Moskau jede Rücksichtnahme in dieser Frage fallen und erklärte im März 1943 rundheraus, daß Polen kein Recht auf die ukrainisch-ruthenischen Gebiete im Osten habe. Der entscheidende Anlaß aber zum Bruch der Beziehungen zu Moskau ergab sich, als von deutscher Seite im April 1943 die Leichen von über 4000 polnischen Offizieren in den Massengräbern von Katyn bei Smolensk aufgefunden worden waren. Die polnische Exilregierung war über das Schicksal von zahlreichen polnischen Offizieren, die 1939 in sowjetische Hände gefallen, aber seitdem unauffindbar geblieben waren, schon seit langem beunruhigt. Jetzt lag eine erschütternde Erklärung vor. Der Ende April 1943 veröffentlichte Befund einer neutralen Ärztekommission, obwohl von deutscher Seite propagandistisch ausgeschlachtet, ließ schon damals kaum einen Zweifel, daß die aufgefundenen Offiziere im Frühjahr 1940 von den Sowjets getötet worden waren. Auf entsprechende Anfragen wußte die sowjetische Regierung keinerlei befriedigende Erklärung abzugeben. Sie brach statt dessen die Beziehungen zur Londoner Exilregierung ab und verhandelte seit Mai 1943 nur noch mit einer kommunistisch gesteuerten polnischen Gruppe, dem sogenannten »Verband polnischer Patrioten« in der UdSSR, aus dem im Juni 1944 nach der sowjetischen Besetzung Ostpolens das Lubliner Befreiungskomitee hervorgehen sollte.

Auf Grund dieser Diskrepanz verschärfte sich auch innerhalb

der polnischen Untergrundbewegung die Auseinandersetzung zwischen der im Einvernehmen mit der Londoner Exilregierung stehenden nationalen Widerstandsorganisation und den seit 1943 stärker hervortretenden polnischen kommunistischen Partisanengruppen. Gleichzeitig trübte sich das Verhältnis der Londoner Exilregierung zu den Westmächten, welche aus militärischen Erwägungen ihren erfolgreichen sowjetischen Bundesgenossen die Stange hielten.

Das alles bildete den politischen Hintergrund für zaghafte Ansätze einer Änderung der deutschen Polenpolitik im Frühjahr und Sommer 1943. Für einen solchen Kurswechsel plädierte jetzt auch Generalgouverneur Frank, der die bisherige terroristische Politik schon verschiedentlich zu dämpfen versucht hatte. Am 19. Juni 1943 übersandte Frank eine umfangreiche Denkschrift an Hitler. Darin waren die Gründe der angewachsenen polnischen Unzufriedenheit und Widerstandstätigkeit mit Offenheit dargelegt. Frank berichtete von den rigorosen Methoden der Arbeitererfassung und der diskriminierenden Behandlung der polnischen Zivilarbeiter im Altreich, die unter den Polen »ungeheure Haßstimmung« erzeugt hätten. Er zählte des weiteren auf: die gänzlich unzureichende Ernährung der Polen, die Enteignung von Grundbesitz und gewerblichen Unternehmen, Massenverhaftungen und Erschießungen durch die Polizei, die Lahmlegung des kulturellen Lebens der Polen durch die Schließung der Universitäten, höheren und Mittelschulen, die Beschlagnahme von Klöstern etc. »Die Auffindung der Massengräber bei Katyn« biete die Möglichkeit zu einem »grundlegenden Wandel in der Behandlung der Polen«; unbedingte Voraussetzung seien aber praktische Änderungen, nicht nur propagandistische Einwirkungen, denn viele Polen ließen »sich von Katyn nicht beeinflussen« und wiesen auf gleiche Greueltaten der Deutschen, »besonders Auschwitz« sowie »auf das Massensterben in deutschen Konzentrationslagern« hin. Die »Einreihung des polnischen Volkes in die antibolschewistische Abwehrfront« sei jetzt, wo sich der Mangel deutscher Kräfte immer stärker bemerkbar mache, »unausweichliches

Gebot der Stunde«. Mit »unbrauchbaren Ideologien und falsch aufgefaßtem Herrentum« sei dem Reich gegenwärtig »nicht genützt«.[32]

Franks Denkschrift hat bei Hitler keinerlei positive Resonanz ausgelöst. Seine Anregung, polnische Verbände im Kampf gegen die Sowjetunion aufzustellen, wurde vom Reichssicherheitshauptamt entschieden abgelehnt. Eine Werbung polnischer Freiwilliger, so bemerkte man dort, würde eine weitgehende »Umstellung der bisherigen Polenpolitik« und eine »Verwischung der unbedingt notwendigen klaren Trennungslinie der Volkstümer« bedeuten. Frank selbst war in seiner Stellung viel zu sehr geschwächt, außerdem persönlich zu labil und unentschlossen, um auf eigene Faust Politik treiben zu können. So behielt die alte Devise »Nur keine Schwäche zeigen« erneut die Oberhand, auch als die Dämme bereits zu brechen begannen.

Im Sommer 1944 kam es zum polnischen Aufstand in Warschau. Als nach wochenlangen Kämpfen die Niederschlagung des Aufstandes erreicht war, beschloß die Wehrmachtführung mit Unterstützung Franks und des Auswärtigen Amtes, der Aufständischen-Armee unter General Bor-Komorowski am 2. Oktober 1944 eine Kapitulation unter ehrenvollen Bedingungen und Kriegsgefangenschaft nach völkerrechtlichen Normen zu gewähren, da man sich hiervon einen günstigen Einfluß auf die polnische Stimmung versprach. Die Sicherheitspolizei sorgte aber auch in diesem Fall dafür, daß solche Hoffnungen schnell zuschanden wurden. Hatte man die Überlebenden der Aufständischen-Armee verschont, so mußte die Zivilbevölkerung der zerstörten polnischen Metropole um so mehr büßen. Sie wurde fast gänzlich evakuiert. Rund 50 000 arbeitsfähige Polen aus Warschau sind noch im Oktober/November 1944 in die Konzentrationslager des Reiches transportiert worden, große Teile der anderen polnischen Bevölkerung in dem noch in deutscher Hand befindlichen Gebiet westlich der Weichsel trieb man zu Schanzarbeiten zusammen. Auch jetzt noch lebte man in

32 Enthalten in IMG, XXVI, PS-437.

dem hybriden Glauben, die Angehörigen einer ganzen Nation versklaven, sie aber gleichzeitig als willige Arbeitskräfte verwerten zu können. Bis zur völligen Eroberung Polens durch die Rote Armee im Januar 1945 blieb einfallslose Gewalt das letzte Wort nationalsozialistischer Polenpolitik. Es war verständlich, daß infolgedessen die Gegenseite in der Brechung dieser Gewalt das allem anderen vorangehende Ziel erblickte und die gleichzeitigen alliierten Planungen über die Zukunft Polens auf Deutschland und deutsche »Rechte« wenig Rücksicht nahmen.

Der Verlust deutscher Stellung im Osten

Von den Bereitstellungen an der Weichsel begann am 12. Januar 1945 die kriegsentscheidende letzte Großoffensive der Roten Armee im Osten. Im Chaos des Rückzuges und der Flucht, das in den folgenden Wochen und Monaten über die ostdeutsche Bevölkerung hereinbrach, versank der Traum nationalsozialistischer Machtausweitung im Osten. Was sich statt dessen im Frühjahr und Frühsommer 1945 im Osten Deutschlands anbahnte – die systematische Vertreibung der Deutschen und die Errichtung einer polnischen Administration in den Gebieten jenseits von Oder und Görlitzer Neiße – ging über die Liquidierung der Herrschaft des Dritten Reiches weit hinaus. Das Pendel gewaltsamer Neuordnung, das Hitler in Bewegung gesetzt hatte, schwang zurück und zertrümmerte die Grundlagen, auf denen zwei Jahrhunderte lang die Stellung Preußens bzw. des deutschen Nationalstaates im Osten beruht hatte. Die umstürzenden Veränderungen der ethnischen und machtpolitischen Verhältnisse in jenen historischen deutschen Grenzgebieten im Osten, die seit dem Mittelalter Wirkungsraum deutscher Kultur- und Staatstätigkeit gewesen waren, bedeuteten auch das Ende preußisch-deutscher Polenpolitik, deren Gang wir hier beschrieben haben.

Die epochale geschichtliche Wendung lag nicht allein darin, daß 1945 der auf die Teilung Polens zurückgehende preußisch-deutsche Besitz der Gebiete an der unteren Weichsel und Warthe in das Gegenteil polnischer Herrschaft bis zur Oder und Neiße verkehrt wurde. Rückblickend ist vielmehr festzustellen, daß mit diesem Prozeß zugleich die neuzeitliche Periode nationalpolitisch und nationalstaatlich bestimmter deutsch-polnischer Beziehungen zu Ende ging.

Hitler selbst hatte mit seiner raumpolitischen Expansion nach Osten, um derentwillen er 1939 der Sowjetunion den Weg nach Ostpolen freigab, die deutsch-polnische Rivalität über die

Ebene geläufiger Nationalstaatspolitik hinausgetrieben. In seinem Versuch, eine deutsche Herrenrassen-Hegemonie künstlich und gewaltsam mit den Methoden völkischer Einschmelzung und »Flurbereinigung« zu organisieren, hatten sich die älteren Bestrebungen preußisch-deutscher Ostmarkenpolitik gleichsam überschlagen und die veränderte Qualität imperialer totalitärer Fremdherrschaft angenommen. Es erwies sich bald, daß die 1939 eingeleiteten Manipulationen zur Eindeutschung polnischen Landes in ihren Grundzügen keineswegs allein und spezifisch auf Polen gemünzt waren. Sie bildeten die erste Etappe eines viel weiter reichenden Programms rassentheoretisch begründeter Neokolonialherrschaft, das seit 1941 auch auf die eroberten Gebiete der Ukraine, Weißrußlands und des Baltikums ausgedehnt wurde und ganz allgemein auf die Unterdrükkung und Diskriminierung der »minderwertigen« slawischen Völker und Nationen angelegt war. Mit dieser umfassenden Herausforderung, der die »kleinräumigen« Nationalstaaten Kontinentaleuropas von sich aus nicht zu widerstehen vermochten, rief Hitler selbst die weltweite antifaschistische Solidarität auf den Plan. Diese nahm in Osteuropa unter der machtpolitischen Führung der Sowjetunion überwiegend die Gestalt einer »vaterländisch« stilisierten, aber kommunistisch gesteuerten Befreiungsfront an. Die nationalsozialistische Gewaltherrschaft bereitete damit ungewollt jene andere totalitäre Zusammenfassung Ostmitteleuropas vor, die 1945 an die Stelle der deutschen Vormacht trat. Der antifaschistische Befreiungskampf wurde zum ideologischen und politischen Anknüpfungspunkt und Einlaßtor auch für die Sowjetisierung Polens und der russisch besetzten Hälfte Deutschlands.

Dieses mehrschichtige Geschehen gilt es im Auge zu behalten, will man den Verlust deutscher Stellung im Osten und den historischen Einschnitt, der durch ihn markiert wird, in seiner ganzen Bedeutung erfassen. Den Gesamtprozeß der Liquidierung der deutschen Vergangenheit östlich von Oder und Neiße darzustellen, läge außerhalb unseres Themas. Wir müssen uns abschließend darauf beschränken, die wichtigsten Kausal- und

Ereigniszusammenhänge, die diesen Vorgang bestimmten und verwandelten, zu charakterisieren.

Während der Phase der antifaschistischen Solidarität hatten die »Großen Drei« in den Konferenzen von Teheran, Jalta und Potsdam die Westverlagerung Polens und die Einschnürung Deutschlands nach Westen im Prinzip übereinstimmend beschlossen. Dies entsprach nicht nur dem alliierten Kriegsprogramm künftiger dauerhafter Entmachtung und staatlich-territorialer Zergliederung Deutschlands, sondern erschien, was Polen betraf, vor allem auch als ein Akt notwendiger Kompensation und berechtigter Vergeltung. Der Verlust der deutschen Stellung im Osten war insofern verquickt in die Fakten und Zusammenhänge, die sich aus der Liquidierung des von Hitler begonnenen Krieges ergaben: Die Westmächte glaubten sich nicht berechtigt, den russischen Ansprüchen auf Ostpolen entgegenzutreten und der siegreichen Sowjetunion, die bis 1943/44 die Hauptlast des Krieges gegen Deutschland getragen hatte, zu verweigern, was Hitler ihr schon vorher bewilligt hatte, zumal die Ribbentrop-Molotow-Linie von 1939 weitgehend der sogen. Curzon-Linie entsprach, welche die Sachverständigen der Westmächte nach dem Ersten Weltkrieg selbst als »gerechte« Ostgrenze Polens empfohlen hatten. Churchill, Roosevelt und Stalin stimmten gleichfalls überein, daß nicht das von Hitler vergewaltigte Polen dieses Opfer zu tragen habe, sondern das besiegte Deutschland. Der Anlaß für den Beschluß der Westverlagerung Polens und eines damit verbundenen doppelten Bevölkerungstransfers (Umsiedlung der Polen aus Ostpolen und Ausweisung der Deutschen aus den künftig polnischen Gebieten Ostdeutschlands) ergab sich somit aus dem sowjetischen Anspruch auf das mehrheitlich ukrainisch-weißruthenische Territorium Ostpolens. Dennoch wäre es sicher nicht zu dem rigorosen Vorhaben gekommen, wenn nicht jenes andere, für die Kriegsgegner Deutschlands zwischen 1943 und 1945 herrschende Motiv hinzugekommen wäre: Unbedingte Brechung der deutschen Macht durch eine nachhaltige Umgestaltung der territorialen Struktur Deutschlands.

Schon in Teheran, und ähnlich später während der Konferenz von Jalta, führte Churchill aus, daß er den Plan nicht zuletzt deshalb begrüße, weil durch die Abtretung Ostpreußens, Ostpommerns und Oberschlesiens an Polen, das historische Kernland Preußens und damit das »Erzübel« des deutschen Militarismus getroffen werde.[1] Außenminister Eden erinnerte 1944 im Unterhaus an die »ungeheuren und schrecklichen Veränderungen«, die Hitler in Polen eingeleitet habe. Ganze Bevölkerungsgruppen seien entfernt, andere getötet worden. Einen Status quo, zu dem man einfach zurückkehren könne, gebe es schon deshalb nach dem Kriege nicht. Nach den bisherigen historischen Erfahrungen erscheine eine radikale territoriale und bevölkerungsmäßige Zurückdrängung Deutschlands als »die einzige Möglichkeit«, die eine »Dauerlösung« verspreche.[2] Der britische Oppositionsführer erklärte am 28. Februar 1945:

»Die furchtbaren Ereignisse, die über Europa gekommen sind, sind der Verantwortung der deutschen Führer und des deutschen Volkes zuzuschreiben... Sie haben die alten Schranken zerbrochen, und daher sage ich, daß sie jetzt nicht an das alte Europa appellieren können. Wenn sie sich ergeben und Wiedergutmachung leisten müssen, haben sie kein Recht, an die moralischen Gesetze zu appellieren, die sie selber außer acht gelassen haben... Sollte es sich als notwendig erweisen, gewisse (deutsche) Gebiete abzutrennen, um dem polnischen Volk ein freies und uneingeschränktes Leben zu ermöglichen, werde ich mich darüber nicht beklagen, und ich glaube auch nicht, daß die Deutschen sich mit Recht darüber beklagen können... Die Umsiedlungen können sehr, sehr schmerzlich sein, aber vielleicht sind sie bei weitem besser als ein ewiger Unruheherd von Volksteilen inmitten von

---

1 Foreign Relations of the United States: The Conferences at Cairo and Teheran 1943. – Washington 1961, S. 500; The Conferences at Malta and Yalta 1945. – Washington 1955, S. 612.
2 Unterhausdebatten vom 22./23. Febr. und 15./16. Dez. 1944; Parliamentary Debates, House of Commons, Official Report, Bd. 397, Sp. 697 ff. und Bd. 406 Sp. 1574 f. (zit. nach Rhode-Wagner: Quellen zur Entstehung der Oder-Neiße-Linie in den diplomatischen Verhandlungen des Zweiten Weltkrieges. – Stuttgart 1956, S. 86 ff. und 131 f.

Völkern, die sie hassen. Eine einzige Bereinigung mag durchaus besser sein.«[3]

Wenngleich der amerikanische Präsident und der englische Premierminister ehrlich überzeugt waren, daß sie der Welt gegenüber geradezu verantwortlich seien, wenigstens für das nächste halbe Jahrhundert ein Wiedererstehen deutscher Macht zu verhindern (so Churchill in Teheran), so offenbaren doch die historischen Zeugnisse auch, daß die leitenden Staatsmänner der westlichen Demokratien dabei nicht der Gefahr eilfertiger Bedenkenlosigkeit entgingen. Der Ungeist totalitärer Maßnahmen, den sie niederringen wollten, färbte auch auf die Entschlüsse der Gegner Hitlers ab.

Das gilt in noch stärkerem Maße von den Begleitumständen der russisch-polnischen Inbesitznahme Ostdeutschlands, der Drangsalierung der dort nach der Evakuierung und Flucht verbliebenen Deutschen und ihrer schließlichen Ausweisung.[4] Die rund neun Millionen Deutschen aus den westpolnischen Gebieten, aus Ostpreußen, Danzig, Ostpommern, Ostbrandenburg und Schlesien hatten gleichsam stellvertretend die Last der Vergeltung zu tragen, die nach Hitlers Herausforderung dem ganzen Deutschland galt, aber im Osten die weitaus schwersten und nachteiligsten Folgen hatte. Es erwies sich dabei, daß die ca. 4 bis 5 Millionen Ostdeutschen, die im Winter 1944/45 flohen oder evakuiert wurden und denen nach Kriegsende die Rückkehr in ihre Heimat verwehrt wurde, trotz erheblicher Verluste noch immer das bessere Teil erwählt hatten. Die volle Wucht sowjetischer und polnischer »Abrechnung« traf die Zurückgebliebenen. Tausende von örtlichen deutschen Honoratioren fielen in den Tagen und Wochen nach der Besetzung verfahrensloser Rache zum Opfer, welche vielfach »Hitleristen« und »Ka-

3 Parliamentary Debates, ebenda Bd. 408 Sp. 1275 ff. (Rhode-Wagner ebenda S. 199 ff.).
4 Zum Folgenden Näheres in: »Dokumentation der Vertreibung der Deutschen aus Ostmitteleuropa«, Bd. I/1-3, hrsg. v. Bundesministerium für Vertriebene. – 1954/60.

pitalisten« gleichsetzte. Über 200 000 »arbeitsfähige« Zivilisten wurden im Frühjahr 1945 unter dem Titel der Wiedergutmachung zu oft langjähriger Zwangsarbeit nach der Sowjetunion deportiert; Seuchen und Hunger forderten im sowjetisch besetzten und verwalteten nördlichen Ostpreußen, ebenso wie unter der polnischen Verwaltung in Ostdeutschland zahllose Todesopfer.

Besonders deutlich zeigte sich der Umschwung des Pendels der Gewalt in den Gebieten des ehemaligen polnischen Staates, wo Hitler und Himmler die Politik zur »Festigung deutschen Volkstums« mit der Liquidierung und Diskriminierung des Polentums verbunden hatten. Die im Wartheland, in Westpreußen, Oberschlesien oder dem Generalgouvernement bevorrechteten Volksdeutschen ehemals polnischer Staatsangehörigkeit wurden jetzt generell als »Verräter der polnischen Nation« angesehen und harten gesetzlichen Strafsanktionen unterworfen. Barackenlager, Gefängnisse und Zuchthäuser in Pommerellen und Posen, in denen zwischen 1939 und 1944 Polen als Häftlinge eingesperrt gewesen waren, gebrauchte man nunmehr zur »Internierung« von deutschen »Kollaborateuren«. Diskriminierende Kennzeichen, wie sie unter nationalsozialistischer Herrschaft für Juden und polnische Zivilarbeiter eingeführt worden waren, dienten 1945 als Schandmal für Deutsche, die in den Städten Polens zu Arbeitseinsätzen herangezogen wurden. Erneut tagten Sondergerichte, und erneut – nur unter anderem Vorzeichen – war den Denunziationen und feindseligen Emotionen Tor und Tür geöffnet. Die vorangegangene materielle Ausbeutung und Verarmung des Polentums und das von den neuen sowjethörigen polnischen Behörden geförderte Bestreben rascher Polonisierung der Gebiete bis zur Oder und Neiße trugen das Ihre dazu bei, daß in diesem Territorium unmittelbar nach der Besetzung ein gewaltsamer Prozeß national- und sozialrevolutionärer Besitzenteignung und Schadloshaltung begann, der erst allmählich in geregeltere Bahnen zur Ablösung der einheimischen deutschen Besitzer durch repatriierte Polen übergeleitet wurde.

312

Die Ausweisung der Deutschen, die schon vor Potsdam in einem Streifen östlich der Oder und Neiße erzwungen wurde, um ein Präjudiz zu schaffen, und die dann mit etwas besser organisierten Transporten im Jahre 1946 ihren Höhepunkt erreichte, blieb von dem Grundsatz der »ordentlichen und humanen« Durchführung (Art. XIII des Potsdamer Abkommens) oft weit entfernt. Sie wurde dennoch – nach allem was vorangegangen war – von den betroffenen Deutschen fast als Erlösung empfunden. Das Ausharrenwollen im Osten war sinnlos geworden, seitdem dort nicht nur das Schicksal nationaler Überfremdung zu gewärtigen war, sondern die »Heimat« im Begriff stand, nach sowjetischem Vorbild politisch und gesellschaftlich völlig umgestaltet zu werden. Zwischen 1945 und 1947 wurden fast 3 Millionen Deutsche aus den Oder-Neiße-Gebieten meist in die westlichen Besatzungszonen »transferiert«. Reste der einheimischen Bevölkerung verblieben noch als unabkömmliche Arbeitskräfte im Lande oder erhielten – so vor allem in Oberschlesien und im masurischen Südostpreußen – als sogen. Autochthone Gelegenheit, polnische Staatsbürgerschaft zu erwerben, die ihnen z. T. auch gegen ihren Willen aufoktroyiert wurde.

Ende 1950 wurden die wesentlichsten gegen das Deutschtum gerichteten polnischen Ausnahmegesetze aufgehoben.[5] Personen deutscher Volkszugehörigkeit konnten auf Grund des neuen polnischen Staatsbürgerschaftsgesetzes vom 8. 1. 1951 wieder polnische Staatsangehörigkeit erwerben. Unmittelbare Veranlassung für den Abbau der antideutschen Gesetzgebung in Polen bildete das am 6. Juni 1950 zwischen »Volkspolen« und der Regierung der DDR abgeschlossene Warschauer Abkommen, in dem die Pankower Regierung die Oder-Neiße-Linie als »Friedensgrenze« anerkannte. Das Abkommen hatte auch zur Folge, daß in den folgenden sechs Jahren (bis zum Gomulka-Umschwung im Oktober 1956) die bisherige polni-

5 Vgl. ebenda meine Einleitung zu Bd. I/3: Polnische Gesetze und Verordnungen 1944-55.

sche historische und politische Publizistik, die sich anklägerisch und kritisch mit der Zeit der deutschen Besetzung Polens befaßte, fast ganz eingestellt werden mußte. Übergeordnete volksdemokratisch-kommunistische Räson gebot das offizielle Totschweigen aller nationalpolitischen und zeitgeschichtlichen deutsch-polnischen Problematik.

Diese Zusammenhänge verdeutlichen nur abermals, daß die polnische Besitzergreifung Ostdeutschlands (als Ersatz für die ostpolnischen Gebiete) in ihren Voraussetzungen und Konsequenzen über die Bedeutung einer deutsch-polnischen Frage weit hinausging. Die Westverlagerung Polens war der »Ausweg« gewesen, um sowohl sowjetische wie polnische Territorialinteressen auf Kosten Deutschlands zu befriedigen. Sie schuf deshalb nicht nur ein bilaterales (deutsch-polnisches) sondern ein trilaterales Territorialproblem. Im Gegensatz zu seinem vorangegangenen historischen Schicksal der Isolierung zwischen Deutschland und Rußland wurde Polen in seinen neuen Grenzen von dem überlegenen Nachbarn im Osten abgesichert, gleichzeitig aber politisch an ihn gebunden, wobei schließlich der sowjetische Protektoratstaat der DDR einerseits zusätzliche territoriale Abschirmung, andererseits zusätzliche außenpolitische Barriere für Polen darstellte.

Damit ist zugleich der weitere Bezug angedeutet, in den das Problem der deutsch-polnischen Grenze im Verlauf der unmittelbaren Nachkriegsentwicklung hineingeriet: Was zunächst vordergründig als rigorose Neuordnung des nationalen Verhältnisses erschien und – in den Oder-Neiße-Gebieten selbst – sich vielfach in den Formen nationaler polnischer Vergeltung an Deutschland und den Deutschen abspielte, war im Grunde weniger ein Akt souveräner polnischer Politik als Instrumentarium übergeordneter und großräumiger sowjetischer Strategie in der östlichen Hälfte Europas. Die 1943-45 von den Siegermächten beschlossene Zurückdrängung Deutschlands durch ein nach Westen vorgelagertes Polen blieb hier nicht zeitbedingtes und flüchtiges Programm, das aus der Kriegsstimmung entstanden war, sondern wurde überlagert und in seinen territorialen Ausmaßen noch ausgeweitet durch das Bedürfnis sowjetischer Hegemonialpolitik.

Die weiterreichenden Ziele sowjetischer Politik zeichneten sich u. a. ab, als Stalin nach der völligen Besetzung Polens während der Krim-Konferenz (Anfang Februar 1945) zum ersten Mal offiziell forderte, über das Maß bisher fixierter und für angemessen gehaltener Kompensation Polens (bis zur Oder-Linie) dem neuen polnischen Staat auch die niederschlesischen Gebiete bis zur westlichen Neiße einzuräumen. Amerikanische Experten des State Departement deuteten schon im Frühsommer 1945 dieses Begehren Stalins als die Absicht, den künftigen polnischen Staat Deutschland gegenüber in unausweichlichen Gegensatz zu bringen, ihn dadurch ganz von sowjetischer Protektion abhängig zu machen und auf diese Weise außenpolitisch von Anfang an in ein Satellitenverhältnis hineinzuzwängen.[6] Die Frage der territorialen Ausdehnung Polens nach Westen mußte unter diesen Umständen auch für die Westmächte ein anderes Gesicht erhalten. Schon vor der Potsdamer Konferenz zerbrach an dieser Frage die antifaschistische Solidarität der Kriegsgegner Deutschlands.

Die namentlich von Churchill 1943-44 mehrfach bekundete Bereitschaft, Polen im Westen sehr großzügig zu entschädigen, war wesentlich an die Hoffnung geknüpft, daß die polnische Regierung nach dem Krieg Herr im eigenen Hause sein und (auch Rußland gegenüber) eine selbständige Rolle im Konzert der europäischen Staaten spielen würde. Unter dem Gesichtspunkt künftiger polnischer Unabhängigkeit hatte Churchill in Teheran stärker fast als Stalin den Gedanken der Kompensation Polens vertreten. Die Art und Weise der inneren Staatsgestaltung und Regierungsbildung in Polen besaß dabei aber in den Augen der Westmächte 1944-45 durchaus den Vorrang vor der Territorial- und Grenzfrage. Insbesondere die britische Regierung erkannte schon Anfang 1944 die Gefahr sowjeti-

6 Foreign Relations of the United States: The Conference of Berlin, Bd. I – Washington 1960, S. 744 (Briefing Paper vom 29. 6. 1945).

scher Satellitenbildung und einer Ausmanövrierung der demokratischen polnischen Exilregierung. Aus diesem Grund
drängte Churchill den polnischen Exilministerpräsidenten
Mikolajczyk im Sommer 1944 in scharfer Form zum Verzicht
auf Ostpolen, weil er darin die entscheidende Voraussetzung
für eine rechtzeitige Einschaltung der demokratischen Parteien
und Politiker beim Neuaufbau des polnischen Staates erblickte.

Je mehr aber diese Hoffnung schwand und die sowjetische
Politik der vollendeten Tatsachen 1944-45 im befreiten Polen
allein der sowjetfreundlichen und kommunistisch beherrschten
polnischen Gruppe des Lubliner Komitees in die Hände arbeitete, um so mehr sank andererseits die britisch-amerikanische
Bereitschaft zu einer großzügigen Westkompensation Polens.
Charakteristisch hierfür war der Verlauf der Krim-Konferenz,
wo die Westmächte alles Gewicht auf eine für sie akzeptable
polnische Regierungsbildung legten und gleichzeitig von einer
übermäßigen Ausdehnung Polens nach Westen abrieten. Prä-
gnanten Ausdruck fand der Standpunkt der britischen Regierung damals in einem Schreiben Außenminister Edens an Churchill vom 1. Februar 1945. Darin schlug Eden vor, nicht nur die
von Stalin geforderte Neiße-Grenze abzulehnen, sondern sich
auch bezüglich der Oder-Linie die Türen offenzuhalten,
»denn wir sollten den Lubliner Polen nicht dieselben Konzessionen machen, die wir bereit sind, Mr. Mikolajczyk zu
machen ...«[7]

Der westlichen Verhandlungsführung in Jalta und Potsdam bot
sich für eine solche Schwenkung jedoch nur ein geringer Spielraum. Der seit Ende 1943 zwischen den »Großen Drei« bereits
abgesprochene Grundsatz der Westverlagerung Polens war
durch eine ganze Reihe britisch-amerikanischer Versicherungen während des Jahres 1944 bestätigt worden. Ferner mußten
die Westmächte an dem Prinzip einer »angemessenen«, d. h.

7 Ebenda: The Conferences at Malta and Yalta. – Washington 1955,
S. 509.

dem Verlust Ostpolens nach Größe und Wert des Landes ungefähr entsprechenden Entschädigung festhalten, nachdem sie der Curzon-Linie definitiv zugestimmt hatten und solange sie überhaupt damit rechneten, daß die westlich orientierten demokratischen polnischen Parteien und Politiker noch zum Zuge kommen würden. Deshalb akzeptierten Roosevelt und Churchill in Jalta zwar nicht den sowjetischen Vorschlag der Ausdehnung Polens bis zur Neiße, erklärten aber doch schließlich, daß sie einverstanden seien, Polen eine Kompensation »bis zur Oder-Linie« zu gewähren, »wenn die Polen dies wünschten«.[8]

Diese Zusagen ließen sich auch trotz der im Frühjahr 1945 stark gewachsenen Verstimmung der Westmächte über die sowjetische Obstruktionspolitik bei der vereinbarten Erweiterung der polnischen Regierung (Hinzuziehung von Mitgliedern der Londoner Exilregierung) und nach dem eigenmächtigen Vorgehen der sowjetischen und polnischen Behörden im besetzten Ostdeutschland nicht einfach rückgängig machen. Angesichts dessen, daß unter dem Schutz der Roten Armee polnische Behörden faktisch die Verwaltung der Gebiete bis zur Oder und Neiße bereits übernommen und die Sowjets sich dabei um Proteste Londons und Washingtons wenig gekümmert hatten, gab es für die Westmächte in der Potsdamer Konferenz eigentlich nur die Alternative – Entweder: zu versuchen, durch eine rasche definitive Regelung der polnischen Westgrenze, an der auch Stalin durchaus interessiert war, an der Substanz der vollendeten Tatsachen wenigstens teilweise noch etwas zu verändern, d. h. vor allem eine Verringerung der polnischen Expansion in Niederschlesien auszuhandeln. Oder: unter Berufung auf die erst später – auf der Friedenskonferenz – zu regelnden Grenzfragen jeder Festlegung auszuweichen. Die Experten des Foreign Office und Churchill votierten vor und während der Potsdamer Konferenz entschieden für den ersten

8 So Churchill am 10. Februar 1945, ebenda S. 898; vgl. auch die amerikanischen und britischen Konferenzvorschläge vom 8. 2. 45, ebenda S. 792 und S. 869.

Weg. Ihr wohlbegründetes Argument lautete: Jede Verzögerung einer endgültigen Regelung würde nur die tatsächlich bestehende sowjetisch-polnische Position an der Oder-Neiße-Linie konsolidieren, durch eine Vertagung des Problems auf unbegrenzte Zeit würden »die Schwierigkeiten einer Lösung zu einem späteren Zeitpunkt vertieft werden«.[9] Nach den vorliegenden offiziellen amerikanischen Konferenzprotokollen muß es als möglich angesehen werden, daß sich Stalin, der in Potsdam ausdrücklich erklärte, auch für ihn sei die Frage der Westgrenze Polens noch offen und er sei »nicht gebunden«[10], zu einer gewissen Einschränkung der polnischen West-Ausdehnung bereit gefunden hätte, wenn unter dieser Voraussetzung rasch eine endgültige Entscheidung zu erzielen gewesen wäre.

Infolge der Ablösung Churchills durch Attlee in der zweiten Konferenzhälfte, vermochte sich jedoch die Abneigung des neuen amerikanischen Präsidenten Truman gegen jede vorzeitige Festlegung Amerikas in der Grenzfrage durchzusetzen. Truman kann dabei schwerlich verkannt haben, daß durch eine Vertagung der förmlichen Beschlußfassung der faktisch bestehende Zustand polnischer Besitzergreifung bis zur westlichen Neiße nicht aus der Welt zu schaffen war, sondern im Gegenteil befestigt werden mußte, ja er und Attlee trugen selbst dazu bei, indem sie die bisher einseitig von der UdSSR den Polen übertragene Verwaltung bis zur Neiße im Potsdamer Abkommen nachträglich anerkannten. Daß Truman nicht an eine nur provisorische polnische Verwaltungsoberhoheit in den Oder-Neiße-Gebieten gedacht hatte, bestätigte er selbst, als er nach der Rückkehr von Potsdam am 9. August 1945 im amerikanischen Rundfunk erklärte: »Die Gebiete, die unter polnische Verwaltung kommen werden, werden Polen die Möglichkeit

9 The Conference of Berlin (S. 315, Anm. 6) Bd. I: Memorandum über die amerikanisch-britischen Vorbesprechungen in Washington v. 13. 7. 1945, S. 777 ff.; ferner Churchills Darlegungen in Potsdam am 22. 7. 1945; ebenda, Bd. II, insbes. S. 249 f.
10 Ebenda, Bd. II, S. 209 (Besprechung vom 22. 7. 45).

geben, seiner Bevölkerung eine bessere Existenz zu sichern. Sie werden eine bessere Verteidigung der Grenzen zwischen Polen und Deutschland ermöglichen.«[11] Auch die Konferenzprotokolle legen den Schluß nahe, daß es dem amerikanischen Präsidenten weniger auf eine Änderung in der Sache als auf die »Wahrung des Gesichts« angekommen war, wenn er in Potsdam sich nur zu einer provisorischen Regelung dieses Problems bereitgefunden hatte. Im State Departement selbst scheint man über das Ausweichen des Präsidenten und der britischen Labour-Regierung auf die Vorläufigkeitsformel der polnischen »Verwaltung«, die im Gegensatz stand zur Nachgiebigkeit in der Sache (bestätigte doch das Potsdamer Abkommen ausdrücklich auch die Ausweisungen von Deutschen aus den angeblich nur »provisorisch« von Polen zu verwaltenden Gebieten), nicht sehr glücklich gewesen zu sein. Ein Bericht des amerikanischen Außenamtes vom 8. August 1945 über die Ergebnisse von Potsdam läßt durchblicken, daß es zu dieser Entwicklung, insbesondere zur westlichen Anerkennung der polnischen Administration auch in den schlesischen Gebieten zwischen Oder und Neiße, möglicherweise nicht gekommen wäre, wenn Churchill bis zum Ende der Konferenz Premierminister geblieben wäre.[12]

Wenige Wochen vor Beginn der Potsdamer Konferenz war nach schleppender Verhandlung die polnische Regierung der Nationalen Einheit unter Hinzuziehung Mikolajczyks und einiger anderer »Exilpolen« zustande gekommen. Obwohl der beherrschende Einfluß bei der kommunistisch gesteuerten Gruppe (Bierut, Osobka-Morawski, Gomulka) lag, hatten die Westmächte die polnische Regierung am 6. Juli 1945 anerkannt. Trotz mancher Enttäuschung nährten sie die Hoffnung, daß die

11 Vgl. Herbert Feis: From Trust to Terror. The onset of the Cold War 1945-1950. – New York 1970; vgl. auch New York Herald Tribune, 10. 8. 1945.
12 The Conference of Berlin (S. 315, Anm. 6), S. 1152 f. (letzter Satz des Memorandums).

in Polen vereinbarungsgemäß in Kürze abzuhaltenden Wahlen die demokratischen Kräfte stärken und insbesondere der von Mikolajczyk geführten Bauernpartei (PSL) erhöhtes Gewicht verleihen würden. In dieser Erwartung lag ein Grund mehr, daß die amerikanische und britische Regierung in Potsdam die auch von Mikolajczyk unterstützte Forderung nach Ausdehnung der Westverlagerung bis zur Neiße nicht brüsk ablehnen mochten, sondern die beweglichere Formel bevorzugten, wonach die Gebiete jenseits der Oder und Neiße »bis zur endgültigen Festlegung« der Grenze (pending the final determination) »unter die Verwaltung des polnischen Staates kommen« sollen (Art. IX des Potsdamer Abkommens).

Die innerpolitische Entwicklung in Polen verlief jedoch anders. Die Wahlen zur Bildung einer ordnungsgemäßen polnischen Regierung fanden erst am 19. Januar 1947 statt. Bis dahin aber schuf die Warschauer Regierung der Nationalen Einheit nicht nur entscheidende Tatsachen zur sozialistischen Umgestaltung der Gesellschaft (Gesetz über die Verstaatlichung der Grundzweige der nationalen Wirtschaft vom 3. 1. 1946), sondern auch eine scheingesetzliche Grundlage zur gewaltsamen Ausschaltung politischer Opponenten und zur Lahmlegung der westlich orientierten demokratischen Parteien (vor allem durch das Dekret vom 13. Juni 1946 über die »während des staatlichen Aufbaus besonders gefährlichen Delikte«). Schon vor der Wahl sah sich die PSL starker Oppression ausgesetzt, gegen die auch die Westmächte Ende 1946 Protest erhoben. Mikolajczyks Partei erhielt unter diesen Umständen nur 13 Prozent der Stimmen. Im Oktober 1947 sah er sich zur Flucht nach dem Westen genötigt. Polen entwickelte sich rasch zum volksdemokratischen Einparteienstaat. Im Zeichen stalinistischer Gängelung wurde 1948 auch die auf einen eigenen Weg zum polnischen Sozialismus hinarbeitende kommunistische Gruppe um Gomulka und Spichalski ausgeschaltet.

In gleichem Maße verringerte sich in diesen Jahren bei den Westmächten die frühere Bereitschaft, Polen im Westen zu großzügiger territorialer Kompensation zu verhelfen. In seiner berühmten Rede in Fulton (USA) sprach Churchill am 6. März 1946 zum ersten Mal von dem »Eisernen Vorhang«, der über Europa liege und gab der Enttäuschung Ausdruck, daß anstelle des befreiten Europas, für das die Westmächte gekämpft hätten, die Sowjets nunmehr einen Kordon unfreier kommunistischer Satellitenstaaten schüfen. In derselben Rede verurteilte Churchill mit starken Worten die Massenausweisungen von Millionen von Deutschen, gegen die er zwei Jahre vorher bei noch ganz anderer weltpolitischer Konstellation wenig einzuwenden gehabt hatte.[13] Auch in den amerikanischen Äußerungen zeigte sich der Wandel. Ein Jahr nach Potsdam und der zitierten Rundfunkrede des amerikanischen Präsidenten war für die amerikanische Regierung das besetzte westliche Deutschland als politischer Vorposten am Eisernen Vorhang wichtiger geworden als Polen, das im Begriff stand, ein gefügiger sowjetischer Satellit zu werden. Die Tatsache, daß die deutsch-polnische Grenzfrage in Potsdam noch nicht abschließend geregelt worden war, wurde jetzt in den Vordergrund gerückt. Außenminister Byrnes erklärte in Stuttgart am 6. September 1946, aus dem Potsdamer Abkommen könne nicht geschlossen werden, daß die Westmächte bei einer Friedenskonferenz die Abtretung der gesamten unter polnischer Verwaltung stehenden Gebiete unterstützen würden.[14] Bei den erfolglosen Vier-Mächte-Außenministerkonferenzen über einen deutschen Friedensvertrag im März-April 1947 in Moskau und im November-Dezember 1947 in London vertrat US-Außenminister Marshall schließlich sogar den Standpunkt, daß die USA nur mit dem polnischen Besitz von Südostpreußen, Danzig und Oberschlesien einverstanden seien, und befürwortete eine Grenze östlich der Oder-Neiße-Linie. Auch jetzt hielt Washington allerdings

13 Wortlaut in Keesings Archiv der Gegenwart. – Essen 1946/47 S. 669 f.
14 Restatement of U. S. Policiy on Germany. Address by the Secretary of State. – Washington 1946 (Department of State Publication 2616, European Series 13).

an dem Prinzip der »angemessenen Entschädigung«, die Polen
gewährt werden solle, weiterhin fest.[15]
Die veränderte westliche Haltung wurde naturgemäß von den
deutschen Politikern in Berlin und Westdeutschland gern auf-
gegriffen, aber bald auch mit falschen Hoffnungen verbunden.
Jakob Kaiser erklärte nach der Byrnes-Rede in einem Interview
mit der »Neuen Zeitung«: »Wir vertreten die Meinung, daß die
Polen selbstverständlich für die Ostgebiete, die sie an Rußland
abgegeben haben, mit deutschen Ostgebieten entschädigt werden. Diese können aber keineswegs bis an die Oder und Neiße
gehen.«[16] Ähnlich führte Kurt Schumacher am 28. 1. 1947 in
Berlin aus: Es müsse das deutsche Bestreben sein, so viel von
dem Land östlich der Oder und Neiße zurückzuerhalten, wie
eben möglich sei. »Die Grenzen von 1937« seien allerdings
»durch das Hitlersche Abenteuer verspielt«.[17]
Als in den folgenden Jahren die Aussicht auf einen Friedensvertrag vollends schwand, statt dessen die Spaltung Deutschlands 1948/49 vorangetrieben wurde und die DDR ihrerseits
die Oder-Neiße-Linie einseitig anerkannte (6. 6. 1950), ver-
steiften sich die Positionen noch weiterhin.
Die Bundesregierung reagierte auf das Abkommen zwischen
Pankow und Warschau mit der Erklärung, daß sie sich »niemals
mit der allen Grundsätzen des Rechts und der Menschlichkeit
widersprechenden Wegnahme dieser rein deutschen Gebiete
abfinden« werde.[18] Eine Antwort auf die Frage, auf welchem
Wege man eine Änderung des De-facto-Zustandes zu erreichen
hoffe und wie eine künftige Regelung der deutsch-polnischen

15 Vgl. hierzu auch: Polen, Deutschland und die Oder-Neiße-Grenze. Hrsg. v. Dt. Institut für Zeitgeschichte in Verbindung mit der
polnischen Historiker-Kommission; verantwortl. Redaktion Rudi
Goguel. – Berlin (Ost) 1959, S. 467 ff.
16 Die Neue Zeitung (Berlin), 20. 9. 1946.
17 Spandauer Volksblatt, 29. 1. 1947; zit. nach: Polen, Deutschland
und die Oder-Neiße-Grenze (vorstehende Anm. 15), S. 650.
18 Adenauer am 9. 6. 1950 im Bundestag anläßlich der Warschauer
Vereinbarung zwischen der DDR und Polen.

Grenze aussehen solle, wurde jedoch immer schwieriger; denn inzwischen erhielt das 1945 eilig herbeigeführte fait accompli polnischer Herrschaft über Ostdeutschland von Jahr zu Jahr mehr das Gewicht neuer historischer und dauerhafter Tatsachen. Die Polen sorgten dafür, daß die sogenannten »wiedergewonnenen Gebiete« innerhalb eines Jahrzehnts in annähernd gleicher Dichte bevölkert wurden wie vor 1945 in deutscher Zeit. Der Prozeß der administrativen und wirtschaftlichen Verschmelzung mit den zentralpolnischen Landesteilen machte kontinuierliche Fortschritte. Das Industriezentrum Oberschlesien und die Verkehrsader der Oder wuchsen zu Schwerpunkten des in seiner Wirtschafts- und Sozialstruktur stark veränderten neuen polnischen Staates heran.

Außerstande, diese Entwicklung politisch und tatsächlich aufzuhalten, vermochte man ihr in der Bundesrepublik nur die Potsdamer Formel des Provisoriums entgegenzusetzen, welche besagte, daß völkerrechtlich die Grenzfrage noch offen sei. Hier lag aber zugleich eine Quelle starker polnischer Beunruhigung, die in dem Maße zunahm, als die Bundesrepublik wirtschaftliche, politische und – im Rahmen des westlichen Bündnisses – auch militärische Stärke gewann. Wie einst gegenüber dem Revisionismus der Weimarer Zeit entstand in Polen eine überscharfe Hellhörigkeit gegenüber öffentlichen Verlautbarungen in der Bundesrepublik, die die Oder-Neiße-Gebiete betrafen. Dabei vermochte auch der von offiziellen Vertretern der Bundesregierung und desgleichen in der Charta der Heimatvertriebenen ausgesprochene Gewaltverzicht die polnischen Befürchtungen ebensowenig zu beschwichtigen wie einst Stresemanns Beteuerungen, daß Deutschland eine Revision der Ostgrenzen nur auf friedlichem Wege anstreben wolle. Was die im »kalten Krieg« fest eingefrorene Formel von der nur provisorischen polnischen Verwaltung Ostdeutschlands betraf, so beriefen sich Moskau und Warschau nicht mehr allein darauf, daß die Westmächte in Potsdam mit der Zustimmung zur Ausweisung der Deutschen implizite die Dauerhaftigkeit der geschehenen Veränderung akzeptiert hätten, mithin nur die Formalität völkerrechtlicher Sanktionierung noch ausstehe; im Bewußtsein des durch den faktischen Prozeß der Inbesitznahme und Integration dieser Gebiete befestigten Anspruchs, wiesen sie nunmehr darauf hin, daß jede Absicht tatsächlicher nachträglicher Revision die veränderte Wirklichkeit unrealistisch ignoriere und eine zynische Aggressivität gegen Millionen von Polen bedeute, die inzwischen in diesem Lande seßhaft geworden seien.

Das Fehlen diplomatischer Beziehungen zwischen Bonn und Warschau und die durch den Höhepunkt des kalten Krieges in der ersten Hälfte der 50er Jahre verursachte Stagnation der Außenpolitik zwischen West und Ost trugen das Ihre dazu bei, daß sich starre gegensätzliche Standpunkte ausbildeten. Auf polnischer Seite war es der erkünstelte Versuch, den Besitz der Oder-Neiße-Gebiete unter Rückgriff auf das frühmittelalterliche piastische Polen historisch zu rechtfertigen. Andererseits führte die Reklamation formalen Rechts, wie sie in der Bundesrepublik geläufig wurde, ihrerseits in die Gefahr der Begriffsverwirrung.

Das Bestehen auf dem Rechtsstandpunkt entbehrte selbst des rechten und gerechten historischen und politischen Maßes, sofern es den Boden formaler Völkerrechtslogik verließ und übersah, daß politisch hinter der Westverlagerung Polens zwar keine volle, aber doch sehr weitgehende Übereinstimmung aller drei Siegermächte (in Teheran, Jalta und Potsdam) gestanden hatte. Die Argumentation, daß in Potsdam keine völkerrechtliche gültige Grenzlegung im Osten vorgenommen wurde, folglich der Status quo ante weiterhin gelte, hat vielfach den trügerischen Glauben genährt, daß damit auch die tatsächliche Wiederherstellung der deutschen Ostgrenze von 1937 eine legitime Forderung sei. Bei solchen nationalpolitischen Als-Ob-Vorstellungen schwand vor allem auch das Kurt Schumacher 1947 noch selbstverständliche Bewußtsein, daß der deutsche territoriale Status von 1937 durch Hitler politisch verspielt worden ist. Man vergaß, daß die Berufung auf die Grenzen von 1937 nur den Sinn und Wert einer formalen Hilfs- und Ersatzkonstruktion im Vakuum des positiven Völkerrechts hatte, daß die

Potsdamer Formel aber eine politische Zielsetzung der Wiederherstellung der Grenzen von 1937 keineswegs zu begründen
vermochte. Seit 1956 wurde auch eine abermals gewandelte
Einstellung der Westmächte bemerkbar.

Mit der Rückkehr Gomulkas im Oktober 1956 gewann Polen in
zwar bescheidenem, aber dennoch bedeutsamem Maße eigenes
politisches Profil und Gewicht zurück. Es blieb seitdem bemer-
kenswerter Schauplatz der Liberalisierungs- und Auflocke-
rungsvorgänge innerhalb des nachstalinistischen Ostblocks.
Ihm wandten sich rasch neue Sympathien und gesteigertes politisches Interesse der Westmächte, insbesondere der USA, zu.
Seitdem mehrten sich auch die offiziellen und halboffiziellen
amerikanischen, englischen und französischen Stimmen, die der
Bundesrepublik versöhnliche Schritte gegenüber Warschau
nahelegten, um den Polen die Revisionsfurcht zu nehmen und
damit indirekt auch die Selbständigkeit des Landes zu stärken.
Der ehemalige amerikanische Hohe Kommissar in Deutschland
John McCloy wies 1956 in seinem Buch »Russia and America«
darauf hin, daß der deutsche Wunsch auf Rückgewinnung der
Oder-Neiße-Gebiete den Menschen in Polen unabhängig von
ihrer Einstellung zum Kommunismus die stärkere Zusammenarbeit mit dem Westen erschwere. Desgleichen werde Polens Haltung zur Wiedervereinigung dadurch ungünstig beeinflußt.
Man bedauerte in Washington vor allem auch, daß die Bundesrepublik infolge des sperrigen Territorialproblems die ihr als
nächstem westlichem Nachbarn Polens vor der Tür liegende
Möglichkeit, durch engere wirtschaftliche, kulturelle und politische Kontakte nach Polen hineinzuwirken, so wenig wahrneh-
me.

Es wurde evident: je mehr sich die von Washington geführte
Gesamtpolitik des Westens von der überholten politischen Zielsetzung des »roll back« abwandte und an seine Stelle das lang-
fristige Programm eines gesicherten Modus vivendi zwischen
Ost und West setzte und von ihm den allmählichen Abbau der
harten Fronten erwartete, um so hinderlicher mußte sich in
einem solchen Konzept eine unflexible Haltung der Bundesre-

publik gegenüber Polen ausnehmen. Die Warschauer Regierung konnte damit rechnen, daß auch Washington, London und Paris von sich aus nicht an die Territorialfrage rühren wollten. Dabei mochte noch manche aus früheren Zeiten herrührende Abneigung gegen ein »zu großes« Deutschland mitspielen, weit mehr aber drückte sich hierin die politische Grundtatsache aus, daß der nationalpolitische und nationalgeschichtliche Vorgang des »Verlustes deutscher Stellung im Osten« irreversibel geworden war, nachdem das übergeordnete politische Bezugssystem westlicher Politik auf einen Modis vivendi dem Osten gegenüber ausgerichtet war.

Wachsendes Interesse, das seit Jahren in der Bundesrepublik für Polen und polnische Entwicklungen auf den verschiedensten Lebensgebieten rege geworden ist, spiegelt die im Wandel begriffene Bewußtseinslage wider. Auch in Polen selbst bricht sich das Bedürfnis, alte Feindvorstellungen durch nüchterne Tatsacheninformation zu überwinden, zunehmend Bahn. Nach Errichtung der Mauer in Berlin, welche die Fluchtmöglichkeit aus der DDR nach Westen radikal beschränkte, wurde bekannt, daß verschiedentlich Bewohner der DDR nach Polen flüchteten, dort, in der relativ größeren Freiheit, Asyl suchten und gewährt erhielten.[19] Auch solche Einzelfälle beleuchten als Symptom, wie sehr sich die Konstellation seit der Vertreibung der Deutschen gewandelt hat. Es wird darauf ankommen, daß eine neue, selbstgewählte deutsche Polenpolitik, die gegenwärtig nur von der Bundesrepublik ausgehen kann, diesen veränderten Gegebenheiten Rechnung trägt.

Heute stehen Polen und Deutsche nicht mehr in der engen Berührung wie in den Jahrhunderten vorher. Die einst unauflöslich scheinende Überschneidung zwischen preußischer Staatsräson und polnischer Nationalstaatsidee ist ebenso vergangen und historisch geworden wie die einstige Verzahnung von deutschem und polnischem Volkstum zwischen Oder und

19 Christ und Welt, 13. 4. 1962: Siegfried Ihle: Friedlose Friedensgrenze.

Weichsel. Nach Jahrzehnten erbitterten Nationalitätenkampfes haben extreme Gewaltlösungen, die unter Hitler begannen und 1945 auf die Deutschen im Osten zurückschlugen, die deutsch-polnischen Beziehungen zwangsweise stillgelegt, Deutsche und Polen auseinandergerückt und entfremdet. Beide Völker sollten nach diesem schmerzlichen Prozeß bereit geworden sein zum Ausweg aus stagnierender Beziehungslosigkeit, verständig für die bescheideneren, aber nicht zu versäumenden politischen Möglichkeiten, die sich auf gänzlich veränderter Grundlage künftig bieten.

Ausgewählte neuere Literatur (seit 1960) zur Geschichte
des deutsch-polnischen Verhältnisses
im 19. und 20. Jahrhundert

Armia Krajowa w Dokumentach 1939-1945 (Die Heimat-
Armee in Dokumenten 1939-1945), Bd. 1 (1939-1941).
London 1970.

Baler, Werner, Deutschlands Annexionspolitik in Polen und im
Baltikum 1914-1918. Berlin (Ost) 1962.

Banasiak, Stefan, Działalność osadnicza państwowego urzędu
repatriacyjnego na ziemiach odzyskanych w latach 1945-1947
(Die örtliche Ansiedlung der staatlichen Repatriierungsämter in
den wiedergewonnenen Gebieten in den Jahren 1945-1947).
Poznań 1963.

Baske, Siegfried, Praxis und Prinzipien preußischer Polenpolitik vom Beginn der Reaktionszeit bis zur Gründung des Deutschen Reiches [1841-1871], in: Forschungen zur osteuropäischen Geschichte, Bd. 9, Berlin/Wiesbaden 1963, S. 7-268.

Batowski, Henryk, Ostatni tydzień pokoju (Die letzte Woche
des Friedens [August 1939]), Poznań 1964.

Besson, Waldemar, Die Außenpolitik der Bundesrepublik.
Erfahrungen und Maßstäbe. München 1970.

Bleiber, Helmut, Zwischen Reform und Revolution. Lage und
Kämpfe der schlesischen Bauern und Landarbeiter im Vormärz
1840-1847. Berlin (Ost) 1966.

Bluhm, Georg, Die Oder-Neiße-Linie in der deutschen Bundesrepublik. Freiburg 1963.

Brożek, Andrzej, Wysiedlenia Polaków z Górnego Śląsku
przez Bismarcka 1885-1887 (Die Aussiedlung der Polen aus
Oberschlesien durch Bismarck 1885-1887). Katowice 1963.

Broszat, Martin, Außen- und innenpolitische Aspekte der
preußisch-deutschen Minderheitenpolitik in der Ära Strese-

mann. Dargestellt an der Genesis der preußischen »Ordnung zur Regelung des Schulwesens für die polnische Minderheit« vom 31. Dezember 1928, in: Politische Ideologien und nationalstaatliche Ordnung. Festschrift für Theodor Schieder. München/Wien 1968, S. 393-445.

Brzezinski, Zbigniew, Der Sowjetblock – Einheit und Konflikt. Köln/Berlin 1962.

Budurowycz, Bohdan, Polish-Soviet relations 1932-1939. New York/London 1963.

Cienciala, Anna M., Poland and the Western Powers 1938 bis 1939. A study in interdependence of Eastern and Western Europe. Toronto 1968.

Debicki, Roman, Foreign Policy of Poland 1919-1939. New York 1962.

Documents on Polish-Soviet relations 1939-1945. London 1962.

Dziewanowski, Marian, Joseph Pilsudski. A European federalist 1918-1922. Stanford 1969.

Eisenblätter, Gerhard, Grundlinien der Politik des Reiches gegenüber dem Generalgouvernement 1939-1945. Diss. Frankfurt 1965.

Garlinski, Jozef, Poland, SEO [Special Executive Organization] and the Allies. London 1969.

Gomułka, Władysław, Ausgewählte Reden und Aufsätze 1960 bis 1963. Berlin (Ost) 1965.

derselbe, O problemie niemieckim (Über das deutsche Problem). Warszawa 1968.

Grygier, Tadeusz/Kubiak, Stanisław/Kucner, Alfred, Studia z historii powstania wielkopolskiego 1918/19 (Studien zur Geschichte des Großpolnischen Aufstandes 1918/19). Poznań 1962.

Grot, Zdzisław [Hrsg.], Powstanie Wielkopolskie 1918/19 (Der Großpolnische Aufstand [Sammelwerk]). Poznań 1968.

Holzer, Jerzy, 50 Jahre unabhängiges Polen. Warszawa 1968.

Horak, Stephan, Poland and her national minorities 1919 bis 1939. New York 1961.

Hubatsch, Walther, Masuren und Preußisch-Litthauen in der Nationalitätenpolitik Preußens 1870-1920. In: Zschr. f. Ostforschung 14 (1965), S. 641-670 und 15 (1965), S. 1-55.

Kellermann, Volkmar, Schwarzer Adler, weißer Adler. Die Polenpolitik der Weimarer Republik. Köln 1970.

Kimmich, Christoph, The Free City. Danzig and German Foreign Policy 1919-1934. New Haven/London 1968.

Klafkowski, Alfons, Die deutsch-polnische Grenze nach dem II. Weltkrieg. Poznań 1970.

Kleßmann, Christoph, Die Selbstbehauptung einer Nation. NS-Kulturpolitik und polnische Widerstandsbewegung. Düsseldorf 1971.

Korab, Alexander, Die Entwicklung der Kommunistischen Parteien in Ostmitteleuropa. Teil I [Polen u. a.] Hamburg 1962.

Kozeński, Jerzy, Czechoslowacja w polskiej polityce zagranicznej w latach 1932-1938 (Die Tschechoslowakei in der polnischen Außenpolitik 1932-1939). Poznań 1964.

Krannhals, Hans v., Der Warschauer Aufstand 1944. Frankfurt 1962.

Krasuski, Jerzy, Stosunki polsko-niemiecki 1919-1925 (Polnisch-deutsche Beziehungen 1919-1925). Poznań 1962.

derselbe, Stosunki polsko-niemieckie 1926-1932 (Polnisch-deutsche Beziehungen 1926-1932). Poznań 1964.

Kubiak, Stanisław, Niemcy a Wielkopolska 1918-1919 (Deutschland und Großpolen 1918-1919). Poznań 1969.

Kuzminski, Tadeusz, Polska, Francja, Niemcy 1933-1935 (Polen, Frankreich, Deutschland 1933-1935). Warszawa 1963.

Lapter, Karol, Pakt Piłsudski-Hitler. Warszawa 1962.

Lippelt, Helmut, Zur deutschen Poltik gegenüber Polen nach Locarno, in: Vierteljahreshefte für Zeitgeschichte 19 (1971), S. 323-372.

Lipski, Jozef, Papers and Memoirs of Jozef Lipski, Ambassador of Poland: Diplomat in Berlin 1933-1939. Ed. by Wlaclaw Jedrzejewicz. New York/London 1968.

Lukaszewicz, Witold / Staszewski, Jacek / Wojciechowski, *Mieczysław,* Z dziejów rad robotniczo-żołnierskich w Wielkopolsce i na Pomorzu Gdańskim 1918-1920 (Aus der Geschichte der Arbeiter und Soldatenräte in Großpolen und Danzig- Pommerellen 1918-1920). Poznań 1962.

Madajczyk, Czesław, Polityka III Rzeszy w okupowanej Polsce, (Die Politik des III. Reiches im besetzten Polen), 2 Bde. Warszawa 1970.

Mai, Joachim, Die preußisch-deutsche Polenpolitik 1885-1887. Eine Studie zur Herausbildung des Imperialismus in Deutschland. Berlin (Ost) 1963.

Meissner, Boris [Hrsg.], Die deutsche Ostpolitik 1961-1970. Kontinuität und Wandel. Dokumentation. Köln 1970.

Neubach, Helmut, Die Ausweisung von Polen und Juden aus Preußen 1885-86. Ein Beitrag zu Bismarcks Polenpolitik und zur Geschichte des deutsch-polnischen Verhältnisses. Wiesbaden 1967.

Puchert, Berthold, Der Wirtschaftskrieg des deutschen Imperialismus gegen Polen 1925-1934. Berlin (Ost) 1963.

Raina, Peter, Gomulka. Politische Biographie. Köln 1970.

Rasch, Harold, Die Bundesrepublik und Osteuropa. Grundfragen einer künftigen deutschen Ostpolitik. Köln 1963.

Rhode, Gotthold, Kleine Geschichte Polens. Darmstadt 1965.

Riekhoff, Harald von, German-Polish relations 1918-1933. Baltimore/London 1971.

Roos, Hans, Geschichte der polnischen Nation. Von der Staatsgründung im Ersten Weltkrieg bis zur Gegenwart. Stuttgart 1961.

Rothschild, Joseph, Pilsudski's coup d'état. New York 1966.

Schumann, Wolfgang, Oberschlesien 1918/19. Vom gemeinsamen Kampf deutscher und polnischer Arbeiter. Berlin (Ost) 1961.

Staar, Richard Felix, Poland 1944-1962. The sovietization of a captive people. Louisiana 1962.

Stanisławska, Stefania, Wielka i Mała Polityka Józefa Becka (Die große und kleine Politik Josef Becks). Warszawa 1962.

Stehle, Hansjakob, Nachbar Polen. Frankfurt 1963.

Strobel, Georg, Zwanzig Jahre Volkspolen. Eine soziale und wirtschaftliche Bilanz, in: Europa-Archiv 20 (1965), S. 499 bis 508.

derselbe, Quellen zur Geschichte des Kommunismus in Polen 1878-1918. Köln 1968.

Sulek, Jerzy, Stanowisko rządu NRF wobec granicy na Odrze i Nysie 1949-1966 (Die Haltung der Regierung der BRD zur Oder-Neiße-Grenze 1949-1966). Poznań 1968.

Szembek, Jan, Diariusz i teki Jana Szembeka (Tagebuch und Mappen von Jan Szembek). Hrsg. v. Tytus Komarnicki, 2 Bde. London 1964/65.

Uschakow, Alexander, Das Erbe Stalins in den deutsch-polnischen Beziehungen. Köln 1970.

Vierheller, Viktoria, Polen und die Deutschland-Frage 1939 bis 1949. Köln 1970.

Wandycz, Piotr Stefan, France and her Eastern Allies 1919 bis 1925. Minneapolis 1962.

derselbe, Soviet-Polish relations 1917-1921. Cambridge/Mass. 1969.

Wehler, Hans-Ulrich, Die Polenpolitik im deutschen Kaiserreich 1871-1918, in: Politische Ideologien und nationalstaatliche Ordnung. Festschrift für Theodor Schieder. München/Wien 1968, S. 297-316.

Weit, Erwin, Ostblock intern. 13 Jahre Dolmetscher für die polnische Staats- und Parteiführung. Hamburg 1970.

Wojciechowski, Marian, Stosunki Polsko-Niemieckie 1933 bis 1938 (Deutsch-polnische Beziehungen 1933-1938). Poznan 1965.

st 65 Hans Bahlow
Deutsches Namenlexikon
592 Seiten
Die grundlegenden Fragen der Namenentstehung,
Namenfestigung und Namenverbreitung beantwortet das
Deutsche Namenlexikon. Insgesamt 15 000 Familien-
namen mit ihren Ableitungen und viele Vornamen finden hier eine durch gesicherte Kenntnisse fundierte, ausführliche Deutung nach Ursprung und Sinn.

st 66 Eric J. Hobsbawm
Die Banditen
Aus dem Englischen von Rudolf Weys. Mit Abbildungen
224 Seiten
Die Banditen ist eine vergleichende Geschichte und So-
ziologie berühmter Banditenführer, die einerseits als
wirkliche historische Figuren, andrerseits als Helden von
Balladen, Geschichten und Mythen ganze Länder immer
wieder in Schrecken versetzt haben, zugleich aber von
unterdrückten Schichten oft als Wohltäter begrüßt wurden, auf jeden Fall die Menschen stets fasziniert und ihre
Phantasie angeregt haben.

st 69 Walter Benjamin
Ursprung des deutschen Trauerspiels
288 Seiten
Von der Analyse der deutschen Trauerspiele des 17. Jahrhunderts ausgehend, liefert Benjamin einerseits die Ge-
schichtsphilosophie der Barockepoche, auf der anderen
Seite eine stringente Abgrenzung der klassischen Tragödie vom Trauerspiel als literarischer Form sui generis.

Die Rettung der Allegorie – das Zentrum des Trauer-
spielbuches – eröffnete erstmals den Blick für lange verkannte Bereiche der poetischen wie der theologischen
Sprache.

st 70 Max Frisch
Stücke I
368 Seiten
Bereits Max Frischs erste Stücke sind Versuche, die Frage
zu beantworten, die sein ganzes Werk bestimmt und ihm
seine Einheit gibt: die Frage nach der Identität. Der
Band enthält die Stücke *Santa Cruz, Nun singen sie wieder, Die Chinesische Mauer, Als der Krieg zu Ende war,
Graf Öderland.*

st 72 Theodor W. Adorno
Versuch, das »Endspiel« zu verstehen.
Aufsätze zur Literatur des 20. Jahrhunderts I
224 Seiten
Der Band *Versuch, das ›Endspiel‹ zu verstehen* doku-
mentiert die Auseinandersetzung Adornos mit dem sogenannten Absurdismus. Von Valéry, Proust und Joyce,
den Klassikern der Moderne, führen die Arbeiten über
den Surrealismus zu Kafka und Beckett; in allen wird
das Paradoxon thematisch, daß angesichts der Katastrophe immer noch Kunst existiert. Wenn alle Kunst
zum Endspiel im buchstäblichen Sinn wurde, dann kann
man Adornos Aufsätze zur Literatur insgesamt so über-
schrieben, wie ihr Autor seine Beckett-Interpretation
überschrieb: ein Versuch, das Endspiel zu verstehen.

st 73 Georg W. Alsheimer
Vietnamesische Lehrjahre
Bericht eines Arztes aus Vietnam 1961–1967
2. verbesserte Auflage mit einem Nachbericht von 1972
Vorwort von Wolfgang Fritz Haug
480 Seiten
1961 kommt der deutsche Arzt Georg W. Alsheimer
als Dozent für Neurologie und Psychiatrie nach Vietnam. Er kommt ohne besondere Kenntnisse über das
Land, ohne ausgeprägte politische Ansichten. Sechs

Jahre später gilt er als vorzüglicher Vietnam-Experte und trägt durch seine Aussagen vor dem Russell-Tribunal dazu bei, daß die amerikanische Vietnampolitik und die Hilfsdienste der Bundesrepublik vor der Weltöffentlichkeit angeprangert werden. Für diese Neuausgabe schrieb der Verfasser eine Ergänzung, in der er darlegt, daß seine damaligen Prognosen durch die »Pentagon-Papiere« bestätigt wurden.

st 74 Martin Broszat
200 Jahre deutsche Polenpolitik
Erweiterte Ausgabe
336 Seiten
In diesem Buch gibt der Historiker Martin Broszat eine detaillierte und materialreiche Darstellung der deutschen Polenpolitik von der 1. polnischen Teilung 1772 bis zur Gegenwart, die von Kolonisierung und Annexion bis zur Vernichtung reichte. Angesichts der Braunschweiger Konferenz polnischer und deutscher Historiker über gemeinsame Empfehlungen zur Schulbuchrevision, vor allem aber als Beitrag zur Diskussion über die neue Ostpolitik der Bundesregierung gewinnt dieser Band besondere Aktualität und Bedeutung.

st 97/98 Knut Ewald
Innere Medizin
ist das auf dem aktuellsten Stand befindliche, derzeit erhältliche Kompendium der Inneren Medizin. Als übersichtliches – den ganzen Stoff der Inneren Medizin stichwortartig resümierendes – Nachschlagwerk ist es das ideale Handbuch für alle Studierenden, Ärzte und interessierte Laien. Ein umfangreiches Sachwortverzeichnis ermöglicht eine rasche Orientierung.

st 103 Noam Chomsky
Kambodscha, Laos, Nordvietnam
Im Krieg mit Asien II
Aus dem Amerikanischen übersetzt von Jürgen Behrens
256 Seiten
Noam Chomsky, der Begründer der Generativen Grammatik, erregte weltweites Aufsehen durch sein kom-

promißloses Engagement gegen den Krieg der Vereinigten Staaten in Indochina. In seinem neuesten Buch *Im Krieg mit Asien,* dessen erster Teil als st 32 unter dem Titel *Indochina und die amerikanische Krise* erschien, legt Chomsky seine totale Verurteilung der amerikanischen Indochinapolitik dar. Dieser zweite Band enthält am Ende eine vollständige Literaturliste der zitierten Arbeiten und damit zugleich eine der wahrscheinlich umfassendsten amerikanischen Bibliographien zum Vietnamkrieg.

st 127 Hans Fallada
Tankred Dorst
Kleiner Mann – was nun?
Eine Revue von Tankred Dorst und Peter Zadek
208 Seiten
Tankred Dorst hat Hans Falladas 1932 erschienenen Roman »Kleiner Mann – was nun?« dramatisiert, der zu einem der größten Bucherfolge seiner Zeit wurde. In der Geschichte des kleinen Angestellten Pinneberg und der Arbeitertochter Lämmchen in den Jahren der großen Arbeitslosigkeit erkannten Hunderttausende ihre eigene Geschichte, ihren Alltag, ihre Welt. Die Dramatisierung von Tankred Dorst wurde für die Neueröffnung der Städtischen Bühnen Bochum unter der Leitung von Peter Zadek vorgenommen.

st 150 Zur Aktualität Walter Benjamins
Aus Anlaß des 80. Geburtstags von Walter Benjamin herausgegeben von Siegfried Unseld
288 Seiten
Der vorliegende Band »Zur Aktualität Walter Benjamins« nimmt wichtige, hier erstmals publizierte Abhandlungen auf, die aus diesem Anlaß geschrieben worden sind, und Texte von Walter Benjamin, seine »Lehre vom Ähnlichen«, eine umfangreiche Variante der Arbeit »Über das mimetische Vermögen«, den autobiographisch bedeutenden Text »Agesilaus Santander«, den Briefwechsel mit Bertolt Brecht und drei Lebensläufe, deren letzter kurz vor seinem Tod geschrieben wurde.